時代観照

福島・沖縄そして戦後70年へ

池田龍夫 著

社会評論社

刊行にあたって

本書は、２０１１年3月11日の東日本大震災・東京電力福島原子力発電所の惨事から、戦後70年を迎えた２０１５年、９月19日の自民・公明連立政権による安保法制の強行採決にいたる約5年間の、日本における政治的焦点をめぐる「観照」を集大成したものである。

憲法を破壊し戦争ができる国家へと進む安倍晋三政権とそれに対する市民の抵抗の記録とも言えよう。

本書に収録した論考は、ウェブサイト「ちきゅう座」に投稿したものである。収録にあたっては、いくつか取捨選択を施し、若干の修正を加えた。

文字通り歴史的岐路に立つ今日、私たちの明日を考察する際に、この「時代の記録」を少しでも参考にしていただければ幸いである。

時代観照――福島・沖縄そして戦後70年へ＊目次

＊ゴシック体は主要な社会的事項
＊〔　〕内数字は「ちきゅう座」掲載日
＊漢数字は本書掲載頁

第Ⅰ部　2010〜2011年

◆09年9月　衆院選で民主党が勝利し、政権交代。
10年6月　鳩山首相が普天間問題で迷走し退陣、菅内閣発足。
10年7月　参院選で民主党が敗北し、「ねじれ国会」に。
◆10年1月　沖縄名護市長選で普天間飛行場の辺野古移設反対を訴えた稲嶺氏が当選。11月の沖縄県知事選では両候補者とも県外移設を主張し、仲井眞氏再選。
◆10年3月　60年安保、72年沖縄返還に関する外交密約関連文書を外務省が公開。外務省有識者委が「核持込」など3点を密約と認定。
4月　「沖縄返還密約文書開示請求訴訟」1審、原告側勝訴。
普天間基地打開と日米交渉―菅直人・新政権の試金石に〔7・1〕　一八
「非核三原則」堅持し、実践を―核抑止の幻想を断ち切れ〔9・1〕　二一
「抑止力」一辺倒の危うさ―新防衛大綱の「動的防衛力」〔2011・1・1〕　二四
◆11年1月31日　小沢・民主党元代表を強制起訴。
「普天間基地移設」棚上げの混乱―「沖縄の民意」に応えない菅政権〔2・1〕　二八
◆1月チュニジア「ジャスミン革命」に始まった民主化の動きは中東・北アフリカ全域に広がり、エジプト（2月）、リビア（10月）、イエメン（12年2月）、4カ国で次々と長期独裁政権が崩壊。「アラブの春」と呼ばれた。
世界各地への騒乱拡大を危惧―アメリカ独善主義に反発が強まる〔4・1〕　三一
◆3月11日　東北地方太平洋沖地震（東日本大震災）。マグニチュード9・0、最大震度7、巨大津波発生。東電福島第一原発では、3基の原子炉が炉心溶融（メルトダウン）、水素爆発などが発生し、大量の放射性物質が大量放出。
◆3月23日　最高裁大法廷が09年衆院選の一票の格差を「違憲状態」と判断。
「原発依存」社会から決別を―東日本大震災で崩壊した〝安全神話〟〔5・1〕　三四
◆5月6日　菅首相が中電浜岡原発の停止要請。14日に停止。

「浜岡原発停止」契機に、自然エネルギー政策の促進を〔6・1〕 三八
「核と人類は共存できない」―ヒロシマ・ナガサキ・フクシマの悲劇〔9・2〕 四一
◆8月26日　菅首相が辞任表明。9月2日に野田内閣発足。
◆9月「ウオール街を占拠せよ」の掛け声から始まった反格差行動が広がり、10月15日には世界各地で一斉に反格差デモ。
沖縄密約文書「廃棄の可能性」―不可解な「無いものは無い」判決〔11・1〕 四四
普天間の辺野古移設は困難―新打開策提示し〝沖縄差別〟払拭を〔12・2〕 四八
◆12月　米オバマ大統領がイラク戦争終結宣言、年末完全撤退。
◆12月　北朝鮮の金正一総書記死亡。金正恩体制が宣言される。

第Ⅱ部　2012年

「大阪維新の会」勝利の波紋?―民主主義に挑戦的な言動を危惧〔1・1〕 五四
福島県の「帰還困難」地域住民が2万5000人〔1・10〕 五七
原発事故収束の険しさ訴えた「世界会議」の意義〔1・18〕 五八
「君が代」斉唱、上告審で新たな判断基準示す〔1・23〕 五九
原発災害の苦悩は続く―「廃炉」に向け、積極的姿勢を示せ〔2・2〕 六一
「原発の真実と嘘――原発は犯罪である」〔2・28〕 六四
「普天間飛行場・固定化」を危惧―急浮上の「グアム先行移転」計画〔3・1〕 六五
国連・人権委が「普天間問題」で日本政府に質問状〔3・16〕 六九
「甲状腺がん」予防の検査態勢を急げ〔3・18〕 六九
「沖縄返還」密約文書の開示、再び認めず〔3・20〕 七〇
「核燃料サイクル」問題の見直しを〔3・22〕 七二
全原発の格納容器・排気塔にフィルター無し！〔3・31〕 七三
◆3月31日　政府は南海トラフ地震について、震度分布（10県で震度7）、津波の高さ（34・4m）などの想定を発表。
米兵を異常犯罪に走らせたTBI（外傷性脳損傷）〔4・1〕 七三
〝右旋回〟の時代状況を反映――「自民・改憲案」と「秘密保全法案」〔4・2〕 七五
普天間飛行場の騒音被害は甚大〔4・6〕 七八
「南海トラフ地震」の恐怖〔4・7〕 七九

大津波対策に「地下シェルター」計画も〔4・12〕　八一
◆**4月18日　東京都が首都直下型地震で被害想定を見直し（23区内の7割で震度6強以上、死者9700人）。**
京都・滋賀県知事が原発再稼動を危惧する提言〔4・21〕　八二
◆**4月26日　東京地裁が小沢・民主党元代表に無罪判決。**
敦賀原発直下に危険な活断層―保安院、再調査を迫られる〔4・27〕　八三
「南海トラフ地震」に備えよ―原発再稼動を急ぐな〔5・1〕　八五
「普天間固定化」を危惧……米国主導の日米声明〔5・3〕　八八
◆**5月5日　国内の原発が稼動ゼロに。**
「全原発停止」へカウントダウン〔5・7〕　八八
沖縄に新たな難題……オスプレイの直接配備〔5・15〕　九〇
海江田・元通産相、「事故調」で苦渋の証言〔5・19〕　九一
菅直人・前首相の「事故調での証言」について〔6・1〕　九一
米軍再編と普天間基地の行方―〝日米軍事一体化〟促進に狙い〔6・2〕　九三

「国会事故調」に、核心に迫る報告を期待〔6・5〕　九六
「大飯原発は限定的再稼動に」……京滋・両知事が迫る〔6・9〕　九七
◆**6月11日　福島第一原発事故で、福島県住民1324人が東電幹部と政府関係者を刑事告訴。**
菅前首相が、国会事故調の「論点整理」に反論〔6・16〕　九八
オスプレイ訓練、「本土6ルートで計画」に驚く〔6・22〕　九九
東海村・村上村長ら「脱原発」の訴え〔6・23〕　一〇〇
◆**6月27日　東電の「実質国有化」決定。**
◆**7月1日　関電が大飯原発再稼動に着手。3・4号機が福島第一原発事故後、初めて再稼動。**
◆**7月2日　民主党分裂、小沢氏ら離党し、11日に新党を結党。**
◆**7月5日　国会事故調査委員会が最終報告書。**
原発事故「明らかに人災」……国会事故調が最終報告〔7・7〕　一〇一
国会は「事故調提言」の具体化を急げ〔7・9〕　一〇二
オスプレイの事故検証抜きで、配備を急ぐ〔7・14〕　一〇四
◆**7月23日　政府の原発事故調査委員会が最終報告書。**
◆**7月23日　米軍が岩国基地にオスプレイ陸揚げ。**
事故調査報告を生かして、原子力政策を刷新せよ〔7・25〕　一〇五

「黒川清氏の招致」を拒む民主・自由両党に物申す〔7・30〕 一〇六
原子力政策の抜本的見直しを―「国会事故調」の提言を生かせ〔8・1〕 一〇七
◆8月6日 東電が報道機関向けに福島第一原発事故のテレビ会議映像を部分開示。
◆8月10日 消費増税関連法が成立。
◆8月29日 南海トラフ地震の被害想定で、国の有識者会議が、マグニチュード9・1で死者約32万と公表。
厄介な福島原発4号機の燃料プール〔8・31〕 一一〇
危険な「オスプレイ配備」を急ぐな〔9・3〕 一一一
世界平和アピール七人委の提言を噛みしめる〔9・14〕 一一二
◆9月14日 野田政権が「30年代に稼動ゼロ」を目指す新エネルギー戦略を決定。
国会事故調提言の具体化を急げ〔9・19〕 一一三
◆9月19日 福島第一原発事故の反省をふまえ、新たな原発規制組織となる「原子力規制委員会」が発足。
日米同盟強化に基づき、グアムで軍事共同訓練〔9・24〕 一一四
前途多難な安倍自民党総裁の強硬路線〔9・29〕 一一五
竹島・尖閣問題、冷静な対処を―ナショナリズムの暴発を警戒〔10・1〕 一一六

普天間へのオスプレイ配備は波乱含み〔10・2〕 一二〇
くるくる変わる野田改造内閣の評判は悪い〔10・5〕 一二〇
本土と沖縄 内なる歴史問題〔10・8〕 一二一
「中立」の裏に米国の打算〔10・10〕 一二二
「IPS細胞移植、臨床応用」の大誤報〔10・15〕 一二四
◆10月17日 最高裁が10年参院選について、最大5倍の格差で「違憲状態」と判断。
日・米・中、沖縄周辺海域の波高し〔10・18〕 一二五
米兵の強姦事件で、沖縄の怒りは高まる〔10・20〕 一二五
沖縄米兵「夜間外出禁止令」に実効性あるか〔10・22〕 一二六
「夜間外出禁止令」をよそに、またも米兵が乱暴狼藉〔11・6〕 一二八
厚木基地で、オスプレイ飛行訓練とは……〔11・7〕 一二八
◆11月12日 東京高裁が小沢氏に無罪判決。19日に無罪確定。
◆11月15日 中国で習近平体制発足。
◆11月16日 野田首相が衆院を解散。
野田首相の意表を衝いた「解散宣言」の波紋〔11・19〕 一二九
◆11月30日 国連総会がパレスチナを「オブザーバー国家」に格上げする決議を採択。
敦賀原発、活断層が確認されれば廃炉の運命〔12・1〕 一三一

不平等な「地位協定」改正を急げ―相次ぐ米兵犯罪に沖縄県民の怒り拡大〔12・2〕 一三一
◆12月10日　原子力規制委員会が「敦賀原発の原子炉直下に活断層」と判断。20日には「東通原発の敷地に活断層」と判断。
世界を震撼させた北朝鮮ミサイル発射〔12・14〕 一三四
◆12月16日　衆院選で自民党294議席で圧勝、政権を奪還。
◆12月19日　韓国大統領選で与党セヌリ党・朴槿恵氏勝利。13年2月に就任。
東通原発の直下にも活断層〔12・23〕 一三五
◆12月26日　安倍内閣発足。自公連立政権。

第Ⅲ部　2013年

ベアテ・シロタ・ゴードン女史の死に思う―平和憲法に盛り込まれた「国民主権」の意義〔1・7〕 一三八
原発13基に、電源盤ショートの危険〔1・10〕 一三九
◆1月11日　安倍内閣が緊急経済対策（財政出動20・2兆円）閣議決定（アベノミクス・3本の矢）。
嘉手納基地へ「オスプレイ」配備計画に驚く〔1・12〕 一四〇
従軍慰安婦問題が再燃、安倍政権に逆風〔1・15〕 一四一
安倍首相、米国に「集団的自衛権見直し」伝達へ〔1・17〕 一四三
核のゴミ、米国も新たな最終処分計画を公表〔1・21〕 一四四
日米防衛協議、「地位協定改定」にも踏み込め〔1・23〕 一四五
危険なポピュリズム政治に警戒を〔2・2〕 一四七
沖縄の声にもっと耳を傾け〔2・5〕 一四八
ドイツの政治理念に学ぶことは多い〔2・6〕 一四九
「原発輸出」推進に疑義〔2・14〕 一五〇
原子力規制委は初心を貫いてほしい〔2・18〕 一五〇
福島原発事故後2年、炉内の状況はなお深刻！―朝日新聞が、決死的な潜入ルポ〔2・26〕 一五二
福島第一原発の男性作業員体調不良で死亡〔3・4〕 一五三
◆3月6日　オスプレイが本土初低空飛行訓練。沖縄普天間基地から四国山地上空へ。
◆3月6日　12年12月の衆院選での「一票の格差」は違憲と、東京高裁が初判断。選挙無効の請求は退ける。3月27日には16判決が出そろい、高裁・高裁支部が14件を違憲と判断。うち2件は選挙無効とした。
◆3月22日　政府が沖縄県知事に辺野古埋め立てを申請。
◆4月4日　日銀金融政策決定会合、過去最大の金融緩和決定。

「F35A」の売値が激増、1機189億円〔4・20〕 一五四
「核燃サイクル」は破綻状態〔4・27〕 一五四
「4月28日」は、沖縄屈辱の日〔4・29〕 一五五
戦後史をめぐる吉田茂外交と昭和天皇〔5・3〕 一五七
敦賀原発「活断層の疑い」の結論足踏み〔5・7〕 一五八
◆5月15日　原子力規制委がもんじゅの再開認めず、機器点検を怠ったとして改善命令。30日には管理改善命令。
◆5月24日　南海トラフ地震調査委員会がマグニチュード8～9の地震発生確率を、50年以内で90％以上と予測。
敦賀原発2号機、廃炉の運命免れず〔5・25〕 一五九
96条改正は「立憲主義の破壊」〔5・27〕 一六〇
揺れる安倍政権の原子力政策〔6・3〕 一六一
慰安婦問題、国連の批判が強まる〔6・8〕 一六二
「憲法96条改正」の危険な動き〔6・19〕 一六三
◆6月19日　原子力規制委が原発の新規制基準正式発表。
12年度版「エネルギー白書」の欺瞞〔6・22〕 一六四
「福島原発被害者を泣かせる」政府のズサンな対応〔7・6〕 一六四
「ネット選挙」が解禁されたが……〔7・8〕 一六五
◆7月8日　電力4社は5原発10基の再稼動申請を提出。
菅元首相が、安倍現首相を名誉毀損で訴え――海水注入の是非をめぐって〔7・20〕 一六七
◆7月21日　参院選で自公が圧勝し、衆参両院で過半数を回復。
◆7月22日　福島第一原発の汚染水流出を東電が認める。
「核兵器、軍事的には無用」……パウエル元米国務長官が重要発言〔7・23〕 一六八
安倍政権の安全保障政策に高まる不安〔7・30〕 一六九
広島、長崎「平和宣言」の力強さ〔8・19〕 一七〇
◆8月20日　福島第一原発の高濃度汚染水300t漏れ明らかに。
自民小委の提言「ムダな原発再稼働に反対」に共感〔8・22〕 一七二
ワシントン・ポスト身売りの衝撃〔8・24〕 一七二
メルケル独首相が、ナチスの戦争責任を弾劾〔8・26〕 一七四
広島で祈りを捧げたオリバー・ストーン監督――原爆、戦争、歴史認識につき激白〔9・2〕 一七五
汚染水対策より「五輪招致」を優先させるとは……〔9・4〕 一七七
五輪開催に浮かれ、緊急課題解決が遅れては困る〔9・9〕 一七七
◆9月15日　関電大飯原発4号機が定期検査のため運転停止。国内の原発稼動は1年2カ月ぶりにゼロに。

対シリア　オバマ外交の危うさ〔9・21〕　一七八
安倍首相の独断と偏見を危惧〔9・23〕　一七九
ジュゴンが辺野古沖に姿を見せた〔9・27〕　一八〇
憲法改正「極東地域に無益」——米軍当局者、異例の言及〔10・5〕　一八一
小泉元首相が「原発ゼロの方針を打ち出せ」と強調〔10・7〕　一八一
アーリントン墓苑とは違う靖国神社〔10・10〕　一八三
マララさん、オバマ大統領に訴える〔10・18〕　一八三
東京五輪より、原発被災地復興が最優先課題〔10・21〕　一八四
◆**10月25日「特定秘密保護法案」が閣議決定。**
民主国家を揺るがす「特定秘密保護法案」〔11・2〕　一八七
「安全は二の次か」……トルコへの原発輸出に批判高まる〔11・2〕　一八八
無人機による民間人犠牲者、パキスタンで900人超〔11・6〕　一八八
国連の「核廃絶決議」164カ国が賛同〔11・10〕　一八九
米海兵隊、沖縄から豪州への重点配備を計画〔11・14〕　一九〇
1号機の格納容器でも水漏れ見つかる〔11・16〕　一九一
◆**11月20日　最高裁が12年12月の衆院選を「違憲状態」と判断。選挙無効請求は退ける。28日には、広島高裁岡山支部が、13年7月の参院選に違憲、無効判決。**
「ツワネ原則」に基づき、秘密保護法案の慎重審議を〔11・23〕　一九二
隠し事多すぎる「特定秘密保護法」と、西山元記者が国会証言〔11・26〕　一九二
◆**12月4日「国家安全保障会議」初会合。17日には、国家安全保障戦略を初めて策定。**
◆**12月6日「特定秘密保護法」が国会で成立。13日公布。**
「武器輸出三原則」の歯止めが揺らぐ輸出〔12・9〕　一九四
「1票の格差4・77倍」に違憲状態の判決相次ぐ〔12・11〕　一九五
疑問だらけの「エネルギー基本計画」〔12・13〕　一九六
◆**12月18日　大阪高裁が13年の参院選に「違憲・有効」判決。また同日、名古屋高裁は「違憲状態」と判決。26日には判決が出そろい、「違憲」判断3件、「違憲状態」が13件。**
◆**12月26日　安倍首相が靖国神社参拝。小泉首相（当時）以来。**
◆**12月27日　仲井眞沖縄県知事が辺野古埋め立てを承認。**

第Ⅳ部　2014年

◆**1月7日　国家安全保障局が67人体制で発足。**

安倍首相の靖国参拝に各国の日本批判強まる〔1・7〕　二〇〇
絶対多数が武器……独断的な自民党の危うさ〔1・9〕　二〇一
名護市長選をめぐり沖縄情勢は緊迫〔1・14〕　二〇三
原発汚染水対策は進まず、いぜん放射性物質の脅威〔1・16〕　二〇四
渡辺・読売会長が「情報保全諮問会議」の座長とは……〔1・17〕　二〇五
◆1月19日沖縄県名護市長選で、移設反対の現職・稲嶺氏勝利。
名護市長選の冷厳な結果――辺野古移設実施への難題〔1・22〕　二〇六
安倍首相の強引な政治姿勢――国会は空転するばかり〔2・3〕　二〇七
恐るべきＮＨＫ経営委員会の腐敗体質〔2・7〕　二〇九
◆2月9日　東京都知事選で、自公支援を受けた舛添氏が勝利。
「集団的自衛権の行使」を認めるべきでない〔2・14〕　二一〇
「特定秘密保護法」への警戒感、一層強まる〔2・22〕　二一一
武器禁輸の転換、紛争助長が国益損なう〔3・2〕　二一三
小松法制局長官の「集団的自衛権」容認の姿勢はおかしい〔3・5〕　二一四
「河野談話を継承」との安倍首相答弁で大揺れ〔3・21〕　二一六
日中戦争時の強制連行、中国人被害者が日本企業に賠償請求訴訟〔3・23〕　二一七
米原子力空母の動向を監視〔3・31〕　二一七
◆4月1日　消費税が5％から8％に引き上げ。
◆4月11日　エネルギー基本計画を閣議決定。「原発ゼロ」から転換、原子力規制委員会が安全を確認すれば再稼動の方針。
核廃絶へ他国間交渉を――ＮＰＤが「広島宣言」〔4・14〕　二一八
トルコなどへの「原発輸出」の無謀さ〔4・21〕　二一九
「積極的平和主義」など安倍首相の訪欧発言に驚く〔5・10〕　二一九
◆5月21日　福井地裁が関電大飯原発3・4号機の運転差し止めを命じる。
「平和憲法」を蹂躙する時代状況〔6・7〕　二二一
「日米軍事一体化」への危惧〔6・10〕　二二二
「平和憲法」の理念を崩してはならない――幣原回顧録とマッカーサー回顧録を読んで――〔6・23〕　二二三
沖縄慰霊の日「非戦今こそ」、集団的自衛権に反発〔6・26〕　二二六

◆6月29日　「イスラム国（IS）」がイラク・シリアにまたがる国家樹立を宣言。

「象徴天皇」の全国行脚は素晴らしい〔6・30〕　二二八

◆7月1日　「集団的自衛権」行使容認を閣議決定。

解釈改憲で「集団的自衛権」行使できるのか——在京6紙を点検——〔7・5〕　二二九

「沖縄密約不開示」の最高裁判断が悲しい〔7・9〕　二三三

無人機開発、人気の高まりに危機感〔7・14〕　二三四

「対馬丸の犠牲者をなぜ救えなかったか」と、天皇ご質問〔7・14〕　二三五

日中戦争から77年、両国の関係改善を切望〔7・19〕　二三五

「安倍妄言」に、米韓両国も戸惑う〔7・31〕　二三六

◆8月8日　米軍主導の有志連合がイラク北部で対ISの空爆開始。9月にはシリアでも空爆開始。

「梅雨空に『九条守れ』の女性デモ」の投稿を公民館が掲載阻止〔8・9〕　二三七

「雇われ日本人、ベトナム戦争で犠牲に」の報道に驚愕〔8・12〕　二三八

「国の借金」、過去最大の1024兆9568億円〔8・15〕　二三九

集団的自衛権など、松阪市長の勇気ある発言〔8・21〕　二四〇

首相は「広島大災害」をよそに、別荘を往復〔8・23〕　二四一

国際的にも恥ずかしい「ヘイトスピーチ」〔8・30〕　二四二

◆9月3日　第二次安倍内閣が発足。

集団的自衛権、安倍首相の強弁が心配だ〔9・7〕　二四三

◆9月10日　原子力規制委員会が九電川内原発の新基準適合を認める。

◆9月11日　政府が福島第一原発事故に関し「吉田調書」など19人分の調書を公開。

慰安婦問題の誤報で、朝日新聞社長が陳謝〔9・14〕　二四四

「危うい日本」への貴重な講演録〔9・19〕　二四五

◆9月27日　長野・岐阜県境の御嶽山が噴火。

慰安婦問題、朝日の迷走に呆れる〔10・3〕　二四六

火山列島に囲まれた原発の脅威〔10・12〕　二四七

「在特会」と安倍政権の危険な関係〔10・15〕　二四八

◆11月10日　TPP首脳会合は合意時期の目途示せず閉幕。

◆11月12日　原発事故調書、首相補佐官など56人分公開。

◆11月16日　沖縄県知事選で、辺野古移設反対の翁長氏初当選。

沖縄知事選敗北、大混乱の安倍政権〔11・18〕 二四九
◆11月18日　安倍首相が15年10月消費税率引き上げ延期表明。
◆11月21日　安倍首相が衆院を解散。
原発直下に活断層の恐怖〔11・28〕 二五〇
◆12月14日　衆院選で自公が325議席を獲得する大勝。議席3分の2を維持。24日には第三次安倍内閣が発足。

第V部　2015年

◆1月7日　仏パリの週刊新聞社「シャルリー・エブド」襲撃。11日には全仏で連続テロに抗議する370万人大行進。
◆1月20日　ISが日本人二人（湯川さん、後藤さん）を拘束、身代金を要求した末に、殺害の映像を公開。
書評「戦争報道論」（永井浩著）――「戦争報道」の在り方を問う力作〔2・2〕 二五二
〝ドイツの良心〟ワイツゼッカーの名言〔2・5〕 二五三
「辺野古県外移設」、翁長沖縄県知事文書で初要請〔2・6〕 二五三
「国の借金」増加、1029兆9205億円に〔2・12〕 二五四
◆2月12日　原子力規制委員会が、関電高浜原発の新基準適合を認める。
「積極的平和主義」が目指す方向を危惧〔2・19〕 二五五
「核のゴミ」処分に積極的な姿勢を〔2・22〕 二五六
メルケル独首相の忠告を受け入れよ〔3・9〕 二五六
◆3月12日　国が辺野古沖でボーリング調査を再開。
中国首相「歴史の責任負うべきだ」――安倍首相を牽制〔3・16〕 二五七
メルケル訪日、安倍首相の度量の無さ――独新聞が論評〔3・20〕 二五八
三原じゅん子議員の「八紘一宇」発言、議員辞職に値する〔3・30〕 二五九
両陛下パラオ訪問と世界平和への努力〔4・12〕 二六〇
吉野文六氏の苦悩と外交密約の罪〔4・13〕 二六一
◆4月14日　福井地裁が関電に高浜原発3・4号機の再稼動を認めない仮処分を決定。
「高浜原発再稼働認めぬ」――福井地裁即時差し止めの仮処分〔4・16〕 二六二
行き詰まった沖縄基地「辺野古移転」計画〔4・19〕 二六四
首相官邸屋上に「ドローン」落下に驚く〔4・25〕 二六五
◆4月27日　日米が防衛協力のための指針(ガイドライン)を18年ぶり改定。28日に日米首脳会談。
沖縄を無視、対米追従の安倍首相演説〔5・8〕 二六六
◆5月11日　安保法制11法案で自公合意。14日に閣議決定。

米国防相、オスプレイ横田配備を通告〔5・19〕 二六七
◆5月20日　原子力規制委員会が、四電伊方原発の新基準適合を認める。
安倍首相の間違った歴史認識は訂正すべきだ〔5・24〕 二六八
辺野古移転は難航、米国からも見直しの声〔5・26〕 二六八
志位委員長の理路整然たる弁舌に感銘〔6・1〕 二七〇
ポツダム宣言「当然、読んでいる」との内閣答弁書の欺瞞〔6・4〕 二七二
安保法制、憲法学者3人がそろって「違憲」の判断―衆院憲法審査会・参考人質疑の重み〔6・7〕 二七三
米軍基地集中の沖縄、対米追随の姿勢を正せ〔6・9〕 二七四
普天間騒音訴訟　国に7億5000万円の賠償命じる〔6・12〕 二七五
山崎拓氏ら長老の反旗が通じるだろうか〔6・13〕 二七六
「安倍首相のヤジ」、戦前の国家総動員法審議と共通〔6・15〕 二七六
◆6月17日　選挙権年齢を18歳に引き下げる改正公職選挙法成立。16年夏の参院選から適用。
安保法案今国会成立のため大幅会期延長の暴挙〔6・22〕 二七七
「戦後70年談話」を出したくない安倍首相の屁理屈〔6・〕 二七七
「戦争屋帰れ」安倍首相に罵声――沖縄戦没者追悼式〔6・26〕 二七八
「砂川判決」がなぜ集団的自衛権の論拠に？〔6・27〕 二七九
琉球新報・沖縄タイムスが〝言論弾圧〟に抗議声明〔7・1〕 二八〇
内閣支持率39％に下落――朝日世論調査に驚く〔7・3〕 二八一
波乱含みの国会、安倍首相は1週間余遅れて謝罪〔7・5〕 二八二
川内原発、再稼働を目指しているが……〔7・9〕 二八二
第三者委報告も打開策とならず、暗礁に乗り上げた辺野古移設〔7・12〕 二八三
日米豪共同軍事演習の罠〔7・13〕 二八四
◆7月16日　安保関連法案が強行採決で衆院を通過。
辺野古承認手続きに「法的瑕疵」と第三者委が指摘〔7・19〕 二八四
戦闘地域では「後方支援」でも危険〔7・20〕 二八五
安倍首相の「新国立競技場計画は白紙」発言の波紋〔7・

20〕　二八五
イラク派遣自衛隊宿営地へ攻撃、内部文書に驚愕〔7・22〕　二八六
政府の責任回避が目立つ〔7・30〕　二八七
◆7月31日　東電元会長ら3人、強制起訴へ。
沖縄基地問題、日本全体で考えよ〔8・4〕　二八七
川内原発、8月10日再稼働は民意無視〔8・4〕　二八八
「辺野古工事中断」しても、話し合いには赤信号〔8・6〕　二八八
安倍70年談話、諮問機関の報告内容をどこまで盛り込むか〔8・8〕　二八九
「非核三原則」に言及しなかった安倍首相に失望〔8・11〕　二九〇
◆8月11日　九電川内原発1号機が再稼動。東日本大震災後の新規制基準下で初めて。1年11か月ぶりに「原発ゼロ」終了。
川内原発、なぜ急ぐ再稼働！〔8・13〕　二九〇
辺野古移設、なぜ急ぐ！〔8・14〕　二九一
◆8月14日　戦後70年安倍談話が閣議決定。
安倍70年談話―「侵略」盛り込むも〝直接言及〟避ける〔8・15〕　二九二
天皇陛下、戦没者追悼式で「深い反省」と表明〔8・21〕　二九二
奇怪な右派団体、「日本会議」〔8・24〕　二九三
「安保関連法案は違憲」と学者ら300人が表明〔8・30〕　二九四
◆8月30日　安保関連法反対を訴える12万人（主催者発表）が国会前を埋める。全国350箇所でも一斉行動。
大震災から4年余、防潮堤整備が大幅遅れ〔9・3〕　二九四
自民広島県議が安保法制反対署名1万3000人〔9・4〕　二九五
「集団的自衛権行使は違憲」山口繁・元最高裁長官が指摘〔9・4〕　二九五
辺野古移設に、住民の抗議活動は続く〔9・5〕　二九六
普天間問題、沖縄と政府に深い溝〔9・11〕　二九六
◆9月12日　普天間飛行場の辺野古への移設作業が再開。
◆9月19日　安保関連法が参院本会議で可決、成立。30日公布、16年3月末までに施行へ。
「国民をバカにしないで下さい」大学4年生の訴え〔9・20〕　二九七
共産党「野党選挙協力」を呼びかける〔9・23〕　二九八
◆9月24日　安倍首相が「アベノミクス第二ステージ・新三本の矢」を打ち出す。
「辺野古移設ノー」、翁長知事が国連で演説〔9・27〕　二九八

自衛隊と米軍の連携強化を目指す〔10・2〕 二九九
時代を戦前回帰させてはならない――孫崎享氏の〝警世の
訴え〟に感銘〔10・6〕 二九九
◆10月7日 第三次安倍改造内閣が発足。
臨時国会を開かず、野党追及の回避狙う〔10・7〕 三〇一
◆10月13日 翁長・沖縄県知事が辺野古埋め立て承認取り消し。
防衛省は不服審査を請求。
沖縄県知事、辺野古移設承認を取り消し〔10・14〕 三〇一
◆10月15日 九電川内原発2号機が再稼動。
「9月19日忘れない」――安保法制反対、全国に広がる
〔10・22〕 三〇一
「辺野古移設」国と沖縄県の対立は続く〔10・25〕 三〇二
◆10月29日 政府が辺野古埋め立て本体工事に着手。
辺野古埋め立て、両者の対立は続く〔10・30〕 三〇二
若者たちの運動「SEALDs」を全面的にサポート〔11・
1〕 三〇三
国が沖縄県に辺野古移設を要望したが……〔11・10〕 三〇四
アベノミクスは破綻〔11・13〕 三〇四
役立たず「もんじゅ」は廃炉の運命〔11・14〕 三〇五
◆11月5日 10月5日に大筋合意したTPP協定文書が公開。
◆11月14日 パリで同時多発テロ。ISが犯行声明。
再び「辺野古移設」の迷走を考える〔11・16〕 三〇五
◆11月17日 国土交通省が福岡高裁那覇支部に提訴。沖縄県知
事の辺野古埋め立て承認取り消しを撤回する代執行を求める。
政府、ついに沖縄県を提訴〔11・18〕 三〇五
川内原発1号機と2号機が営業運転〔11・19〕 三〇六
オスプレイの本土配備を進めよ〔11・27〕 三〇六
辺野古移設問題、打開策を急げ〔11・30〕 三〇六
辺野古新基地建設への抗議声明―SEALDs〔12・3〕 三〇七
辺野古「代執行訴訟」で、翁長知事が国の姿勢を批判
〔12・4〕 三〇八
◆12月24日 関電高浜原発3・4号機の運転を禁じた福井地裁
の決定(4月)を同地裁が一転して取り消し、運転を認める。
エピローグ 三一四

第Ⅰ部　2010～2011年

普天間基地打開と日米交渉
菅直人・新政権の試金石に

菅直人・民主党代表が２０１０年６月８日、第94代首相に就任した。「政治とカネ」「普天間飛行場移設」をめぐって迷走し続けた鳩山由紀夫政権（２００９・９・16〜10・６・２）退陣によるバトンタッチで、前途多難な船出となった。

菅氏は市民運動の世界から政界入りした〝庶民派〟政治家で、異色の首相誕生に、社会の閉塞状況打破を望む声は強い。しかし、内外を取り巻く難問は山積しており、起死回生の道は険しい。政治資金の透明化・財政健全化・経済成長戦略・社会保障の拡充・少子化対策など内政問題のどれ一つとっても難題ばかり。それに加え、沖縄基地問題など「日米同盟」再構築の〝宿題〟が、日本政府に重くのしかかっている。多岐にわたる問題を論じるには紙幅が足りないため、〝鳩山政権瓦解〟の一因となった「普天間基地問題」について検証、考察を試みたい。

「国外・県外移転」の公約果たせず

日米両政府は５月28日、米軍普天間飛行場移設に関する外務・防衛担当閣僚による日米安全保障協議委員会（２プラス２）の合意に基づき共同声明を発表した。普天間移設問題は、鳩山前首相が昨年秋、「宜野湾市民を悩まし続けている普天間基地を国外、最低でも県外に移設する方針で、５月末（２０１０年）決着を目指す」と公約したものの迷走を繰り返した挙句、〝振り出しに戻る〟政策転換を強行した政治責任は極めて重く、菅新政権は重い足枷《あしかせ》を嵌《は》められてしまった。

日米安保協議委員会（ＳＣＣ）メンバーは、岡田克也外相・北澤俊美防衛相、クリントン国務長官・ゲーツ国防長官の四氏。両政府共同声明の骨子は次の通りで、14年前の「ロードマップ」をなぞったような内容に驚かされた。

①沖縄を含む日本におけるプレゼンスが、日本を防衛し、地域の安定を維持するために必要な抑止力と能力を提供することを認識した。

②06年５月１日のＳＣＣ文書「再編実施のための日米ロードマップ」に記された再編案を着実に実施する決意を確認した。閣僚は、09年２月17日の在沖縄海兵隊のグアム移転に関する協定（グアム協定）に定められたように、第三海兵機動展開部隊（３ＭＥＦ）の要員約８０００人及びその家族約９０００人の沖縄から米領グアムへの移設は、代替施設の完成に向けての具体的な進展にかかっていることを再確認した。グアムへの

移転は、嘉手納以南の大部分の施設の統合及び返還を実現するものである。

③両政府は、オーバーランを含み、護岸を除いて１８０メートルの長さの滑走路を持つ代替施設をキャンプシュワブ辺野古崎地区及びこれに隣接する水域に設置する意図を確認した。普天間飛行場のできる限り速やかな返還を実現するために、閣僚は、代替施設の位置、配置及び工法に関する専門家による検討を速やかに（いかなる場合でも10年8月末までに）完了させることを決定した。

「日米合意」押し付けに沖縄県民は反発

鳩山前首相が「普天間基地移設」に取り組んだのは、在日米軍基地の75％が集中する沖縄の負担を軽減し、国外・県外移設を求める沖縄県民の願いに何とか応えたいとの思いからではなかったのか。ところが、迷走の果てに米政府との合意を急いで、「辺野古沖移設の工法を8月末までに決定」するとの方針を打ち出して沖縄の県民感情を逆撫でしたため、早くも〝赤信号〟。菅新政権は対応に苦慮しており、11日の所信表明演説に斬新さは感じられなかった。

「責任感に立脚した外交・安保政策」の項で、「世界平和という理想を求めつつ、『現実主義』を基調とした外交を推進する。……日米同盟は、日本の防衛のみならず、アジア・太平洋の安定と繁栄を支える国際的な共有財産といえます。今後も同盟関係を深化させます」と前置きしたあと、「沖縄には米軍基地が集中し、沖縄の方々に大きな負担を引き受けていただいています。普天間基地の移設・返還と一部海兵隊のグアム移転は、何としても実現しなければなりません。普天間基地移設問題では先月末の日米合意を踏まえつつ、同時に閣議決定でも強調されたように、沖縄の負担軽減に尽力する覚悟です」と述べただけで、沖縄県民が納得できる展望を示せなかった。突然の首相就任で九月の民主党代表選挙までの暫定的色彩の濃い内閣で、「2プラス2」の岡田外相と北澤防衛相がともに留任、前原誠司・沖縄担当相も留任した顔ぶれからは、従来どおりの対米姿勢を示さざるを得なかったと推察できる。

「菅内閣では、普天間飛行場問題を米国の意向に沿った形で『決着』させた岡田外相と北澤防衛相が再任された。沖縄側から見れば『沖縄切り捨て』に加担した形の二人を残した陣容は『日米合意した辺野古移設案は撤回しない』との宣言に他ならず、新政権の沖縄施策に疑念を抱かざるを得ない。菅氏は２００１年沖縄での参院選応援演説で『海兵隊をなくし、訓練を米領域内に戻す』

と主張。『日本は米国の51番目の州、小泉首相は米国の51人目の州知事になろうとしている』と批判した。03年には本紙インタビューに党代表としてこう答えている。『第三海兵隊遠征軍のかなりの部分を国内、国外問わず、沖縄から移転すべきだ。米国も兵力構成の考えが変わってきている。日本国内への移転より、ハワイなど米国領内への移転が考えやすい』。さらに06年の沖縄知事選応援で『沖縄には基地をなくしていこうという長年の思いがある。普天間飛行場を含め、海兵隊をグアムなどの米国に移転するチャンスだ』と訴え続けた。沖縄県民は期待をかけていたが、昨年、政権交代を実現した頃から菅氏は外交・安保に関する発言を控えるようになった。財務相ポストに就き、沖縄問題は担当ではないとの遠慮もあっただろうが、一国のリーダーについた以上、この問題を避けては通れまい。戦後日本の外交の在り方を痛烈に批判してきた菅氏である。古い政治との決別には、金権体質や利益誘導型政治の一掃に加え、対米追従外交からの大胆な転換が含まれているはずだ」との琉球新報の指摘（6・9社説）を、菅首相は深刻に受け止めるべきだ。7月参院選→9月民主党代表選挙を乗り切って本格政権の陣容を整えた菅内閣が、文字どおり対等な「日米同盟再構築」に全力投球してもらいたい。

新政権は、緻密で大胆な日本外交を築け

「菅氏はオバマ米大統領との電話会談で『鳩山政権の下で形成された合意をしっかり踏まえることが引き継いだ私たちの責任だ』と、名護市辺野古に移設する日米合意を継承する考えを伝えた。

しかし、在日米軍基地の約75％が集中する沖縄県民の基地負担は限界を超えており、抑止力論では県内移設受け入れを説得し切れない段階まできている。ここはやはり、政権交代の原点に返って、沖縄にこれ以上の基地負担を強いることは日米安全保障体制を弱体化させかねないと警鐘を鳴らし、普天間飛行場の国外・県外移設を追求すべきだ。

日米間では同盟関係を『深化』させる作業が進んでいるが、軍事面の協力に限らず、環境や核軍縮、テロ対応、エネルギーなど地球規模の課題にも対応できるよう『進化』させる必要もある。同時に、米軍のプレゼンスを徐々に減らせるよう東アジアの緊張を緩和させる、緻密で大胆な日本独自の外交努力も求められる。菅氏は今月下旬、カナダでの主要国首脳会議（サミット）出席時にオバマ氏と日米首脳会談を行うが、この初顔合わせが、菅政権下の日米関係を占う試金石となる」と東京新聞6・9社説の視点に共感した。

「そもそも国家間の合意というのは、個々の政策の方向を決めるといわれるほど重いものだ。政権交代したからとはいえ、それを半年という期限を切って見直そうとしたこと自体に無理があったと言わざるを得ない。大阪府の橋下徹知事が『沖縄の犠牲の上にただ乗りをしてきた』と指摘するように、日本の安全保障が沖縄の重い基地負担に支えられている現実がある。その点では『沖縄の痛みを国民全体で分かち合う』方向性は間違っていない。ならばこそ日米の合意を先送りしてでも、幅広い議論をするべきではなかったか。海兵隊を含む米軍の抑止力の必要性についての説明も全く不十分だ」と、中国新聞（5・29社説）が指摘する通りで、新時代に適した対米再交渉に臨むべきであり、大胆でドラスチックな在日米軍基地縮小案を提示し、日本独自の平和外交の意気込みを世界に示してほしい。

〔2010年7月1日〕

「非核三原則」堅持し、実践を核抑止の幻想を断ち切れ

人類史上初の原爆投下から65年の8月6日、「ヒロシマ平和記念式典」には過去最多の74カ国代表が参列、「核廃絶」への世界的潮流を感じさせた。米国のルース駐日大使や核保有国の英仏両国代表が初参加、潘基文・国連事務総長も初出席して例年を上回る式典になったことは喜ばしいが、具体的な「核軍縮→核廃絶への道筋」を着実に積み重ねる国際協力が強く求められている。

中東地域をはじめとして、国家間の対立、民族紛争が続発している現在、「核拡散」「核テロ」の不安を早く除去しなければ、地球破滅につながりかねない。米ソ冷戦時の「核の傘」論は、両国以外の核保有国増大によって覆された。英・仏・中国・インド・パキスタン・北朝鮮に「核兵器」が拡散、イスラエルを含め、核保有国は9カ国に膨らんだ現実を冷厳に分析し、核廃絶を目指すことこそ世界平和の一大目標と認識すべきだ。

キッシンジャー提言・オバマ演説を生かせ

本論に進む前に、核問題に絡む最近の動きを振り返っておきたい。オバマ米大統領就任前の08年初頭、米紙に掲載された米国四賢人のアピールに世界は刮目した。キッシンジャー元国務長官、シュルツ元国防長官、ペリー元国防長官、ナン元上院軍事委員長という歴代米政権の中枢にいた四氏が「核のノウハウ、そして核物質の拡散の結果、我々は劇的変化を目前にしている。核兵器が手に入りやすくなっている現在、抑止効果は下がっており、逆に抑止に伴う危険が高まっている」と警鐘を鳴

らし、「核のない世界」構築を訴えた。その後誕生したオバマ新大統領の「プラハ演説」(09年4月5日)――「全面戦争の危機は去ったが、(核拡散により)核攻撃の危険性は高まった。米国は核兵器を使った世界で唯一の核大国として、行動する道義的責任がある。時間はかかるが、世界を変革できることを信じ、核廃絶に向け確実に行動する」との決意表明へと継承された。その後、同年9月に国連安保理「核廃絶」決議、11月には「核兵器のない世界」に向けた日米共同声明、10年4月「米ロ・新戦略兵器削減条約」合意、同年5月の核不拡散条約(NPT)再検討会議などのウネリが高まり、今年の「ヒロシマ平和記念式典」の成果につながったと言える。

「核の傘」に頼らない外交戦略を

「参列した海外代表は、過去最多の74カ国に上る。核軍縮の流れが確かなものになる中で、ヒロシマの訴えがようやく世界と深く結びついてきたように思える。被爆65年の8・6は、国内外のメディアの注目を集めた。国連トップに加え、原爆を落とした米国や核を持つ英仏の代表が初めて黙とうの輪に入ったからだ。とりわけ心強いのが『世界の安全のためには核兵器廃絶しかない』とする潘事務総長の熱意だ。記念講演では、平和市長会議が目標とする『2020年までの廃絶』に賛同。かねての持論である核兵器禁止条約の交渉へ向け、国連で議論を進める姿勢を示した。

一方、もう一人の『主役』のルース米駐日大使は口を開かず広島を後にした。参列をよしとしない米国内の声にも配慮したのかもしれない。その点は残念だが、被爆地から世界へ、これまでにも増して強いメッセージが発信されたのは間違いあるまい。国際社会に行動を促すとき、問われるのは自国の姿勢だ。秋葉忠利広島市長が平和宣言で日本政府に注文を付けたのは当然である。非核三原則の法制化や、米国の『核の傘』からの離脱を求めた。日本が禁止条約の音頭を取ることも提案している。政権交代した政府の姿勢はどうか。菅直人首相は式典で非核三原則の堅持を表明し、核兵器の悲惨さを海外に伝える『非核特使』のアイデアを打ち出した。これまで被爆者らが地道に続けてきた取り組みを国が後押しするようだ。そこは評価できよう。首相は、日本が先頭に立って行動するのは『道義的責任』とも述べた。ただ核保有国の首脳に働きかけたい、とするのは『核軍縮と核不拡散』にとどまる。禁止条約については触れなかった。記者会見では『核抑止力は必要』とも明言した。国際情勢や米国への気遣いがあるにしても、被爆者の思いとは相いれまい。道義的責任というなら、まず『傘』に頼らない覚悟と外交戦略が求められるのではないか。」この中国新聞の指摘（8・7社説）は、「核なき世界」を目指して実践している広島市民の率直な気持ちを代弁したものとして感慨深い。

菅首相の〝二枚舌〟的な姿勢は許せない

広島市長が「非核三原則の法制化」と「核の傘」からの離脱を主張した意義を、日本政府は謙虚に受け止め、「核のない世界」構築へ向け具体的行動に踏み出す好機だ。菅首相も「核兵器廃絶と世界恒久平和の実現に向け、日本国憲法を遵守し、非核三原則を堅持することを誓います」と記念式典で述べたが、その後の記者会見で、「核抑止力は我が国にとって引き続き必要だ」と述べたことに驚き、前段の「非核三原則堅持」が〝空念仏〟に過ぎなかったことが情けない。「平和憲法遵守、非核三原則堅持」が、形式的な常套句に堕した感が深く、二〇〇一年の小泉純一郎政権以降十年の「歴代首相あいさつ」を調べたところ、その言い回しは〝オウム返し〟そのもの、民主党政権の菅首相あいさつにも新味を感じなかった。さらに、国民を愚弄するような「核抑止力」の〝二枚舌〟は許せない。「衣の下からの鎧」が透けて見える。

広島県原水協・被団協が、「記念式典で菅首相が『核兵器のない世界』の実現に向け先頭に立って行動する道義的責任を有していると述べたにもかかわらず、『核抑止力』を肯定したことはまったく矛盾するもので、『核の傘』からの離脱を明言してこそ世界で唯一の被爆国の首相としての発言として説得力を持ち信頼が得られる」と、抗議したのは当然である。

「新安保懇」の防衛見直し報告への危惧

核保有国が拡大し、NPT体制にそっぽを向く〝危険国家〟が存在する現状からみて「核抑止力」は形骸化したばかりでなく、〝目には目を〟の悪循環を生み出す危険性を孕む。この現実を無視し、「非核三原則見直し」を迫る「新安保懇」（新たな時代の安全保障と防衛力に関する懇談会）報告にビックリ仰天した。

報告書案には「非核三原則・武器輸出三原則の見直し」「自衛隊の均衡配備を見直し、沖縄・南西諸島重視への転換」などが盛り込まれている。戦後日本の防衛政策大転換につながる提言で、民主党政権下での外務省有識者委員会・核密約調査によって「核兵器搭載艦船の日本寄港密約」が明らかにされたことが〝引き金〟になったと推察できる。民主党政権は年末に「防衛大綱」改定を公約しているので、正式報告書を受けた上での対応が極めて重大な政治案件に浮上したと言える。非核三原則のうち「持ち込ませず」を修正、「二・五原則」に変えようとする流れを看過できるだろうか、一般国民は強い警戒心を持たなければならない。「新防衛懇」は、加藤良三・前駐米大使や中西寛・京大大学院教授ら有識者十一人で構成されているが、審議経過などの情報は非公開。読売7・26朝刊一面トップの報道がなければ、多くの国民は審議会の存在すら知らなかったろう。戦後日本の「国是」とも言える「非核三原則」については、もっとオープンで公正な論議を求めなければならない。鳩山由紀夫前首相は「密約調査の結果を踏まえた上で、非核三原則を堅持する」と表明、岡田克也外相も同調し、菅首相も広島で堅持を確約しているから、「二・五原則」への変更はあり得ないとは思うが、楽観は禁物である。メディア報道を見る限り、「新安保懇・報告書案」を大々的に報道しただけで、その背景を分析し問題点を指摘する記事が、ほとんど見当たらなかったことは、極めて遺憾である。政府審議会や懇談会の在り方、密室審議などの問題点が指摘されているものの、情報公開は遅々として進んでいない。今年の「ヒロシマ平和記念式典」が見せた国際連帯と核廃絶への潮流に感動した反面、民主党政権の核廃絶など防衛政策全般の体制変革（トランジション）への覚悟、取り組み方に甘さを感じた。普天間基地移設のトラブルや核抑止に関する安易な発言が、菅政権の行方に不安を掻き立てている。核廃絶を求めながら、一方では米国の核に依存する〝矛盾〟をいつまでも続けてはならない。日本政府は先ず、国際社会に対して核兵器禁止条約締結の音頭を取り、国内では「非核三原則」の法制化に踏み切って欲しい。〔2010年9月1日〕

「抑止力」一辺倒の危うさ
新防衛大綱の「動的防衛力」

尖閣諸島や北方四島帰属問題など、海洋国・日本の周辺海域でのトラブルが続発、さらに黄海での韓国哨戒艦沈没、北朝鮮の延坪島（ヨンピョンド）砲撃事件も重なって、北東アジアに不穏な空気が醸成されている。米ソ冷戦構造の終焉から20年、〝新たな脅威〟除去が、新年の重大課題になってきた。

北朝鮮は故金日成主席の生誕100年、金正日総書記が70歳となる2012年を「強盛大国」と位置づけ、〝強面《こわもて》外交〟を執拗に展開している。韓国でも同年4月の総選挙、12月の大統領選挙が決まっており、両国とも2011年早々から政治的駆け引きが過熱化するだろう。さらに12年の中国は胡錦濤主席から習近平氏へのトップ交代、米国とロシアでも大統領選挙があって、〝激動の時代〟到来が注目されている。

一方、日本の内外にも難問が山積している。菅直人政権は、手詰まり状態の普天間基地移設を打開できるか。さらに尖閣諸島沖・中国漁船領海侵犯事件で右往左往した日本外交の拙劣さを、国民の多くが危惧している。それに加え、与野党の中傷合戦に終始する国会論議に〝政治不信〟は高まり、「暗黒の昭和10年代」への回帰を心配する時代状況と言っても、過言ではあるまい。

特に、昨年末決定した「防衛計画の大綱」(防衛大綱)、大規模な日米合同軍事演習(韓国はオブザーバー参加)を見て、「日・米・韓軍事協力」強化へ向かう菅政権の姿勢が読み取れる。

南西諸島の防衛態勢を強化

政府が6年ぶりに改定した「防衛大綱」は、北東アジアの現状を反映して、日米同盟の深化、米・韓・豪との多国間協力を強調。特に軍事力増強・海洋進出を進める中国に対し「地域や国際社会の懸念事項となっている」と明記、自衛隊配置を南西諸島へシフトする方針を盛り込んだ。

東アジア地域は、軍事力増強いちじるしい中国、北朝鮮の核・ミサイル開発など不安定な安全保障環境にあることから、従来の「基盤的防衛力構想」から脱却し、多様な脅威に機動的に対応する「動的防衛力」の整備を新たな概念として打ち出した。具体的には、南西地域の防衛態勢を強化するため、警戒監視や洋上哨戒、弾道ミサイル防衛(ＢＭＤ)など海・空の防衛力整備に重点を移している。特に島しょ部を「自衛隊配備の空白地域」とし、「必要最小限の部隊を新たに配置する」ことも盛り込んだ(与那国島などへの陸上部隊配置)ことが注目される。

ＰＫＯ参加五原則の緩和へ向け「あり方を検討する」方針を打ち出したが、「武器輸出三原則」見直しは、菅首相が連携を求めた社民党に配慮して盛り込まなかったものの「国際共同開発・生産にかかる装備品等の海外移転の円滑化を図る」との表現でぼかしたと受け取れる。

「新防衛大綱」(２０１１～15年度)の根幹は「日米同盟の深化」で、「抑止論」に基づいていると思われる。米ソ冷戦終結後の安全保障環境が劇的に変化しているのに、旧来の「軍備による抑止→封じ込め」戦略に固執し過ぎていないだろうか。

「冷戦期、米ソは明確に敵対していた。だが今日、米・中・日は生存のためお互いを必要としている。経済の相互依存の深まりが抑止戦略をどう変化させるのか、検証が必要だ。冷戦終結後米国は、中東と北東アジアで二つの主要な地域紛争に同時に対応する構想を打ち出した。しかしそれは今、イラクとアフガニスタンへの派兵の長期化で、事実上崩壊した。一方、「イラク」後の米軍の海外展開の全体像は見えてこない。同盟のあり方も、基地の提供からカネの負担、さらに自衛隊の派遣と焦点を変えてきた。同盟のコストをどこまで負うのかの検証も必要だ。

『海兵隊が抑止力』という本質的な意味は、いざとなったら海兵隊を使うということだ。例えば、中国が台湾に侵攻した場合、海兵隊を投入すれば米中は本格的衝突になり、核使用に至るエスカレーション・ラダー（緊張激化のはしご）も動き出すかも知れない。米国にとってそれが正しい選択なのか。日本は国内基地からの出撃を事前協議でイエスと言うのか。……アジア諸国の中にも海兵隊のプレゼンスを望む声がある。米当局者もアジアの多様な課題には海兵隊が必要だと言う。だがそれは沖縄でなければならない理由にはならないし、本来の意味での抑止力でもない。日米安保条約改定から半世紀が経過した。しかし、戦略的従属性と基地負担という二つのトゲの解消は今なお同盟にとって最大の課題となっている。『普天間』は、その両方を象徴するテーマと言える。」

柳澤協二氏（防衛研究所特別客員研究員）が『朝日』オピニオン面（2010・1・28朝刊）に寄せた論稿は、事の本質に迫る問題提起だ。防衛庁勤務を経て内閣官房副長官補（04〜09年）として活躍された安全保障の専門家だけに、その指摘には一層の説得力がある。

「『動的防衛力』の新概念は日本への限定的な侵略に備える『基礎的防衛力』構想に代わるものだ。尖閣諸島で起きた中国漁船と巡視船の衝突事件や北朝鮮による韓国への砲撃事件で、北東アジア情勢が緊迫したことに乗じ、削減圧力にさらされる自衛隊の組織防衛と防衛省の省益確保の思惑が見え隠れする。……中国への警戒感の高まりを追い風にする形で、『南西諸島の島しょ防衛強化』が喧伝され、与那国島への陸自200人配備を皮切りに実行に移されようとしている。南西諸島での自衛隊増強は中国を刺激し、軍事対立すら招きかねず、無用な緊張を高めて逆に地域の安保環境を悪化させる恐れがある。南西諸島を中国からの防波堤と見立てるキナ臭い案は、米軍基地を過重に抱える沖縄をさらに軍事要塞化するもので、到底受け入れられない」と、琉球新報（12・7社説）は指摘している。政治主導は影を潜め、政府内・国会内での議論もほとんどないまま、防衛官僚主導で「防衛大綱づくり」が進められる状況に危うさを感じるのだ。

日米韓の大規模演習は緊張を増幅

北朝鮮による韓国・延坪島《ヨンピョンド》砲撃（２０１０・９・７）に対抗し、米国と韓国は11月28日から４日間、黄海で合同軍事演習を実施。次いで12月２日から８日間、日米共同統合演習を行った。

韓国哨戒艦が黄海で爆発・沈没し、46人の死者・行方不明者を出したのは３月26日。沈没原因はなおナゾに包まれており、南北関係が急速に悪化した。それに追い討ちをかけるような砲撃事件に衝撃を受けた。日米韓３国が、立て続けに演習を実施したのは北朝鮮への示威行動であり、南シナ海の緊張が高まっている。

尖閣諸島沖での中国漁船と海上保安庁巡視船衝突が起きた海域周辺に、米海軍と海上自衛隊の艦艇が集結し実戦さながらのリアルな光景が繰り返しテレビ放映され、危機感を煽っているようにも感じた。この合同演習は日本周辺海域と空域で行われ、日米合わせて約４万５０００人、艦艇約60隻、航空機約４００機が出動、過去10回の中で最大規模の演習だった。韓国海軍がオブザーバーとして初参加したのも威嚇行動の一環で、中国を牽制する狙いがあるとみられる。

しかし、大規模演習によって国際社会が期待するほど北朝鮮や中国に圧力をかけることができるだろうか。中国メディアは「（演習の）仮想敵国は中国」などとも報じており、東シナ海や日本海を「対立の海」にしてはならないと、切に思う。

６カ国協議を通じ〝和平圧力〟を

「朝鮮半島の緊張を緩和させるには、やはり北朝鮮への影響力を持つ中国の役割が大きいと言わざるを得ない。先の日米韓３カ国外相会議声明も、北朝鮮に６カ国協議共同声明を順守させるための中国の努力に期待を表明している。中国は韓国砲撃事件を受け、『朝鮮半島の平和・安定を守ることは関係各国の共同責任』として６カ国協議の首席代表による緊急会合を提案している。しかし、北朝鮮が挑発的言動を続ける中でそれに応じる選択肢があろうはずはないだろう。クリントン米国務長官が会見で、中国の提案を評価しながらも『まずは北朝鮮が挑発的行動をやめなければならない』と述べたのは当然だ。３カ国外相声明はロシアとの協力強化の必要性を盛り込んだ。前原外相が会見で『３カ国対３カ国にならず、５カ国が一致して北朝鮮に働きかけることが重要だ』と述べたのは的確な指摘だ。ロシアも北朝鮮説得に汗を流すべきだ」という『毎日』社説（12・８朝刊）の指摘は尤もで、〝軍事圧力〟でなく、〝和平圧力〟構築を目指した国際的連携を切望している。

〔２０１１年１月１日〕

「普天間基地移設」棚上げの混乱
「沖縄の民意」に応えない菅政権

「菅直人・再改造内閣」が1月14日発足したが、通常国会を控えて野党攻勢を封じるための政略的改造の臭いふんぷんである。相次ぐ失言によって参院でボイコットされた仙谷由人官房長官を枝野幸男氏に交代させざるを得なかったことは仕方ないにしても、反民主党の急先鋒だった与謝野馨氏（『たちあがれ日本』を突然離党）を内閣の主要ポスト・経済財政相に起用したことに衝撃が走った。政権浮揚のため、なりふり構わぬ菅首相の狼狽ぶりを示すもので、「政治の劣化」を危惧する声は高まり、年明け早々の日本に暗雲が垂れ込めている。

菅首相が改造政権誕生の会見で強調したのは、①社会保障と税制を一体的に改革する、②環太平洋パートナーシップ協定（TPP）に参加して経済成長の基盤を整える――の2点。普天間基地や防衛問題などへの言及は一切なく、再スタートの決意表明としてはまことに物足りなかった。在京6紙を見る限り、内政問題を中心に論評しているので、手詰まりの「日米関係」など、最近気になる動きを点検して、考察してみたい。

「辺野古移設はベター」「いや、バッドだ」

菅首相は12月17〜18両日、沖縄県を訪問、仲井眞弘多知事と会談した。仲井眞氏は11月の県知事選で「条件付きで普天間基地県内移設容認」の立場を変え、「基地負担を全国で分かち合うべきだ」として県外移設を公約して再選を果たしたばかり。沖縄には在日米軍の74％が集中しており、普天間基地を県外移設したとしても、集中度が72％に下がるだけなのに、沖縄県民の悲願を逆撫でするような首相発言が飛び出した。「県外・国外移設が実現できず、申し訳ない」と儀礼的に述べたあと、「普天間の危険性除去を検討した結果、県民にとって辺野古への移設はベストではないが、ベターな選択ではないか」との発言に仲井眞氏は絶句した。会談後叫んだ「ベターというのは（首相の）勘違いだ。県内移設はノーだ。バッドの世界だ」という言葉に、多くの国民は共感し、「沖縄の民意を背に、対米交渉に全力を挙げ難局を打開する」との決意表明がなかったことに失望、「沖縄差別」の怒りを増幅させたに違いない。

「菅首相は『普天間移設を強引にするつもりはない。しっかり誠意を持って話し合う』と強調したが、時間がたてば、容認に変わると思っていたら大間違いだ。沖縄を説得する誠意とエネルギーは、米国に向けて使うべきだ」(琉球新報12・18)……「菅政権の思惑と沖縄の現実の隔たりは大きくなるばかりである。にもかかわらず、普天間問題について首相は今回も、打開に向けた方向性を県側に提示することができなかった。近い将来、沖縄が『県内移設』受け入れに転換するとは考えにくい。残るのは普天間飛行場周辺の危険性の固定化である」(『毎日』12・18)と述べた両社説の趣旨を、しっかり受け止めてもらいたい。

米国主導の日米韓「共通戦略目標」

日米両政府首脳が年末から年始にかけ相互訪問し、「沖縄問題と防衛論議」を頻繁に話し合っている。手詰まりの外交関係修復を模索しているに違いないが、「日米同盟深化」の名のもとに、強引とも思える取り決めが罷り通っていないか。

菅内閣は12月14日「在日米軍駐留経費の日本側負担」(思いやり予算)について、「2015年度までの5年間、現行水準を維持することに日米双方が合意したと発表した。思いやり予算は2000年度から減ってきたものの、10年度の総額は1881億円。この額を11年度から15年度まで日本側が負担するとの取り決めである。そもそも、民主党は野党時代の08年「思いやり予算特別協定」に反対し、参院で否決に持ち込んだ前歴を持つ。与党になった民主党が、米政府から「日本周辺の安全保障環境の悪化」を理由に〝削減〟はおろか、「5年間、現行水準維持」という約束を呑まされてしまったのである。国会で真剣に論議した形跡もないまま、このような重大決定に踏み切った民主党の〝外交敗北〟は明らかだ。

キャンベル米国務次官補(東アジア・太平洋担当)は1月13日、ワシントンで朝日新聞の単独会見に応じ「普天間移設問題について、我々は再び期限や時期を設けることはしない」と明言した。『朝日』1・15朝刊によると、「我々は昨年、普天間問題に焦点を当てすぎたために、日米間の多くの課題を進展させることが困難になった。沖縄問題について前進を続けるが、より緊急性の高い戦略的で地球規模の問題にも目を向ける必要がある」と、キャンベル氏は語っている。

一方、ゲーツ国防長官は1月13日来日、菅首相、前原誠司外相、北澤俊美防衛相と相次ぎ会談。先のキャンベル氏と符節を合するような発言を繰り返した。「米国は日本の防衛問題ばかりでなく、東アジア地域の事態も計画する。米軍の軍事力を北東アジアで維持し、東南アジアで拡大する」と言い切ったが、日米韓の防衛協力を強化し「共通戦略目標」の構築を米側が急いでいる証拠である。そこには「14年の普天間移設完了の見込みはなく、日本の国内問題」との米側判断の冷徹さが透けて見える。こんな状況なのに、「海兵隊のグアム移転に伴うインフラ整備の出資枠について日米政府が合意した」（『朝日』12・21夕刊）という。

日本政府が国際協力銀行（ＪＢＩＣ）に出資、低利の貸し出しで合意したもので、11年度予算案に出資金約３７０億円が計上されている。12年度以降の出資金額は改めて検討するとのことで、肝心の「普天間移設は棚上げ状態」なのに、米国側へカネが流れるとは、とんでもない話である。

とにかく、共通戦略目標も沖縄基地問題も米政府が描いたシナリオ通りに動いており、日本外交の主体性は感じられない。「日米両政府は菅首相訪米の際、同盟深化に関する共同声明発表を目指しているが、中国・北朝鮮情勢など安全保障環境の変化に合わせた共通戦略目標の更新を優先させ、普天間問題の進展は棚上げする方針だ」との指摘（『毎日』１・15朝刊）は、残念ながら〝米国追従〟の日本外交の姿であろう。

さらに付け加えれば、北澤防衛相がゲーツ米国防長官との会談で、14年をメドに共同開発中の迎撃ミサイル「ＳＭ３ブロック２Ａ」の日米以外の国への移転について、今年中に結論を出す考えを表明、ゲーツ氏も「第三国移転は有意義だ」と各紙が伝えているが、これまた米国の強い要請に応えたものに違いない。米側はイランの弾道ミサイルに備えて欧州輸出を狙っているとのことだが、「武器輸出三原則」に抵触する重大問題であり、これを突破口にして〝武器輸出解禁〟に道を開く愚は阻止しなければならない。

「海兵隊の任務は終わった」

最後に、「経済危機が揺るがす在外米軍体制」と題する論稿（『世界』２月号＝与那嶺路代・琉球新報ワシントン特派員）の鋭い指摘に刮目《かつもく》したので、『軍事環境に改善の嵐』という項の一部を紹介して、参考に供したい。

「ゲーツ米国防長官は軍事費について、今後5年間で１０００億ドルを削減すると発表。さらにはその延長線上で、軍の役割についても手を付けようとしている。最近のイラク、アフガニスタンでの戦いにおける海兵隊の『第二の陸軍化』に対してだ。海から敵地に乗り込み、機動性に富む能力は『殴りこみ部隊』と呼ばれる海兵隊の特徴である。だが、最近の彼らといえば、軍用機で空から入国し、身軽に移動できない重装備で陸上で戦うなど、本来の性質からずれてきている。部隊は肥大化し、経費も右肩上がりだ。そんな状況に懸念を抱いたゲーツ長官は昨年5月、陸軍に向けた演説でこう本音をぶちまけた。『海兵隊の役割は、陸軍と何が違うのか』。海兵隊が最後に海から奇襲攻撃をかけたのは、朝鮮戦争の仁川上陸作戦。以降60年もの間、海兵隊が『殴りこみ』をしたことがないと説明し、シンプルにこう疑問を投げかけた。『海兵隊の任務って何?』。その後ゲーツ長官は八月の講演で、世界を取り巻く脅威の変化や兵器の革新などを踏まえ、海外遠征軍を含めた海兵隊の体制を見直すよう、海軍と海兵隊の指導者に指示したことを明らかにした。……9・11事件以降肥大化した軍事費と軍の役割、特に海外駐留の意義について、本格的に議論されようとしている。」

海兵隊の任務が終わったのに、「抑止論」を徒に喧伝して、「普天間基地撤去」に向けた対米交渉をためらう弱腰外交が情けない。「従属国家」からの脱皮こそ、「日本再生」の道である。

〔2011年2月1日〕

世界各地への騒乱拡大を危惧
アメリカ独善主義に反発が強まる

「9・11同時多発テロ」から10年、世界各地で騒乱が多発し、混迷の嵐が全世界に吹き荒れている。瞬時に情報が飛び交うインターネット社会の影響もあって、安閑としていられない時代になってきた。年初チュニジアから始まった独裁政権打倒の騒乱は、エジプト、リビアなどの北アフリカ諸国から中東各国を揺さぶる様相を深めている。ヨーロッパ、アジア、南北アメリカ大陸、オセアニア、南アフリカ地域もそれぞれ〝火だね〟を抱えており、菅直人政権を取り巻く環境も厳しい時代状況。まさに「内憂外患」——与野党の主導権争いに終始している日本政治の劣化が、極めて憂慮される昨今である。

「貧困・失業・格差」解消を求める民衆

携帯電話の爆発的な普及、さらにフェイスブックやツイッターなどのネット交流によって、情報が地球を駆け巡る時代。いま世界を震撼させている騒乱は、一地域に限定できない様相を呈してきた。一方、ウィキリークスによって、これまで権力者側が隠してきた残虐行為や謀略の数々が流出し、大国の横暴や独裁権力者が政治を壟断できなくなった実態を、エジプトやリビアの騒乱が物語っている。

「米国は、これまで30年間、毎年イスラエルとエジプトの2国に、米国の対外援助総額の半分近くを、3対2の配分比率で注ぎ込んできた。だから、そのエジプトで、30年間強権を振るってきたムバラク政権が終わるという事態は、中東のそうした巨大変化の引き金となるだけでなく、イスラエル国家の存続に賭ける米・殴の戦略の筋書き変更を迫る可能性すらはらむものである。……いま、世界史的に新しい市民形成と斬新な市民社会の潮流が動き始めたのだ。貧困・失業・格差・不公正・腐敗・ここ ろの操作に対する怒りの真実は、『いのちの安全・融通《ゆうずう》無碍《むげ》に支えあう環境・人間らしさ』の要求とウラハラなのだ。それは、現代世界にのたうつ悪あがきの植民地主義・人種主義・軍国主義・オトコ中心主義との闘いでもある」と、板垣雄三・東大名誉教授は分析している（『DAYS JAPAN』3月号）。

19世紀末の民衆蜂起に失敗して英国の植民地になったエジプトが、「共和国」として独立したのは、1953年（ナセル大統領）。その後、対米従属的ムバラク政権の圧政に民衆が鉄槌を下した今回の市民革命が、周辺諸国に拡大する様相を帯びてきた。イラク・アフガニスタン戦争終結のメドが立たない米国は、今後どのような外交姿勢で臨むだろうか。ソ連崩壊から20年、超大国アメリカの威信失墜も甚だしい。

米国は今まで独裁国家をも利用する外交戦略で優位を誇示してきた。「自由な人権国家」は盾の一面であり、冷徹な「軍事大国」の一面を併せ持つ。いわゆるダブルスタンダード（二重基準）によって、世界に睨みを利かす外交手法。今回のエジプト民衆革命に続く動乱の連鎖は、米外交戦略の破綻を示したとも分析できる。一方、米国に次ぐ経済大国に躍り出た中国政府に〝民主化要求〟の声が、今後どう伝播するか気懸かりだ。まさに〝天下大動乱〟の予感すら覚えるのである。

75年前の「2・26事件」を想起

日本に目を転じると、菅政権の相次ぐ失政によって、国民の不信感は増幅。75年前の「2・26事件」など世界恐慌後の〝暗黒・昭和〟の悪夢が蘇えるが、杞憂だろうか。

この点につき松本健一・麗澤大学教授は「政党不信、今と類似」と題する論評を東京新聞（2・26朝刊）に寄せ、「政党政治に愛想を尽かした国民の期待は『清新なる軍人』へと向かい、人気の高い近衛文麿を首相に担ぎ大衆迎合のポピュリズム政治を展開し、ファシズムへの道を開いた。……今は軍部の代わりにマスメディアが支持率を武器に首相を次から次へと引きずり降ろし、橋下徹大阪府知事らの人気者を担ぎ出す。大衆受けを狙った近衛首相は軍部を抑える政治力を持たなかった。そのポピュリズムの失敗が蘇える」と述べていたが、政党政治の劣化がもたらす〝逆コース〟への警鐘と受け止めたい。

朝日新聞は「2・26事件と財政」と題する社説（2・

27朝刊）を掲げたが、軍事予算膨張に抵抗、暗殺された高橋是清蔵相に「何を学ぶか」の論旨に共感した。――「軍事費と民生費とを同列にはできないが、財源の裏打ちなき出費は無責任のそしりを免れない。……世界に例のない速さで高齢化が進む日本で、社会保障は最重要課題である。その財源を優先しつつ、負担を国民に求め、他のムダや我慢すべき政策は徹底してそぎ落とす。まして財力に見合わぬ軍備に巨費を投じる余裕はない。争いを未然に防ぐ外交に心血を注ぐことが不可欠だ。そうやって国民の今と未来を命がけで守る。今も昔も、責任ある為政者の使命というものだ」との指摘はもっともで、「歴史に学ぶ努力」の必要性を痛感させられた。

〝知日派〟メア日本部長の暴言に愕然

一方、沖縄・普天間基地移設の行方が憂慮されている最中《さなか》、米国務省のケビン・メア日本部長（前在沖縄米総領事）の暴言が明るみに出て、〝傲慢な米国〟への怒りが高まっている。メア部長がアメリカン大学で昨年12月3日、沖縄訪問を控えた学生14人に特別講義した内容だ。来日した米大学生に取材した共同通信と沖縄県紙が「沖縄への侮蔑発言が多かった」講義内容に驚き、3月7日朝刊に報じて波紋が広がった。トーリ・ミヤギさん（20歳＝ハワイ出身の日系4世）が、「録音はしなかったが、メモを確認し合ってまとめたもので、内容は正しい」と、差し出した講義録（A4判4㌻）には、ビックリする文言が記されていた。

「①海兵隊8000人をグアムに移すが、沖縄の軍事的プレゼンス（存在）は維持し、抑止力を提供する。②日本政府は沖縄の知事に対して『もしお金が欲しいならサインしろ』と言う必要がある。③日本の文化は合意に基づく和の文化だ。しかし、彼らは合意と言うが、ここで言う合意とはゆすりで、日本人は合意文化をゆすりの手段に使う。合意を追い求めるふりをし、できるだけ多くの金を得ようとする。沖縄の人は日本政府に対するごまかしとゆすりの名人だ。④沖縄の主産業は観光だ。農業もあり、ゴーヤー（ニガウリ）も栽培しているが、他県の栽培量の方が多い。沖縄の人は怠惰で栽培できないからだ。⑤沖縄の人は普天間飛行場は世界で最も危険な基地だと言うが、彼らは、それが本当でないと知っている。福岡空港や伊丹空港だって同じように危険だ」（『共同』3・6配信）等々、その侮蔑的言葉にビックリ仰天した。

また「憲法9条を変えるべきだと思わない。憲法が変わることは米国にとって悪い。日本に在日米軍が不要になり、日本の国土を米国の国益を促進するために使えなくなる。日本政府が支払う高価な受け入れ国支援は米国の利益だ。我々は日本でとてもいい取引をしている」との暴言に、「日本を〝食い物〟にする米国」の驕りが垣間見える。

琉球新報と沖縄タイムスは、3月7日〜8日朝刊で大々的に報じ、本土メディアも後追いして、「メア暴言」に抗議、謝罪を求める〝怒りの声〟が高まった。折から来日したキャンベル米国務次官補（東アジア・太平洋担当）は10日、松本剛明外相を訪ね、「米政府は深い遺憾の意を表し、深くお詫びする」と正式謝罪、メア日本部長を同日付で更迭して後任にラスト・デミング元駐日主席公使が就任したと伝えた。ルース駐日大使も同日、沖縄県に飛び、仲井眞弘多知事に陳謝した。日米関係の悪化を懸念して、米側が早期収拾を図ったと推察するが、2006年から09年まで在沖米総領事だったメア氏の「日本蔑視」発言を、形式的陳謝だけで〝水に流す〟わけにはいかない。

「米軍普天間飛行場の返還・移設問題に深く関わる国務省日本部長の要職に就きながら、日米の基本認識である危険性を軽視するのなら、日米交渉の根底が崩れる。……。重大なことは、知日派と称されるメア氏が発信する沖縄に関するゆがんだ情報が、米政府の普天間交渉の対処方針に悪影響を与えている恐れが大きい点だ」（琉球新報3・8社説）「沖縄が振興策と引き換えに基地負担を甘受する状況でないことを知らないようでは、とても知日派とは言えない。……周辺住民の危険除去という普天間問題の出発点を覆す議論であり、重大だ」（『毎日』3・10社説）との指摘を、米政府は真摯に受け止めるべきである。

〔2011年4月1日〕

「原発依存」社会から決別を
東日本大震災で崩壊した〝安全神話〟

「9・11同時多発テロ」（2001年）の衝撃から10年後の3月11日、「福島原子力発電所」爆発惨事が全世界を震撼させている。マグニチュード9・0の大地震が、東北地方太平洋岸地域を襲ったのは、11日午後2時46分ごろ。震源地は宮城県牡鹿半島沖130キロメートル、深さ24キロメートルで、大津波が福島原発を破壊、放射能汚染が拡大している。

地震・津波による死者・行方不明者2万人近くの大惨事になったが、福島第一原発のダメージは甚大で、1カ月半を過ぎた現段階でも炉心溶融拡大の危機から脱出できず、日本国内の不安はもとより、全世界を恐怖に陥れてしまった。原発周辺の放射線濃度が極めて高いため、破損個所の点検・修復は進まず、政府・東京電力の発表に一喜一憂するばかり。原発専門家も明快な分析・解決策を示せない、憂慮すべき現状だ。

茨城県東海村で日本初の原発が稼動したのは１９６５年。東京電力が米ジェネラル・エレクトリック社（ＧＥ）の沸騰水型原発を導入して福島第一原発１号機が動き始めたのは、１９７１年３月。その技術は東芝と日立製作所に引き継がれ、福島第一・第二原発全体で10基の原発が林立、〝原発銀座〟と称されて原子力発電のメッカになってきた。以来、電力９社のうち「沖縄電力」を除く８社の原発建設が相次ぎ、いま日本の原発は54基。米国104基、フランス59基に次ぐ「原発大国」で、日本の総電力の約30％を原発が供給している現状。国と電力会社、さらに学者・技術者によって「安全神話」が構築され、一部の批判派・反対勢力を封じ込めて「クリーンで安上がりな原発」との旗印のもとに原子力行政を推進してきたことを、大災害に直面して初めて気づかされたのである。まさに「政・官・業・学」癒着の構造が、原発災害の元凶と言わざるを得ない。また、過去の原発事故への綿密な検証を怠ってきたメディアの責任も大きい。本稿では、大地震発生以来の諸情報に基づいて、一市民として感じた素朴な問題点を提起したい。

〝カネとムチ〟の原発立地政策

今回の津波・原発災害をモロに受けた福島・宮城・岩手３県はいずれも「東北電力」管内だが、「東京電力」が福島県に10基もの原発を管理し、大部分の電力を首都圏に送電している。２００７年の中越沖地震で被災した柏崎刈羽原発がある新潟県も「東北電力」管内だが、これも東電の施設。原発立地をめぐる政府・地方自治体・電力会社の取り組みを探っていくと、莫大な政府交付金や固定資産税減免、雇用創出などをエサに、財政難・過疎対策に悩む自治体に原発立地を認めさせてきた政・官・業の深慮遠謀が透けて見える。

「沖縄電力」を除く電力８社管内の原発は、東京電力が福島県（大熊町と楢葉町）に10基・新潟県柏崎市に７基の計17基。関西電力は福井県美浜町・高浜町・おおい町に計11基、九州電力が佐賀県玄海町と鹿児島県川内市に計６基、東北電力は宮城県女川町・青森県東通村に計４基、北海道電力が泊村に３基、中部電力は静岡県御前崎市に３基、四国電力が愛媛県伊方町に３基、北陸電力も石川県志賀町に２基、中国電力が島根県松江市に２基で、大都会から離れた辺地に原発が集中的に建設されてきた。このほか青森県「六ヶ所村再処理工場」の危険性も指摘されており、〝アメとムチ〟を駆使して原発立地を操ってきた〝政・官・業〟一体の強引な政策の恐ろしさを感じざるを得ない。

政府と東京電力は地震発生直後、〝想定外〟と言い訳していたが、「原発安全神話」を信じ込んで二重三重の防災対策を怠った〝人災〟だったことは明白ではないか。しかし政府・東電の状況説明が曖昧なため〝情報不信〟を招き〝デマ情報〟が飛び交って不安を増幅させた責任も大きい。

「福島原発」は廃炉の運命だが……

東電の勝俣恒久会長は3月30日、震災後初めて記者会見に臨み、津波対策が不十分だったことを認めて、「第一原発1~4号機の今の状況を客観的にみると廃炉にせざるを得ない。廃炉のゴールは、まずは冷却。最終的に遮蔽をどうするか。（チェルノブイリのように）石棺も一つの方法だが、まだ確定したものではない」と表明した。5、6号機については言葉を濁したが、枝野幸男官房長官は同日「政府の判断という以前に、客観的状況としてはっきりしているのではないか」と述べており、第一原発6基すべてが廃炉の運命と推察できる。更に隣接の第二原発4基の運転再開も期待できまい。ただ〝廃炉〟を決断しても、危険が直ちに消えないのが〝放射線封じ込め〟の厄介な点だ。現在作業中の原子炉格納容器への海水、窒素注入によって沈静化させたうえで、「石棺」などの作業に移ることになるが、最低でも10年以上の歳月を要すると、専門家は指摘している

原子力安全・保安院は4月12日、原発災害の危険度を示す国際レベルを「最も危険なレベル7」に変更した。当初「レベル5」（米スリーマイル島事故）をチェルノブイリ級の「レベル7」に変更したことで、放射能汚染の深刻さが明白になった。

大津波警告を無視した「原子力村」の面々

「原発事故と通常の震災が複合する事態は『原発震災』と呼ばれる。その恐れを地震学者の石橋克彦さんらが早くから指摘してきた。それが生かされなかった。……福島第一原発が想定した津波は最高5・7メートル。東電は沖合にそれより高い防波堤を設置した上で1~4号機を海面から10メートル、5、6号機を13メートルの高さの敷地に設置した。今回の津波の高さは、それを上回る14メートルだった。東電は、設計段階で津波被害に対する想定が甘かったことを認めた。1号機の運転開始はちょうど40年前だ。その後、津波の研究は大きく進んだ。それを受けて対策を取るべきだった。産業技術総合研究所の岡村行信活断層・地震研究センター長らは、869年（平安時代）に起きた貞観《じょうがん》

津波（推定震度M8・3）が残した地中の土砂を調査し、その津波が福島第一原発近くの町まで及んでいることを突き止めた。岡村氏は2009年、国の審議会で大津波が同原発を襲う危険性を指摘したが、東電側は『十分な情報がない』として地震想定の引き上げなどに難色を示した。この時点で非常用電源など設備を改修していれば、原発事故を防げた可能性がある。東電と国の姿勢が問われる。……日本には海岸沿いに54基もの原発がある。原発震災を繰り返さないため、想定している地震規模や津波の高さで本当に大丈夫か、洗い直すべきだ。巨大な規模が予想される東海地震が気掛かりだ。中部電力浜岡原発について安全性を綿密に再点検し、十分に説明してほしい」と『信濃毎日』（3・31社説）が、東電の責任を厳しく指摘していたが、「貞観津波」以降の江戸・明治・昭和期にも三陸海岸はたびたび大津波に襲われていた。

原発推進役の経済産業省の系列下に、ブレーキ役である原子力安全・保安院が置かれていること自体が異常である。名ばかりの原子力安全委員会、原子力委員会と御用学者……。この「政・官・業・学」馴れ合いの「原子力村」を解体し、今後のエネルギー政策を策定する機関を早急に立ち上げるべきだ。全国の原発総点検は当然だが、福島原発に次いで危険視される浜岡原発の操業をストップさせ、存続の是非にまで踏み込んだ抜本的対応を急いで欲しい。将来的には、原発に頼らない電力源の開発・拡充を目指した新エネルギー長期計画を構築すべきだ。〝脱原発〟をすぐ実現できないにしても、「安全神話」が崩壊した今を好機に、原発依存から脱出してクリーンエネルギーに移行する政策を最優先すべきだと考える。

「原発に依存しない、あるいは依存度を極力小さくした社会を構築すべきではないのか。化石燃料依存へと、単純な先祖返りができないならば、太陽光、風力、地熱など再生可能な自然エネルギーを総動員する必要がある。従来型の電力供給システムの弱点もはっきりした。地方に巨大な発電所を集中させ、離れた大都市の需要を賄わせる仕組みでは、事故があった時の影響の拡大が甚だしい。分散して電力を生み出し、それを出来るだけ近くで消費してロスを少なくする『地産地消』の取り組みを強めたい。……東電など全国9電力体制の存続には疑義がある。小回りの利く発送電が出来る自由化や再編が必要だ。東日本の危機に西日本から都合出来る電力は余りに小さい。東西の周波数の違いも放置できない。……少ない資源を分かち合い、持続可能な形で、地球を子孫に残す共生の道、即ち『より人間らしい暮らし』にこそ希望があるのではないか」（『朝日』4・4社説）との指摘に、共感する。「原発依存の時代」に決別し、「自然との共生社会」再構築の好機にしたいと切に願っている。

〔2011年5月1日〕

「浜岡原発停止」契機に、自然エネルギー政策の促進を

「3・11大震災」から2カ月半、出口の見えない混乱がいぜん続いている。大津波の爪あとは徐々に修復されてきたものの、福島第一原発事故による放射能拡散の不安が社会を覆っている。破壊された第一原発4基は廃炉の運命だが、第二原発を含む6基の稼動も危うい状況だ。（結局、福島原発10基全部ダメということ）

これに加え、全国の原発54基の中で、直下型地震の危険性が指摘されていた中部電力管内の浜岡原発（静岡県御前崎市）は、菅直人首相の要請を受け、3、4、5号機の運転を5月14日までに停止。既に廃炉が決まっている1、2号機を含め浜岡原発5機すべてが操業ストップとなった。中部電力は防潮堤などの津波対策を万全にしたうえで、運転を再開したい考えだが、早くても2年後になるとみられる。

停止要請の具体的理由について、菅首相は5月7日の会見で文科省・地質調査研究推進本部が「30年以内にマグニチュード8程度の東海地震が発生する可能性は87%」と分析していることを根拠にしている。高さ15メートルの防潮堤工事の完成は13年度末の予定のため、完成までは全機ストップに踏み切ったわけだ。まさに〝苦渋の決断〟と言えるが、新聞各紙の評価にニュアンスの差を感じた。『毎日』『朝日』の論調は、3・11原発事故後、原発政策の転換と新エネルギー開発の必要性を訴えており、特に『毎日』4・15社説が浜岡原発の危険性をいち早く指摘し「大災害を転機に、長期的な視点で原発からの脱却を進めたい。既存の原発を一度に廃止することは現実的ではないが危険度に応じて閉鎖の優先順位をつけ、依存度を減らしていきたい。第一に考えるべきは浜岡原発だ。近い将来、必ず起きると考えられる東海地震の震源域の真上に建っている。東海・東南海・南海が連動して、巨大地震・大津波を起こす恐れは見過ごせない」との警告を発していた。その後『毎日』は政治コラム「風知草」（山田孝男・編集委員）は4月18日朝刊で「浜岡原発を止めよ」と鋭く迫り、1週間隔で「原発への警鐘再び」（4・25）「再び『浜岡原発を問う』」（5・2）と書き、菅首相の発電停止要請を受けて「暴走しているのは誰か」

（5・9）との問題提起を続けた執念に敬服した。原発推進派と言わないまでも『産経』『日経』『読売』などとの視点の差が歴然と紙面構成に表れたのは稀有なことと思える。互いに、自社の主張を打ち出し、切磋琢磨するジャーナリズムを志向してほしいとの感慨を覚えた。

「原子力偏重のエネルギー政策」白紙に

菅首相は5月10日の会見で、「現在54基の原発を２０３０年までに14基以上増やし、二酸化炭素を出さない原子力など総電力の占める割合を約70％にする」とした２０１０年決定の「エネルギー基本計画」を白紙に戻し、議論すると表明、「今後は太陽光や風力、バイオマスといった再生可能エネルギーを基幹産業に加えると共に省エネ社会を目指したい」と強調した。原発依存から脱却、エネルギー政策の大転換を国民に約束したわけで、電力に支えられて経済大国を築いてきた国家の将来を危惧する声もまた高まっている。電力不足への対策は、節電を含めて喫緊の課題に違いないが、『産経』（5・10朝刊）のように「原発停止ドミノ危機」との１面大見出しを掲げて菅政権を指弾し、さらに「定期検査を終えた原発を再稼動させよ」（5・13社説）と迫るだけで〝原発依存〟見直し政策を一顧だにしない社論に違和感を覚えた。一方『読売』（5・10社説）は軌道修正したのか、「止むを得ない選択」と控えめだった。

そもそも原発の耐用年数は30年とも言われているが、建設に数千億円もかかるため、検査システムを厳しくして稼動を延長させてきたのが実態だ。福島第一原発１号基は稼動から40年、他の原発老朽化も進んでいる。ドイツのメルケル政権は３月半ば、国内17基の原発のうち１９８０年以前に運転開始した７基を緊急停止させたが、それに比べても「浜岡停止」は２カ月遅れている。

この点に関し、ドイツ原子炉安全委員会前委員長のザイラー氏は「柏崎刈羽と福島第一原発に対する問題認識を踏まえ、日本政府に他のすべての原発の安全性を再検証することを勧めたい。70、80年代に稼動した古い原発は、大地震に耐えるものでなければならないという認識が十分でないまま設計されたからだ」と警告（『毎日』5・7朝刊）していたが、傾聴に値する。「濃淡に差はあれ、ハイリスクと懸念される原発は浜岡以外にもある。活断層の真上に立つ老朽原発、何度も激しい地震に見舞われた多重ストレス原発……。立地条件や過去の履歴などを見極め、危険性の高い原発を仕分けする必要がある。すべての原発をいきなり止めるのは難しい。しかし、浜岡の停止を、『危ない原発』なら深慮をもって止めるという道への一歩にしたい」と、朝日５・７社説が指摘する通りだ。

長期目標を立て、「老朽原発」を廃炉に

飯田哲也氏（環境エネルギー政策研究所長）は4月5日、日本記者クラブで「3・11後の原子力・エネルギー政策の方向性」と題する講演を行った。①原発震災の出口戦略②原発震災の教訓化戦略と原子力安全行政の刷新戦略③原子力・エネルギー政策の転換戦略④緊急エネルギー投資戦略――の4点について語ったが、「エネルギー新戦略」に関する示唆に富む問題提起に感銘した。内容の主要点をピックアップして参考に供したい。

「原子力の新増設と、核燃料サイクル事業、これは直ちに停止すべきだ。日本の原子力発電の行方には三つのシナリオがある。

(1)原子力発電は漠然と電力量の30%を賄なっていると思われているかもしれないが、日本の原子力発電所は相当老朽化が進んでいて、今回事故を起こした福島原発はちょうど40年です。通常40年で廃炉することが想定されていて、日本の原子力発電所は、そういう意味では後期高齢者の域に入りつつある。40年でそのまま廃炉していくとなると、長期的には、相当これから原子力の設備容量は下がっていく。

(2)次に今回の地震で影響を受けた後のシナリオとして、福島第一、第二、女川、柏崎刈羽、浜岡、東通について、BWRタイプでなおかつ地震のリスクのある原子炉を直ちに止めて、その他の原発は40年寿命で生かすとすると、原発が賄う電力量は2020年で1700万《キロワット》、10%くらいに落ちる。

(3)もう一つ脱原発の期待に応えて、2020年で原発をゼロにする。この三つのシナリオのうち、一番目のシナリオはなくなったので、残る二つの新しい現実を前提に、これからのエネルギー政策を立てることになる。」

ヨーロッパ各国の新エネルギー政策

原発の新設、点検後の再稼動の見通しも立たない今、2050年までには「原発ゼロ」の予測が成り立つ。原発依存に執着せず、自然エネルギー開発を目指すのは時代の要請ではないか。ヨーロッパ各国では、風力など自然エネルギーへの政策転換が進んでおり、福島原発災害を教訓に〝安全な電力〟確保にシフトしている。［パリ＝時事電］によると、スペインの送電管理会社REEは3月31日「風力発電の比率が21%に達し、月別で初めて最大の電力供給源となった」と伝えている。他の供給源は原子力19%、水力17・3%、ガス火力17・2%、石炭火力12・9%、太陽光2・6%の順で、再生可能エネル

ギーが45％という。スペインと日本では、経済規模が違うから、単純に比較はできないが、風力発電№１にはビックリした。飯田氏は「既存のエネ政策機関をすべて改革して、新しいエネルギー政策機関として、『総合エネルギー政策会議』を内閣府に設置、なおかつ環境エネルギー庁を設けるべきだ」と提案しているが、10～20年の長期電力計画を策定して、〝脱原発〟を目指すことこそ、重大な政策課題である。既に米国でも欧州でも「スーパーグリッド」に集中投資している。これは主に高圧直流送電線で自然エネルギーの集中地帯と幹線を結んでいく方式だ。日本でも取り組むべき課題ではないか。

環境省は４月21日、自然エネルギーを利用する場合、風力発電が最も有効で「最大で原発40基分の発電可能」との試算を発表（『朝日』４・22朝刊）、風の強い東北地方は効率がいいそうだ。同省は、風力発電を含めた自然エネルギーの導入を提案していく方針という。放射能汚染解消や地球温暖化対策として、風力や太陽光に望みを託したい。

〔２０１１年６月１日〕

「核と人類は共存できない」ヒロシマ・ナガサキ・フクシマの悲劇

ヒロシマ・ナガサキ原爆惨事から66年、例年と違った緊張感の中で迎えた「原爆忌」への思いは深い。５カ月前の福島原発事故の恐怖が、重くのしかかっているからだ。〝核の平和利用〟の名の下に半世紀も進められてきた「原子力発電」の大事故が全世界に衝撃を与え、「核と人類は共存できない」ことが立証された〝核兵器と原発は別〟との理屈が破綻し、「脱原発」へのウネリが高まってきており、「３・11惨事」を転機に、核廃絶とエネルギー政策大転換に総力を挙げることこそ、再生日本のカギとの認識を共有したいと思う。

今年の広島原爆忌・長崎原爆忌の「平和宣言」が、福島原発事故を反映し「核の軍事利用反対」に加え、「平和利用にも反対」の姿勢を打ち出したことは特筆すべきことで、宣言内容を読み比べたうえで、主要各紙の論調を検証したい。

「原爆忌」平和宣言を行動に移そう

松井一実・広島市長は平和宣言で「福島原発事故によって、原発に対する国民の信頼を根底から覆した。そして『核と人類は共存できない』との思いから脱原発を主張する人々、あるいは、原子力管理の一層の厳格化とともに、再生可能エネルギーの活用を訴える人がいます」と述べて政府にエネルギー政策の見直しを要望したが、明確な表現を避けて「脱原発を主張する人々がいる」と述べただけの宣言内容に、迫力不足を感じた。

田上富久・長崎市長は、平和宣言の冒頭に福島原発惨事を掲げ「爆発によってむきだしになった原子炉。『ノーモア・ヒバクシャ』を訴えてきた被爆国の私たちが、どうして再び放射線の恐怖に脅えることになってしまったのでしょうか。自然への畏れを忘れていなかったか、人間の制御力を過信していなかったか、未来への責任から目をそらしていなかったか……、これからどんな社会をつくるべきか、根底から議論をし、選択する時期が来ています。たとえ長期間を要するとしても、より安全なエネルギーを基盤にする社会への転換を図るために、原子力にかわる再生可能エネルギーの開発を進めることが必要です」と主張しており、「脱原発」への転換を力説していた。

両宣言とも、原爆被爆者への鎮魂と核兵器廃絶への粘り強い行動を主軸にしているが、〝安全神話〟が崩壊した原発の恐怖を盛り込んだことに、核問題の深刻さを痛感する。

原発事故で飛び散った放射線汚染物

中国新聞8・8社説は「再生可能エネルギーの拡充や電力浪費社会の見直しを進めながら原発ゼロへの見取り図をどう描くのか、国民的議論を巻き起こしたい。米国が昨秋から臨界前核実験を再開するなど、核兵器廃絶への道のりは険しさを増す。その打開策について、松井市長の宣言も首相の発言も物足りなかった。前の2代の市長が政府に求めた米国の『核の傘』からの離脱を、松井市長は盛り込まなかった。被爆地の市長としては、踏み込み不足と言わざるを得ない」と論評。

長崎新聞8・10論説は「菅直人首相はあいさつの中で『白紙からエネルギー政策見直しを進める』ことを改めて表明。式典後の記者会見でも田上市長の平和宣言に関し『方向性は同じ』として再生可能エネルギーの拡大に取り組んでいくことを強調した。……米国は昨秋から臨界前核実験や新たな模擬核実験を実施するなど、2年前のオバマ大統領の演説とは裏腹に、核兵器廃絶への歩みは、むしろ後退している。原爆を投下された広島、長崎でどのような悲劇が起きたのか。福島の原発事故が今、どれほど多くの人たちに不安を与え続けているのか。人類の未来を考えるうえで、大きな選択の時にある。それは、『核兵器のない世界』から『核のない世界』へとさらに歩みを進めることを意味する。そのためにも被爆の実相を、放射線の脅威を、被爆地は世界に訴え続けていかねばならない」と強調しており、地元県紙2紙の率直な指摘に共感を深めた。

福島第一原発事故で破壊された炉心格納容器から漏出した放射線濃度が異常に高いため、事故収束へのメドは依然立っていない。放射線汚染が、広島・長崎より広範囲なため、除染対策が焦眉の急になってきた。東大アイソトープ総合センター長・児玉龍彦教授が現地調査に基づいて発した警告は衝撃的だ。「福島原発汚染は広範囲で、広島原爆の29・6個分、ウラン換算では20個分が漏出した。原爆による放射線の残存量が1年で1000分の1程度に低下するのに対し、原発の放射線汚染物は10分の1にしかならない」と、衆院厚生労働委員会（7・27）で証言したもので、その10日後に迎えた「原爆忌」だけに、例年以上の緊迫感を覚えた。

「脱原発」の道は険しくとも……

東京新聞8・7社説が「核の平和利用自体、米国の核戦略の一環だったことが、近年の研究で明らかになりつつある。米国にとって被爆地のお墨付きを得ることは『平和のための原子力』を成功に導き、核戦略で優位に立つための必要条件だった。米国の核政策はともかく、原子力は安価で、小資源国の日本には欠かせないという意見もある。しかし、福島での原発事故を見れば、とても安価とは言えない。事故収束や補償の費用は優良企業とされた東京電力の存立すら危うくするほど膨大だ。そもそも核燃料サイクルは未完の技術であり、使用済み核燃料はたまる一方だ。原爆忌での『脱原発依存』宣言は、むしろ遅きに失したのかもしれない。政権延命意図の有無にかかわらず、目指す方向性は支持する。……自らも被爆し、核兵器廃絶と被爆者援護に半生をささげた故森滝市郎・広島大名誉教授は『核と人類は共存できない』と語った。核廃絶と脱原発。ともに実現の道は険しいが、今の世代で無理ならば、次世代に引き継いででも成し遂げねばならない目標だ」と。極めて明快に指摘した姿勢を評価したい。

『毎日』社説も「核兵器と原発はこれまで切り離して考えられてきたが、福島の事故は原発の危険性に改めて目を向けさせた。唯一の被爆国としての経験を原発対策にも生かしながら、従来にも増して核廃絶のメッセージを発信し続けるのが私たちの責務である」と述べ、『朝日』社説も「核被害の歴史と現在に向き合う日本が、核兵器廃絶を訴えるだけではなく、原発の安全性を徹底検証し、将来的にゼロにしていく道を模索する。それは広島、長崎の犠牲者や福島の被災者、そして次の世代に対する私たちの責任である」と強調している。

在京6紙の論調に、問題意識の差

在京6紙のうち『朝日』『毎日』『東京』は、「脱原発↓エネルギー政策転換」を社論として表明しているが、他の3紙はどう論評しただろうか。『読売』社説は、菅首相が福島原発事故に言及したことを取り上げ「原爆と原発事故を重ねることで自らの主張をより効果的にアピールしたかったのだろう。鎮魂のセレモニーのいわば〝政治利用〟ではないか。……世界の経済が景気後退の危機に瀕している今、日本が生き残るために、原子力エネルギーの平和利用はなお欠かせない」と批判。『産経』社説は「菅首相は平和記念式典あいさつで『非核三原則堅持などをうたう一方で、原発依存度を引き下げ、原発に依存しない社会を目指していきます』と持論の脱原発を繰り返した。だが同じ6日、東北電力が東京電力に緊急の電力融通を求めたように、原発なしで日本が立ちゆかない現実は既に明らかといえる。脱原発にこだわる首相の言動は無責任としか言いようがない」と酷評している。『日経』社説は「『非核』を訴え続けてきた日本で最悪レベルの原発事故が起きたことに私たちは正面から向き合わなければならない。そこで得られた教訓を踏まえつつ世界平和へのイニシアティブを発揮していこう」と述べただけで、エネルギー政策転換には、触れずじまいだった。

福島原発事故は、原爆と共通の「放射性物質の被害を引き起こす」恐怖を見せ付けており、原爆忌に当たって原子力の平和利用を検証、危険除去を論議することは、被爆国・日本国民の責務ではないか。その点、『読売』など3紙の「原爆忌・社説」には〝後味の悪さ〟が残った。

最近の世論調査を見ると、「脱原発↓新エネルギー政策への転換」を期待する声が7割を超えている。原発の新設どころか、点検中の原発再稼動への道も険しい。菅首相退陣後の政権担当者も「クリーンエネルギー開発」の政策目標を継承してもらいたいと切に願っている。

〔2011年9月2日〕

沖縄密約文書「廃棄の可能性」
不可解な「無いものは無い」判決

西山太吉・元毎日新聞記者ら25人が訴えた「沖縄返還密約文書開示」控訴審判決で、東京高裁（青柳馨裁判長）は9月29日、国に開示を命じた一審・東京地裁（杉原則彦裁判長）判決＝昨年4月9日＝を取り消し、原告側の請求を退けた。青柳裁判長は「問題の文書を探したが無かった」とする国側の調査結果に従って一審判決を覆したものの、判決理由には、一審が指摘した「密約文書の存在」を〝推認される〟と記している。しかし「いくら探しても問題文書は見つからなかった。無いものは無い」との〝三百代言〟的な逆転判決に愕然とさせられた。情報公開法に基づく開示義務を無視したもので、民主主義国家とは言えない司法判断に、原告をはじめ多くの国民の怒りが高まっている。こんな欠陥判決を許すことはできず、原告側は10月12日最高裁へ上告した。

「事案の概要」や「争点」を記した判決理由はA4判60ページもの長文だが、一審に比べ歯切れが悪く、「情報公開をめぐる重大な訴訟」との認識が著しく欠如していると言わざるを得ない。末尾の文章に「本件各文書の管理状況については、通常の管理方法とは異なる方法で管理されていた可能性が高く、また、その後に通常とは異なる方法で廃棄等がされた可能性がある」と記述していたものの、後段で「外務省及び財務省が本件各不開示決定の時点において本件各文書を保有していたことを認めるには足りず、他にこれを認めるに足りる証拠はないというほかはない」との牽強付会な理屈で、「不開示決定は適法」との逆転判決が下されたのである。要するに「密約文書は存在したと〝推認〟されるが、いくら探しても見つからない。無いものは無い」と、原告要求を蹴散らしてしまった。

「情報公開法」無視に驚く

一審の杉原裁判長が「国民に知らせないまま財政負担することを、米国との間で密約を結んでいた。国民の知る権利をないがしろにした国側の対応は不誠実」と断じて、「外務大臣及び財務大臣は、原告らに一連の行政文書を開示せよ」との明快な判決を下したのに比べて、控訴審判決の次元の低さには呆れ果てる。「情報公開法の重要性」に耳を傾けず、国家権力に追従するような司法では、民主主義国家の根幹が揺らぎかねない。

情報公開法（2001年4月施行）の前年に密約関係重要文書が廃棄されたことは、原告団の詳細な調査や先の外務省・有識者委員会調査で暴かれており、理由でもその点は渋々認めざるを得なかったのである。米国公文書館に両国が交わした〝密約文書〟が保管されていることが10年前に明らかになっているのに、日本政府は「無いものは無い」と何時までも強弁し続けるのだろうか。原告団が強く要請しているように、「日本側に文書が無いならば、米公文書の写しを取り寄せて精査すれば明確になる」ことなのである。

新聞各紙が「不当判決」と論評

9月30日の朝刊各紙を点検すると、毎日新聞が「密約文書『廃棄の可能性』」との見出しを掲げて1面トップ。朝日新聞も1面2番手で「国が秘密裏に廃棄した可能性」と大きく報じ、両紙とも社説に取り上げ、「過去の問題ではない、廃棄疑惑に国は答えよ」と迫っている。

「逆転敗訴とはいえ、『国民の知る権利』に基づき、政府に真相をただし続けた裁判の意義が失われることはない」との受け止め方（『朝日』社説）に共感する。「そもそも開示請求対象の文書の写しは米国立文書館で公開されており、元外務省局長も文書に署名したことを認めている。密約文書はあったというのが国民の抱く常識的感覚だ。……公文書は役所のものではなく、国民の共有財産である、という自覚が、日本の行政には著しく欠けてはいないだろうか」と『毎日』社説が指摘する通りである。

他の全国紙、主要県紙も「密約の存在が明らかなのに、何故『文書が無いから仕方ない』と判断したか納得できない」との見方が共通していたことを確認できて、敗訴にも拘らず〝権力監視〟の重要性を痛感させられた。

「民主主義国家」が恥ずかしい

判決後の記者会見で、原告共同代表の桂敬一氏（元東大新聞研究所教授）は「密約文書が相手国（米国）にあってここ（日本）にないのはおかしいと、一審は明快な判断を下した。文書がなぜ無いのか、その理由を明らかにすべきだという説明責任が国にあるとした判決の意義は非常に大きい。これに対し、国側は二審で『有識者委員会でも調査したが、文書が無いという結論は同じだ』と主張を繰り返した。こちらは（原告で作家の）澤地久枝さん、小町屋育子弁護士を中心に調査チームを作って、国が（2010年度に）公表した外交文書4500ジペーから、係官の手書きメモなども丹念に調べ、密約合意に至る過程を時系列に並べた。そうすることで密約協議の経過が分かったが、私たちの求める密約文書だけがない。これはどう考えてもおかしい。国家権力が自分の利害に絡む行為をしたとき、それが適法なのかどうかをみんな知りたい。それが満たされることが、民主主義の成熟につながる。国の作為で事実が隠匿され、結果的に国民に不利益を与えている。日本の情報公開制度の在り方が問われているのだ」と語った。

このあと西山太吉氏も「判決は、特定の職員が特定の方法で管理し、廃棄した可能性に踏み込んだ。だが『捨てたのだから、無いものは無い』と言い、廃棄について遺憾の『い』も言ってない司法の独善、限界が露呈された。情報公開とはそんなものか」と語気鋭く迫り、原告側それぞれが「大勝利と同時に大敗北」と異口同音に語った熱気に、「情報公開」請求への決意を強く感じ取った。

「知る権利」に答えぬ政治姿勢

「もし、文書を廃棄したうえで不存在を主張することによって、結果的に情報公開を免れることが許されるのであれば、制度の趣旨が否定される。公文書の作成、管理に関する規定があいまいだった日本の後進性がこの事態を招いたことは教訓として反省すべきだ」と堀部政男・一橋大名誉教授は指摘する（『朝日』9・30朝刊）。波多野澄雄・筑波大教授（元外務省有識者委員会委員）も「密約関連の文書は外務省が情報公開法施行前に大量廃棄した文書の中に入っていると思っている。訴えは認められなかったが、外務・財務両省の責任は残る」（『毎日』9・30朝刊）と、文書管理のズサンさを糾弾していた。

山田健太・専修大准教授は「改めて〝消極的〟な司法に失望。知る権利を相変わらず防御権的な自由権に押しとどめ、この間の研究成果や立法作業の進展を顧慮することがない。すでに法案が示される段階に差しかかる情報公開法改正案では、第1条の目的に、『知る権利』を明記しているにも拘わらずである。文書の廃棄は仕方ないと割り切ったように読める判決だが、ことは国を左右するような重要な国家間の密約である。そうした歴史に対する冒瀆ともいえる愚挙を、訴訟の本筋からするりと見逃す態度はいかがなものか。これは結果的に、政府の秘密体質（捨て得）を追認することになりかねない」と、琉球新報9・30朝刊で見事な分析をしていたが、民主党政権になっても改まらない〝隠蔽体質〟が嘆かわしい。

藤村修・官房長官は控訴審判決後、「請求文書を保有していないという従来の政府の主張が認められた」と記者団に語り、山口壮・外務副大臣は「無いものない無いから、済みません」と平然と述べたというから驚く。

「いつまでも人民を愚弄できない」

一審の原告最終弁論で、「すべての人をしばらくの間愚弄するとか、少数の人を常にいつまでも愚弄することはできます。しかしすべての人々をいつまでも愚弄することはできません」と、リンカーン米大統領が奴隷制度廃止に関する演説（1858・9・8）の一節を引用して、「情報公開」を迫ったことを想起し、最高裁に持ち込まれた「密約訴訟」の成果を見守っていきたい。

（注）情報公開法第1条（目的）この法律は、国民主権の理念にのっとり、行政文書の開示を請求する権利につき定めること等により、行政機関の保有する情報の一層

の公開を図り、もって政府の有するその諸活動を国民に説明する責務が全うされるようにするとともに、国民の的確な理解と批判の下にある公正で民主的な行政の推進に資することを目的とする。

〔2011年11月1日〕

普天間の辺野古移設は困難
新打開策提示し〝沖縄差別〟払拭を

ラムズフェルド米国防長官（2003年当時）が普天間飛行場を空から視察、「世界一危険な飛行場」と驚いてから8年。——移設交渉のメドは全く立たず、混迷は深まるばかりだ。2011年9月の日米首脳会談でオバマ米大統領から「早期決着」を要請され、野田佳彦政権の動きがにわかに慌しくなってきた。

パネッタ米国防長官も10月末来日し、野田首相らと相次ぎ会談、日本政府に強い要請を繰り返した。一川保夫防衛相との会談では、防衛相が「普天間飛行場（宜野湾市）を辺野古（名護市）に移設するとの日米合意に向けて、海面埋め立てなどに必要なアセスメント（環境影響評価）の評価書を年内に沖縄県に提出する」と説明、パネッタ長官の同意を求めた。この日米防衛相会談に先立って、一川防衛相は10月17日、仲井眞弘多・沖縄県知事を訪ねて、同趣旨の「評価書」提出を要請。これに対して知事は改めて「県外移設」を主張して譲らず、歩み寄りはいぜん見られなかった。辺野古沖埋め立ての許認可権限は知事にあり、実現の道は極めて厳しい。

米側圧力に翻弄される日本政府

民主党政権誕生から2年余。防衛相ら関係閣僚が沖縄を訪問したのは18回。鳩山由紀夫首相（当時）が2回、菅直人首相（同）も3回足を運んでいるが、いずれも「最低でも県外」の約束を反故にしたお詫びの繰り返しで、今回の一川防衛相も同じパターンだ。野田首相も10月27日と28日、上京した仲井眞知事と会談、新たな沖縄振興策などにも触れて、知事に柔軟な対応を求めた。

野田政権が年内のアセス提出にこだわるのは、米政府の事情を忖度したためと見られる。普天間移設と連動している海兵隊の一部グアム移転に関する米議会・予算審議は年末が大詰め。普天間移設のメドが立たなければ、移転費が認められない雲行きという。

「パネッタ米国防長官来日の前にアセス評価書提出を明確にしておけば『移転に向けて必要な手続きをやっている』（外務省幹部）として、米側への説明もできるというわけだ」と、朝日新聞10・18朝刊が指摘。読売新聞同日朝刊は「防衛省幹部は沖縄がアセスを受け入れる公算は五分五分と見ているが、『政府方針を押しつければ、沖縄全体に反基地運動が起こりかねない』(外務省幹部)と懸念する声もあり、今回の政府の対応は危うさもはらんでいる」と述べており、他紙も同様な見方を示していた。

「米軍再編見直し」の政権公約に立ち返れ

「防衛相は、日米合意の進展を促す米国の声に唯々諾々として従い、知事に方針を伝えただけだろう。県民から見れば、米政府のご用聞きとしか映らない。基地が極端に集中する沖縄の現実を自身の目で見て、自分の頭で解決策を考えることだ。普天間飛行場を県内に移すのが正しいことなのか。沖縄以外の99・4％の国土に、あるいは国外に移せる場所はないのか。沖縄の民意を冷静に分析すれば、県内移設は不可能だと分かる。できもしない日米合意に固執するのは県民のみならず米国の信頼も失う。政府・民主党は『米軍再編見直し』の政権公約に立ち返り、オバマ米大統領に日米合意の見直しを求めるべきだ」と、琉球新報10・18社説の主張はもっともだ。

沖縄タイムス10・26社説も「鳩山元首相が主張した『少なくとも県外』が失敗し、政権を投げ出した『鳩山トラウマ』が民主党には残っている。米国の虎の尾を踏んだとの思いが強く、菅前首相は何もせず、野田首相は米側の圧力を受け、辺野古移設を進める考えだ。なぜ沖縄か。海兵隊が沖縄でなければならない特段の理由がないというのは、もはや常識である。米軍基地を沖縄に閉じ込めておけばいいという考えはおかしい。思考停止は戦後ずっと続いている。国会議員も国民も対米関係を真正面から問い直す気概を見せてほしい」と指摘している。

辺野古移設案が「絵に描いた餅」に過ぎないことを日米外交当局は先刻承知なのに、ドラスティックな打開策を打ち出さない消極的姿勢は、まさに〝沖縄差別〟そのものではないか。

振り返れば、日米特別行動委員会が「在日米軍再編『最終報告』」を決定したのが２００６年5月。米国が国際軍事環境の変化に対応するため「グアムを拠点とした軍事再編」に舵を切ったわけで、その一環として「沖縄海兵隊8千人を14年までに移動させる」との方針を提示したが、米国は一部海兵隊の辺野古移設に固執し続けてきた。09年9月発足した鳩山・民主党政権が「最低でも県外移設」を持ち出したものの、米国の圧力に屈して「辺野古移設」に逆戻り。次の菅政権、野田・現政権も〝新提案〟を練るどころか、米国軍事戦略の意のままに翻弄されているのが、日本外交の悲しい姿である。

米財政難で〝軍事予算削減〟の動き

この間、財政悪化に悩むオバマ米政権が打ち出した「軍事予算大幅削減」の方針が、議会や軍事関係者に重くのしかかってきて、米軍再編論議が高まっている。レビン氏ら米上院軍事委員会幹部ら3人が5月11日に来日、「国防省の再編計画は非現実的で実行不可能。巨額の費用をかけて辺野古に移設するよりも、嘉手納基地への統合を検討すべきだ」との新提案を打ち出したことは、記憶に新しい。菅政権は全く反応を示さずに先送り、野田政権になっても打開策模索の気配すら感じられない。「レビン提案」は〝次善の策〟にすぎないかもしれないが、「普天間飛行場の固定化」を阻止するため、対米折衝の糸口にするのも一案かもしれない。将来的には米軍基地を海外に移転させるべきだが、当面は沖縄県外への分散移転の検討も進め、沖縄県に〝加重負担〟を強いてきた政策に終止符を打たなければならない。6月21日の日米安全保障協議委員会では、「14年までに辺野古へ移設する目標」を断念。「できるだけ早い時期に」と言わざるを得なくなった手詰まり状況を見せ付けられると、「辺野古案」では解決できないと思える。ところが、野田政権は、米国の顔色を窺うばかりだ。

「外交が野田首相のアキレス腱になりかねない。辺野古移設に日本政府が具体的に着手した瞬間に沖縄全体が〝島ぐるみ闘争〟を展開する。その結果、日本の国家統合が危機に瀕する危険がある」との佐藤優氏の警告（東京新聞9・2朝刊コラム）を真剣に受け止めてもらいたいと思う。

「在沖米海兵隊は米国西海岸に移動を」

最後に、琉球新報が11月7日、注目すべき社説を書いていたので紹介しておきたい。

「日米関係・安全保障論で有数の専門家、マイク・モチヅキ米ジョージワシントン大教授とマイケル・オハンロン米ブルッキングズ研究所上級研究員が、CNNサイトに論文を発表。現下の米国の財政事情、米軍の能力・役割、沖縄の政治・社会情勢を踏まえて合理的に論じており、説得力がある。両氏は、在沖海兵隊員8千人の移転先をグアムではなく米本国の西海岸にすべきだと主張する。戦争時またはその直前に配備すべきだという『有事駐留』に近い。論拠は二つ。一つは沖縄の政治情勢だ。『仲井眞知事が埋め立て申請を拒否するのは確実』と述べており、9月訪米での知事の講演が実を結んだ感がある。二つ目は『計画があまりに高額過ぎる』ことだ。米政府監査院（ＧＡＯ）の見積もりによると、従来計画は最低２９１億《ドル》（２兆２７５６億円）を要する。日米それぞれ1兆円以上もの負担だ。これに対し、両氏の主張通り事前集積船を日本近海に展開する戦略だと、それぞれ3900億円で済む。どちらが合理的か、誰の目にも明らかだろう。そもそも米軍再編は、軍事技術革命(RMA)を踏まえた米軍の合理的な再配置が目的だった。戦費負担に苦しむ米国、震災復興需要を抱える日本と、巨額の財政支出を避けたい事情は両国に共通する。合理的結論に早く目を見開くべきだ」との分析は鋭い。

普天間飛行場を固定化させるな

世界の多極化、二国間軍事同盟見直しをにらんで〝軌道修正〟することは、将来の日米関係にとって好ましい選択と言えよう。「辺野古移設」にこだわることで、結果的に普天間飛行場が継続使用(固定化)される心配が残る今、日米両政府は、沖縄の政治情勢の現実に目をそむけず、日米合意の見直しを含めて真剣に検討すべきである。

〔2011年12月2日〕

第Ⅱ部　2012年

「大阪維新の会」勝利の波紋？
民主主義に挑戦的な言動を危惧

「大阪ダブル選挙」は２０１１年11月27日、投開票が行われ、「大阪都構想」を掲げる「大阪維新の会」の代表・橋下徹氏が市長選で、幹事長・松井一郎氏が府知事選で当選した。民主・自民に加え共産党も応援した平松邦夫氏（現職）を大差で破り、中央政界を揺さぶる結果をもたらした衝撃は大きい。その背景には、年内にも衆議院議員選挙を控えているという事情がある。「大阪維新の会」との協力関係を築けるかどうかが、次期衆院選結果にも影響すると囁かれている。橋下氏との協力体制をつくるには、橋下氏が要求する「大阪都構想」などに協力できるかどうかがポイントになりそうだ。また、水面下では政界再編をにらんだ動きも見え隠れしている。

「大阪都構想」を打ち出す

大阪市長に12月19日就任した橋下徹氏は「最高意思決定機関」を設置し、２０１５年度の「都政」移行を目指して体制固めに乗り出した。先ず4月発足させる24区の区長公募と副市長３人を選任。「改革プロジェクトチーム」を設置し、府市統合本部との事業仕分けを進める計画だ。「大阪都構想」のほか、教員・公務員規律に関する「基本条例」制定など課題は山積している。

橋下流政治手法は、「白か黒か」で相手を追い込む話術が巧みで、「ケンカ民主主義」と言われる強引さが、逆に庶民の共感を集めたと推察できるが、〝独裁〟と思しき言動を警戒する声も強い。その根底にあるのは、民主党政権後も続いている国政の停滞であり、時代の〝閉塞状況〟が「維新の会」に勝利をもたらしたと分析できる。

時代の閉塞感を反映した選挙

「今の日本の政治には二つの潮流がある。一つは閉塞感を打破するために既得権益を壊し、すべてを一新しようとする流れ。小泉純一郎さんがそうでしたし、橋下さんもその延長線上にある。もう一つは、構造改革や政権交代が成果を出せなかった反省から、急激な変化を警戒し、少しずつ地道に変えていこうとする流れ。野田佳彦さんが首相になったのはその流れでしょう。この二つがせめぎあっているが、急激に変えようとする流れの方が強い。維新の会の圧勝はそれを示すものでしょう。（中略）いま日本の経済や社会状況はどんどん悪化しています。国民の閉塞感がいま以上に強まっていくと、橋下さんのようなスタイルがさらにスケールアップした形で出てくる可能性は高いでしょう。〝独裁〟への流れを止めるには、国民の政治意識を変えていくしかないと思う。民主主義は不安定で、危険をはらんでいることを前提に、どうすれば民主主義を維持していけるかを考えなくてはならない。メディアの役割も重要。１９９０年代から多くのマスメディアは政治改革を支持し、官僚バッシングをやってきた。その結果、今の状況に至ったのだから、メディアが変われば変わるはずです。それと、政治にあまり性急な問題解決を期待しないことです」と佐伯啓思・京大教授が分析（朝日新聞12・1付朝刊）していた通りの時代状況と思う。

「都構想」実現には、国政がらみの問題点が多く、橋下市長が執念を燃やす「教育改革基本条例案」にも思い込みの激しさが感じられ、公約どおり改革が進むとは考えられない。民主的手続きを無視し市民を扇動するような〝自己中心的言動〟を警戒する声が根強いからだ。

選挙結果を仔細に検討すると、橋本氏の得票は75万８１３票、平松邦夫氏が52万２６４１票で、大差のように映るが、平松氏の得票は前回を16万票上回り、得票率は41％。投票率が前回（43・61％）を17・31ポイントも上回る60・92％だったことが、橋本氏への追い風になったとも言える。「府と市の在り方を何とかしなければ大阪の未来はない」と訴え続けたことが功を奏したわけで、

橋下氏は市長当選後の記者会見で「勝因は既存政党への不信感でしょう。政策、理念を完全に放棄しているのが伝わった。それを有権者に見抜かれたのでは……」と分析していたが、中央政界の劣化が「ハシズム」容認につながったと言えよう。「大阪を再生させ、日本を支えるエンジンの役割を果たしたい」との言は良しとするが、「市職員の体質を変える。民意を無視する職員は市役所から去ってもらう」との怪気炎には辟易させられた。

「教育改革基本条例案」の内容に驚く

「教育改革基本条例案」には、戦後民主主義教育の破壊につながりかねない強圧的姿勢が色濃くにじみ出ている。条例案の内容を点検すると、①行政側が教育目標を設定し、目標実現の責務を果たせない教育委員は罷免②全府立高校長を公募③３年連続定員割れの高校は統廃合④２年連続最低評価の教職員は分限処分（免職を含む）⑤学力テストの学校別結果を公表――等々、「教育」への政治関与、競争原理導入の意図を感じさせる内容である。政治主導の教育改革へ突っ走る危険性を指摘する声が高まっているのは当然だろう。

「維新の会」が６月に提出した「君が代斉唱時の起立を義務づける法案」は、府議会で既に成立。既成政党が多数の市議会では否決されたが、橋下市長誕生によって

再燃しそうな雲行きだ。君が代斉唱時に起立しなかった教職員は「職務命令違反」として分限処分に追い込まれるわけで、看過するわけにはいかない。君が代斉唱問題は東京都をはじめ各地で対立が深まっており、学校現場の雰囲気にも深刻な影響を与えている。法廷での憲法論争に発展しており、地方自治体の判断に委ねてしまうことは、危険きわまりない。

「大阪市長の月給3割カット、退職金の大幅カット」などを打ち出し、借金残高5兆600億円の財政危機打開を訴えた戦術はさすがだが、綿密な論議をせずに血気にはやっている印象が強い。小泉純一郎首相の「市場原理主義路線」に対する熱狂的な支持がもたらしたものは何か。自由競争至上主義が、格差を拡大させて、現在の閉塞感を増幅させた重大な要因であり、今から考えると、有権者が「不毛な興奮」に誘導された反省しきりである。橋下市長の政治手法を〝小泉流〟と断定できないものの、その言動、パフォーマンスが類似していることが気になるのだ。

「維新の会が誕生して1年半。権力を手にするほどに責任も重くなる。強引な正面突破より政治勢力としての成熟を期待したい。統一地方選後、公約になかった君が代起立斉唱条例を突然提案した。こんな手法を繰り返してはならない。有権者は白紙委任したわけではない。市議会では維新は過半数を握っておらず、対話と協調はいやでも政策決定の前提となる。財政再建は府市ともに急務だが、予算カットや公的施設の統廃合などは、関係者の話し合いなしでは進まない。府の教育委員全員が反対する教育基本条例案の行方が維新の姿勢を占う試金石となろう」と、朝日新聞11・28付社説は〝橋下流〟政治を批判している。

毎日新聞は同日付社説で、「大阪都構想の方向性は支持されたとはいえ、具体的な制度設計はこれからだ。特別自治区間の財政格差や区議会設置などによる行政コストの増大といったマイナス面も指摘されている。特別自治区の区割りも大きな論議を呼ぶだろう。住民の生活にどのような影響が出るのか丁寧に説明し、不安を取り除いていく作業が欠かせない。大阪、堺両市議会では既成政党が過半数を占めており、どう協力を取り付けていくのかが課題となる」と主張、今後の問題点を指摘していたが、確かに一点突破の政治手法は混乱要因となる。

衆院選がらみで、「維新」にすり寄る面々

北海道大大学院の山口二郎教授は「閉塞感や欲求不満が広がる中で、『現代を破壊する』というメッセージの、中身ではなく『破壊』という言葉のイメージに有権者が

期待した結果だろう。都構想はどんどん中身が変わっている。実現したら社会や経済がどう変わるのかは何も説明されていない。国の政治が混迷する中で、地方では別の選択肢を求めるというのはしばしば起きる現象。選挙が近づき、生き残りがかかる国会議員の中には維新になびく者も出てくるのではないか。国政に与える影響は大きいだろう」との指摘（毎日新聞11・28付朝刊）は、的を射ている。

内外ともに波乱含みの２０１２年の幕明けである。新年度予算編成をめぐる与野党の攻防は激化するに違いなく、衆院解散・総選挙への動きが拍車をかける。既成政党が「維新の会」にすり寄って優位に立とうとする暗躍は早くも始まっており、国民一人ひとりが政治家の動向をウオッチする必要性を痛感する。

〔２０１２年1月1日〕

福島県の「帰還困難」地域住民が2万５０００人

政府は昨年暮れ、福島第一原発事故周辺の警戒区域を年間の積算放射線量によって、①50ミリシーベルト以上を「帰還困難区域」②20～50ミリシーベルト未満を「居住制限区域」③20ミリシーベルト未満を「避難指示解除準備区域」に3分類した。この問題について、読売新聞1月8日付朝刊は、帰還まで5年以上かかると予想される「帰還困難区域」対象者は2万５０００人に上ると特報した。福島県の関係11町村などを取材した結果、7市町村で高濃度汚染地域が確認されたことに、衝撃を受けた。

大熊町、双葉町は存続の危機

文部科学省が12月11日までに警戒区域の約３０００地点で調査したところ、約７００地域で「50ミリシーベルト以上」を観測。福島原発に最も近い大熊町で1万人（人口の約9割）、双葉町では４８００人（人口の約7割）が「帰還困難」となり、30キロ圏外の飯舘村でも人口約1割強の約９００人に上るというから大変な事態である。

帰還見通しについて政府は「5年以上かかる」と説明しているものの、何年後になるかは誰も確約できまい。除染作業が遅々として進まないばかりか、回収した放射性物質の中間貯蔵施設も決まっていない現状では、「住み慣れた土地」に戻れない住民は、更に増えそうである。井戸川克隆・双葉町長は「仮の町を求めていかなければ……」と悲嘆に暮れており、新天地での定住を決断せざるを得ない局面に追い込まれてきたと、思わざるを得ない。

野田佳彦首相は8日、佐藤雄平福島県知事訪ね、双葉郡内に「中間貯蔵施設」設置を再要望したが、前向きな返答は得られなかった。首相は「除染、賠償、住民の健康管理」の重点施策3点を強調したが、佐藤知事は逆に「冷温停止、事故収束宣言」に不快感を示すなど、打開の道が険しい印象がむしろ際立っていた。

「政府の言葉を信用しなくなった」現状を憂慮

気鋭の評論家・東浩紀氏は「いま深刻な問題は、日本政府の言葉を日本人が信じられなくなったことです。政府は福島第一原発の冷温停止状態と事故収束を宣言しましたが、その言葉を信じている人がどのくらいいるでしょうか。政治家の言葉が軽くなると何も決まらなくなります。一時的なパニックを招いたとしても、政府は初期段階でメルトダウンを公表しておけばよかった。そうすればここまで信頼を失うこともなかった。初期段階で事故の規模を見誤った。意図的な情報操作もした。……日本政府は謝罪すべきだ」(毎日新聞1月6日付夕刊)と指摘しているが、その通りではないか。

山口二郎・北大教授は「私たちは本当に多様な意見をぶつけ合っているだろうか。原子力ムラの実態は、重要な政策が一様な集団で壟断されていたことを教えた。多様な民主政治は、私たちの意志でこれから作り出すものである」(東京新聞1月8日付朝刊)と警告。日本政治を戦中・戦後貫通する「無責任の体系」からの脱皮こそ、新生・日本が目指すべき道であろう。

〔2012年1月10日〕

原発事故収束の険しさ訴えた「世界会議」の意義

原子力の問題点を話し合う「脱原発会議 2012 YOKOHAMA」が1月14～15日、横浜市西区「パシフィコ横浜」で開催された。約30カ国から延べ1万2000人が「脱原発」を目指し、テーマ別「セッション」を開いて討論を行ったが、市民運動に対するメディアの視点は希薄で、国民への情報伝達義務を果たしていないように思えてならない。原発被害に苦しむ首長が語り合った「特別セッション」を特に取り上げて、新聞各紙がほとんど報じなかった論議を福島民友新聞やネットメディアから拾い上げて、問題点を指摘したい。

福島県南相馬・双葉町長らが悲痛な訴え

「地域発・原発に頼らない社会のつくりかた」と題されたこの会議には、福島第一原発を抱える福島県から双葉町の井戸川克隆町長、南相馬市の桜井勝延市長が出席。

「私は乳搾りから始まった人間。百姓が百姓をできなくなった現実を国会議員はどう感じているのか。政府は、当たり前のことができなくなった現場を本当に見ようとしない」と桜井市長が語り始めると、会場は静まり返った。同市長は「多くの市民が、家族も捜せないまま避難を余儀なくされ、何も変わっていない」と現状を紹介したあと、「岩手県から茨城県までの震災、原発事故の収束が国家的事業のはず」と、一向に進まない国の復興施策を痛烈に批判した。井戸川町長も政府の事故収束宣言について「まだまだ危険で、大変な憤りを感じる」と語った。

原発再稼働には「住民投票」を求めたい

浜岡原発（静岡県御前崎市）と隣り合わせの牧之原市の西原茂樹市長が「原発に私たちの未来は託せない。国に頼っていた農業、財政、年金、医療はみんな崩壊した。命と財産にかかわることは地方からきっちりやっていきたい。浜岡原発の安全は担保できない。国が運転再開を許可する時は自治基本条例に基づき住民投票で信を問う」と発言した。また湖西市の三上元市長は「今回の事故は日本の技術に信頼が置けないことを証明した」と語り、日本の原子力政策の在り方に疑問を呈した。住民投票で原発誘致計画を退けた新潟県巻町の笹口孝明・元町長は「国策であっても住民に大きな影響があるならば発言する権利がある。原発が国策ならばもっと国民的な話し合いが行われていたはずで、もっと大きく議論し、この国から原発をなくすべきだ」と、相次ぎ熱弁を揮った。

電力の大消費地である東京都からは上原公子・元国立市長が「都民は事故の加害者であり、被害者ともなった。原発について都民が必死になって考えなければ」と語り、2月9日まで行われている「原発都民投票」の実施を求める署名への協力を呼びかけた。世田谷区の保阪展人区長は「少々高くても自然エネルギーを買いたいという声を、電力消費地で高めていく必要がある。」と語るなど、首長の訴えは迫力満点だった。

各首長が真剣に討論した結果、脱原発の推進に向け、「自治体首長レベルで全国ネットワークを組織する」ことを決議した意義は大きい。脱原発へ向けた地方自治体のスクラムがますます強固になると推察される。

〔2012年1月18日〕

「君が代」斉唱、上告審で新たな判断基準示す

卒業式・入学式シーズンになると、公立学校での「君

が代」斉唱をめぐるトラブルが起きて懲戒騒動を引き起こしてきた。東京都の教職員が式典で日の丸に向かって起立せず、君が代を斉唱しなかった理由で処分された件につき最高裁第一小法廷（金築誠志裁判長）は1月16日、「戒告は裁量権の範囲内だが、減給・停職は慎重に考慮する必要がある」とする判決を下した。平たく言えば、「式典を妨害もしてないのに、職務命令に反したとの理由で懲罰的処分をするのは重すぎ、慎重に考慮すべきだ」ということで、「処分と訴訟」という〝不毛な対立〟に歯止めをかけた判決といえよう。

不毛な対立を招く懲戒処分に〝歯止め〟

「国旗・国歌法」が成立した1999年度以降、式典でのトラブルによって懲戒処分された教職員は全国で述べ728人も上るという。今回訴訟を起こしていたのは東京都内の公立学校の元教員ら計171人。そのうち、2年で3回の不起立で停職1カ月になった1人と、減給になった1人の処分は取り消されて名誉を回復。過去に国旗掲揚を妨害し、校長の対応を批判する文書を生徒に配った別の停職処分者1人については「裁量権の乱用とはいえない」として処分を取り消さなかった。残る168人は戒告だったため「裁量権の範囲」との判断となった。

教員の歴史観や信念に配慮を

「公務員の懲戒処分については『社会観念上著しく妥当性を欠き、裁量権を乱用した場合は違法』とする1977年の判例がある。最高裁が今回示した不起立に対する判断基準は、この判例に沿いつつ、不起立が教員個人の歴史観や信念に基づく行為である点を踏まえた。日の丸・君が代が戦前の軍国主義の象徴になった経緯を重視し、『強制』に反対してきた教職員らの思いに一定の配慮したことがうかがえる。最高裁がルールを示したことで、今後の懲戒処分の判断や処分の是非をめぐる裁判での判断の道筋ができたことになる」（朝日新聞1月17日付朝刊）がコメントしているように、この判決を契機に、学校内での〝不毛な争い〟に終止符を打つ方向に関係者が熟慮してもらいたいと願っている。

非行などと次元が異なるテーマだけに、慎重に扱え

今回の最高裁判決は裁判官5人のうち4人の多数意見によるものだが、多数意見に賛同した桜井龍子裁判官（元労働省女性局長）は「従来の機械的な処分自体が問題」との補足意見を表明している。弁護士出身の宮川光治裁判官が「不起立行為は信念に起因するもので、いわゆる非行・違反行為とは次元を異にする。他の職務命令違反と比較しても、違法性は顕著に希薄だ。原告らの歴史観は独自のものではなく、一定の広がり共感がある。学説などでは起立・斉唱を業務命令で強制することは憲法19条に違反するという見解が大多数だ」と、1人反対意見を主張していた。裁判官でも意見が食い違う、憲法観に繋がる重大テーマだけに、〝強権発動〟だけは自戒してもらいたい。

〔2012年1月23日〕

原発災害の苦悩は続く「廃炉」に向け、積極的姿勢を示せ

東日本大震災・福島第一原発事故（2011年3月11日）から11カ月、犠牲者1万9312人のうち、3446人（福島217、宮城1861、岩手1358人）の行方はいぜん不明だ。被災地から避難した人は約15万人に上り、「家族離散」が深刻な陰を落とす。特に原発20キロ圏内の住民は生活手段を奪われたまま、〝故郷へ戻れない〟焦燥感が募っている。

福島大学災害復興研究所が行った「双葉郡災害復興調査」が最近公表された。激甚被災地域の浪江町・双葉町・大熊町・富岡町・楢葉町・広野町・葛尾村・川内村の計2万8184世帯を調査したもので、原発事故の悲惨さを如実に示している。「故郷に戻りたい」との願望は共通しているが、現在の除染状況や政府の後手後手の対応を反映して、約7割の住民が「3年以内に帰還できなければ、戻ることは困難になる」と回答している。「職が無く、若い人が戻って来なければ生活が成り立たない」との不安だろうか。……「国の安全宣言が信用できない」（65・8％）、「原発事故の収束に期待できない」（61・4％）との回答に、被災住民のシビアな状況が読み取れる。

定期点検後の再稼働に〝赤信号〟

野田佳彦首相は1月8日、佐藤雄平・福島県知事を訪ね、双葉郡内に「中間貯蔵施設」設置を再要望した。これに対し知事は返答を避け、逆に「冷温停止、事故収束宣言」を出した政府の姿勢に不快感を示したという。原発事故対策に追われる福島県の苦悩は深く、前途は厳しい。

福島県内には、今回事故を起こした東電福島第一原発が双葉町・大熊町に6基（うち1〜4号機破壊）、第二原発が富岡町・楢葉町に4基、計10基の原子炉が林立している。大惨事を目の当たりにした県民の恐怖感が高まるのは当然で、原発10基の廃炉を求める声が急速に高まってきた。県議会は昨年9月、全基廃炉の請願を採択。1月中旬までの情報によると、福島市をはじめ同県59市町村

のうち37市町村（約3分の2）が廃炉決議・意見書を可決している。

全国に54基ある原発のうち、首都圏に電力を供給していた福島原発10基をすべて廃炉せざるを得ない状況に追い込まれたといえるが、他の原発立地県にも波紋を広げている。

原発は13カ月ごとに稼働を停止して定期検査が義務づけられている。1月に入って3基が定期検査入りし、2月以降の稼働原発はわずか3基のみ。定期検査を終えても、各地で〝稼働反対〟の声が高まって再稼働できない状況が続出している。

中部電力浜岡原発（静岡県御前崎市）は昨年5月、菅直人前首相の要請によって3基がストップしたまま。政府は、津波対策やストレステスト（耐性評価）を経て再稼働させる方針だったが、御前崎市を除く周辺市町村（牧之原市・菊川市・掛川市など）がそろって再稼働反対の要望書や意見書を提出しており、川勝平太・静岡県知事も稼働に難色を示している。野田首相も1月4日、伊勢市で「原発再稼働は、ストレステスト、原子力安全・保安院などの確認を経て、地元自治体の同意を得て判断する。浜岡再稼働については今年12月完成予定の防護壁が必要だ」と語っている。

中越地震（２００４年）で被害を受けた東電・柏崎刈羽原発（7基）の一部再稼働につき泉田裕彦新潟県知事も極めて慎重だ。若狭湾岸に原発11基（関西電力）が密集している福井県の西川一誠知事も再稼働に難色を示すなど、各首長の悩みは深刻である。一連の〝再稼働ノー〟の流れを検証すると、今春の泊原発（北海道電力）3号機の定期検査入りを最後に、全原発54基が稼働できない状況になるかも知れない。

「40年の寿命」の線引きだけではダメ

原発が使用電力の30％を供給してきたエネルギー政策の抜本的見直しこそ焦眉の急である。ところが、野田政権は昨年暮れ、「福島原発冷温停止宣言」や「原発輸出」に意欲を示すなど、〝脱原発〟に水を差すような方向転換が、気懸かりだ。新年早々の1月6日、細野豪志・原発事故担当相が「原子炉等規正法改正」の方針を表明したが、脱原発への一里塚と捉えていいのか、世論対策の臭いを警戒すべきなのか難しい問題である。

「原発の寿命は原則40年」と明記し、老朽原発を廃炉にする方針だ。30年を超す原発が多い現実が以前から危惧されており、「遅きに失した決定」との批判もあるが、事故を契機に一定の歯止めをかけた措置といえるだろう。現段階で「40年で廃炉」となる原発は、福島第一原発1

号機、美浜原発1号機、敦賀原発1号機の三つ。今後この法改正を厳格に適用すれば、震災前54基あった原発が2020年末までに18基廃炉、30年末までには18基が廃炉の運命という。ここで問題なのは、「40年を超えても運転延長を認める」との例外規定が付記されていることだ。これまでも、30年稼働した原子炉は10年ごとに保全計画を出させて延長を認めていたので、抜本的歯止めになるか疑問が残る。〝脱原発〟の流れをやわらげるため、「老朽原発は使わない」とアピールし、原発再稼働に道を開く地ならし的狙いが潜んでいるようにも勘繰れる。

飯田哲也氏（環境エネルギー政策研究所長）は「原発の運転期間を40年とするのは、脱原子力社会への第一歩として評価できる。だが政府は最初から例外的な運用を認めており、廃炉へのルールと体制を厳しく作らなければ、ザル法にもなりかねない。世界の原発の平均寿命は22年。雰囲気で、40年というのではなく、電力会社自らが安全でない原発から撤退するルールを作るべきだ」（朝日新聞1月7日付朝刊）と指摘。原子炉材料工学の長谷川雅幸・東北大名誉教授も「原子炉を40年以上使用する場合、公的な検査機関が事業者にさまざまなデータを提出させ、誰もが納得できるような検査をする必要がある」（毎日新聞1月7日付朝刊）と警告していた。

過去の事故を振り返ると、美浜原発2号機の細管破断（91年）、福島第一原発1号機の炉心隔壁ひび割れ（94年）、浜岡原発1号機の緊急炉心冷却系の配管破断（01年）、美浜原発3号機の配管破断（5人死亡、04年）など深刻な事例が見つかった。金属疲労や腐食、中性子による材料劣化、ケーブルの被覆管破損などが引き起こした事故であり、「原子力安全神話」の罪深さを痛感する。

「原子力安全庁」は責務を全うせよ

原子力行政を監督・規制する「原子力安全・保安院」が、原発推進側の経済産業省の傘下に置かれていた組織的欠陥を解体して、4月から環境省の外局として「原子力安全庁」が発足することになっている。12年度予算案に504億円が計上され、「保安院」と「原子力安全委員会」の業務を一元化するというが、実効ある組織運営ができるだろうか。500人近い職員のドラスティックな意識改革を断行して、〝原子力ムラ〟体質からの脱皮を図ってもらいたいと願っている。

「政府は原子炉の寿命を40年とした。これを機に、脱原発の道のりをより明確にして、原子炉の延命ではなく、代替エネルギー、とりわけ風力や太陽光など自然エネルギーの開発に力を注ぐ方針を明示すべきだ。少しでも安全と安心の時代に近づきたい」との指摘（東京新聞1月11

日付社説）の通り、「原子力安全庁」の責務は極めて重い。

「これまで政府は運転30年を超える原発について電力会社の評価と老朽化対策を確認することで運転延長を許可してきた。細野大臣は『これまでの確認作業とは根本的に違い、延長のハードルは極めて高い』と述べているが、違いをはっきりさせなければ、なし崩しに例外ばかりになってしまう恐れがある。日本には福島第一原発1号機以外に運転開始から40年を超過している原発が2基ある。細野氏は法改正後の原発の扱いについて明確な方針を示さなかったが、積極的に廃止していくべきだ。寿命を40年で区切った根拠もはっきりさせておく必要がある。原発の寿命はこれまで安全性だけでなく経済性も加味して決められてきた面がある。今後は、安全性に特化し、年限にこだわらず、老朽化の影響を精査していく体制が必要だ。既存の原発に最新の知識や基準を適合させる『バックフィット』にも実効性を保つ厳しい基準と体制がいる」と、毎日新聞1月9日付社説が指摘した論旨に共感する。

政府は「放射線による有害な影響から人と環境を守る」との基本理念を再確認し、脱原発社会の構築を目指して欲しい。

〔２０１２年2月2日〕

「原発の真実と嘘――原発は犯罪である」

「チェルノブイリ・フクシマ・明日の地球」――明治大学リバティタワーで「原発を考える市民集会」が2月25日、開催された。現代史研究会・ちきゅう座・ＤＡＹＳＪＡＰＡＮ共催で、第一会場は３００人を超す参加者。第二会場を特設してビデオ放映するという盛況だった。

2人の専門家が、リアルな現場報告

広河隆一氏（フォトジャーナリスト）、小出裕章氏（京大原子炉実験所助教）が登壇して、現地取材と原子力研究成果の両面から、「原発の恐ろしさ」を鋭く指摘。広河氏はチェルノブイリなどでの貴重な映像をスクリーンに映し出し、「チェルノブイリから学ばなかった日本」と題して、放射線被害の実態について語ったが、福島原発事故対応がいかにズサンだったかを思い知らされた。

小出氏は「原発の真実と嘘――原発は犯罪である」との演題で、原爆製造の端緒となった米国マンハッタン計画から説き起こして、原爆と原発にのめり込んで行った実態を図表や写真を示して分析、〝原子力神話〟の虚構を鋭く追究した。

誰も責任を取らない「原子力ムラ」

「原子力発電は効率の悪い蒸気機関で、その熱効率は約33%。広島原爆で核分裂したウランは800グラム、長崎原発で核分裂したプルトニウムは1100グラムだったが、100万キロワットを発電する原子炉では300万キロワットの発熱を支えるため毎日3キログラムを核分裂させる必要がある。広島・長崎原爆3～4発分に相当する核分裂反応を行っている」という。しかも「ウラン資源は化石燃料より遥かに埋蔵量が少ない」そうで、原発は発電コストが安いとのPRはすべて嘘だった。さらに「高速増殖炉実用化」計画は、トラブル続きで破綻。「もんじゅ」に注ぎ込んだ1兆円は全くの無駄ガネとなった。小出氏は舌鋒鋭く、「現在の裁判の相場では1億円の詐欺には1年の実刑だ。1兆円の詐欺をしたら何年の実刑か？　1万年。経産省・原子力委員会など責任者を仮に100人とすればひとり100年の実刑となる」と、〝原子力ムラ〟の面々が誰ひとり責任を取らない無責任社会を痛烈に批判した。同時に〝大人社会〟の問題意識の欠如を謙虚に語り、「原子力を選んだことに責任のない子供たちの放射線被曝対策こそ喫緊の課題だ」と熱っぽく訴えた姿が、聴衆をひときわ感動させた。

甲状腺がんから子供を守る運動を

たまたま「週刊文春」3月1日号に「郡山4歳児と7歳児に『甲状腺がん』の疑い！」と題する〝衝撃スクープ〟が掲載され、多くの参加者の関心を集めており、講演後の質疑で今後の対応策が話し合われた。甲状腺がんの綿密な検診が行われていないようで、山下俊一・福島大副学長の「医学的にあり得ないこと」という追加検診否定発言に、会場から批判の声が上がった。チェルノブイリの甲状腺がんが今なお深刻な問題になっている折、福島原発でも真っ先に医学的対応を急ぐべきではないか。メディアが総力を挙げて取り組み、「子供を放射線被曝から守る運動」を盛り上げてもらいたいと思う。

〔2012年2月28日〕

「普天間飛行場・固定化」を危惧
急浮上の「グアム先行移転」計画

「米海兵隊のグアム先行移転」計画が急浮上して、その波紋が広がっている。果たして、米軍基地に悩む「沖縄」の負担軽減につながるだろうか。……手詰まり状態の「普天間飛行場の辺野古移設」を打開するため、米国防総省が打ち出したもので、米軍再編計画のパッケージから「普天間」を切り離して、グアム先行移転で、日本政府を揺さぶる米側の深慮遠謀を感じさせる動きである。

「米軍の太平洋戦略」見直しの一環

日米両政府は2月8日夜、在日米軍再編見直しに関する基本方針を発表した。この発表に先立ち、玄葉光一郎外相は4日夜、緊急記者会見を開いて大筋を明らかにし、7日未明（日本時間）からワシントンでの「日米審議官級協議」で調整が行われていた。8日の外相会見によると、「今後数カ月間かけて精力的に協議して最終案をまとめ、今春の日米首脳会談で『新ロードマップ』として正式発表する運び」という。

「普天間飛行場移設問題」打開のステップとして、米軍再編計画から「普天間」を切り離すことに日米両国が合意。2006年に決めた「海兵隊約8000人のグアム移転」の人員を縮小、辺野古移設が進まなくても約4700人を先行移転させる方針が確認された。残る約3300人は豪州などにある米軍基地にローテーションで分散配置してアジア太平洋の防衛を固める方向で大筋合意した。またグアム先行移転と同時に、嘉手納基地以南の米軍基地5施設・区域の返還も普天間移設と切り離して先行実施するという。

暗礁に乗り上げた難題解決への〝一歩前進〟と言えようが、なお大きな壁が残っている。それは、今回の日米合意文書に、「日米両政府は普天間飛行場（宜野湾市）を辺野古（名護市）へ移設する現在の計画が、唯一の有効な進め方だと信じている」と、一項を設けて強調している点である。また、7日朝刊各紙によると、「海兵隊のグアム先行移転」とは別に、岩国基地（山口県）に1500人規模の移転を日本側に打診していたことも明らかになるなど、米国の〝圧力〟が感じられる。

野田佳彦政権は昨年暮れ、普天間移設の前提になる辺野古・環境影響評価（アセスメント）の評価書を沖縄県庁に強行搬入して、仲井眞弘多知事ら地元感情を逆撫でしてしまった。県側はやむなく評価検討に入ったものの問題点が多く、3月末までに公有海水面埋め立て申請は認めないだろう。「沖縄県外、または国外移設」を求める沖縄県民の民意は固く、強行突破すれば〝流血の惨事〟も招きかねず、ここ数カ月の動向を見なければ、予測不能の雲行きになってきた。「辺野古移設」に固執する限り、この対立構造は無くならないとの悲観的見方が出るのは当然で、「普天間飛行場の固定化」につながると危惧する声が上がっている。

豪州・ダーウィンなどに分散配置

オバマ大統領は昨年11月に豪州北部のダーウィンへの

米海兵隊駐留を表明。次いでパネッタ国防長官が1月26日、２０１３会計年度（12年10月～13年9月）から5年間の国防予算削減計画を発表した。世界に展開している米軍地上戦力を10万人削減する方針というが、在日・在韓米軍は維持して「アジア太平洋重視」戦略を鮮明に打ち出した。要するに、今回の「日米合意」は米軍再編計画の一環であり、米国主導で進められたことは明らかだ。

沖縄の民意は「普天間無条件返還」

琉球新報2月5日付社説は「日米協議入りは膠着状態を動かす一歩となるだろうが、問題はその方向だ。回避すべき最悪の筋書きは①普天間飛行場の固定化②辺野古移設計画の維持③嘉手納より南の土地返還凍結――を含む米軍再編の改悪だ。これは断じて容認できない。米高官に『世界一危険』と言わしめた普天間飛行場の危険性除去を一刻も早く実現する。欠陥機と指摘される垂直離着陸輸送機ＭＶ22オスプレイの沖縄への配備は、危険根絶の観点から拒否する。これが大多数の民意だ。日米が人命と人権を優先し、県民の信頼に支えられて日米関係を正常化したいのであれば、普天間飛行場の県外・国外移転もしくは無条件返還こそが賢明な選択だ」と指摘する。

沖縄タイムス同日社説も「計画の変更は、沖縄側に重大な影響を与える。にもかかわらず、地元はいつも蚊帳の外。住民とかけ離れたところで見直し協議が進み、そのたびに住民が振り回される。この構図だけは、少しも変わっていない。『２０１４年』という普天間飛行場の移設期限は撤回され、『できる限り早期に』という表現に変わった。……普天間の固定化は日米の責任放棄であり、あってはならないことだ。『普天間の早期返還』と『辺野古移設の断念』は、負担軽減のための車の両輪である。計画見直しで求められているのは、この二つのパッケージだ」と主張している。

〝米国主導〟の駆け引きに振り回される

「岩国基地への移転打診」との情報が乱れ飛ぶなど、「米国主導による海兵隊移転」の様相がますます濃くなってきた。岩国基地は既に厚木基地などからの米軍移駐を押し付けられており、それ以上の負担拡大に地元民の反対が強まるに違いない。7日の参院予算委員会で野田首相は「岩国基地への分散移転案は協議していない」と野党質問をかわしていたが、玄葉外相は「沖縄の負担軽減という意味で、国外という面と全国で負担を分かち合うという両面がある」と答えており、「国内移設」に含みを残している。このような重要案件につき、地元・沖縄はもとより防衛省との協議も経ないまま、日米外務当局だけで話を進めていたに違いなく、普天間問題の行方をますます複雑にしてしまったように思える。

東京新聞2月7日付朝刊が、「米国防総省としては、普天間移設と分離したことで、グアム移転が大幅に進展する可能性が高まったとアピールし、昨年末削られた国防予算を復活させたかった。この時期に出てきたのは2月13日の『13会計年度予算』発表をにらんで、米国防総省が議会有力幹部に根回ししているうちに一部メディアに漏れたためだ」と分析していたが、日米共同発表を急いだ背景が透けて見えるではないか。

移転経費の見直しも必要

そもそも今回の米軍事戦略見直しの背景に、中国をにらんだ太平洋アジア戦略と財政赤字体質からの脱却という二つの命題が絡んでいることは明らかだ。海兵隊を豪州、フィリピン、ハワイ、沖縄などに分散配置し、防衛予算の効率的運用を目指すもので、同盟国への財政負担要請が却って強まるとも予想される。日米が2006年に合意したグアム移転経費は総額102億7000万ドルで、日本側負担は融資を含め約60億9000万ドルに上る。日本側は12年度予算も計上しているが、米議会は財政難を理由に予算を削っており、移転経費の再検討も必要だ。当初予定より移転規模が縮小されたことに伴い、日本側は減額要求すべきだが、米側が応じるとは考えにくい。逆に、米側から「移転計画遅延の責任は日本側にある」との理屈で、減額どころか〝延滞料〟まがいの請求があるかもしれない。財政負担を考えただけでも、グアム先行移転の行方は険しそうだ。

「戦略なき安保」から脱却を

「米側が普天間問題と海兵隊移転問題などを切り離したのは、普天間の固定化もやむなしと判断した結果ではないか、との疑念はぬぐえない。沖縄が反対する『辺野古への移設』一辺倒の主張は、辺野古移設か固定化かという二者択一を沖縄に迫るものであり解決は困難だ。結果的に固定化の可能性が高まっている。野田首相がそれを知らないはずはない。日本政府は、辺野古への移設が困難になっている沖縄の政治状況を米国に正確に伝え、見直しを視野に入れて再検討するよう強く申し入れるべきである。辺野古への移設でなければ抑止力が維持できないというのは、今回の見直しの経緯を見ても説得力に欠ける。共同文書で辺野古への移設を再確認したのは残念だ。同時に普天間問題の解決には時間がかかることを考慮し、その間周辺住民の危険性を除去するため、普天間機能の分散などの対策を講じるよう改めて求める。」

――毎日新聞2月9日付朝刊に掲げた〈『戦略なき安保』

脱却を〉と題する社説の一部だが、「日米共同文書」の問題点をズバリ指摘している。

米政府が昨年秋から急ピッチで米軍再編成計画を練っていたのに、日本側の対応は常に受身だったことが情けない。「普天間の危険除去」に向け、独自外交を推進する国民的〝覚悟〟なくして、解決の道は開けてこない。

〔2012年3月1日〕

国連・人権委が「普天間問題」で日本政府に質問状

普天間飛行場（宜野湾市）の辺野古（名護市）移設問題は、暗礁に乗り上げたまま。日米両政府が2月に合意した「米海兵隊4700人のグアム先行移転」が、「辺野古移設」とセットになっているため、地元・沖縄の了解を得られないからだ。米軍基地の7割が沖縄に集中している現状は、世界の誰が見ても異常な現象に違いない。

毎日新聞3月13日付朝刊「ジュネーブ特派員電」によると、国連・人種差別撤廃条約の委員会は「米海兵隊の辺野古移設計画は、歴史的な琉球先住民差別に当たる恐れが強い」として、日本政府に質問状を出し住民の権利を守る具体策の説明を求めることを決めた。日本からの回答を待って、8月の同委員会で〝差別〟の有無を審査するが、〝見直し〟勧告が出るかもしれないという。「沖縄基地問題」が、国連の人権論議の俎上に載せられるほど、国際的監視の目が厳しいことを、日本政府も国民も真剣に受け取るべきである。

〔2012年3月16日〕

「甲状腺がん」予防の検査態勢を急げ

放射性ヨウ素による甲状腺がんリスクは、ヨウ素の半減期が短いことを理由に、実態究明は一向に進まず、住民の不安感が募っている。甲状腺はノド仏の下にあり、ヨウ素を取り込む性質があって、特に子供への影響が大きいという。ところが、原発事故後の混乱もあって、被災地住民の詳しい測定が遅れている。チェルノブイリ原発事故後、国際原子力機関は「甲状腺被曝の影響を防ぐヨウ素剤」を飲む目安を100ミリシーベルトから50ミリシーベルトに下げたが、当局の対応は鈍いように感じた。

甲状腺被曝最大87ミリシーベルト

朝日新聞3月9日付朝刊は、「甲状腺被曝最大87ミリシーベルト、5人が50ミリ超」と1面トップで特報した。弘前大学被曝医療総合研究所の床次眞司教授らが原発事故1ヵ月後の6日間、福島・浪江町らの住民67人の甲状腺内部被曝を詳細に計測した結果である。約半数が10ミリシーベルト以下だったが、5人が50ミリシーベルトを超えており、国が昨年3月実施した測定（最高値35ミリ）より高い数値が気がかりである。

「週刊文春」3月1日号が「郡山4歳児と7歳児に『甲状腺がん』の疑い」を特報したことを、本欄（2月28日付）で取り上げたが、今回の弘前大測定は対象者が多く、今後の予防対策の促進を求めた調査として、その意義は大きい。

成人の検査も実施する必要

甲状腺がんの発生は、被曝から5年以上たってからが多いという。広島大原爆放射線医科学研究所の細井義夫教授は「最近のチェルノブイリの疫学調査では、40歳以上でも被曝により甲状腺がんのリスクが高まるという報告も出ている。成人への検査も検討が必要だ」と指摘している。

鈴木元・国際医療福祉大クリニック院長は「部分的なデータが色々と出てきており、被曝の実態を評価し直すことが必要だ。本来なら事故直後に精度の高い甲状腺被曝の検査をすべきだった。それができなかった一因は、曖昧な国の責任体制にあった。検査体制を見直す必要がある」と警告していたが、その通りである。福島県は、事故当時18歳以下の36万人を対象に生涯、甲状腺検査を行う方針を打ち出したが、成人検査も極力実施してもらいたい。

データに基づき、患者サイドの治療を

放射線被曝については、危険視するか逆に楽観視するかで、専門家の見方が極端に異なっている。素人が判断できないのは当たり前だろう。

「今まで我々が蓄積した広島・長崎やチェルノブイリの知識からは想像がつかないことが起こっている可能性がある。従来の常識から外れるからあり得ないと決め付けずに、実測した数値に照らして物事を考えたい。医者の真実は患者の側にある。甲状腺エコーは1日でも早い方がいい」（内科医）との言葉は尤もである。

〔2012年3月18日〕

「沖縄返還」密約文書の開示、再び認めず

沖縄返還（1972年）の密約文書をめぐり、NPO法人「情報公開クリアリングハウス」三木由希子理事長が、国の不開示決定取り消しを求めた訴訟の控訴審判決で、

東京高裁は3月15日、一審東京地裁判決に続き請求を退けた。

三輪和雄裁判長は、文書は１９７１年６月ごろには外務省にあったが、２００６年４月の不開示決定時点では存在が確認されなかったと認定。決定自体は適法としたが、「廃棄されたとすれば行政組織の在り方として極めて問題が大きい」と指摘した。

西山太吉・元毎日新聞記者ら25人が訴えた「沖縄密約文書開示」裁判の方が一般に知られているが、「情報公開請求訴訟」としての狙いは同じである。最初の訴訟は一審で原告が勝訴したが、国側が控訴した二審で敗訴している（昨年9月29日）。「密約文書の存在は〝推認〟されるが、いくら探しても問題文書は見つからなかった」という牽強付会な理由で、一審判決を覆したのである。

「無いものはない」と強弁

今回の控訴審では、一審に続き原告の敗訴となった。その判決理由を読み、両控訴審に対する司法判断の類似性に驚かされた。要するに、「密約文書を探したが見つからなかった。無いものはないのだから、文書は開示できない」ということだ。ただ、二審判決理由の末尾に「本件文書が通常の場合とは異なるごく特別な方法や態様により保管、管理されて、正規の手続を経ずに廃棄等がされたとするならば、このこと自体は、『法の支配』の下における行政組織の在り方としては極めて問題が大きいといえるが、本件の結論には影響しない」（原文のまま）との一文が付記されていた。昨年の西山氏らが原告の二審判決でも同趣旨の〝釈明〟的な文章が記されており、いずれも苦渋に満ちた判決理由だったことに、この「密約訴訟」の暗部を感じるのである。

情報公開請求訴訟の厳しさ

三木由希子理事長は「無いものはないという『本件の結論』は裁判所の限界と、それを踏まえた裁判官の本音が垣間見えるような内容です。……正規の手続きではなく隠匿、廃棄等がされたことは、可能性を超えて蓋然性が相当ある。しかも、『隠匿』という言葉を使っているため、単なる廃棄以外の可能性を指摘している。それは『法の支配』の下にある行政組織として極めて問題が大きい。控訴人である私もそうですが、裁判所も外務省に行って探査、捜査ができないというそもそもの限界があるうえ、文書の存否についてはよほどのリーク等がない限りは、外務省に委ねるしかないという現実もあり、この辺は情報公開訴訟における裁判所の限界が垣間見えます。本来であれば、私が情報公開請求した時点での文書がこの訴訟訴訟での主要な争点なのですが、結論的には、現時点では存在しないので私の訴えは認めらないという判決になるのが、それを物語っているように思います」と、「密約文書開示」裁判の厳しさをブログに記していた。

「情報公開法」施行（２００１年４月）前後に外務省が大量に文書を廃棄していた事実は明らかなのだが、国家権力の隠蔽体質は変わっていない。情報公開請求の権利を粘り強く行使して、民主社会の基礎を築く努力を怠ってはならないと思う。

〔２０１２年３月20日〕

「核燃料サイクル」問題の見直しを

大飯原発の第一次ストレスト結果を受け、野田佳彦政権が再稼動を決めるのではないかと取り沙汰されているが、核燃料サイクル稼動へ向けた動きも気がかりである。

MOX燃料を100％使う原発計画

朝日新聞３月19日付夕刊が「核燃料サイクル認可進む」と特報した記事によると、経済産業省原子力安全・保安院がＭＯＸ燃料を１００％使う原発にゴーサインを出すというのだ。

ＭＯＸ燃料とは、ウラン・プルトニウム混合酸化物のことで、使用済み核燃料の再利用が検討されてきた。青森県・大間原発で建設が進んでいた施設だが、東日本大地震で工事が中断されていた。保安院が３月15日、技術的変更計画の申請につき「技術上の基準に適合している」などとして認可する姿勢を示したため、論議を呼んでいる。それは、４月に組織が消える保安院の「駆け込み認可ではないか」との疑念からで、ＮＰＯ原子力資料室の伴英幸共同代表は「事故の新しい安全規制体制が始まっていないうえ、核燃料サイクルが見直されている途中だ。駆け込みで決めるべきではない」と批判している。

「原子力規制庁」発足を前にして……

電力会社はプルトニウムをＭＯＸ燃料に加工し、既設の原子炉の燃料とする計画を推進中だが、トラブル続きで実用化が危ぶまれている。六ケ所村再処理工場や高速増殖炉「もんじゅ」の相次ぐ事故によって、「撤退論」が高まってきており、欧米でも見直し論が上がっている。福島原発事故収束の見通しが全く立っていない今、原発再稼動や核燃料サイクル始動を画策する野田政権の姿勢は危険極まりない。「原子力規制庁」発足を目前に、拙速決定だけはやめてもらいたい。

核燃料再処理路線から撤退を

毎日新聞３月19日付朝刊（『核心』欄）で、プリンストン大学フランク・フォン・ヒッペル教授は「もし、日本が早期に再処理路線を放棄すれば、それは国際的な（核の）安全保障にも貢献するだろう。日本は現在、唯一、核兵器を持たずに再処理を行っている国であるが、韓国は米国との原子力協定交渉の中で、日本と同じ権利を認めるよう求めている。他の国がこれに倣えば、分離されたプルトニウムが、核兵器製造に転用されるリスクを高めることになる。米国は再処理をすでに中止し、英国もやめる計画だ。日本が再処理路線を放棄すれば、世界の核不拡散の取り組みを強化し、無駄な支出をなくすことにつながる」と指摘していたが、傾聴に値する提言である。

使用済み核燃料は貯まる一方で、その再使用を目指した「核燃料サイクル」は完全に行き詰まってしまった。この現状に早く気づき、ヒッペル教授提案のように大胆な政策転換を打ち出すべきだと考える。

〔2012年3月22日〕

全原発の格納容器・排気塔にフィルター無し！

福島第一原発1～4号炉内は、高濃度汚染のため修復作業がいぜん難航している。原子炉格納容器の圧力を下げる排気（ベント）が遅れ、放射能漏れを拡大させてしまった。この点につき、原子炉設計者だった後藤政志氏（芝浦工大非常勤講師）は事故後、「排気塔にフィルター設置を献言したが、採用されなかった」と指摘していた。フィルターが設置されていれば、外部への放射線物質排出を最小限にとどめることができたという。

東京新聞3月27日付朝刊が1面トップで「国内全原発、フィルターいまだゼロ」と報じていたのに衝撃を受けた。事故から1年経っても、どの電力会社に取材してもフィルターを設置してなかったことが明らかになった。フィルター設置には1基20億～40億円かかるそうだが、フランスやスイスなどでは当たり前の設備だという。安全管理の思想が日本の原子力政策から欠落していることを物語る証拠で、この調査報道を高く評価したい。

〔2012年3月31日〕

米兵を異常犯罪に走らせたTBI（外傷性脳損傷）

アフガン派兵の米軍兵士が3月11日の日曜日、カンダハール郊外の民家に押し入り、銃を乱射して女性・子供ら17人を殺害した。米兵の相次ぐ不祥事の中でも凄惨きわまる事件に驚愕した。オバマ大統領は直ちにパネッタ国防長官を現地に派遣してカルザイ大統領に謝罪、悪化した外交関係回復に努めている。

この兵士（38歳）はイラク戦線で3回勤務したあと帰国、昨年末に妻と2人の子供を残してアフガンに赴任した。長い戦地勤務でPTSD（心的外傷後ストレス障害）が原因とみられるが、さらに深刻な障害が米国内で指摘されているという。在米評論家・冷泉彰彦氏の3月17日付「USAレポート」に衝撃を受けたので、その一部を紹介して参考に供したい。

爆風で脳内神経系統が麻痺

「錯乱した兵士は、TBI（トラウマティック・ブレーン・インジャリー＝外傷性脳損傷）であったという報道が事件直後にあった。ただ、その後は、PTSDという表現、あるいはもっと『ぼかした』表現に変わるなど報道が揺れ動いている。今まで、イラク戦争帰還兵のPTSDが大きな問題になっていた。悲惨な戦場での経験、特に殺す・殺されるという恐怖感の連続する環境が、多くの帰還兵を悲惨な症状に追い込んだのです。TBIというのは比較的新しい概念です。同じTBIでも実際に頭部に目に見える外傷のある、例えば頭蓋骨陥没などを伴っているものは昔もありました。ですが、イラク戦争以降で問題になっているのは道路脇の爆弾テロなどによる『音速を超える』爆風に兵士が晒された際の問題です。分厚いヘルメットや戦闘服で保護していれば良いとは言えず、比重の重いもので防御していても衝撃波は伝播して、脳内の神経系統を麻痺させるというケース（医学的にはまだ完全にメカニズムが解明されたわけではないのですが）が問題になっています。」

米政府の人道的責任は重い

PTSD患者は妄想や幻覚、不安感情といった症状が多いが、TBIでは言語障害や平衡感覚の異常など脳の基本的な機能障害がいっそう強くなるという。兵士に脳障害を発症させ、殺戮にまで走らせたのは誰か？……米政府の人道的責任は極めて重い。

アフガン早期撤退の道筋をつけよ

オバマ政権は駐留米軍を段階的に撤収させ、2014年末までにアフガン政府軍と警察に治安権限を移譲する計画だが、米兵の相次ぐ不祥事によって、アフガン情勢は泥沼状態。いま米欧軍が大規模に撤退すれば、再び内戦になる危険性が極めて高い。アフガンが再び国際テロの温床に逆戻りしないために、米欧軍の早期撤退には慎重さが求められる。米政府は派遣部隊の管理を徹底し、カルザイ政権との協力関係を再構築し、国際部隊の撤退が本格化する前に、タリバンとの対話を再開して停戦への道筋をつけねばならない。

〔2012年4月1日〕

〝右旋回〟の時代状況を反映
――「自民・改憲案」と「秘密保全法案」

福島原発事故から1年、事故調査委員会などの検証作業が精力的に進められているものの、事故収束の道はいぜん険しい。野田佳彦政権が、点検・停止中の原発再稼動の是非、エネルギー政策見直しなどについて明確な方針を示さないため、国民の不安が募っている。放射能汚染にからむ風評被害も解消されず、国民全体がイラだっている現状を、1日も早く解消しなければならない。

本欄で（1月1日付）「大阪維新の会」代表の橋下徹氏が大阪市長に就任（昨年12月）したことについて、「時代の閉塞感がもたらした現象」と分析、危険な問題点を指摘したが、その後の橋本市政は指示・指令を矢継ぎ早に打ち出し、国政進出への世論づくりを画策している。この〝橋下旋風〟は、「3・11」後の政治混乱に乗じたといえるが、危機打開を旗印にした改革案がまた浮上してきた。これも〝時代の閉塞感〟を反映した現象であり、「自民憲法改正原案」「秘密保全法案」の2テーマに絞って、問題点を考察したい。

「天皇を『日本国の元首』」と位置づけ

自民党の憲法改正推進本部は2月28日、党の憲法改正原案を明らかにした。「国民主権・三権分立」を明記しているものの、前文に「わが国は、日本国民統合の象徴である天皇をいただく国家」と明記し、〔第1章　天皇〕第1条で「天皇は日本国の元首であり、日本国および日本国民統合の象徴であって、その地位は、主権の存する日本国民の総意に基づく」と規定。現行憲法にはない国旗・国歌について「国旗および国歌は、日本国の表象として法律で定める。⑵日本国民は、国旗および国家を尊重しなければならない」と第3条に明記している。

〔第2章　安全保障〕第9条では、「日本国民は正義と秩序を基調とする国際平和を誠実に希求し、国権の発動としての戦争を放棄し、武力による威嚇および武力の行使は、国際紛争を解決する手段として用いない。⑵前項の規定は、自衛権の発動を妨げるものではない」と規定。次いで9条の2で「わが国の平和と独立ならびに国および国民の安全を確保するため、内閣総理大臣を最高指揮官とする自衛軍を保持する」と謳っている。

会合には安倍晋三元首相や石破茂前政調会長らが出席

した。「天皇は国の元首」とした1条改正案に賛同する意見の一方、「天皇は世俗の存在なのか」「元首と書けば他国の元首と同格になってしまう」などの異論も続出。9条については「集団的自衛権の行使を明記しなければ意味がない」との声が上がり、「原案通りでも解釈で行使できる」とする意見と対立したという。「自衛軍ではなく、国防軍や防衛軍とすべきだ」「国旗は日の丸、国歌は君が代と明示すべきだ」など、さまざまな声が出て、意見集約は持ち越された。

推進本部は今後、週1～2回のペースで会合を重ね、日本が独立を回復したサンフランシスコ講和条約発効60周年となる4月28日までに成案を決定し、国会提出を目指す方針だが、難航が予想される。

原発事故の収束が喫緊の課題となっている今、自民党が改憲案の国会提出を急ぐ背景は一体何だろうか……。混乱政局に乗じて憲法論議を持ち出し、〝改憲〟の道筋をつけようとの意図を感じるのである。そもそも、現行憲法は、敗戦後の日本国民が選択した基本法であって、一政党が政治的な思惑で提起するような軽いテーマではない。自民党は7年前にまとめた「改憲草案」を土台にしたというが、天皇を「元首」に位置づけ、自衛隊を「自衛軍」とするなど、戦前回帰のような「憲法観」には驚かされた。さらに「国旗・国歌」の尊重規定や、外国人に参政権を認めない国籍条項を追加するなど、党内保守派の意向を忖度した内容。特に、衆参両院の3分の2以上の賛成が必要な改正発議要件を過半数に緩和したことは重大で、憲法改正への自民党の執念がにじむ原案だ。

知る権利の侵害が心配な「秘密保全法」

一方、民主党政権が国会提出を急いでいる「秘密保全法案」に対して、日弁連など有識者やマスコミ諸団体から批判の声が上がっている。有識者会議が昨年8月まとめた報告書によると、秘密保全法案は、防衛・外交・治安に関し、重要だとして国が指定した「特別秘密」を漏らした公務員や閣僚らに最高5年か10年の懲役を科す内容。そもそも、２０１０年に起きた尖閣諸島沖の中国漁船衝突事件のビデオ映像流出や、警視庁などの国際テロ情報が漏洩した事件が背景にあって、この法案策定の動きが急ピッチで進められてきた。

すでに明らかになっている「報告書」を読むだけでも、運用次第では国民の重要な「知る権利」を侵害しかねない危険性をはらむ法案だ。毎日新聞3月4日付朝刊が特報した記事によると、報告書議事録がまたまた作成されていないことが判明した。先に、原子力安全・保安院や東電関係者の原発関連議事録を策定しなかったことに続く不祥事で、官僚システムの〝無責任構造〟には呆れ果てる。法令制定過程などが事後に検証できるよう文書作成を義務づけた公文書管理法（11年4月施行）に違反しており、しかも「秘密保全法案」の審議が隠蔽されるとは、とんでもない事である。半年間で6回も審議したのに、A4判2枚程度の要旨だけでは、検証の役に立たないではないか。

処罰範囲が曖昧で、拡大解釈の恐れ

日本弁護士連合会は会長声明を発表、「当該秘密保全法制では、規制の鍵となる『特別秘密』の概念が曖昧かつ広範であり、本来国民が知るべき情報が国民の目から隠されてしまう懸念が極めて大きい。また、罰則規定に、このような曖昧な概念が用いられることは、処罰範囲を不明確かつ広範にするものであり、罪刑法定主義等の刑事法上の基本原理と矛盾抵触する恐れがある。禁止行為として、漏洩行為の独立教唆、扇動行為、共謀行為や、『特定取得行為』と称する秘密探知行為についても独立教唆、扇動行為、共謀行為を処罰しようとしており、単純な取材行為すら処罰対象となりかねず、そこでの禁止行為は曖昧かつ広範であり、この点からも罪刑法定主義等の刑事法上の基本原理と矛盾するものである。現実の場面を考えても、取材及び報道に対する萎縮効果が極めて大きく、国の行政機関、独立行政法人、地方公共団体、一定の場合の民間事業者・大学に対して取材しようとするジャーナリストの取材の自由・報道の自由が侵害されることとなる」などの問題点を鋭く指摘している。

外交防衛分野の情報管理問題を論議している民主党「インテリジェンス・ＮＳＣワーキングチーム（ＷＴ）」は、「秘密保全法案」に絡んで、国会に「秘密委員会（仮称）を議員立法で設置し、特別秘密の内容・範囲が適当かチェックさせる制度の検討を始めた。このＷＴ案には「国会の監視機能を担保するため、国会議員の保秘に関する法的措置が必要」と明記されており、委員会所属の議員が秘密を漏らした場合の罰則も視野に入れているという。この毎日新聞2月29日付朝刊が報じた問題について、右崎正博・独協大法科大学院教授（憲法）は「委員会に所属した議員は、守秘義務が生涯課せられる可能性があり、憲法が保障する自由な言論を縛られる。国民への情報が減り『知る権利』も制約される。米国議会の同種の委員会は、大統領の強い権限を監視する役割があり、議院内閣制で憲法に平和主義を持つ日本と事情が異なる。秘密を守る法が必要なら、国会は秘密の範囲を縛るルールを法で定め、厳格に運用されるよう国政調査権を行使し、日々監視する役割に徹すべきだ」と警告を発している。オープンな議論抜きで、〝言論監視〟的法案が密かに練られていること自体、由々しき問題ではないか。

以上、急浮上してきた二つの「法案」の問題点を指摘したが、「自民改憲原案」は保守色濃厚で、「治安維持法」によって言論を弾圧した昭和10年代の〝悪夢〟を想起する。現在の民主党と自民党の姿が、戦前の政友会・民政党の体質に酷似してきたように思えてならないからだ。議会政治が機能せず、国民は〝閉塞状況〟に喘いでいるのである。橋下大阪市長が「維新八策」を掲げて〝世直し〟のヒーローに躍り出ようと画策しているのは、この時代状況を鋭敏に察知したからだが、〝ポピュリズム〟の危険性が見え隠れする。

法案提出者はいずれも、「社会秩序擁護のため」と説明しているが、〝言論統制〟の意図は明々白々だ。「情報公開・知る権利は、国民主権国家の支柱」との決意を再確認し、〝悪法〟成立を許してはならない。

〔2012年4月2日〕

普天間飛行場の騒音被害は甚大

米軍普天間飛行場(宜野湾市)の辺野古(名護市)移設交渉は暗礁に乗り上げ、「普天間固定化」が懸念されている。米軍機離着陸時の騒音は物凄く、耐え切れぬ住民から「夜間・早朝の飛行禁止」を求める新たな訴訟が提起された。また同飛行場に隣接する普天間第二小学校の騒音被害調査が明るみに出るなど、新たな問題が持ち上がった。

騒音差し止めを求め、第二次訴訟

宜野湾市と浦添市、北中城村の住民3129人は3月30日、夜間・早朝の住宅地の米軍機飛行禁止と損害賠償を求める第二次普天間爆音訴訟を那覇地裁沖縄支部に提起した。原告数は、2002年に住民404人で提訴した一次訴訟の約8倍。県内では、嘉手納爆音訴訟団に続く大型訴訟団が「静かな日々を返せ」と訴えた。

第二次訴訟は夜間だけでなく、日中も含めた騒音の差し止めを請求し、騒音発生源となる米軍機の実質的な飛行差し止めを求めている。訴状では、同飛行場から住宅地に、午後7時から午前7時は40デシベル、午前7時から午後7時までは65デシベルを超える一切の騒音を到達させてはならないことを要求。1年間の将来分請求などを含めて、損害賠償額は原告一人当たり1カ月3万4500、総額約51億円を請求している。

第一次訴訟では、国と基地司令官を相手に騒音や飛行差し止めを求めて提訴。10年の福岡高裁那覇支部は、騒音を違法認定し国に損害賠償責任を認めたものの、飛行差し止め請求は棄却した。

普天間第二小学校の騒音は、
電車高架下並みの105・7デシベル

一方、琉球大学の米軍機離着陸の騒音調査結果が明るみに出て、反響を呼んでいる。毎日新聞4月2日付朝刊が特報したもので、飛行場に隣接する普天間第二小で、米軍機離着陸時の教室内の騒音レベルが電車通過中の高架下に匹敵する100デシベル以上に達することが分かった。琉球大工学部が続けていた調査によると、米軍機が通過した3月20日12時45分ごろ、防音効果の高い窓を閉めた教室で66・9デシベル。3月23日13時7分ごろ、窓を開けた教室で99・5デシベル、同10分ごろには105・7デシベルを確認した。

琉球新報4月3日付社説が、「琉球大の調査によると、教室の窓を開けると、105・7デシベルを計測した。児童生徒が集中して先生の話を聞ける学習環境について、文部科学省は、窓を閉じた状態で50デシベル以下、開けた場合でも55デシベル以下が『望ましい』と定めている。第二小では、窓開放時はほぼ倍の爆音が注いでいることになる。教諭の平均的な授業時の声の大きさは65デシベルという。世界保健機関の基準によると、教室内の騒音と教諭の声の差が15デシベル以上ないと、授業が聴き取れなくなる。授業寸断が裏付けられ、第二小の学びの環境が国際的にも許されない過酷な状況にあることは明白だ。米国内の航空基地設置基準に照らせば、普天間飛行場の滑走路の延長線約900メートルを中心とする『クリアゾーン』内は、建築物がない緩衝地帯にしなければならない。児童・住民の安全ため、米本国ならば、基地が出ていく側になる」と指摘している通りで、日本政府の積極的な対米折衝こそ急務である。

〔2012年4月6日〕

「南海トラフ地震」の恐怖

日本列島の何処かで、連日地震情報が伝えられる昨今である。原発再稼動問題も絡んで、不安は募るばかりだ。そんな折、想定を超える「南海トラフ」地震予測が4月

1日付各紙朝刊に公表され、衝撃が広がっている。

浜岡原発などへ20メートルを超す津波が……

東海から九州沖に延びる「南海トラフ」で起きる地震について、内閣府の有識者検討会（座長・阿部勝征東大名誉教授）は3月31日、予測規模を発表した。地震の規模を東日本大震災級のマグニチュード9・1に設定して、各地の震度モデルを試算。満潮時の津波は高知県黒潮町の34・4メートルを最大に、東京の島しょ部から静岡、愛知、三重、徳島、高知の6都県23市町村で20メートルを超えるとの予測に、大きな衝撃を受けた。中でも、浜岡原発のある静岡県御前崎市付近では21メートルの津波が予測され、現在補強中の防波壁を3メートル上回るという。浜岡原発は昨年7月以来ストップしたままだが、耐震・津波対策を講じて再稼動させたい中部電力にとり深刻な難題が持ち上がってしまった。伊方原発のある高知県など太平洋沿岸9県の知事らは3月29日、中川正春防災担当相に対し、「南海トラフ巨大地震対策措置法」の制定を求めたが、政府は早急に法改正を急がなければならない。

避難対策を急ぎ策定を

毎日新聞4月3日付朝刊は「想定受け止め対策を」との社説を掲げ、「中央防災会議の専門調査会は昨年、津波が発生した場合、原則として歩いて5分程度で安全な場所に避難できる町づくりを提言した。だが、今回の想定では高さ1メートルの津波が最短2分で到達する。津波避難ビルの新たな指定や津波避難タワー建設、高台への避難路確保など具体的に動き出した地域もあるが、避難時間も含め見直しを迫られよう。最終的には、国の財政面での支援が欠かせない。国は今夏にも当面実施すべき対策をまとめるが、重要なのは国と都道府県、さらに市町村が一体的に対応することだ」と強調していた。有識者検討会は今月以降に津波予測に基づく浸水想定区域を公表するが、中央防災会議も被害想定予測の6月公表を目指している。

これとは別に、文部科学省の研究チームは「M7・3規模の首都圏直下型地震」の震度分布図を、3月30日公表した。東京湾岸で地震が発生した場合、江戸川区・江東区・品川区・大田区・川崎などで震度7、23区の大半が震度6強になると予測、首都圏各自治体に防災対策の見直しを要請している。

原発再稼動を見合わせ、新エネルギー政策へ転換を

「南海トラフ」の危険性は、従来の予測より高まっていることは確かで、いかに天変地異に対処するかは、日本列島の最重要課題である。野田佳彦政権は目下、「大飯原発再稼動」の判断を迫られているが、〝大地震の危

険性〟が指摘された深刻な事態を厳粛に受け止めてエネルギー政策を見直し、「脱原発」へ針路を切り替えるべきではないだろうか。

〔２０１２年4月7日〕

大津波対策に「地下シェルター」計画も

「南海トラフ地震」について4月7日付本欄で取り上げたが、紀伊半島や四国の自治体・住民に防災対策強化の動きが高まっている。地元の対応ぶりを伝える高知・愛媛・和歌山の県紙を参考に、問題点を探ってみた。

従来の「避難タワー」では危険

毎日新聞6日付高知版は、高知県は太平洋沿岸部の住民を津波から守るため、「地下シェルター」計画の検討会を発足させる方針を決めたと報じた。内閣府の有識者委員会の津波予測によると、同県黒潮町で最大34・3メートルの恐怖。尾崎正直知事は「確実に逃げるためには、これまでの津波避難タワーでは対処できない」として、首相官邸で野田佳彦首相と6日に会って、地下シェルター計画を紹介した。高知県内の想定最大津波高は黒潮町のほか、土佐清水市で31・8メートル、四万十市26・7メートルなどで、そんな津波に襲われたら、海抜12〜15メートルの避難タワーでは対処できない。30メートル超のタワー建設などは現実的に難しく、高台やビルのない沿岸部では「地下シェルター」が有効と判断。「産学官連携の検討会を発足させ、1年以内には結論を出したい」としている。

紀伊民報も4月10日付朝刊も「巨大地震への対処　官民の力が試される」と題して警鐘を鳴らす。紀南地方の地震は上富田町と北山村が震度6強、ほかはすべて震度7と予測された。紀南地域の沿岸自治体の津波高は、最大18・3メートル。２００３年の中央防災会議の想定では、どこも10メートルを超えなかったが、新しい想定ではすべて10メートルを超えた。

「田辺市は２００８年、文里地区の標高2メートル余りの土地に高さ8メートル近くの津波避難タワーを建設した。従来の想定では市内の最大波高は約6メートルだったから、これで対処できるはずだった。だが、新想定で示された12メートルの津波には及ばない。避難タワーは、安全基準が崩れたほんの一例で、今まで整備してきた一時避難所や避難路の見直しも必要だ。和歌山県は今月中に安全度が最も高い避難所から見直しに入る。安全な高台を緊急避難先に指定し、避難路整備の補助金の交付先も5月中に決定する」と述べ、県独自の検証作業を要請していた。

実効ある「防災対策」に取り組め

愛媛新聞4月6日付社説は、「自治体財政が厳しい中、巨額の予算を防災事業に注ぎ込むのは現実的ではない。地域ごとに被害を予想し事業実施に優先順位をつけるなど、選択と集中を徹底したい。ことに宇和海沿岸は、想定津波への物理的対策の難しさに直面している。今後は『いかに逃げるか』の検討に重点を移さねばなるまい。新しい避難経路と避難所の設置、津波の規模、到達時間を速やかに伝える手段などを充実させることで、被害の軽減は可能になるはずだ。検討会は今後、詳細な地形に基づいた津波の高さや浸水域などを予想し、中央防災会議が6月をめどに犠牲者数などを算出。秋に経済被害などを公表するという。そのシナリオに合わせ、地域に応じた減災計画の立案が必要だ。地震の発生は明日かもしれない。100年後かもしれない。しかし必ず来る。今回の数値は衝撃的だが、いたずらに神経質になる必要はない。恐れず侮らず、綿密な対策と冷静な行動を心がけたい」との指摘しており、地震列島・日本の防災対策見直しを急がねばならない。

〔2012年4月12日〕

京都・滋賀県知事が原発再稼動を危惧する提言

野田佳彦政権は関西電力3、4号機（福井県おおい町）の再稼働問題について、新しい安全基準を満たしたとして、福井県とおおい町に再稼働への協力を要請している。この動きを警戒して、大飯原発30キロ県内に隣接する京都府の山田啓二、滋賀県の嘉田由紀子両知事が「国民的理解のため」と銘打った共同提言を政府に提出した。

立地県・福井だけの問題ではない

政府の原発関連指針改定案は、防災対策の重点地域として原発から30キロ圏内を「緊急防護措置区域」（UPZ）としている。大飯原発の30キロ圏内に両府県の北部地域が含まれることは明らかで、近畿の水源・琵琶湖があることも心配される。西川一誠福井県知事も再稼働には関西圏の理解が必要と主張しており、京滋を「地元」と見なすのは当然であろう。

さらに、橋下徹大阪市長と松井一郎大阪府知事は、関西電力に対して原発から100キロ圏内の府県との間での「安全協定」締結を求めており、佐藤雄平福島県知事も京滋両知事の共同提言に賛意を示している。

仙石氏が「原発停止なら集団自殺も」と恫喝発言

野田首相は4月18日の参院予算委員会で「重要な指摘だ。政府としては基本的にしっかり取り組みたい」と述べただけで、再稼動見直しの姿勢は感じられない。こんな折、再稼動推進派と目される仙谷由人・民主党政調会長代行が16日、名古屋市内で講演、「原発全停止なら集団自殺も」と国民を恫喝するような発言が飛び出した。原発再稼働問題に関連し「止めた場合、経済と生活がどうなるかを考えておかなければ、日本がある意味で集団自殺をするようなことになってしまうのではないか」と発言、原発再稼働の緊急性を強調したのである。仙石氏は13日、「再稼動は妥当」との判断を決定した関係閣僚会議に同席しており、〝恫喝発言〟につながったような気がする。新聞各紙にも仙石氏の策士ぶりを臭わす行動が散見されるが、国民を愚弄する言動ではないだろうか。

国会の事故調は、政府の拙速判断に疑義

一方、18日に開いた国会の事故調査委員会で、委員長の黒川清・元日本学術会議会長が「必要な事故対策が先送りされ、原発の安全を守るのに十分なのか疑問が残る」と警告していたが、フィルター付きベントや免震重要棟の設置を再稼動の必須条件にしなかったことなどに委員からも批判が出たという。

この点、山田・嘉田両知事が〝被害当事者〟との認識で、原発に向き合う姿勢を示したことを評価したい。「共同提言」は脱原発依存社会への工程表を求め、社会構造を転換する機会にすべきだとも訴えている。エネルギー政策に自治体が当事者として関わるきっかけにもしたいものである。

〔2012年4月21日〕

敦賀原発直下に危険な活断層　保安院、再調査を迫られる

原子力発電所の耐震安全性を評価する経済産業省原子力安全・保安院の意見聴取会は4月24日、日本原子力発電敦賀発電所（福井県敦賀市）の原子炉建屋直下を走る断層を現地視察し、「活断層の可能性がある」との見解を示した。活断層の上には原発は建てられないとする国の基準があり、原電が同断層に活動性がないことを証明しなければならず、再稼働のハードルが極めて高くなった。

「裏底断層」が見つかる

敦賀1、2号機の原子炉建屋直下を含む敷地内に破砕帯が約160本あることは、1965年の1号機設置許可申請時に把握していたが、原電はこれまで地質調査などから、破砕帯には考慮すべき地震活動の痕跡はないと

してきた。しかし、東日本大震災以降、破砕帯すぐ近くの「裏底断層」という活断層と連動する可能性が指摘され、2月から原電が調査を進めていた。調査に当たった遠田晋次・京都大防災研究所准教授の「ここ数十万年の間に、浦底断層に引きずられて動いた可能性が高い」という指摘を受けて、保安院は原電に対し、浦底断層付近での追加の掘削調査や地層の詳しい成分分析などを求めた。

班目委員長も「安全性の証明」を求める

この点につき、内閣府原子力安全委員会の班目春樹委員長は26日の記者会見で、「(原電が運転したいなら) みんなが納得する方法で安全性を証明しないといけない。破砕帯の安全性を証明しない限り運転はできないと解釈すべきだ」と述べた。

班目委員長の福島原発事故対応には批判が高まり、3月末退任が囁かれていたが、「原子力規制庁」4月発足が延びて留任。いずれにせよ、原子力安全委のトップが「拙速再稼動」に疑問を呈したことは、重大である。保安院が日本原電に再調査を指示、その結果を踏まえて運転時の安全性を審査する方針を示したことは当然といえよう。

廃炉に追い込まれる可能性

朝日新聞26日付社説が「日本原電が、原子炉の下にある断層が活断層でないと説得力をもって示せないなら、廃炉に追い込まれる可能性は高い。私たちは『原発ゼロ社会』を目指そうと呼びかけている。それを実現する道筋としては、危険度が高い原発から止めてゆくのが筋だ。このとき、敦賀2号機は、廃炉の優先度が高い候補と考えるべきだろう。忘れてならないのは、この問題は敦賀原発だけに限った話ではないということである。国内で原発立地が大きく進んだ1970~80年代に比べて、最近は活断層をめぐる新しい知識が蓄積してきた。2006年に耐震指針が改められ、全国で新指針に沿った安全性評価が進行中だ。これはぜひ急がなくてはならない」と指摘していたが、全国50原発の総点検を早急に実施してもらいたい。

本稿を執筆中、26日夜のTVニュースが「福井県おおい町の市民集会」を中継していた。人口9000人の同町。住民550人が「安全性」を求めて、柳澤光美・経産副大臣に鋭い質問を浴びせていたのが印象に残った。

〔2012年4月27日〕

「南海トラフ地震」に備えよ 原発再稼動を急ぐな

世界各地で天変地異が相次ぎ、日本列島では地震の恐怖が広がる一方だ。福島原発事故の後遺症に悩む日本は特に深刻だが、野田佳彦政権は打開の道筋を提示できず、「3・11後の混乱」が続いている。

日本地震学会は東日本大震災後の昨年10月15日、初めてシンポジウムを開いた。冒頭、「地震学は敗北した」と率直に表明して討議に臨んだ研究者たち。世界最高水準を自負してきた日本の地震学界が「マグニチュード9・0」をなぜ予測できなかったか……無念の表情が痛ましかった。阪神・淡路大震災の後、大地震の長期予測に向け、力が注がれた地震のメカニズム研究。大陸の下に潜り込むプレート境界面にある「固着していて地震の時に大きくずれる部分（アスペリティ）」の研究が進み、地震の発生場所と規模については、ほぼ実用的な予測が〝出来るはず〟だった。しかし、今回の大地震は、場所も規模も研究者の予測を大きく外れるものだった。今、地震学者は、地質学や測地学など異分野とも連携した新たな模索を始めている。

浜岡原発などへ20メートルを超す津波が……

地震への関心が高まっている折、想定を超える「南海トラフ」地震予測が4月1日付各紙朝刊に公表され、衝撃が広がっている。東海から九州沖に延びる「南海トラフ」で起きる地震について、内閣府の有識者検討会（座長・阿部勝征東大名誉教授）は3月31日、予測規模を発表した。地震の規模を東日本大震災級のマグニチュード9・1に設定して、各地の震度モデルを試算。満潮時の津波は高知県黒潮町の34・4メートルを最大に、東京の島しょ部から静岡、愛知、三重、徳島、高知の6都県29市町村で20メートルを超えるとの予測に、大きな衝撃を受けた。中でも、浜岡原発のある静岡県御前崎市付近では21メートルの津波が予測され、現在補強中の防波壁を3メートル上回るという。中部電力は停止中の浜岡原発の耐震・津波対策を講じて再稼動を急いでいるが、またまた深刻な難題が持ち上がってしまった。

大津波対策に「地下シェルター」計画も

突然の〝大津波予測〟に驚いた太平洋岸の自治体・住民の間で防災強化の動きが高まっており、県紙などを参考に、問題点を探ってみた。

毎日新聞4月6日付高知版は、高知県は太平洋沿岸部の住民を津波から守るため、「地下シェルター」計画の検討会を発足させる方針を決めたと報じた。内閣府の有識者検討会の津波予測によると、同県黒潮町で最大34・3メートルの物凄さ。尾崎正直知事は「確実に逃げるためには、これまでの津波避難タワーでは対処できない」として、首相官邸で野田佳彦首相に会って、地下シェルター計画を説明した。高知県内の津波の高さは、土佐清水市で31・8メートル、四万十市26・7メートルなどと予測されており、そんな津波に襲われたら、海抜12～15メートルの避難タワーでは対処できない。30メートル超のタワー建設などは現実的に難しく、高台やビルのない沿岸部では「地下シェルター」が有効と判断。「産学官連携の検討会を発足させ、1年以内には結論を出したい」としている。

伊方原発の耐震設計を危ぶむ声

神戸新聞4月3日付社説は「兵庫県内では、南あわじ市と洲本市で震度7が想定される。瀬戸内沿岸の市町も震度6強か6弱に見舞われる。津波高は南あわじ市で9メートル、洲本市で6・7メートルに達するとされる。3メートルの津波でも、一般的な木造家屋は流される。『まず逃げる』という住民の意識と、避難しやすい町をつくる行政の不断の努力が不可欠だ。西日本巨大地震ともいえるこの災害は、静岡県の浜岡、愛媛県の伊方など原子力発電所に被害をもたらしかねない。さらに都市部の地下街の浸水など、東日本大震災とは異なる被害も起こりうる。だが、日本の災害対策は東海地震と東南海・南海地震が別々の法律で規定され、3連動地震に対応する総合的な制度が整っていない。それぞれの自治体も政府の動きを待たず、避難路の整備や地域ぐるみの防災教育など、あらゆる手を尽くす必要がある」と警鐘を鳴らしている。

愛媛県伊方町にある伊方原発の安全審査では、南海トラフ地震も伊方沖の中央構造線断層も耐震設計で考慮されていないが、「震度6強」に引き上げられた状況下で地震が起きれば、「原発災害を防ぐ術はない」と住民の不安は募っている。

愛媛新聞4月8日付社説は、「国会と政府の二事故調査委員会の調査では、地震の揺れが原発の機器や配管類にどう影響したか注目されている。津波ではなく、地震の揺れが原因で破壊され炉心溶融に至ったとすれば、耐震設計審査指針の見直しは必至。全原発の耐震性に影響し、再稼働どころではなくなる可能性もある。……本県では7市町13万人が伊方原発30キロ圏に入り、危機感を強めている。伊方町の山下和彦町長は『コメントする立場にない』と言及を避けたが、八幡浜市の大城一郎市長は『国、県、四電、地元の合意が必要であることは共通認識だ』と疑問を投げかける。福島事故の後、国任せの思考停止はやめにしたい。生命を守るため、自治体、住民は声を上げなくてはならない」と警告していたが、大飯原発（福井県）再稼動の動きと同様、地元民の不安感は高まっている。

高知県など太平洋沿岸9県の知事らは3月29日、中川正春防災担当相に対し、「南海トラフ巨大地震対策措置法」の制定を求めたが、政府は早急に法改正を急がなければならない。

「南海トラフ地震」とは別に、文部科学省の研究チームは3月30日「M7・9規模の首都圏直下型地震」の震度分布図を公表した。東京湾岸で地震が発生した場合、江戸川区・江東区・品川区・大田区・川崎市などで震度7、23区の大半が震度6強になると予測、首都圏各自治体に防災対策の見直しを要請しているが、国民一人一人の自覚こそ必要だ。

「日本列島は、地震の巣」と再認識を

「日本列島は地震の巣」と言われるほど、昔から地震災害に苦しんできた。明治三陸地震（1896年6月15日）関東大震災（1923年9月1日）の惨害は語り継がれてきたが、敗戦前後の数年間でも大地震が頻発していた。60数年前の記録をたどって、被害甚大の地域を探ってみる。

昭和南海地震は、1946年（昭和21年）12月21日午前4時19分過ぎ潮岬南方沖78キロメートルを震源としたM8・0の地震で、死者は1330人。この領域では、2年前の1944年12月7日にもM7・9の東南海地震が発生（死者1223人）。1940年半ばの日本ではこのほかにも43年9月10日の鳥取地震、45年1月13日の三河地震、48年6月28日の福井地震などが相次いだ。いずれも死者1000〜3000人もの大被害だったが、太平洋戦争終結前後の混乱もあって、詳細な調査・検証が行われず、忘れ去られてきた。阪神淡路大震災が17年前の95年1月17日。昨年3月11日の東日本大震災を引き起こした地殻変動が、今後も続くとの〝警鐘〟に戦慄を覚えるばかりである。

GPSで素早く地殻変動を探知

産経4月7日付朝刊によると、「国土地理院は6日、GPS（衛星利用測位システム）を用いて地殻変動を読み取り、地震の規模や発生場所を素早く把握できるシステムの試験運用を始めた。気象庁と連携し、津波予測に役立てるように実用化を目指す」という。同院によると、東日本大震災では気象庁の地震計が振り切れたため地震の規模を示すマグニチュードの判定が遅延。地震発生後約3分でM7・9と発表したが、最終的にM9・0に訂

正されたのは発生から2日後だった。新システムでは、全国1240カ所にある電子基準点の変化で地殻の変動を計測。東北大などの研究グループが開発した解析手法を用いて、迅速に地震規模が把握できるようになった。東日本大震災時の各地の計測データを新システムで入力し計算したところ、約3分後にM8・7と実際に近い値が推計できたという。スピーディーな地震予知の〝新兵器〟によって地震被害を最小限に止めたいものだ。

「南海トラフ」の危険性が、従来の予測より高まっていることは確かで、いかに天変地異に対処するかは、日本国の最重要課題である。野田政権は目下、「大飯原発再稼動」の判断を迫られているが、〝大地震の危険性〟が指摘された深刻な事態を厳粛に受け止めてエネルギー政策を見直し、「脱原発」へ針路を切り替えるべきではないだろうか。

〔2012年5月1日〕

「普天間固定化」を危惧……米国主導の日米声明

野田佳彦首相とオバマ米大統領は5月1日（日本時間）ワシントンで会談、6年ぶりに日米共同声明「未来に向けた共通のビジョン」を発表した。既に公表された「米軍再編スケジュール」をベースにしたもので、「二国間防衛協力」を強調している。米政府と民主党政権との関係修復に狙いがあったとはいえ、「普天間飛行場移設」や「TPP」などホットな問題解決への道筋が示されなかったのは遺憾だ。特に海兵隊のグアム移転をめぐって、米議会との調整が難航。結局、「辺野古移設」に必ずしも固執しないとも受け取れる表現に修正して〝ごまかし合意〟を計った感が深い。さらに「普天間飛行場」修復費まで要求した傲慢さ。日本政府は何も手を打たず、これでは「普天間固定化」につながり兼ねない。

また、「未来志向」をかざして、「動的防衛力強化」を強調していることが気がかりだ。日米関係の修復を焦って、国会論議も経ずに〝日米軍事一体化〟を急ぐことが許されるだろうか。消費税増税や小沢問題も絡み、政局の混迷は深まる一方である。

〔2012年5月3日〕

「全原発停止」へカウントダウン

最後の「泊原発」3号機が5日にストップ

北海道電力「泊原発」3号機が定期検査入りする5月5日夜を最後に、国内50基の全原発が完全にストップする事態に追い込まれる。好むと好まざるとにかかわらず、全国の集会やデモを反映して、全原発停止のカウントダウンが進んでいる。

政府は当面、大飯原発（福井県おおい町）再稼動の意向だが、周辺自治体との調整に難航して、打開の前途は極めて険しい。

瀬戸内寂聴さんらが「再稼動反対」のハンスト

原発再稼動に対する不安が各地に広がっている証拠で、その象徴的な現象が、4月17日から座り込みが続いている「経済産業省前テントひろば」（東京千代区霞ヶ関）である。「原発ゼロまであと×日」の標識を掲げて、経産省前でハンストを敢行。全国から有志が入れ替わり立ち代り参加するイベントの様相を呈している。

5月2日には瀬戸内寂聴さん、澤地久枝さん、鎌田慧さんらがハンストに加わって、「再稼動反対」を訴えていた。今月15日90歳になる寂聴さんは、戦時中を振り返って「当時は大本営発表を信じていて愚かだった。ニュースは真実ではない。疑ってかかりなさい」と話し、「福島原発事故のような恐ろしいことは戦争以外に一度もなかった。原発事故は人災であり、同じことを繰り返しては子供や若い人たちがかわいそうだ」と道行く人に呼びかけていた。

全国に広がる市民運動

市民運動の高揚ぶりを示した社会現象として捉えるべきだったが、その期待に応える紙面を提供したのは、東京新聞2日付夕刊1面（トップ扱い）だけ。毎日新聞が同夕刊第二社会面ベタ扱い、朝日新聞の3日朝刊第三社会面ベタ扱いを見て、市民サイドの視点の欠落を感じて愕然とした。霞ヶ関の官庁街に各社記者クラブが置かれているのに、足で〝街ダネ〟を探し回る記者魂を失ってしまったのだろうか。一部のテレビやインターネット動画が、かなり詳しく「ハンスト」の模様を報じていたのに、新聞の問題意識の欠如が嘆かわしい。

福島原発事故から1年余、東北現地の放射能汚染対策が遅々として進まない現状に国民は苛立っている。全国各地で自然発生的に市民運動が高まってきており、福井県おおい町、敦賀市などでも連日のように市民集会や勉強会が開催されている。ところが、各紙県版のみの報道にとどまっているため、全国ニュースに発展しないネックがある。

今回の「経産省前テント村」での市民集会の社会的意味を重く受け止め、市民目線での報道に目を注ぐよう望みたい。

〔2012年5月7日〕

沖縄に新たな難題……オスプレイの直接配備

普天間飛行場に新たな問題が浮上、沖縄県民の怒りが高まっている。日米両政府は、米軍・新型輸送機MV22オスプレイ12機を、7月中旬に配備することを決定した。試験飛行や安全点検を実施したうえで、10月に普天間飛行場（宜野湾市）に実戦配備する方針という。

事故続発の〝欠陥機〟

両政府は当初、沖縄の地元感情に配慮し、本州に一時駐機させた後に普天間に配備することで大筋合意。キャンプ富士（静岡県）岩国基地（山口県）などを候補としていたが、地元自治体の反対によって計画を断念、沖縄直接配備に切り替えてしまった。

そもそもオスプレイは開発段階から墜落事故を繰り返し、危険性が指摘されてきた。先月もモロッコで4人が死傷する墜落事故を起こしたばかりで、〝欠陥機〟とすら酷評されている。

沖縄県知事・那覇市長も猛反発

那覇軍港に持ち込まれて組み立て作業するとの決定に、翁長雄志・那覇市長は猛反発。「人口密集地の那覇周辺で試験飛行するとは、もってのほか」と厳しく抗議している。仲井眞弘多・沖縄県知事も11日に上京した際、「普天間飛行場は宜野湾市のど真ん中にある。オスプレイは開発期間中にいくつかの死亡事故を起こし、最近も運用トラブルがあった。人の良い沖縄県民でも分かりましたとは言えない」と述べ、さらに「本当に安全な機種なら、日比谷公園か、新宿御苑みたいな所に持って来られるのか。いくら同盟関係にあっても非常に無理がある」と語気鋭く記者団に語っていた。

仲井眞知事は9日の記者会見でも、「米軍基地と自衛隊基地の違いを、本土の人は分かっておられない。米軍基地は、基本的に日本の法律を守らなくてもいい。これを県民は40年以上も味わってきた。沖縄が言い過ぎだと思っているなら、この違いを認識してほしい」と訴えていたが、〝沖縄差別〟への強い怒りと受け止めたい。

日米安保体制が揺らぐ恐れ

琉球新報5月13日付社説は、不条理なオスプレイ配備決定に、両首長と同様の問題点を指摘。「オスプレイが安全とする科学的根拠を示さないまま、県民の意向を一切無視して配備を強行しようとする。日米両国が掲げる民主主義や人権尊重が、それこそ聞いてあきれる。このままでは米軍基地の安定的運用が困難となり、日米安全保障体制が大きく揺らぐのは目に見えている。普天間飛行場への配備計画そのものを即刻、撤回すべきである」と主張していた。

平板な取り上げ方しかしていない本土各紙に比べ、米軍基地重圧に悩む沖縄県民の怒りを痛感させられた。それだけに、「オスプレイ問題」の処理を誤れば、一大事になる可能性を孕んでいる。

〔2012年5月15日〕

海江田・元通産相、「事故調」で苦渋の証言

国会の原発事故調査委員会（黒川清委員長）は5月17日の第14回会合に、海江田万里・元経済産業相を参考人に招いて聴取を行った。2時間余の質疑から〝新事実〟を感じなかったものの、事故当時の混乱ぶりを窺える発言の幾つかを、ピックアップしておきたい。

①福島の事故現場と首相官邸、経産省、東京電力本店の情報伝達がバラバラ。このため、事故発生時の3月11日から15日ごろまで情報を共有できず、対策は後手後手に回った。海江田氏は「まるで伝言ゲームのようだった」と発言しており、この情報の乱れこそ大失態だ。「緊急事態宣言」や「避難指示」が遅れたのは、菅首相の理解を得るのに時間を要したためという。

②清水正孝・東電社長（当時）から退避についての電話を海江田氏が直接受けたことが明らかになった。「第一発電所からの全員撤退」という言葉はなかったように思われるが、「清水社長自らが電話をしてきたことには重大な事態」と解釈したという。

③ベントの実施を、東京電力が判断をためらったとも発言。海水の注入により5号機、6号機も含めた廃炉への懸念からと推察される。また「水素爆発が起こるとは誰も考えていなかった」点を率直に認め、SPEEDI等をもっと活用べきだったとも発言した。

〔2012年5月19日〕

菅直人・前首相の「事故調での証言」について

国会の原発事故調査委員会（黒川清委員長）は5月28日の第16回会合に菅直人・前首相を参考人に招き、2時間50分にわたって、原発事故当時の対応を中心に証言を求めた。29日付朝刊各紙が詳報しているので、本稿では「傍聴記」の形で問題点を絞って報告する。

「原発事故は国の責任」と陳謝

(1)菅氏は冒頭「原発事故は国の責任」と陳謝したが、

「情報が上がらなくて迅速に対策を打ち出せなかった」との弁明が多く、危機的状況に対する政府や東電の当事者能力の欠如を思い知らされた。先の海江田万里氏、枝野幸男氏の証言と大差なく、事故発生の昨年3月11～15日の情報混乱ぶりを再確認しただけで、最高責任者としての責任ある姿勢が感じられなかった。

(2)3月15日に東電本社に乗り込み、東電幹部を激しく叱責して「事故現場からの撤退」を思い止まらせた状況を詳しく証言。東電幹部はいぜん「全面撤退など言ってない」と主張しているが、「政府・東電統合対策本部」の設置を菅氏が指示した点は評価したい。これ以後、情報の流れがかなり改善されたと思う。

「原子力ムラ」の罪を指摘、「脱原発」の決意を訴える

(3)詳しい問答は、朝刊各紙を参照願いたいが、質疑の最後に述べた菅氏の言葉が強く印象に残った。各紙の扱いが目立たなかったので、発言の要点を紹介しておく。

「戦前、軍部が実権を掌握していた。そのプロセスは、東電と電気事業連絡会を中心とする、いわゆる『原子力ムラ』と重なるものが見えた。現在『原子力ムラ』は、事故に対する深刻な反省もしないまま、原子力行政の実権を握り続けようとしている。原子力行政の実権を掌握し、批判的な専門家や政治家、官僚は村八分にされ、多くの関係者は自己保身と事なかれ主義に陥って眺めている。今回の事故では最悪の場合、首都圏3000万人の避難が必至となり、国家の機能が崩壊しかねなかった。このような戦前の軍部にも似た『原子力ムラ』の組織する構造を徹底的に解明して、解体することが原子力行政の抜本的改革の第一歩だ。今回の事故を体験して最も安全な原発（の対策）は、原発に依存しないこと。つまり脱原発の実現だ」と言い切った。

原子力安全神話に振り回された菅氏の悔恨と、「脱原発」への強烈なメッセージと受け止められるが、なぜ首相在任中に、原子力行政の抜本改革に手をつけなかったかと問いたい。原発推進役だった原子力安全委員長も原子力委員長もいまだに居座っており、菅氏の責任も大きいはずだ。さらに事故後、原子力安全・保安院の経済産業省傘下からの分離も指摘されていたが、4月発足予定だった「原子力規制庁」は宙に浮いたままだ。

もっと「国政調査権」を行使して真相に迫って欲しい

(4)これまでの参考人証言を聴く限りでは、事故責任を問う材料がなお不足しているように思える。非公開で関係者からも聴取も行っているようだが、その情報も開示すべきだ。事故当時の東電社長・清水正孝の聴取や東電技術者や内閣参与（外部の学者ら）の証言も求めてもらいたいと思う。「国政調査権」を付与されている国会事故調としての権限をさらに行使して真相解明に迫ってもらいたい。

〔2012年6月1日〕

米軍再編と普天間基地の行方
〝日米軍事一体化〟促進に狙い

野田佳彦首相とオバマ米大統領は4月30日（日本時間5月1日）ワシントンのホワイトハウスで会談。両首脳は直ちに、日米同盟の新たな指針として海上安全保障・経済分野のルールづくり促進と、日米防衛協力強化を柱とする共同声明＝「未来に向けた共通のビジョン」を発表した。

首脳会談3日前の4月27日、日米両政府が外務・防衛担当閣僚4人の連名で公表した「共同文書」をベースにしたもので、「多様な緊急事態に日米同盟が対応する能力を高める」と規定している。米政府がアジア太平洋地域での軍事戦略見直しを急いだ背景には、軍事的・経済的攻勢のいちじるしい中国を牽制する狙いがあり、中東に集中していた米軍を、アジア太平洋地域にシフトする戦略への転換を明示したものだ。

小泉純一郎政権時（2006年）以来6年ぶりの「日米首脳声明」であり、特に09年の民主党政権後ギクシャクした両国関係を修復する意図が窺える。日米同盟の基本線が変わらないことを演出して、〝日米軍事一体化〟の様相がさらに色濃くなったように感じる。

「動的防衛力」強化を目指す配置

オバマ政権は、米議会の「防衛予算の大幅削減」要請を受けて、世界に展開する米軍を重点配置に切り替え、同盟国を抱き込んでの「戦略建て直し」を目論んでいる。

「4月25日の共同文書発表」が繰り延べされたのは、米上院軍事委員会のレビン氏ら3上院議員が要求した「普天間飛行場移設」の調整に手間取ったためだった。最終的にはクリントン国務長官が3議員を説得して、「日米会談」を一応成功させたものの、懸案は先送り。普天間飛行場移設やTPP（環太平洋パートナーシップ協定）などホットな問題解決への道筋は全く示されなかった。特に海兵隊のグアム移転をめぐって、米議会との調整が難航。結局、「辺野古移設」に必ずしも固執しないとの表現に修正して〝ごまかし合意〟を計った感が深い。

日米首脳共同声明は小泉政権時代の2006年以来で、鳩山政権以降の両国関係を修復する狙いもあったと考えられる。今回の共同声明では「防衛協力のさらなる強化を目指す」と表明。沖縄・南西諸島などで警戒監視活動を強化する新たな防衛計画大綱の「動的防衛力」とアジア太平洋を重視する新たな米国防戦略に触れ、自衛隊と米軍の連携を深める方針を明示している。また、「緊急事態に日米同盟が対応する能力をさらに高める」と指摘。海洋・宇宙・サイバー分野については、中国による海洋資源確保や宇宙開発を踏まえて「ルールに基づいた利用の確保」を盛り込むなど〝日米一体化〟を強調した文書である。

自衛隊・米軍の連携を緊密に

共同声明の付属文書に「動的防衛協力」を明記したが、その目的は即応力・機動力を重視した部隊の運用によって、効率的な対応を目指す軍事戦略だ。２０１０年の「防衛大綱」に、自衛隊と米軍の共同訓練などが盛り込まれていたが、今回の共同声明によって具体化へ踏み出したと考えられる。それによると、在沖縄米海兵隊は約９０００人を国外移転することとし、常時即応態勢にある海兵空陸任務部隊（ＭＡＧＴＦ）を沖縄に加え、グアム、ハワイに分散配置、オーストラリアにもローテーションさせる計画だ。またグアムやテニアンに日米共同使用を想定した訓練場の整備、陸上自衛隊と米第三海兵機動展開部隊（３ＭＥＦ）の共同訓練が盛り込まれている。まさに、太平洋地域での戦略的大転換を示すものだが、果たして国会論議が行われただろうか。野田政権が、米国主導による「動的防衛力」強化構想に引き込まれたと感じざるを得ないのである。一歩間違えば、日本国憲法と集団的自衛権に抵触する恐れすら内包する重大問題でなかろうか。

「普天間基地固定化」を危惧

普天間飛行場の「辺野古（名護市）移設」の見通しが立たないため、別の代替地に含みを残す文言が付け加えられたが、姑息な対応ではないだろうか。また在沖縄米海兵隊のグアム移転と沖縄本島中南部の米軍５施設・区域の返還を、「米軍普天間飛行場の移設計画」から切り離して進めることになったが、米海兵隊の一部がグアムに移転しても、約1万人の隊員は沖縄に残留する。１９９６年の返還合意以来、16年も漂流を続けている『普天間移設』決着の道筋はいぜん不透明で、打開の道は見えてこない。「普天間飛行場固定化」につながることを危惧する声が高まっている現状を深刻に受け止めなければならない。

そもそも、ＳＡＣＯ（日米特別行動委員会）合意では、２０１４年までの移設を目標に掲げていたが、「辺野古案」が暗礁に乗り上げたため普天間の返還時期は後退。昨年6月の日米合意では「できる限り早い時期に」という曖昧な表現に変わってしまった。さらに問題なのは、今回の日米協議の中で、米国側が18～19年度に普天間飛行場滑走路の大幅な改修工事を実施する計画であることを明らかにした点である。公式には「辺野古案を堅持する」と言いながら、今後も普天間を使い続けるという虫のいい話ではないか。嘉手納基地以南の施設を、普天間移設と関係なく先行的に返還するのは歓迎だが、肝心の普天間返還が遠のくことになれば本末転倒。これでは沖縄の県民感情を逆撫でするばかりである。

沖縄タイムスが4月29日の社説で、「日米共同文書には、普天間県外移設を求める沖縄の意向が全く反映されていない。誰のための『見直し』なのか。日米首脳会談で、同盟の深化を演出したい両政府の思惑を優先したのが実情だろう。共同文書には、普天間飛行場の補修に日米で取り組むことも盛り込まれた。住民の生命・財産を危険にさらし続ける基地を維持するために血税を注ぐ。この不条理と向き合うのは県民には耐え難い。……嘉手納基地より南の米軍施設の『先行返還』で得点を稼ぎ、普天間飛行場の辺野古移設に向け、県の軟化を促す。これが官僚の描く筋書きだった。日米交渉の読みの甘さ、県民世論とのピントのずれは救い難い。逆の見方をすれば、政府は辺野古移設を進めるまともな手だてを持ち合わせていないことの証しでもある」と指摘、主体性のない日本外交を厳しく批判している。

毎日新聞は5月15日付社説で、「毎日新聞と琉球新報の共同世論調査では、沖縄への米軍基地集中について沖縄の『69％が不平等だ』と回答、全国では33％だった。普天間移設は、『県外』『国外』『撤去』の合計が沖縄89％、全国63％だった。本土も沖縄も安全保障上の利益を等しく享受しながら沖縄に基地が集中していることに、県民は強い不満を抱いている。……米軍基地や訓練場の一部を本土に移転させ、本土側が沖縄の意識を共有することが第一歩であり、政府の努力が不可欠だ。同時に必要なのが、米議会の有力議員が主張する普天間を嘉手納基地に統合する案は、現在の嘉手納基地機能の一部移転が前提になる。それなしには沖縄の理解は得られない。移転先は本土が想定される。また、普天間移設実現まで普天間の機能を分散移転する場合も本土の協力が欠かせない。政府も、本土も、沖縄の『叫び』に正面から向き合うべきである」と訴えていた。

“欠陥機”オスプレイ配備に驚く

「普天間移設」決着を急がねばならない時期に、米軍新型輸送機MVオスプレイ12機を沖縄に直接配備する方針が示され、県民感情をさらに硬化させてしまった。日米両政府は当初、キャンプ富士（静岡県）岩国基地（山口県）のいずれかに配備する計画だったが、地元自治体の反対によって断念。普天間への直接配備に切り替え、7月中に那覇軍港に持ち込んで組み立て、10月に普天間に配備する計画という。仲井眞弘多知事は5月11日、「普天間飛行場は宜野湾市の真ん中にある。オスプレイは開発期間中にいくつかの死亡事故を起こし、最近も運用トラブルがあった。人の良い沖縄県民でも分かりましたとは言えない」と直ちに反対を表明、那覇市長らも強く反発している。

「沖縄の本土復帰40周年」記念式典が15日宜野湾市で開かれ、野田佳彦首相ら関係者が参列したが、単なるセレモニーの印象だったことが悲しい。全国の米軍基地の74％が沖縄に集中していることこそ、〝沖縄差別〟の実態であることを深刻に受け止めたい。仲井眞知事が「普天間飛行場の県外移設と早期返還を県民は強く希望している」と再度強調したが、日本国民はその訴えを共有し、「普天間固定化」を防ぐ抜本策を早急に打ち出すべきである。

〔２０１２年6月2日〕

「国会事故調」に、核心に迫る報告を期待

国会の原発事故調査委員会（黒川清委員長）は政府・東電関係者を招いて証言を求めてきたが、6月8日には清水正孝・前東電社長から事情聴取を行う。既に菅直人・前首相、勝俣恒久・東電会長らの聴取を終えているので、8日以降から最終報告書の作成に移る段取りのようだ。

「国会事故調」の発足は昨年12月8日で、「政府事故調」「民間事故調」に先行されたが、政府から独立した機関と位置づけられ、国政調査権も付与されている。政府機関をはじめ地方公共団体、原子力事業者らに証言を求め、関係資料提出も要求できる。

〝日本の病根〟を洗い出せ

公開の委員会は先月末まで17回開かれたが、黒川委員長が〝菅証言〟後の記者会見で、今後目指すべきことに関し述べた言葉が印象に残る。

「3・11は、日本の病根を照らし出した問題だと認識。今回の議論を通じて、非常時における政府、行政の在り方について真剣に考えていかなければならないことが明らかになった。われわれ国会事故調は、政府から独立して、独自に調査を行い、最終報告書において事故の原因

解明につなげる報告を6月に行うよう引き続き努力して参りたい」――昨年3月11日から15日の「政府・東電『統合対策本部』設置」までの大混乱は、狂気の沙汰だった。その間に原子炉のベントや海水注入が遅れ、炉心溶融（メルトダウン）に至った経過が、聴取によって明確に裏付けられた。ただ、「東電の現場撤退問題」については、1年2カ月を経た今でも両者の意見が食い違っている。事故調各委員からの尋問が繰り返されたが、「記憶に無い」との答弁が多く、押し問答の印象を受けた。

現場で苦労した人のナマ証言を聴きたい

事故当時、東電前線指揮官の吉田昌郎所長は病気療養中だが、出張尋問ができないのだろうか。東電幹部にいくら聞いても、企業防衛的な返事しか返ってこないからだ。また、海水注入に難色を示したと伝えられる武黒一郎・東電フェローについては3月28日に意見を聴いたようだが、再聴取は必要ないのだろうか。また菅氏が大学同級生らを多数「内閣参与」に登用したことで、情報混乱に拍車をかけたと指摘されているが、関係者に当たっただろうか。非公式で接触しているかもしれないが、それらの情報も公開してもらいたい。

〝原子力ムラ〟にもメスを

黒川委員長が「憲政史上初の重責」と強調し、精力的に努力されている姿勢には敬服する。ところが、参議院会館講堂で開いている事故調会合への国会議員の参加が極めて少ないのには腹が立つ。菅氏証言の時でも10人足らず。インターネット中継ではなく、現場に来て、ナマのやり取りを聞くべきではないか。

さらに事故調への要望だが、「原子力ムラ」といわれる原子力専門家集団にもメスを入れ、徹底検証すべきである。班目春樹・原子力安全委員長、近藤駿介・原子力委員長の責任は重大であり、見逃すわけにはいかない。

強固な危機管理機構を目指して、日本国民はもとより世界が事故調の大胆な報告書を期待している。

〔2012年6月5日〕

「大飯原発は限定的再稼動に」……京滋・両知事が迫る

大飯原発（福井県おおい町）について「関西広域連合」は5月末、限定的再稼動を認める苦渋の集約を表明。政府は地元・福井県と最終調整したうえで再稼動に踏み切ると観測されていた。ところが、滋賀県の嘉田由紀子知事と京都府の山田啓二知事は6月6日、「再稼動は電力需給逼迫時に限定。オフサイトセンターの整備が前提」など7項目の提言を発表した。橋下徹大阪市長も直ちに「同じ思いだ」と応じ、再稼動への動きは再び混迷を深めてきた。西川一誠福井県知事も「政府の姿勢はあいまい」と批判し、野田佳彦首相に直接説明を要求している。政府はいぜん「限定稼動」に否定的で、7月の電力使用最盛期を控え、調整は難航する雲行きだ。

また、原子力安全・保安院が6日、美浜2号機について発表した審査結果にも驚かされた。同原発は7月に運転開始から40年になるが、延長申請を認めて「今後10年間の延長を妥当」と判断したのである。今国会で「原発は稼動40年で廃炉」とする法案を審議中であり、「原子力規制庁」発足も遅れている。現行法に基づいての延長認可を急いだ保安院の政治的な企みは許せない。政府の方針に反するもので、〝暴挙〟を撤回させて「新規制庁」の判断に委ねるべきだ。

〔2012年6月9日〕

菅前首相が、国会事故調の「論点整理」に反論

菅直人前首相は6月10日付のブログで、国会原発事故調査委員会（黒川清委員長）が9日に発表した「論点整理」について反論している。毎日新聞12日付朝刊などが内政面で報じているが、もう少し詳しく扱ってもらいたかった。「首相官邸の過剰介入」への反論などに一理あるとも思えるので、ブログの内容を紹介して、参考に供したい。

東電単独で処理しきれず、切羽詰っての介入だった

「6月9日に発表された国会事故調の論点整理において、官邸の『過剰介入』という指摘がなされ、注目が集まっている。たしかに、本来、原災法が想定していた仕組みでは、原子力発電所の敷地外（オフサイト）に関しては『オフサイトセンター』を中心に対応し、敷地内（オンサイト）での原子炉に対する事故対応は事業者である東電が中心に対応する仕組みになっていた。その意味では、事故発生から3月15日に政府・東電統合対策本部が東電本店内に設けられるまで、官邸が中心になって事故収拾に直接関与したのは異例と言えるだろう。しかし、異例ではあるが、今回のような、東電も保安院も想定していなかったシビアアクシデント（過酷事故）が起きた状況においては、官邸として、そうせざるを得なかったのが現実であった。その事が、国会事故調に理解されていないとしたら残念である。」

「事故発生直後から、東電からは官邸や本部長である総理に、電源車の搬送への協力要請や、住民避難を必要とするベントの了解を求めてきた。さらに、今回のシビアアクシデントでは原子炉や使用済み燃料プールへの注水においても東電単独では実行できず、自衛隊、消防、警察など各方面に官邸から出動を要請するなど、オンサイトに関することも含めて事故対応に当たらざるを得なかった。本来、事故対応の中心となるべき原子力安全・保安院が、事故発生当初、組織として機能しない中で、もし官邸が動かなかったならば、結果はどうなったか。私は、他の政府機関が十分に動かない以上、官邸として、また原災本部長として、直接対応せざるを得なかったと、今でも考えている。」

官邸・東電間で交わされた記録の公開を

『撤退問題』では、発電所長をはじめ現場の皆さんは最後まで頑張る覚悟であったことは、その通りだと私も思っている。しかし、清水社長が経産大臣と官房長官に電話をし、両大臣が『会社としての撤退の意思表示』と受け止めたという事実は大きい。これを官邸の誤解と一蹴するのは、やはり一方的な解釈と言わざるを得ない。こうした解釈の背景には、国会事故調が入手したいかなる情報があるのだろうか。例えば、国会事故調の担当委員は東電本店と福島第一サイトのテレビ会議の記録を見て調査したと述べている。そうであるなら、原発事故発生から今日までの記録を、私が東電本店で社長や会長など約200人の東電幹部を前に話した場面も含めて、国会事故調の責任において全て公開していただきたい。そのことによって、真実と真相が、より公正かつ正確の明らかになるのではないだろうか。」

調べ上げた結果を最終報告に反映してほしい

ビデオに収録したという「菅前首相の東電幹部叱責」場面などの公開要求に対して、国会事故調の判断が迫られている。いずれにせよ、国政調査権を駆使して半年間調べ上げた結果を、予断なくまとめ、「最終報告書」に反映してもらいたい。

〔2012年6月16日〕

オスプレイ訓練、「本土6ルートで計画」に驚く

オスプレイ（垂直離着陸輸送機MV22）配備をめぐって日米間の溝を埋められるだろうか。仲井眞弘多沖縄県知事と佐喜眞淳宜野湾市長は19日急きょ上京。森本敏防衛相・玄葉光一郎外相に面会して、普天間飛行場への配備中止を迫った。「事故率の高い機種を安保条約があるか

らといって、持ってくるのはとんでもない」という仲井眞知事の訴えは当然であり、佐喜眞市長も「市民に不安を与える配備を許してはならない」と強調した。「重く受け止めたい」と述べた両大臣は、どう打開するつもりだろうか。

　さらに、朝日新聞19日付朝刊が「オスプレイ、本土でも訓練」を特報。東北—信越の山間部を中心にした3ルーと四国—紀伊半島、九州、奄美大島各1ルートの計6ルートでの訓練を、米海兵隊が計画しているという。オスプレイ騒動が、全国に拡大する恐れがあり、野田佳彦政権はまたまた難題を抱えてしまった。

〔2012年6月22日〕

東海村・村上村長ら「脱原発」の訴え

　全国35都道府県の区市町村長は4月「脱原発をめざす首長会議」を結成して、原発再稼動阻止の姿勢を打ち出した。東海原発を抱える村上達也東海村村長ら現職首長3人は6月17日に緊急記者会見。大飯原発（福井県おおい町）再稼動につき、「最初から再稼動ありきの茶番劇」と、野田佳彦政権を痛烈に批判した。

大飯原発再稼動を痛烈に批判

　東京新聞が6月18日付朝刊1面に報じた以外には見当たらず、市町村会議の動向を軽視している印象を受けた。「デタラメなプロセス。避難している人をおいてけぼりにし、目先の実利を求めた再稼動に憤りを覚える」（村上村長）、「福島事故原因が究明されていないのにどうして再稼動するのか。首相が責任を負えるはずがない」（田島公子埼玉県越生町長）などの指摘は、身近に住民と接触している首長の深刻な言葉と捉えるべきだ。

東海村原発の30キロ圏には100万人が居住

　中でも、東海村の村上村長は「福島の事故を繰り返してならない」と訴え続けている。週刊紙「東京民報」（4月29日・5月6日合併号）が、村上市長インタビュー記事を掲載していたので、その鋭い問題提起の要点を紹介したい。

▼東海第二原発は、5・4メートルの津波被害を受け、非常用電源3台のうち1台がダウンした。辛うじて持ちましたが、津波の高さがあと70センチ高ければ全電源を喪失したでしょう。この周辺には福島とは比較にならないくらい多くの人が住んでいます。福島の場合、30キロ圏内に15万人ですが、茨城は約100万人ですからね。東海村に原発があることの異常さに、私自身が気付いたということで

す。

▼（「廃炉の主張は、勇気のいることですね」との問いに）そんな大げさなものではない。駄目なものは駄目ですからね。論理的に合わないものはやるべきではない。屁理屈をつけて正当化するのは無駄なことです。例えば、太平洋戦争では３００万人以上の国民が犠牲になり、国土を焼き尽くしました。A級戦犯たちは東京裁判で、個人的には戦争に反対だったが、立場上言えないと言いました。こんなことは、あってはいけないですよ。私は村長だからこそ言わなければならないと思っているのです。

「福島を『わが事』」と考え、政策転換を

▼先進諸国の中で、日本は自然エネルギーの利用率が遅れ、あきれた国です。自然エネルギー政策への転換は、姿勢を変えればいいことですから、できるのです。ドイツは福島事故後一夜にして原発7基の停止を決めました。２０２２年までには、全廃することを決断したのですからね。

▼福島事故から、日本人は価値観の転換を求められました。これまでの社会は、経済発展や経済効率に価値を置いてきたけれど、人や命のつながり、故郷などという大事なものがあることに気付きました。エネルギー多消費型のシステムに振り回されていることに気付いてもらいたいですね。そのためにも、福島を「わが事」として考えてもらいたいと思います。

〔２０１２年６月23日〕

原発事故「明らかに人災」
……国会事故調が最終報告

東京電力福島第一原発の事故原因などを調べてきた国会の事故調査委員会（黒川清委員長）は7月5日、「根源的な原因は、『自然災害』ではなく明らかに『人災』である」との最終報告書を衆参両院議長に提出。６４１ページにも及ぶ膨大な報告書で、午後3時からの記者会見は、休憩をはさんで午後9時半まで続いた。

東電のずる賢い経営体質を糾弾

最終報告書は、6月9日に発表した「論点整理」より鋭く事故原因の問題点を衝いており、「国会事故調」ならではのインパクトを感じた。経済産業省と密接な関係にあった東京電力が長年、原発をめぐる規制の先送りや基準を軟化するよう強い圧力をかけていたことを指摘し、「規制する立場と、される立場の『逆転関係』が起き、規制当局は電気事業者の『虜（とりこ）』になっていた」とまで糾弾。経産省原子力安全・保安院の「原子力安全についての監視・監督機能が崩壊していた」とし、東電

を「自らは矢面に立たず、役所に責任を転嫁する黒幕のような経営体質」と断じている。

6日付朝刊各紙に「最終報告」の詳しい内容が掲載されるので、本稿では、事故原因を徹底検証した委員10人を代表するる黒川委員長の冒頭発言の骨子を紹介しておきたい。おごり高ぶった日本への警鐘が乱打されていると思う。

50年にも及ぶ日本社会のイビツな構造

「想定できたはずの事故がなぜ起こったのか。その根源的原因は、日本が高度経済成長を遂げた頃にまで遡る。政界、官界、財界が一体となり、国策として共通の目標に向かって進む中、『規制の虜』(Regulatory Capture)が生まれた。そこには、ほぼ50年にわたる一党支配と、新卒一括採用、年功序列、終身雇用といった官と財の組織構造と、それを当然と考える日本人の『思い込み』があった。経済成長に伴い、『自信』は次第に『おごり、慢心』に変わり始めた。入社や入省年次で『単線路線のエリート』たちにとって、前例を踏襲すること、組織の利益を守ることは、重要な使命となった。この使命は、国民の安全を守ることよりも優先され、安全対策は先送りされた。そして、日本の原発は、いわば無防備のまま、3・11の日を迎えることとなった。この事故が『人災』であることは明らかで、歴代及び当時の政府、規制当局、東京電力による、人々の命と社会を守るという責任感の欠如があった」。——国会事故調の使命を「国民による国民の事故調査。世界の中の日本という視点(日本の世界への責任)」を合言葉にして半年間で積み上げた最終報告は、他の政府事故調・東電事故調・民間事故調報告より格段に踏み込んだ重みを感じる。

大飯原発の発電を開始させた野田政権の今後を危惧

野田佳彦政権は、この最終報告書を今後の原子力政策にどう生かすつもりだろうか。大飯原発3号機が、この日(7月5日)、発電を再開したことが心配でならない。先に指摘した若狭湾断層の危険もあり、〝脱原発〟の市民運動は逆に高まるに違いない。

〔2012年7月7日〕

国会は「事故調提言」の具体化を急げ

国会事故調査委員会(黒川清委員長)は昨年12月8日からの「福島原発事故調査報告書」を7月5日に衆参両院議長に提出して、任務を終了した。綿密な検証・分析に基づいてまとめた提言は、原子力政策の指標となるものである。

強力な調査権限を付与され、15億円もの予算をかけた公的調査であり、黒川委員長が強調しているように、憲政史上初の重みを持つ。

特に①原子力問題に関する常設委員会を国会に設置②政府の危機管理体制の抜本的見直し③政府の責任で、被災住民の健康と安全を継続的に守る④政府と電気事業者間の公正なルールを作成し、情報開示を徹底⑤高い独立性と透明性を持った規制組織の新設⑥国民の健康と安全を第一とする一元的な原子力規制を再構築⑦民間中心の専門家で構成する調査委員会を国会に新設する――この7提言を国会議員も国民も尊重すべきであり、特に国会の責任は重大で、具体策を取りまとめて早急に実行してもらいたい。

メディアは「提言を生かす」方策を提示すべきだ

在京朝刊7日付6紙のうち朝日・毎日・読売・東京4紙が1面トップに報じ、中面で詳報したのは当然だが、「国会がこの提言をどう生かすべきか」を訴える論調やコメントが足りなかったことに不満を感じた。「事故原因究明が足りない」と指摘していた点は分かるが、今なお放射線濃度が高くて原子炉内部を調査できないため、国会事故調が「断定的に言うことはできない」と報告書に記さざるを得なかった事情を付度する必要があったろう。

黒川委員長は7月5日の記者会見で、「事故はまだ終わっていない。この提言を確実に実行し、不断の努力を尽くすことが国民から未来を託された国会議員の使命だ。直ちに動き出すことが、事故で失った世界や国民からの信頼を取り戻すことになる」と熱っぽく訴えていた。ところが、国会は相変わらずの政局がらみの混乱が続き、原子力政策見直し論議は驚くほど緩慢だ。民主党は内紛の影響でまとまらず、自民・公明の一部議員が今後の対応策を相談している程度の無気力さにはあきれる。

「事故を風化させてはならない」……野田政権を厳しく監視

野田佳彦首相は6月8日、大飯原発（福井県おおい町）の再稼働方針を表明した会見で、「福島第一原発を襲ったような地震、津波でも炉心損傷に至らない」と言い切った。国会事故調の検証作業が完了していない時点で、しかも大飯原発「免震事務棟」が完成していないのに再稼動の判断を下した野田首相の責任を厳しく追及すべきである。黒川清委員長が「なぜ国会事故調の報告を待ってからやらないのか」と批判したのは当然で、メディア側にも問題意識の欠如を感じた。

いずれにせよ、国会事故調の提言を風化させてはならない。国民の安全のため、全国会議員の覚醒を促したい。

〔2012年7月9日〕

オスプレイの事故検証抜きで、配備を急ぐ

米海兵隊のオスプレイ（垂直理離着陸機MV22）配備への不安が広まっている折、7月11日米国南部で訓練中に緊急着陸するトラブルがまたも発生。回転翼の不調が重なって発生して不時着したらしいが、重大なことだと言わざるを得ない。

沖縄県知事、重ねて配備中止を要請

仲井眞弘多沖縄県知事は7月12日、防衛省に森本敏防衛相を訪ねて会談、「沖縄への配備中止を再度要請する。事故原因を究明し、県民の不安を払拭してほしい」と迫った。「首相官邸と相談する」と答えただけの森本氏の姿勢に、仲井眞氏は「（防衛相からは）いい返事をいただけず、失望した」と、憤懣をぶちまけていた。

「グアムに一時陸揚げして再考を」

12日の衆院予算委員会でも、多くの議員がオスプレイ配備に関する質問を森本防衛相に浴びせたが、「米側の配備計画に変更ない模様で、米側からの事故原因報告を待っている」と、相変わらずの消極的答弁を繰り返していた。

「オスプレイを載せた輸送船は現在、太平洋のどの辺にいるか」との質問に対し、森本氏は「グアム付近と聞いている」と答弁。すかさず、「それならグアムに一時陸揚げして、再考すべきではないか」と追及された森本氏は「米軍が民間会社に依頼した船について、日本が口を出すわけにはいかない」との逃げの姿勢に、失望させられた。

藤村修官房長官も11日の記者会見で「緊急着陸、予防着陸はオスプレイに限らず民間機でも少なからずある。こういう事例はしょっちゅうある。防衛省が念のため（米側に）照会すると聞いている」と、まるで他人事のようだ。

山口県知事も、岩国への陸揚げに反対

米側は山口県・岩国基地にオスプレイを陸揚げする方針だが、二井関成山口県知事は「ますます安全性に疑問が出てくる。安全性が確認されてない状況で（陸揚げの）日にちの通報があっても反対する」と述べており、〝試験飛行〟の対象地域となる本土自治体の反発も強い。

沖縄、本土を問わず国民の不安感が高まっているのに、真剣に打開策を示そうとしない野田佳彦政権の対米追従

姿勢への不満は募るばかりである。

〔2012年7月14日〕

事故調査報告を生かして、原子力政策を刷新せよ

東京電力福島第一原発について政府の事故調査・検証委員会（畑村洋太郎委員長）は7月23日、「国も電力会社も最悪の事態を想定した防災対策を怠り、事故対応も不適切だった」との最終報告をまとめた。

3・11事故から1年4カ月、政府事故調・国会事故調・民間事故調・東電事故調の4事故調査委員会の報告書が出そろって、多くのことが明らかになったとはいえ、まだ残された課題は多い。

事故の核心部分は、なお未解明

国会事故調は7月5日「1号機の安全上重要な配管が地震によって損傷した可能性は否定できない」と踏み込んだ指摘を行った。一方、政府事故調は「地震の揺れによる配管損傷はない」として、津波原因説と受け取れる報告になっている。これは、原発内部の放射線量が依然として高いため、どの事故調も十分な内部調査ができないためで、現段階では配管損傷の原因を断定できない。配管だけでなく、主要施設の損傷状況や原子炉建屋の爆発原因など、事故の核心部分は依然としてナゾに包まれているのである。最終報告書が出そろったからといって、食い違いを残したまま、事故の検証を終了するようなことがあってはならない。

「原子力規制庁」の任務は重大

安全神話を金科玉条とした原子力政策が破綻したのに、新たな安全規制を担う「原子力規制庁」の設置が遅れ、9月発足の予定だ。国会は政争に明け暮れ、政府の対応は余りにも遅すぎる。しかも、独立規制官庁と位置づけられる委員長以下委員の人事案が、与野党の不協和音で延期され、一部委員の差し替えの動きもあるようで、先行きが心配だ。とにかく、事故調の指摘・提言を風化させてはならない。お目付け役の第三者機関を立ち上げ、各事故調の食い違いを整理し、原発内部の現場調査に臨むことこそ急務である。

政府、国会の反応が鈍い

毎日新聞7月24日付社説は、「原発事故現場の確認作業ができず、（各事故調とも）再現実験もできなかったのは残念だ。……結局のところ、今はまだ事故検証の中間段階に過ぎない。国会も政府も、当事者である東電も、原因究明を続けなければならない。そのために、政府か

らも、その時々の政権からも独立した、恒常的な調査委員会を設置すべきだ。……政府にも問題があった。規制する立場でありながら、規制される側の電気事業者に取り込まれ、必要な安全規制の導入を怠ってきた。国会事故調の『人災』との指摘はもっともであり、電力会社と政府は『共犯』と言ってもいいだろう。腑に落ちないのは検証でこれだけ多くの課題が示されているにもかかわらず、野田内閣や国会の反応が鈍いことだ。真剣に取り組む意思が見えず、姿勢に問題がある。国会で各機関の検証を踏まえ、集中審議を行い、政府として対応策を決定しなければならない」と分析していたが、まさにその通り。――事故原因究明を徹底して、国民の安全確保に努めてもらいたい。〔2012年7月25日〕

「黒川清氏の招致」を拒む民主・自由両党に物申す

福島第一原発事故を検証した国会事故調査委員会（黒川清委員長）が最終報告を提出したのは7月5日。本欄9日付で、「国会は報告の具体化を急げ」と指摘したが、1カ月近く経っても国会の反応は鈍く、「7提言」を盛り込んだ事故検証報告を生かす努力が見られない。党利党略のみに走る国政の劣化に、国民の不信感は募るばかりだ。

参考人招致は全会派の一致が原則というが……

朝日新聞7月29日付朝刊は、「国会事故調の委員長招致、民自そろって抵抗」の見出しで、「事故調の提言を尊重する自覚のない国会」の無責任さを厳しく追及していた。同紙によると、「26日の参院環境委員会で、民主党を最近離党した谷岡郁子議員（みどりの風）が『黒川委員長を呼んで事故調査についてただすのは、国会が果たすべき役割だ』」と主張した。しかし松村祥史委員長（自民党）が、参考人招致は全会派の一致が原則だとして、応じる気配がない――という。黒川氏招致には、新党「国民の生活が第一」や「みんなの党」が同調したものの、民主党と自民党が応じないとは、とんでもない話ではないか。

国政の責任放棄ではないか

そもそも国会の発議によって「国会事故調の検証」を求めながら、検証結果を原子力行政に生かそうとしないとは全く不可解。民主党には今後の原発再稼動にブレーキがかかるとの懸念、自民党には50年余の電力会社との癒着の過去が暴かれることを心配しての拒否反応と推察されるが、国政の責任放棄と言わざるを得ない。

「国会に原子力に関する常設委員会」設置を

既に指摘したことだが、４つの事故調の中で「国会事故調」には15億円もの予算をつけ、憲政史上初めて国政調査権が付与された機関である。在野の委員10人による調査・証人喚問によって、事故の構造的問題を洗い出し、改革すべき提言を公表した。

７提言の第１項に「国民の健康と安全を守るために、規制当局を監視する目的で、国会に原子力に関する常設の委員会を設置する」よう要望している。そして「この委員会には、最新の知見をもって安全問題に対応できるよう、事業者、行政機関から独立した、グローバルな視点を持った専門家からなる諮問機関を設ける」と記載されている。

１年４カ月経っても事故現場には立ち入れず、16万人もの住民が避難を余儀なくされている現状を今後どう打開していくのであろうか。国会事故調の６４１ジペーにも及ぶ報告書には、過去の原子力政策のズサンさが指摘されており、今すぐにでも実行可能な問題点が山積している。

社団法人・自由報道協会（上杉隆代表）は８月１日、黒川清氏を招いて論議するという。本来、国会がやるべきことを放棄した結果とはいえ、情けない話ではないか。今からでも遅くはない。国会が全会一致で「黒川氏招致」を決め、原子力政策の一新に乗り出してもらいたい。

〔２０１２年７月30日〕

原子力政策の抜本的見直しを「国会事故調」の提言を生かせ

東京電力福島第一原発の事故原因を調べてきた国会の事故調査委員会（黒川清委員長）は７月５日、「根源的な原因は、『自然災害』ではなく明らかに『人災』である」との最終報告書を衆参両院議長に提出した。国政調査権限を付与され、15億円もの予算をかけた公的調査であり、６４１ジペーにも及ぶ報告書から「福島原発事故は終わっていない。今後の取り組みこそ重要」との強烈なメッセージが伝わってくる。

破壊された１～４号炉の放射線濃度はいぜん高く、現場確認ができない中での調査は、通常の事故調査より困難を極めたに違いない。原発20～30キロ圏内の16万人は避難を余儀なくされ、除染・ガレキ処理は進んでいない。これら深刻な状況を探れば探るほど、事故原因の根深さに気づき、日本社会の構造的問題にまでメスを入れた。

日本社会のイビツな構造

「想定できたはずの事故がなぜ起こったのか。その根源的原因は、日本が高度経済成長を遂げた頃にまで遡る。政界、官界、財界が一体となり、国策として共通の目標に向かって進む中、『規制の虜』(Regulatory Capture)が生まれた。そこには、ほぼ50年にわたる一党支配と、新卒一括採用、年功序列、終身雇用といった官と財の組織構造と、それを当然と考える日本人の『思い込み』があった。経済成長に伴い、『自信』は次第に『おごり、慢心』に変わり始めた。入社や入省年次で『単線路線のエリート』たちにとって、前例を踏襲すること、組織の利益を守ることは、重要な使命となった。この使命は、国民の安全を守ることよりも優先され、安全対策は先送りされた。そして、日本の原発は、いわば無防備のまま、3・11の日を迎えることとなった。この事故が『人災』であることは明らかで、歴代及び当時の政府、規制当局。東京電力による、人々の命と社会を守るという責任感の欠如があった」と、黒川委員長は警鐘を鳴らした。――国会事故調の使命を「国民による国民の事故調査。世界の中の日本という視点(日本の世界への責任)」を合言葉にして昨年12月8日から半年間で調べ上げた最終報告は、他の政府事故調・東電事故調・民間事故調報告より格段に踏み込んだ重みを感じる。外国留学の長い医学者・黒川氏の人脈と気骨、更に報告書をいち早く英文で世界に発信した姿勢を称賛したい。

東電と規制当局のゆがんだ関係

最終報告書が強調したのは、事故の背景要因となった東電・電気事業連合会と規制当局のゆがんだ関係だ。東電は多くの学者から警告されていた地震・津波対策を放置してきた。規制当局がこれを黙認したのは何故か。「規制される」東電が、情報の優位性を武器に「規制する」当局を骨抜きにし、立場の逆転に成功。規制当局は東電の虜(とりこ)になり、監視機能が崩壊していたとの指摘は、全くその通りである。

また東電側の「想定外の津波」元凶説に対して、「地震によって配管が破断した疑いが濃厚」と指摘した点は極めて重要だ。原子炉内調査ができないため〝断定〟を避けたものの、地震で配管が破断したとなれば一大事。日本に残る50基だけでなく、世界各地の原発耐震設計見直しにつながる問題である。

大飯原発を再稼動させた野田政権の責任

野田佳彦首相は6月8日、大飯原発(福井県おおい町)の再稼働方針を表明した会見で、「福島第一原発を襲ったような地震、津波でも炉心損傷に至らない」と言い切った。国会事故調の検証作業が完了していない時点で、しかも大飯原発「免震事務棟」が完成していないのに再稼動の判断を下した野田首相の責任を厳しく追及すべきである。黒川委員長が「なぜ国会事故調の報告を待ってからやらないのか」と批判したのは当然ではないか。最終報告が提出された7月5日、大飯原発3号機を稼動させた野田政権の強引な姿勢が心配でならない。若狭湾断層の危険もあるのに、国民の不安を無視した再稼動と言わざるを得ない。

「独立調査委設置」など7提言の重み

国会事故調が設置された意義について「当委員会は、国家の三権の一つである国会の下で行うために設置された。それゆえに、強い調査権限を有している。法令上、文書の提出請求権を有するほか、国政調査権の発動を両院合同協議会に対し要請する権限を有する。……本調査活動中は必要とされる参考人等には全て協力をいただいたため、この国政調査権の発動を実際に養成することはなかった」(報告書P7)と述べている通り、10人の委員が専門分野を担当して、徹底調査を行った。従って、これまで隠されていた文書を発掘、菅直人前首相、勝俣恒久東電会長らから公開の聞き取り調査を行うことができた。その都度、記者会見での説明を励行、動画などを通じて世界に発信した。〝密室談合〟の多い日本社会の中で、公正でオープンな会議を断行したことは、画期的なことだ。未解明の部分は残るものの、「最終報告」の具体化、法制化は、国会に委ねられた。全国会議員の任務と責任は極めて重いのである。

そこで、原子力政策建て直しのため、事故調が提示した7つの提言を拳拳服膺してもらいたい。

提言項目として「①原子力問題に関する常設委員会を国会に設置。事業者、行政から独立した専門家で構成②政府の危機管理体制の抜本的見直し。政府、自治体、事業者の役割と責任の明確化③政府の責任で、被災住民の健康と安全を継続的に守る④政府と電気事業者間の公正なルールを作成し、情報開示を徹底⑤高い独立性と透明性を持った規制組織の新設⑥国民の健康と安全を第一とする一元的な原子力規制を再構築⑦民間中心の独立調査委員会を国会に新設する。未解明部分の事故原因の究明、事故収束のプロセス、廃炉や使用済み核燃料問題などを継続して調査、検討する」との7提言を列挙したうえで、次のように訴えている。

「この提言に向けた第一歩を踏み出すことは、この事故によって、日本が失った世界からの信用を取り戻し、国家に対する国民の信頼を回復する必要条件であると確信する。……この事故から学び、事故対策を徹底すると同時に、日本の原子力政策を国民の安全を第一に考えるものに根本的に変革していくことが必要である。ここにある提言を一歩一歩着実に実行し、不断の改革の努力を尽くすことこそが、国民から未来を託された国会議員、国権の最高機関たる国会及び国民一人一人の使命であるであると当委員会は確信する。（報告書P20～23）」

黒川委員長は7月5日の記者会見でも、「この提言を確実に実行し、不断の努力を尽くすことが国民から未来を託された国会議員の使命だ。直ちに動き出すことが、事故で失った世界や国民からの信頼を取り戻すことになる」と熱っぽく訴えていたが、国会は相変わらずの政局がらみの混乱が続き、原子力政策見直し論議は驚くほど低調だ。民主党は内紛の影響でまとまらず、自民・公明の一部議員が今後の対応策を相談している程度の無気力さにはあきれる。

国会議員は真剣に取り組め

朝日新聞7月7日付社説が、「東電と規制当局のなれあいの構造が他の電力会社や原発にも共通するのではないか。特に報告書が懸念するのは耐震補強の不備である。報告書は、福島事故で津波の前に地震によって機器が損傷した可能性を『否定できない』と明記した。再稼動に向けて、政府が主に津波を念頭に進めてきた安全対策は、肝心のところが抜け落ちていないか。全原発の調査に取りかかるべきだ。せっかくの報告書だが、今後の活用について法律上の規定がない。このままだと『反省して終わり』になりかねない。憲政史上、初めて設けた調査委員会の成果である。政争の具にすることなく、原子力行政や原子力事業者の監視に反映させる義務を、全ての国会議員が負っている」と指摘している通りである。

事故調は報告書の後段で、国会の継続監視事項として①免震重要棟の整備②バックチェックの徹底③ヨウ素剤服用体制の整備④避難区域の設定⑤通信手段の強化⑥既成プラントの再点検など16項目を列挙して、国会に継続監視を求めている（報告書P594～599）。

国民の安全のため、国会に託された責務は重い。最終報告書の警告を風化させてはならず、メディアも国民も真剣に受け止め、国会論議や原発再稼動の動向に監視の目を注ぎ続ける必要性を痛感する。

〔2012年8月1日〕

厄介な福島原発4号機の燃料プール

東京電力は7月中旬、福島第一原発4号機の使用済み燃料プールから2体の未使用燃料を取り出して調べていた。８月28日その１体につき「大きな異常はなかった」と発表。

燃料集合体は長さ約４・５メートル、重さ約３００キロ。４号機のプールには現在使用済みを含む１５３３体の核燃料が残されているというから、一大事だ。放射性物質が高濃度のため、取り出し作業は危険きわまりなく、２体の取り出しだけでも大変だった。来年12月に本格的な取り出し作業を始める予定というが、先行きに不安が残る。調べた１体は無傷のようだが、４号機の建屋内には吹き飛んだコンクリート片が飛び散り、その一部が燃料の隙間から見つかったというから、楽観できない。

８月30日早朝、宮城県南部で震度５強の余震があった。福島原発に異常はなかったようだが、地震への恐怖がつきまとう。領土問題などの影響で、原発情報が不足していると思えるが、東電もメディアも警戒を続け、いち早く異変を伝えてほしい。〔２０１２年８月31日〕

危険な「オスプレイ配備」を急ぐな

米国防総省は８月30日、今年６月米フロリダ州で起きた垂直離着陸輸送機ＣＶ22オスプレイ墜落事故につき、気流への対応を誤った操縦士の「人為ミス」が原因とする調査報告書を公表した。これより先、モロッコでのオスプレイ墜落事故について「機体自体が事故の要因となったとは認められない。副操縦士のマニュアル違反による人的要因が大きい」として、操縦ミスと結論づけている。

沖縄県知事ら、森本防衛相の要請を蹴る

防衛省は独自調査を一応行ったものの、米側の調査結果を追認して「機体に問題ナシ」との見解を公表。森本敏防衛相は８月29、30日、10月配備予定の沖縄県と一時駐機している山口県を訪問、本格運用への理解を求めた。

問題はオスプレイを普天間飛行場（宜野湾市）に強引に配備しようとしていることだ。同飛行場周辺には約９万人が居住、１２０以上の公共施設が密集している。また米空軍は本土数カ所の山間部での低空飛行訓練を計画している。誰が見ても危険な区域で、仲井眞沖縄県知事、山本繁太郎山口県知事らが「配備ありきの説明だけでは反対せざるを得ない。我々が納得できる安全性を示してもらわない限り受け入れられない」と防衛相に配備反対を示した姿勢は、自治体の責任者として当然だろう。

米ハワイ州などでは環境に配慮し、訓練中止

毎日新聞８月23日付朝刊は、「米政府がハワイ州の２

空港で予定していたオスプレイ着陸計画を取り下げた」と特報した。空港周辺の歴史的遺産に与える影響や騒音に関する住民意見に配慮したためという。これより遥かに危険な宜野湾市では、米軍は一切住民の意見を聞く環境審査を行っていない。米国民へは配慮するが、〝従属国〟日本国民には配備を押し付ける姿勢が透けて見える。

日経新聞8月31日付朝刊「記者手帳」が、「6月の就任からオスプレイ対応に忙殺される防衛相には『オスプレイ担当の広報大使』との声も与党内から漏れる」と記していたが、同様の印象を受ける。安全性の徹底検証を求めるのは当然で、十分な環境調査を米側に要請する責務を防衛相は果たさず、米側の意のままに右往左往している姿が悲しい。

毎日新聞9月1日付社説は、「米海兵隊は最近、ハワイの2空港でのオスプレイ訓練を中止した。6月にはニューメキシコ州で、環境アセスメントに対する住民意見を受けてオスプレイの低空飛行訓練を延期している。米国内なら柔軟に対応するが、日本ではそうはいかないということなのか。普天間配備を強行してはならない」と主張していたが、もっともな指摘である。

ほかの航空機より危険が大きい

朝日新聞9月2日付朝刊は、レーガン政権で国防次官補を務めたローレンス・コープ氏へのインタビュー記事を掲載。「オスプレイは海兵隊の存在意義のため重要だろうが、ほかの飛行機やヘリより危険が大きい。ヘリから飛行機に転換するというのは新しい技術で、ほぼ100％正しく操縦しないと問題が起きる。……普天間飛行場は荒野にあるわけではないから心配だ」と警告していた。ともかく、「10月配備」は見直してほしい。

〔2012年9月3日〕

世界平和アピール七人委の提言を噛みしめる

福島原発事故から1年半の9月11日、世界平和アピール七人委員会は「原発ゼロを決めて、安心・安全な世界を目指す以外の道はない」と題する声明を発表した。湯川秀樹、茅誠司氏らによって1955年結成された7人委員会は代々引き継がれ、現在のメンバーは武者小路公秀、土山秀夫、大石芳野、池田香代子、小沼通二、池内了、辻井喬氏の7人。メンバーは入れ替わったものの、人道主義と平和主義、不偏不党の立場は変わらず、事あるごとに国の内外に問題提起しており、今回が108番目のアピールという。

平和運動として注目すべき委員会だが、メディアの反応はまことに冷ややか。11日付夕刊と12日付朝刊各紙を調べたところ、何処にも見当たらなかった。脱原発の市民運動が盛り上がっている今、七人委アピールには目もくれず、政局ドタバタ劇に走るメディアの問題意識の欠如が悲しい。

「これまで日本のエネルギー政策、原子力政策は、政府と官僚、財界と産業界、学界、マスコミが一体となった〝原子力ムラ〟によって支配されてきた。〝安全神話〟を作り、事故に対する備えを怠ってきた。ところが責任の所在を曖昧にして、誰も責任をとろうとしない。……原子力規制委員会の人事は、国の原子力政策、ひいては政治が、国民の信頼を回復できるか否かの岐路に立っていることを示す重大な問題である。私たちは、これまで原子力推進にかかわってこなかった人の中から、視野が広く将来を見据えて判断できる人を選ぶべきだと考える」などとの7人委提言は、傾聴すべき正論である。

〔2012年9月14日〕

国会事故調提言の具体化を急げ

国会事故調査委員会（黒川清委員長）が「福島原発事故調査報告書」を衆参両院議長に提出してから2カ月以上経つのに、国会が真剣に受け止め、対応策を示す動きは皆無と言っていい。国会議員は目先の政局に振り回されるだけで、折角の提言が放置されていることに国民の不信感は高まっている。

国会の劣化に腹を立てたメディアコンサルタントの牧野義司氏（元毎日新聞記者）は、朝日新聞9月17日付朝刊「私の視点」欄に「国会事故調提言の実現を国会は急げ」と題して寄稿。「国会事故調が最終報告書で打ち出した7つの提言の国会対応が宙に浮き、最悪の場合、お蔵入りになる恐れがあることだ」との鋭い警鐘に、共感した。

「7つの提言のうち、国会議員に取り組むよう求めた点が二つある。一つは、原子力規制当局を監視する常設委員会を国会に設けること。もう一つは、政府や原子力事業者から独立した民間の専門家でなる第三者機関を国会に設け、原発事故の未解明部分の究明を行うことだ。……求められた提言を国会が放置するなら自殺行為に等しく、許されるべきではない」との論旨はまことに明快である。
ともかく、国会の職務怠慢、問題意識の欠如は甚だしい。国会事故調報告を生かす施策を、国会は早急に示してほしい。

〔2012年9月19日〕

日米同盟強化に基づき、グアムで軍事共同訓練

日米両政府は9月19日垂直離着陸輸送機MV22オスプレイについて、国内運用の安全性が十分確認されたとして「運用宣言」を発表。21日から山口県岩国市沖の日本海で飛行訓練飛行を始めた。沖縄県をはじめ岩国市など国内訓練空域の自治体からの反対を無視してテスト飛行を強行した米海兵隊の強引さに、地元民の反発が高まっている。米側は10月中旬にも普天間飛行場（宜野湾市）で本格運用する当初方針を崩していないが、ひと波乱が危惧される事態である。

米国はアジア太平洋に重点を置いた戦略に転換

オバマ米大統領は1月、アジアの安全保障を重視する「新国防戦略」を発表。中国の経済的・軍事的台頭をにらんだ戦略に違いない。国防費大幅削減で米軍の世界展開が困難になるため、日・韓をはじめ東南アジア同盟国に軍事協力の強化と経済的負担増を要請してきたことは重大である。

毎日新聞1月7日付社説が「米国の国防費は今後10年で4900億ドルも削減される。無い袖は振れないから、地上戦力を中心に米軍の規模を縮小し、アジア太平洋地域に重点を置こうというのだ。昨年11月オバマ大統領はオーストラリア北部に最大2500人規模の海兵隊を駐留させることで豪側と合意し、アジア太平洋地域を米国の安全保障政策の位置づけると表明した」と指摘していた通りだろう。

離島奪還の日米軍事訓練を実施

米新戦略の行方を危惧していたところ、陸上自衛隊と米海兵隊が共同訓練を実施したとの報がもたらされた。毎日新聞9月23日付朝刊が「9月22日グアム島で実施している日米防衛訓練で、離島奪還を想定した初めての強襲上陸訓練を報道陣に公開した」とのグアム発特派員電に驚かされた。中国を念頭に置いた日米同盟強化の一環とはいえ、日米軍事協力が加速されないか、との心配が募った。

尖閣諸島、竹島問題の処理に苦慮している折、中国を刺激するような日米共同訓練は却って対立を激化させかねない。オスプレイ配備について、日本政府が米政府に

環境への配慮を強く要請した気迫は全く見られない。米側の一方的な配備に従わざるを得ない日本外交の非力さを痛感するばかりだ。また、日米軍事一体化についても、米側の戦略に振り回されている印象が強い。

沖縄米軍基地縮小へ日本政府は積極的姿勢を示せ

沖縄への米軍常駐と核抑止力によって日本の安全が維持されているとの判断に基づくものだが、米側がグアムを戦略拠点にし、豪州にも役割分担させるという米戦略の大転換を考えると、沖縄に集中している米軍基地の縮小・削減を考え直す好機とも思える。

日本政府は対米従属に安住せず、日本側の言い分・注文を積極的に働きかける努力をすべきである。

〔2012年9月24日〕

前途多難な安倍自民党総裁の強硬路線

9月26日の自民党総裁選挙。1回目の投票（国会議員と党員・党友）で2位だった安倍晋三・元首相が決選投票（議員票のみ）が決選投票の結果、総裁に選出された。

古い「なつメロ」を聴く思い

「安倍元首相が総裁に返り咲いたのは、どこか『なつメロ』を聴く思いがする。セピアかかった旋律だ。当初は劣勢と見られたが、尖閣諸島や竹島から吹くナショナリズムの風に、うまく乗ったようだ」と記した朝日新聞『天声人語』（27日付）論評は、言い得て妙である。安倍氏は総裁選で民主党の外交姿勢を批判、中・韓両国への強硬姿勢を鮮明にしたことで、党内保守層の支持をつかんだと見られる。さらに安倍氏は外交・安全保障政策の柱は日米同盟強化と強調、憲法改正や集団的自衛権の容認を訴え、ナショナリズムを煽るような姿勢を示したことに、不安感を抱いた国民は少なくなかったに違いない。

慰安婦問題など歴史認識が問われる

毎日新聞27日付社説は「中国、韓国など近隣諸国とのかつてないほどの緊張が、強硬路線の安倍氏に追い風となった。……歴史認識も問われる。日韓関係を悪化させる従軍慰安婦問題で『河野談話』の修正を提起している。同談話で問題を政治決着させようとした過去の真剣な努力をないがしろにすべきではない」と分析している。朝日新聞27日付社説も同様の危惧を指摘し、「総選挙後にもし安倍政権ができて、これらを実行に移すとなればどうなるか。大きな不安を禁じ得ない。前回の首相在任中を思い出してほしい。5年前、慰安婦に対する強制性を否定した安倍氏の発言は、米下院や欧州議会による日本への謝罪要求につながった」と警告。両紙とも安倍路線の行方を危惧していた。

一方、読売新聞27日付社説は「安倍、石破両氏とも総裁選では、日本の領土・領海を『断固として守る』と訴え、外交・安全保障政策の重要性を強調したが、尖閣諸島国有化で中国の反日機運が高まる中、日中関係を再構築する具体策が改めて求められる。また安倍氏は、集団的自衛権の行使を可能にすることによる日米同盟の強化や、憲法改正に取り組む考えを示している。いわゆる従軍慰安婦問題に関する『河野談話』の見直しにも前向きだ。いずれも妥当な考え方である。実現に向けて、具体的な道筋を示してもらいたい」と、安倍総裁の政治姿勢に共感を示していた。

「強い日本」構築に期待する声も

産経27日付主張も、「『強い日本』を掲げ、尖閣国有化後の統治強化策などを積極的に訴えた安倍晋三元首相が自民党の新しい総裁に選出された。5年前、病気を理由に首相を辞任した安倍氏は大きなハンディを抱えての再挑戦だった。しかし自民党は安倍氏に党の立て直しを託し、日本が抱える難局を打開する『切り札』に選んだ。『強い日本』を構築していくことこそが安倍氏の歴史的使命である。安倍氏はこれまで、国のかたちを決める憲法改正や教育改革などを持論としてきた。領土・主権を守ることを最優先し、集団的自衛権の行使容認で日米同盟を深化させることを訴え続けた。今後は実行力が問われる。永住外国人への地方参政権付与や人権救済機関設置法案について、安倍氏がはっきりと反対姿勢を示した点も重要だ。民主党が日本の主権や言論の自由を侵害しかねない政策を実現しようとしていることへの危機感が、安倍氏を後押しした面もあろう」と、安倍路線を全面的に支持する論評を掲げていた。

社説の主張は真っ二つに分かれたが、いずれにせよ安倍総裁の強硬路線の前途は険しい。国民も、監視の目を怠ってはならないと思う。

〔2012年9月29日〕

竹島・尖閣問題、冷静な対処を
ナショナリズムの暴発を警戒

古代から領土をめぐる民族間の争いは跡を絶たない。処理を誤ると、一触即発の危機を招く。明治以降の日本を振り返っても、何回もの戦争・紛争を繰り返した反省が蘇る。21世紀になっても、国家間の〝業〟とも言える領土紛争が世界各地で散見されるが、この問題は人類永遠の難題。戦火に至らないよう、双方が妥協点を見出す努力をするしか解決の手段はないと思われる。

ロシアとの北方領土問題に続いて、竹島（韓国名・独島）をめぐる韓国との軋轢、尖閣諸島（中国名・釣魚島）をめぐる紛争が最近クローズアップされてきた。外交交渉を通じて平和的に処理しないと、東北アジアの緊張を増幅させかねない。日韓、日中それぞれの言い分を整理したうえで、問題点を考察してみたい。

日・中・韓、領土をめぐる対立

李明博韓国大統領が8月10日、竹島に上陸したのを契機に、日韓の対立が先鋭化してしまった。秋の大統領選挙をにらんだパフォーマンスとみられるが、配慮を欠いた行為と言わざるを得ない。李大統領はその後も、天皇の訪韓条件に謝罪を求め、慰安婦問題に関し対日批判を行うなど日韓共存の流れを逆行させてしまった。

日本が竹島の領土編入を閣議決定したのは１９０５年で、１９１０年の日韓併合条約後、45年の敗戦まで植民地支配が続いた。51年のサンフランシスコ講和条約調印文書には「日本が放棄した領土に竹島は含まれていない」という。日本側は江戸時代から鳥取藩の支配下にあったとの資料を根拠に、領有権を主張。これに対し韓国は15世紀に「朝鮮王朝が作成した地理誌の記載で、古代から韓国領だった」と主張している。さらに韓国は１９５２年、竹島を取り込む形で公海上に「李承晩ライン」を設定して、強引に実効支配。65年の日韓基本条約締結時の漁業協定で李承晩ラインが撤廃された以降、竹島の帰属は棚上げにされたままだった。

一方、尖閣諸島をめぐる日中間の主張も平行線のまま。日本は１８９５年、現地調査に基づいて尖閣諸島が無人島であることを確認、日本領土に編入した。これに対し中国は「１４０３年の資料に『釣魚嶼』との記載がある」として、領有権を主張している。

１９７２年日中国交回復時の周恩来首相発言と、78年の日中平和条約調印時に鄧小平副首相が「尖閣問題は棚上げにして、次の世代に託そう」という同趣旨の発言によって棚上げ状態が続き、巧妙な選択と言われてきた。ところが、２０１０年の中国漁船追突事件によって日中関係は険悪化し、今年8月15日に香港の中国人活動家が尖閣への上陸を強行した。今回の問題を深刻化させた原因の一つに、石原慎太郎都知事の「尖閣の都有地買い取り」発言と、日本側ナショナリストの尖閣上陸の暴挙があった。両国のナショナリズムを刺激した動きこそ一刻も早く沈静化させねばならない。日中両政府は慎重に対応しており、紛争が拡大しないよう祈るばかりである。

次代に判断を託す〝棚上げ〟

韓国が竹島を実効支配、尖閣諸島は日本が実効支配するというイビツな関係になっている。共通して言えることは、冷静に対処してナショナリズムを煽るような行為に走らないことだ。

この点について栗山尚一・元駐米大使が「紛争を武力で解決することは、憲法でも国際法（国連憲章）でも禁じられている。代わりの平和的手段には①外交交渉で妥協の道を探る②国際司法裁判所などで法的決着をつける③棚上げ——がある。棚上げとは外交交渉でもうまくいかず、裁判所にも持ち込めない時に先送りすることだ」と指摘（朝日新聞9・2朝刊）している通りである。

日本政府は国際司法裁判所への提訴を表明したが、韓国が応じないため現段階では頓挫したまま。棚上げせざるを得ない局面だが、自らの立場を捨てるわけではないので、紛争をエスカレートさせないための〝次善の策〟と言える。

尖閣諸島について、中国政府は跳ね上がり分子を警戒して慎重な姿勢を示している。日本・右派勢力が尖閣上陸の仕返しをしたことは逆効果で、日本国民にも自重を求めたい。野田佳彦首相が9月11日、「尖閣国有化」を決めたことに中国政府は不快感を示している。日本としては平和的意図を丁寧に説明して早急に打開する必要がある。

外務省関係者が「中国側は、資源や環境の整備という条件を日本側に求めてきた。これは現状維持、つまり引き続き日本の実効支配はそのままで構わない趣旨の裏返しです」と語ったと、サンデー毎日（9・16号）が報じていたが、この機に乗じて妥協点を探ってもらいたい。ちょうど、ウラジオストクでのアジア太平洋経済協力会議（APEC）で9月9日、野田首相は胡錦濤国家主席と李明博韓国大統領と短時間話し合いを持った。首相が「大局的な対応」を求めたことに対し、中韓両首脳も「未来志向に基づき努力しよう」との意向を表明したという。

慰安婦問題を深刻に受け止めよ

坂本義和東大名誉教授は、「竹島問題で韓国が国際司法裁判所への共同提訴に応じない理由は、日本の歴史的責任意識の欠如にあるのだから、日本がまず、慰安婦問題で国際社会に認められる謝罪と補償を行うことを韓国側に確約して世界に公表し、その上で共同提訴を呼びかけるべきである。日本の自己反省を行動で示し、次に竹島問題の解決に取り組むという順序を誤らないことが重要なのだ」と警告（東京新聞9・8朝刊）している。確かに慰安婦問題は国際的倫理基準に照らし、普遍的な人権問題として日本の責任が問われており、踏み込んで対応すべきである。

宮澤喜一内閣時代の1993年8月、慰安婦の存在を認めて謝罪、「河野洋平官房長官談話」を発表して関係改善に寄与した実績がある。ところが今回、安倍晋三元首相や橋下徹大阪市長ら〝タカ派〟勢力が「慰安婦の根拠に乏しい河野談話は誤りで、見直すべきだ」と、ナショナリズムを煽るような発言を繰り返していることに驚かされた。歴史認識の欠如を露呈した発言だが、日本国民に閉塞感が高まっている時代だけに、「韓国憎し」の感情の暴発を警戒しなければならない。

藤原帰一東大教授も「歴史問題は決着済みだとする日本政府の主張が韓国政府に受け入れられていない現状を直視して、従来の政府合意と河野談話・村山富市首相談話に加え、さらに明確に植民地支配と戦争への責任を表明する。これは韓国や中国への迎合ではない。終戦から70年近く、日本国民は好戦的なナショナリズムを排除し、民主政治を維持してきた。戦後日本に誇りを持つことが自虐史観につながると私は思わない。賢明な外交は、力に加え、諸外国の寄せる信頼に支えられることを銘記すべきだ」（朝日新聞8・21朝刊）と、歴史問題への対応の重要性を強調している。

相互に譲歩する〝戦略〟が肝要

孫崎享・元防衛大学教授は「日本の国境問題」（筑摩新書）の中でノーベル経済学賞受賞者、トーマス・シェリング教授の『紛争の戦略―ゲーム理論のエッセンス』を引用して、棚上げ論を含む戦略の重要性を強調している。シェリング教授の一文は、まことに示唆に富むもので、概要を紹介して参考に供したい。

「〝勝利〟という概念は、敵対するものとの関係ではなく、自分自身がもつ価値体系の中で意味を持つ。このような〝勝利〟は、交渉や相互譲歩、さらにはお互いに不利益となる行動を回避することによって実現できる。相互に被害を被る戦争を回避する可能性、被害の程度を最小化する形で戦争を遂行する可能性、そして戦争するのでなく、戦争するという脅しによって相手の行動をコントロールする可能性、こうしたものがわずかでも存在するならば、紛争の要素とともに相互譲歩の可能性が重要で劇的な役割を演じることになる。」

確かに、相互が譲歩しあって、紛争解決に当たる外交交渉の積み重ねこそ重要である。

5年前、当時の安倍首相は、当局が人さらいのように連行する「狭義の強制性」はなかったと発言して物議を醸した。これに対し、米下院や欧州議会が「慰安婦問題は20世紀最悪の人身売買事件の一つ」として、日本政府に謝罪を求める決議を採択した意味を、この際改めて考え直すべきだと痛感する。

〔２０１２年10月１日〕

普天間へのオスプレイ配備は波乱含み

米海兵隊は垂直離着陸輸送機ＭＶ22オスプレイを、岩国基地から普天間飛行場へ移し、普天間飛行場への配備通告を出した。台風の影響で２日間見合わせていたが、天候が回復したので「10月１日に沖縄へ配備する」と、米側は９月30日防衛省に伝えてきた。

台風には勝てないオスプレイだが、沖縄県民には環境配慮について十分な話し合いを持たず、市街地・宜野湾市での安全性要請は無視されっ放しである。

海兵隊は「事故原因を精査したが、操縦ミスによるもので、構造上の問題ナシ」と断定、防衛省も追認させられた。「配備ありき」のゴリ押し的姿勢に沖縄・山口両県民の反発は根強い。配備したものの、訓練実施までの道のりは険しかろう。

「普天間でのオスプレイ訓練は、Ｆ１レースを市街地でやるような危険性がある」との指摘を聞いたことがある。そうだとすればに戦慄を覚えざるを得ない。とにかく、ヘリから飛行機への「転換モード」時に事故が多発していることは明らかで、県民の不安は募るばかりだ。先の岩国市でのオスプレイ訓練に自治体関係者へ試乗を呼びかけたが、ほとんどが拒否。海兵隊の懐柔策を見抜かれてしまったのである。沖縄でも同様の呼びかけをするだろうが、さらに激しい非難を浴びるに違いない。

森本敏防衛相の〝米国のメッセンジャー〟のようなうろたえ振りはヒド過ぎないか。今からでも遅くはない。オスプレイの安全性、環境への配慮についての問題点・疑問点を米側に質していく積極姿勢を見せてほしいものだ。

〔２０１２年10月２日〕

くるくる変わる野田改造内閣の評判は悪い

野田佳彦第三次改造内閣の評判は極めて悪い。毎日新聞10月１日付「余録」が、万葉集の言い回しに似せて揶揄した短歌は出色である。

「世の中を何に譬えん　民主党　居眠りの間に代わる大臣」「世の中を何に譬えん　定めなき少子化相の顔の

うたかた」「世の中を何に譬えん　声高き政治主導の跡かたもなし」――不人気の野田政権を軽妙に言い当てているではないか。

民主党が政権の座を奪取してから3年余で、鳩山↓菅↓野田と首相が代わったばかりか、少子化担当相は10人、消費者担当相が10人も入れ替わっている。「政治主導」は名ばかりで、実は「官僚主導」。まともな政策を示さないだけでなく〝食言〟で、あっという間に消えてしまった閣僚も数人いたことに、国民は呆れている。

今度の改造内閣の顔ぶれについて各紙は、「代表戦の論功行賞」「入閣希望者の在庫一掃」などと酷評。野党からも「思い出作り内閣」「卒業記念内閣」と辛辣な言葉が浴びせられており、まさに解散引き延ばしの〝悪あがき〟の印象が強い。

朝日新聞3日付朝刊の緊急世論調査によると、「首相にふさわしいのは」との問いに、安倍氏39％、野田氏34％。「民主党内閣の今後に期待する」は30％で、「期待しない」が62％。安倍・自民党に対しても「期待する」は39％、「期待しない」が54％で、既成政党離れを示している。「日本維新の会」が次の総選挙でどこまで票を伸ばすか。政界再編のウネリがますます高まってきたようである。

〔2012年10月5日〕

本土と沖縄　内なる歴史問題

米空軍は岩国基地に陸揚げした垂直離着陸輸送機MV22・12オスプレイを10月1日から普天間飛行場（宜野湾市）に順次移動させ、6日に12機全部の沖縄配備を終えた。当初どおりの計画を強行し、県民の不安をよそに訓練飛行は本格化してきた。この問題につき、「本土と沖縄　内なる歴史問題」として捉えた10月6日付毎日新聞社説面『視点』欄の指摘は鋭い。

植民地統治のような沖縄蔑視の現実

「配備の日程を変えず強行したのは沖縄に無力感や諦念を与える狙いがある。植民地統治の基本みたいではないかとの不信が広がりつつある。その怒りの意味を認識しなければ、本土と沖縄の溝はこの先もっと深まるだろう。かつて独立王国だった琉球を強制廃止し近代日本に編入した明治の琉球処分、10万人近い民間人死者を出した太平洋戦争末期の地上戦、沖縄を本土から切り離した戦後のサンフランシスコ体制、米軍基地を集中させる結果になった72年の本土復帰。誇りを傷つけられ、多くの血の犠牲を払いながらも、本土の安全のため負担を引き受けてきた歴史のうずきが今、沖縄の人々の心を揺さぶっている。問われているのはオスプレイ配備の是非ではなく、沖縄の歴史と現実にどう向き合うかということである。日本と中国、韓国の間には歴史認識問題があるが、本土側の琉球・沖縄史への理解もまだまだ足りない。沖縄の重い負担を減らすためにも、この『内なる歴史問題』をなくしていくことが必要だ」との鋭い分析は的を射ている。

「普天間への配備反対」が県民の9割

琉球新報10月2日付社説では、「私たちが目の当たりにしているのは、日米両政府による民主主義の破壊、人権蹂躙にほかならない。配備強行は植民地政策を想起させる蛮行であり、良識ある市民とメディア、国際世論の力で速やかに止める必要がある。琉球新報の世論調査では回答者の9割が普天間への配備に反対した。仲井眞知事が強行配備について『自分の頭に落ちるかもしれないものを誰が分かりましたと言えますか。県民の不安が払拭されない中で（移動を）強行するのは理解を超えた話だ』と批判したのは、県民の声を的確に代弁している。森本敏防衛相は『普天間飛行場の固定化防止と沖縄の基地負担軽減について県知事、関係市長と話し合う次のステージに進むと思う』と臆面もなく語るが、県民の多くはそもそも海兵隊が沖縄の安全に貢献してきたとは考えていない。むしろ戦後、基地から派生する事件・事故や犯罪によって県民の安全を日常的に脅かしており、沖縄からの海兵隊撤退を望んでいる。県議会も海兵隊の大幅削減を過去に決議している。……オスプレイの配備強行により、県民の心は基地全面閉鎖、ひいては日米関係の根本的見直しという方向に向かうかもしれない」との警告は鋭い。野田佳彦政権も本土の人々も真剣に受け止め、米国の〝押し付け〟的蛮行を断固拒否する姿勢を示す必要性を痛感する。

〔２０１２年10月８日〕

「中立」の裏に米国の打算

領土紛争について、米国務省・ヌーランド報道官は「日本と中国で一緒に解決してほしいということだ。どちらの側にもつかないが、挑発的な行動ではなく、話し合いで解決する必要がある」と述べた。またアーミテージ元国務副長官は「米国には日米安保条約の下で日本の領土を守る義務があり、それには尖閣諸島も含まれる。ただ、あらゆる影響力を使って日本と中国の衝突を避けることが米国にとっても大きな利益だ」と指摘している。同氏は先の「日米同盟に関する報告書」で、中国の軍事力拡大に対応できる力を日米が持つべきだと提言しており、米国が積極対応を控えているように映る。

米国が日本に足場を残し続ける構造

朝日新聞10月8日付朝刊オピニオン面「風」欄で、立野純二・アメリカ総局長の「『中立』の裏に米国の打算」と題した分析は興味深かった。

「米国の真意はどこにあるのだろう。米中央情報局（CIA）の1971年の極秘報告書は、日本の尖閣領有権の主張には理があると認めていた。しかし、その後度重なる検討の末、尖閣の帰属先は明記されなかったという。……『日本が対ソ交渉で、4島のうち2島返還へ動こうとした際ダレス国務長官は、ならば米国も沖縄を返さないと迫り、日本の対ソ接近を阻んだとされる。そんな歴史を振り返れば、尖閣・竹島・北方領土問題は、冷戦下の米国のアジア戦略から生まれた同根の問題に見えてくる。つまり反米陣営に染まりかねない近隣国と日本の間に領土問題を残し、米国が日本に足場を残し続ける構造を築いた』との原貴美恵カナダ・ウォータル大学教授は分析している。、折々の思惑を巡らせてきた米外交は、『中立』の仮面に下にうつろう大国の打算に見える」と喝破していた。

米紙も日本の右傾化を危惧する論調

米紙ウォールストリート・ジャーナルは9月15日、東京発特派員電で「日本ではナショナリストの政治家や活動家が新たな影響力を振るっており、中国や韓国との関係をこじらせ、日本側政策担当者の頭痛のタネになっている」との記事を掲載した。記事は8月15日に2閣僚が民主党政権下で初めて靖国神社に参拝したことや、尖閣諸島の国有化計画などを報じたが、日本が中韓を〝挑発〟しているとの印象を与えかねない内容だった。

野田佳彦首相は9月の国連総会で「主義主張を一方的な力や威嚇を用いて実現する試みは、国連憲章の精神に合致しない」と訴えたが、各国の反応は鈍かったようだ。

沖縄の反発が根強く、野田政権は窮地に

領土紛争だけでなく、オスプレイ配備でも米国の強引な手口が目立ち、沖縄県の反発は日に日に高まっている。米国の外交戦略に振回されっ放しであり、日本の対米追従の姿勢を改めないと、政治不信がいっそう高まるに違いない。

〔２０１２年10月10日〕

「ＩＰＳ細胞移植、臨床応用」の大誤報

読売新聞10月11日付朝刊は、１面トップで「日本人研究者、ＩＰＳ細胞を移植。初の臨床応用」と報じた。山中伸弥京大教授ノーベル賞受賞の直後だけに、誇らしいニュースと反響は大きかった。共同通信も同様記事を配信し、東京新聞・北海道新聞・西日本新聞など10紙以上が11日付朝夕刊に１面トップ級で掲載した。ニュース源の森口尚史氏（48歳）は、メディア各社に事前に取材要請していたが、毎日・朝日・日経３紙は「森口氏に取材したところ、不審な点がある」と、記事化を見送った。産経は12日朝刊に共同電を使ったものの、対社面２段の控えめな扱いだった。

ハーバード大学など「真っ赤なウソ」と糾弾

ところが、ハーバード大学当局者は12日朝、同大学「客員講師」を名乗っている森口氏の在籍は１９９９年11月から２０００年１月初旬までの１カ月余りで、「森口氏の移植手術はウソ」と全面否定。「森口氏の研究に関するいかなる臨床研究もハーバード大学及びマサチューセッツ総合病院は倫理委員会によって承認されていない」との声明を発表した。また、森口氏は「東大医学部ＩＰＳ細胞バンク研究室長」と名乗っているが、東大当局は12日、「医学部にそのような機関はなく、室長の役職もない」と述べている。

余りにもズサンな取材に驚く

経歴を詐称して「ＩＰＳ細胞移植」のニセ発表したことが歴然となり、読売・東京新聞などは誤報を認めて、13日付朝刊１面で「お侘び」せざるを得ない羽目に追い込まれた。

何ともみっともない誤報騒動で、世界にも醜態をさらした責任は重い。

それにしても、「裏取り」の原則をないがしろにして、森口氏の口車に騙されてしまった安易な取材には呆れる。米側のいち早い対応で、「ニセ移植」が暴かれたが、それよりも問題なのは、不思議な経歴の持ち主だったことが念頭になかったことだ。事件後の報道によると、森口氏は東京医科歯科大学・医学部保健衛生学科を卒業、看護士の資格はあるが、医師国家試験の資格は取ってなかったとは驚きだ。名門ハーバード大や東大勤務との肩書きを、メディア側が調べもせず信じ込んでしまったのだろう。

朝日の「サンゴを傷つけた」事件では社長が引責辞任

本稿を書きながら、朝日新聞１９８９年４月20日付夕

刊で、沖縄のサンゴ礁を潜水取材した記者がサンゴ礁に自ら「ＫＹ」とストロボの柄で傷つけ、環境保護キャンペーン紙面に使った忌まわしい事件を思い出した。地元ダイバーに目撃されており、「弁明の余地ない捏造」と、全面謝罪を余儀なくされた。今回の誤報は捏造ではないが、誤報責任の罪はサンゴ事件より重大な気がする。当時の朝日新聞・一柳東一郎社長の引責辞任にまで発展してしまったが、読売新聞などが誤報責任についてどう対処するか、注目される。

ともかく、誤報した新聞・テレビだけでなく、マスコミ全体が事態を深刻に受け止め、綿密な取材態勢の再構築を図ってもらいたいと願っている。

〔２０１２年10月15日〕

日・米・中、沖縄周辺海域の波高し

中国海軍の駆逐艦・潜水救難艦など7隻が10月16日朝、沖縄・与那国島南南東約40キロの接続水域内を太平洋から東シナ海に向け北上していることが確認された。帰属問題で揺れる尖閣諸島の南方約２００キロで、中国軍艦がこの海域を航行したのは初めてという。ただ、領海の外側の接続水域を外国船が通過することは国際法上認められており、微妙なケースである。

何とも不穏な動きだが、沖縄の米自衛隊と陸上自衛隊が11月、島嶼奪還訓練の計画を立てていることに驚かされた。沖縄・入砂島が敵に占拠されたと想定しての奪還作戦。ボートに乗って上陸、ヘリコプターで着陸して敵を制圧する訓練という。これまた物騒な日米合同訓練である。陸自と海兵隊は9月、初の離島奪還訓練をグアム島で行ったが、日中間の緊張が高まる海域での訓練は、余りにも刺激的ではないか。

中国の軍備拡張を抑止する効果を狙った訓練に違いないが、逆に中国を苛だたせて対立激化の要因になり兼ねない。今回の日米合同訓練もまた米国主導とみられ、今からでも遅くないから再考を求めたい。

〔２０１２年10月18日〕

米兵の強姦事件で、沖縄の怒りは高まる

米軍基地の島・沖縄では、オスプレイ（垂直離着陸輸送機）の強行配備や普天間飛行場の移転難航で、県民の日米両政府への不信感が高まっている。そこに〝火に油を

注ぐ〟ような事件が発生した。若い米海兵2人が10月16日未明、沖縄本島中部の屋外で、帰宅途中の成人女性を次々に強姦し首にケガを負わせた容疑。沖縄県警に逮捕され、那覇地検に送検された。

「正気の沙汰ではない」と厳重抗議

仲井眞弘多沖縄県知事は10月17日急きょ上京、森本敏防衛相やルース駐日米大使に「正気の沙汰ではない。綱紀粛正という生やさしい処置ではなく、もっと厳しい対応を示してほしい」と抗議した。8月18日には米海兵隊員が女性暴行容疑で逮捕され、この時も抗議を受けた米側は再発防止を約束したが、米兵の乱行ぶりは相変わらずだ。

1995年の米海兵隊員3人による少女暴行事件を思い出す。沖縄県民の怒りが爆発、米軍基地縮小や、米兵の取り扱いをめぐって日米間の緊張が高まった。今回の強姦事件は基地外で容疑者を見つけて沖縄県警に逮捕されたが、もし基地内での事件だったら、引き渡しをめぐって揉めるケースになったと思われる。

不平等な「地位協定」を改めよ

仲井眞知事は「日米地位協定を改定しない限り、火ダネはなくなるまい」と言っているが、両国政府は改定交渉に本腰を入れるべきだ。この地位協定では、公務中の犯罪に米軍当局が裁判権を優先的に行使できるほか、公務外に基地の外で起こした犯罪についても米側が先に容疑者の身柄を拘束した場合は日本側が起訴するまで身柄を引き渡さなくてもいい規定になっている。その後の運用改善によって多少は良くなっているようだが、依然として米国優位の地位協定であることを、本土の人たちも再認識しなければならない。

沖縄の負担軽減が喫緊の課題

朝日新聞10月18日付社説は、「日米協調は必要だが、今回の事件が火ダネとなって、再び沖縄で反基地の思いが爆発することは十分考えられる。日米両政府は真剣に対策を講じる必要がある。沖縄で米兵による事件が多いのは、国土面積の0・6%にすぎないこの島に、在日米軍基地の面積の約74%が集中している現実が根底にある。沖縄の負担をどう分かつか。沖縄の外に住む一人ひとりが考えなくてはならない」と警告していた。

〔2012年10月20日〕

沖縄米兵「夜間外出禁止令」に実効性あるか

ルース駐日米大使とアンジェレラ在日米軍司令官は10

月19日、沖縄で起きた米兵2人の強姦事件に関し、「①19日から、午後11時から午前5時まで夜間外出を禁止する。対象者は日本に滞在する全ての軍人。出張者や休暇中の者も含む②違反者は統一軍法によって処分する③軍人・軍属に対し、再研修を実施する――などの再発防止策を発表した。

反米感情の沈静化が狙い

在日米軍約3万7000人のうち沖縄には2万6000人が駐留しており、犯罪発生率も多い。今回の事件を深刻に受け止めた米政府がいち早く防止策を打ち出した背景には、日米同盟への悪影響を懸念したことが明らかだ。

ルース大使は「今回の事件を憂慮しており、米政府の最高レベルの幹部が極めて深刻に受け止めている」と述べた。即座に対策を打ち出して、沖縄住民の反米感情沈静化を狙っての事だろう。

日本政府は厳重抗議すべきだ

今回の米兵不祥事に対し、森本敏防衛相ら日本政府の姿勢が消極的ではなかったか。「米国の機嫌を損ねては……」との配慮から、厳重抗議を控えたように思えてならない。今回の事件で、米兵が基地内に逃げ込んでいたら、「日米地位協定」の縛りで、対応がもつれたに違いない。

「地位協定」改定交渉の好機

10月20日付の本欄でも指摘したが、不平等な「地位協定」を改定しない限り、この種の犯罪はなくならないと、心配でならない。従って、米側が犯罪防止策を打ち出したのを好機と捉え、日本政府は改定交渉を積極的に働きかけるべきである。

横須賀など米軍基地を抱える本土都市も、沖縄同様の米兵犯罪に悩んでいる。朝日新聞10月21日付朝刊が報じた指摘は示唆に富む。

「2002年に横須賀市で米兵による強姦被害を受けたオーストラリア人のキャサリン・フィッシャーさんは10月19日、沖縄県庁で記者会見。『事件は一部の腐ったリンゴがやったのではない。米軍全体の問題。体質を変えなければ事件は続く』と訴えた」と伝えていた。

キャサリンさん会見の模様はNHKテレビも報じていた。米軍は損害賠償交渉に応じず、横須賀市から賠償金が支払われたというが、米軍の従属国扱いの姿勢が腹立たしい。

森本防衛相に、米兵犯罪防止に向けた積極交渉の推進を強く望みたい。

〔2012年10月22日〕

「夜間外出禁止令」をよそに、またも米兵が乱暴狼藉

沖縄県読谷村古堅固の居酒屋で11月2日、酔っ払った米兵に店長が「11時になりますので、門限ですよ」と声をかけたところ、突然階段を駆け上がって3階の民家に侵入。寝ていた少年の顔を殴りテレビを破壊するなどして窓から逃走を図った。ところが窓から転落して負傷、米軍基地内の病院に運ばれる事件が発生した。

半月前に夜間外出禁止令が出されたというのに……

半月前の10月16日に、米海兵隊2人が集団強姦事件を起こしたばかり。米軍はいち早く「日本に駐留する米軍兵士に対し、夜間外出（午後11時～午前5時）禁止令」を出したが守られず、米兵の相次ぐ乱暴狼藉に沖縄県民の怒りはさらに高まっている。

政府は再度の米兵犯罪を重視して、外相、防衛相が米側に強く抗議、ルース駐日米大使も「再発防止と真相究明に全力を挙げる」と述べた。2日には首相官邸で全国知事会が開かれており、仲井眞弘多沖縄県知事は野田佳彦首相に「米側は綱紀を守ると言いながら現実にはならない。日米地位協定が諸悪の根源だと県民は思っている」と、語気鋭く迫った。

政府は堂々と地位協定の見直しに臨め

ところが、藤村修官房長官の「米側は捜査に全面協力しており、米兵の身柄引き渡しを要請する必要はない」との見解には驚いた。今回もまた米軍基地外での犯罪。転落した米兵は重傷のようだが、身柄引き渡しを要請するのは当然である。

政府は「日米地位協定」見直しに、なぜ逡巡するのだろうか。オスプレイの夜間・早朝の強引な飛行訓練に住民の不安は募るばかり。これまた米軍優位の地位協定が根っこにある。政府は対米従属姿勢を脱ぎ捨てて、堂々と見直し交渉に臨んでもらいたい。

〔2012年11月6日〕

厚木基地で、オスプレイ飛行訓練とは……

米軍の計画に従っていれば、日本の空は安全というのだろうか。沖縄での垂直離着陸輸送機オスプレイの飛行訓練が問題化している折、本土での訓練計画に厚木基地（神奈川県）を加えることが明らかになった。キャンプ富士（静岡県）岩国（山口県）などを使って今月中に実施すると日本側に通告していたが、その中に厚木基地も

含まれていたという。

毎日新聞11月5日付夕刊だけが1面トップに報じた情報で、「米計画に明記」と記している。

母港・横須賀―厚木基地に頻繁に飛来する米軍機

厚木市は人口20万人を超す大都市。厚木基地に飛来する米軍機の大部分は、横須賀を事実上の母港とする。艦載機は通常、空母が横須賀に入港する前に洋上から大挙して厚木基地に飛来し、出港後洋上の空母に帰還している。艦載機の騒音で生活環境は極度に悪化、市民の反発は年毎に高まっている。

１９７７年９月27日13時過ぎ、ファントム墜落事故を思い出す。離陸直後にエンジン火災を起こし、乗員２名は緊急脱出したが、住宅地に墜落。周辺の家屋を炎上。市民９名が負傷、うち３歳と１歳の男児２名の兄弟が全身火傷で死亡した大事故である。

全国の基地の中で最も危険性の高い厚木基地。森本敏防衛相が11月２日の全国知事会で厚木でのオスプレイ訓練に言及しなかったのは、「突然公表すれば、地元の強い反発を招くため、控えたのではないか」と勘ぐる向きもある。

米軍に物申せぬ政府の弱腰が悲しい

オスプレイの飛行訓練に関し、米軍は反発を警戒して計画を〝小出し〟にしている印象を受ける。今回のことも同じで、米軍の常套手段だ。政府は、米側の強引なやり方に何故異議を示さないのか。抗議どころか、追従の姿勢が悲しい。

〔２０１２年11月７日〕

野田首相の意表を衝いた「解散宣言」の波紋

野田佳彦首相と安倍晋三自民党総裁の党首討論（11月14日）で、野田氏は意表を衝いて「11月16日衆院解散」を宣言した波紋は大きい。田原総一郎氏のように「野田首相の一本勝ち」と見る向きは多いようだが、果たしてそうだろうか。

８月の民自公党首会談で「消費増税法案などを通していただければ、近いうちに解散する」との一言が、日本特有の政局論争に火をつけた罪は大きい。来る日も来る日も、不毛な国会論議が続いて３カ月も内外の政治が停滞。国民の政治不信が高まったばかりか、国際的信用の失墜は著しい。

国際的な信用失墜も大きい

毎日新聞１月16日付朝刊コラムで西川恵編集委員は、駐日外交官の反応は「新鮮な驚きだ。守勢を切り返し、巧みに攻守を入れ替えた。計算し尽くした一手で、野田首相の政治家としての資質をみせた」などと、概して野田首相に好意的だった」と紹介している。

さらに西川氏は「首相が求心力を持ち得たとしたら、国際政治の力学も作用したのではないか。具体的には尖閣諸島を巡る中国との対立だ。自公の賛成で消費増税法が成立したのは8月だったが、内政で混乱している時ではないとの危機意識があったのではないか」と分析していた。確かにその側面はあったと思う。各紙の受け止め方も驚きながら、「したたかな野田政治」を評価している方が多かった。

安倍氏の右ウイングの姿勢を危惧

海外の反応はどうだったろうか。日経11月16日付朝刊が興味深い特派員電をまとめていた。日本の論調より厳しいので、一部を紹介しておきたい。

アメリカン・エンタープライズ政策研究所のマイケル・オースリン日本部長は「米国の日本専門家が注視しているのは自民党が政権に復帰するかどうか。政権復帰しても米軍普天間基地の移設問題を解決できなければ、米国の落胆は深くなるだろう」として普天間移設を優先的に考えているようだ。この姿勢では、日米間はなおギクシャクするだろう。

ヘリテージ財団のブルース・クリングナー上級研究員は「首相が次々交代している日本政治の現状が、中国の台頭を招いている。米国は東アジアで日本が重要な役割を果たすことを望んでいる。……安倍氏の外交姿勢を歓迎するが、国家主義的な傾向には懸念もある」と警告していた。また英ニューカッスル大学のラインハルト・ドリフテ名誉教授は「未知の第三勢力の人気は、民主党だけでなく、自民党への国民の不満の裏返しだ。安倍氏は教育改革や憲法改正に執着するが、国民が望んでいるのは経済立て直しだ」と指摘していたが、まさにその通りだ。

「河野談話」を撤回したら、一大事

韓国・国民大学の李元徳教授は「（自民党政権が）河野談話を撤回すれば、韓日関係は戻ることのできない川を渡ることになる」と憂慮を示しつつも〝安倍政権〟に期待しなければならないだろうと述べていた。

日経紙に中国の論調は掲載されていなかったが、習近平路線になっても領土問題への強硬姿勢は相変わらずで、日本の政権がどこに移っても膠着状態は当分続くだろう。

〔2012年11月19日〕

敦賀原発、活断層が確認されれば廃炉の運命

原子力規制委員会は12月1～2日、日本原子力発電所敦賀発電所（福井県）の活断層調査を行う。これに先立ち11月27日、専門家による事前会合を持ったが、過去の甘い審査への批判が続出して厳重審査を求める声が強かった。

現在稼動中の大飯原発の活断層調査をめぐって結論を持ち越したことに続き、敦賀原発にも〝赤信号〟が灯ったことに、規制委は頭を抱えているに違いない。

旧原子力安全保安院も２００８年の調査で敷地内に「浦底断層」が存在していることを初めて確認。規制委が進める全国６カ所の調査のうち活断層リスクが高いと指摘されていた。

日経11月28日付朝刊は、「敦賀１号機は運転開始から42年も経ち、原子炉等規正法の『40年運転制限』で再稼動は見込みにくい。頼みの綱は２号機だが、活断層が見つかれば廃炉を迫られる」と述べており、大飯原発以上に危険性が高いことに驚かされた。

12月初め、島崎邦彦・規制委委員長代理と専門家５人が現地調査しても、直ちに判断を下すことは難しく、大飯原発同様〝来年に持ち越し〟の公算が大きい。

〔２０１２年12月１日〕

不平等な「地位協定」改正を急げ 相次ぐ米兵犯罪に沖縄県民の怒り拡大

沖縄で10～11月、米兵による事件がまたも発生。垂直離着陸輸送機オスプレイ強行配備と重なって、県民の怒りが高まっている。特に米兵の乱暴狼藉は跡を絶たず、日米関係の悪化が憂慮される。

10月16日、米海兵隊員２人が集団強姦事件を起こした。事態を重視した米側は直ちに「日本に駐留する米軍兵士に対し、夜間外出（午後11時～翌午前５時）禁止令」を出した。ところが効き目はなく、半月後の11月２日夜、県内の居酒屋で、店長が酔っ払った米空軍兵に「門限ですよ」と声をかけたところ、突然階段を駆け上がって３階の民家に押し入った。寝ていた少年の顔を殴り、テレビなどを破壊して窓から逃走を図った。ところが窓から転落して重傷、米基地内の病院に搬送された。

身柄引き渡しを要請しない不思議

琉球新報11月７日付社説は、「またしても日米地位協定の壁によって不平等な形で捜査が進むことになった。

米空軍兵による住居侵入中学生傷害事件について、県警はこの兵士を容疑者と断定したにもかかわらず、地位協定の運用改善で定められた起訴前の身柄引き渡しを求める凶悪事件に該当しないと判断し、兵士を逮捕せず、引き渡しを求めなかった。起訴前・身柄引き渡しの議論となるのは、警察が容疑者を特定した時点で該当の米軍人、軍属が基地の中にいる場合だ。基地の外にいるところを県警が発見して身柄を確保すれば、起訴前引き渡しの議論は起こらないはずだ。今回の住居侵入傷害事件は米兵が犯行後に建物の3階から転落して重傷を負ったため、人道的な見地から基地内の米海軍病院に搬送された。治療が済んで退院したのに、嘉手納基地内に移送されたのは解せない。退院後は県警に身柄を引き渡すのが筋であり、米軍監視下に置かれた措置が正当だとは思えない。事件当日、藤村修官房長官は『起訴前の身柄引き渡しを要請する必要はない』との見解を示している。事情聴取も開始されていない段階での〝口先介入〟は何を意図しているのか。政府関係者が『(引き渡しを)申し入れれば、日米間に摩擦が生じる』と明かしており、日米関係悪化の懸念ばかりを優先する姿勢としか映らない。1995年に合意した運用改善による身柄引き渡しの実現はこれまで2件しかない。凶悪事件に限定した運用改善を甘受しているような国が主権国家といえるのか」と、米軍優位の地位協定の問題点を指摘している。

もはや制約を設けることなく、全ての容疑者に適用するよう地位協定改定交渉を進める好機である。

「旧安保条約」と変わらぬ米国優位

28条からなる日米地位協定の正式名称は「日本国とアメリカ合衆国との間の相互協定及び安全保障条約第6条に基づく施設及び区域並びに日本国における合衆国軍隊の地位に関する協定」といい、旧安保条約と同時に締結された日米行政協定はその前身である。日米行政協定は、NATO軍地位協定をモデルとして締結されたもので、米軍の占領政策継続を保障した協定。1960年の新安保条約締結時に行政協定も改定され、現在の地位協定となった。改定といっても、基本的には行政協定の内容が受け継がれたため、地位協定は行政協定締結時の日米間の力関係を色濃く残した不平等・不合理な協定となっている。

NYタイムズ紙は11月5日「沖縄県民の懸念に対して敏感であるべきだ」と題する社説を掲げ、「沖縄米軍基地の県外移転、地位協定改定を求める」と述べている。沖縄駐留米軍の問題点を取り上げ、負担軽減を求める沖縄県民の主張に、大筋で沿った提言と受け取れる。

沖縄県は長年、地位協定改定を政府に要望してきた。しかし政府は、一貫して改定に消極的だった。米側の事情にばかり配慮する政府のスタンスに、沖縄県民が怒るのは当然だ。民主党政権は前回総選挙の政権公約に「地位協定改定を提起」を明記していたが、これまた公約違反とは情けない。

ドイツ・イタリア地位協定の独自性

ＮＡＴＯ軍が駐留するドイツとは大きな違いがある。ドイツの場合、ＮＡＴＯ軍に適用されるＮＡＴＯ軍地位協定を補足する協定（ボン補足協定）を有し、駐留ＮＡＴＯ軍に対し、一定の規制をかけている。ドイツの場合、特定の施設の使用に対するドイツ側の利益（国土整備、都市計画、自然保護など）が明らかに上回る場合ドイツ政府は、その施設の返還を請求でき、駐留軍は請求に対して、妥当な考慮を払うことを義務付けている（第４８５項ｂ）。これにより、施設を提供することがドイツ側の不利益につながる場合は、施設を提供しないという解釈も可能。また、駐留軍に対しては、施設の需要について、一定期間毎にドイツ連邦当局に報告することも併せて義務付けている（第48条1項ｂ）。

日本との違いが歴然ではないか。日本の場合、不要となった「施設及び区域」の返還についての規定が薄弱。先に見たボン補足協定が、返還基準に関して「ドイツ側の利益が上回る場合」と具体的な基準を設けているのに対し、日米地位協定の場合、日米「いずれか一方の要請があるとき」「この協定の目的のため必要でなくなったとき」などときわめて抽象的な規定に留まっている。何らかの明確な基準を設けることが必要だ。またドイツは、駐留ＮＡＴＯ軍に対し、一定の規制をかけている。駐留軍に対しては、施設の需要について、一定期間毎にドイツ連邦当局に報告することも併せて義務付けている（第48条1項ｂ）点も注目される。

またイタリアは、ドイツより駐留米軍に厳しい縛りをかけているという。北部にあるアビアーノ米空軍飛行場はイタリア空軍が管理し、一日の飛行回数とルートを規制、騒音対策を徹底している。

夏場の午後1時から4時まで昼寝するイタリアの習慣「リポーゾ」に従い、米軍機もエンジンを切って自粛すると聞かされて、驚いた。日本と独・伊の差は歴然としており、ただ耐えるだけの沖縄県民に救いの手を差し延べない日本政府の弱腰を痛感させられた。

国際問題研究者の新原昭治氏の調査により、日本側が特に重要と考える事件以外については、「公務外」の事件であっても第一次裁判権を放棄する旨の密約（１９５

3年10月28日締結）があったことが明らかになった。当時の在日米軍法務官・国際法主席担当官のデール・ソネンバーグ氏は２００１年に発表した論文の中で、日米密約の存在を明記したうえで、「日本はこの了解事項を誠実に実行してきている」と密約が現在も実行され続けていることを認めている。

中国封じ込めのガイドライン再改正

長島昭久防衛副大臣は11月９日、ワシントンでカーター国防副長官、キャンベル国務次官補と「日米防衛力のための指針」（ガイドライン）再改定の協議を開始した。両政府は12月上旬に外務、防衛当局の実務作業に入るという。森本敏防衛相は９日「前回、予想していなかった多岐にわたるリスクが問題となり、東アジアでは朝鮮半島だけでなく、中国が海洋に出てくる問題もある」と述べ、中国を意識していることを認めた。

中国を封じ込める米戦略の一環であることは明らかで、日本にとっても重大案件だ。最近、日米合同の離島奪還作戦を行うなど日米軍事協力強化に米国は必死で、米国が同盟各国との提携にシフトしたと考えられる。防衛予算の大幅削減もあって、「世界の警察官」役を果たせなくなった証左であろう。米軍高官が「アフガニスタン駐留の米兵３万人余が近く帰還するが、沖縄にも多くの兵隊が帰って来る。戦場で心身が傷ついた兵隊が、凶暴な事件を引き起こすことが心配だ」と漏らしていたが、米政府の悩みは深刻だ。

「ガイドライン見直し」日米協議の一項に、「地位協定」改正があるか気になって、各紙を点検したが全く見当たらなかった。メディア各社は、この不条理を徹底究明してもらいたい。

〔２０１２年12月２日〕

世界を震撼させた北朝鮮ミサイル発射

北朝鮮のミサイル発射・人工衛星打ち上げ技術の精度は、あなどれないレベルに達したようだ。日本政府は「北朝鮮は12月12日朝、西海衛星発射場から発射されたミサイルがフィリピン東方３００キロ沖に落下した」と発表。北朝鮮メディアは「人工衛星の打ち上げに成功した」と伝えた。北米航空宇宙防衛司令部（ＮＯＲＤ）も「人工衛星の軌道に乗ったとみられる」と発表、日韓両国も同趣旨の見解を出した。

安保理が非難決議を出したが……

北朝鮮の発射前日、不具合が見つかり修理中だとの情報に続き延期説まで流れたが、突然の打ち上げ強行は、日米韓をはじめ各国の意表を突くものだった。国連安保理は直ちに「過去の安保理決議に照らして明確な違反」との声明を出した。北朝鮮の情報戦術に各国が騙されてしまったのである。

北朝鮮は今回の発射を人工衛星打ち上げとしているが、報道向け安保理声明は「弾道ミサイル技術を使った発射」と明記。この報道向け声明は、安保理の総意として出されるが、決議や議長声明の下位に位置づけられている。二つとは異なって公式記録に残らず、安保理の意思表示としては最も軽い形式とされている。安保理理事国15カ国のうち9カ国以上が賛成し、常任理事国5カ国が拒否権を行使しない場合に採択できる制度になっていることが、背景にあるようだ。

大陸間弾道ミサイルの恐怖

毎日新聞12月13日付社説が「人工衛星を打ち上げる技術は原理的に、核兵器を搭載する大陸間弾道ミサイル（ICBM）と同種だ。北朝鮮は既にプルトニウム型の核実験を行った。ウラン濃縮も推進中だ。これらを使ったICBM開発が進めば北朝鮮の国際的脅威は飛躍的に拡大する。深刻な事態である。北朝鮮をかばうことの多い中国でさえ、今回の発射について北朝鮮の宇宙利用は『安保理決議などの制限』を受けると明言した」との分析は、的を射ている。

ミサイルの射程は1万キロにメートル伸びたと推定されている。東は米国ロサンゼルスに、西はヨーロッパ全土が射程内に入るというから怖ろしい。

東京新聞同日付社説は「金正恩第一書記は権威を高め外交でも強硬姿勢で臨むだろうが、国民が飢えているのに『発射費用でトウモロコシ250万トンが買える』という愚行をいつまで続けるつもりなのか。北朝鮮が平和利用だと主張しても、打ち上げ自体が国連安全保障理事会決議に違反する。4月の発射が失敗したこともあり、中国の主張が通って安保理議長の非難声明でまとまったが、国際社会の制止を無視して強行した以上、金融制裁を含めた強い対応が必要だ」述べていた。

核パワーゲームに陥らせないよう、国際的安全保障の構築を急がなければならない。オバマ米大統領は「核なき世界を」と訴えていたが、その実践こそ平和の道である。

〔2012年12月14日〕

東通原発の直下にも活断層

原子力規制委員会（田中俊一委員長）は先の日本原子力発電所敦賀原発（福井県）に続き東通原発（青森県）の断

層調査を行ってきた。12月20日その結果を発表したが、敦賀同様活断層2本の上に東通原発が建てられていることを明らかにした。
　東北電力は「水による膨潤現象で、活断層ではない」と反論しているが、規制委専門家が活断層の危険を指摘した波紋は大きい。この地域もまた〝原子力銀座〟で、大間原発、六カ所村廃棄物処理施設などの地層調査を求める声が強まってきた。敦賀原発は廃炉の運命にあるが、同じケースの東通原発も廃炉を免れないだろう。

　規制委は次に志賀原発（石川県）の調査をする予定で、現在唯一稼働中の大飯原発2機の断層にも疑いが濃い。また来年も問題原発の地層調査を継続、7月ごろ新安全基準を作成する計画だ。その新基準に基づき存否の判断を下すわけで、かなり時間を要する作業である。しかし、大地震がいつ起こるか予測不能な現状からみて、少しでも早く結論を出してほしい。津波対策の堤防かさ上げだけでは、国民の不安は解消しない。

〔2012年12月23日〕

第Ⅲ部　2013年

ベアテ・シロタ・ゴードン女史の死に思う
平和憲法に盛り込まれた「国民主権」の意義

第二次世界大戦後、ＧＨＱ（連合国軍総司令部）民政局員として日本国憲法の男女平等などの条項を起草した米国人女性、ベアテ・シロタ・ゴードンさん（89歳）が昨年12月30日、ニューヨーク市内の自宅で死去。生前、「日本の憲法は米国の憲法より素晴らしい。決して『押しつけ』ではない」と主張し、9条（戦争放棄）を含む改憲に反対していた。

平和条項と女性の権利を守ってほしい

朝日新聞1月3日付朝刊によると、「長女のニコルさんに取材したところ、対外的に残した最後の言葉は『日本国憲法の平和条項と女性の権利を守ってほしい』という趣旨だったという。安倍晋三政権誕生によって改憲の動きが高まってきた折だけに、いっそう感慨深い。

再来日し、ＧＨＱの憲法改正委で活躍

ゴードンさんはピアニストの父が東京芸術大学に招かれたのに伴い、一家で来日。5～15歳まで東京で暮らした。米国の大学に進学後に太平洋戦争が勃発。ニューヨークで米タイム誌に勤務していたころ、日本に残った両親の無事を知ってＧＨＱの民間人要員に応募、45年に再来日した。25人の民政局員の中では最年少の22歳で、憲法起草委員会では人権部門を担当。10年間の日本生活で、貧しい家の少女の身売りなどを見知っていたことから、女性の地位向上を提案。第14条（法の下の平等）や第24条（両性の平等）に反映されたという。

敗戦から約半年の１９６４年（昭和26年）2月1日、松本蒸治国務相らが密かに進めてきた「憲法改正草案」を毎日新聞がスクープ。ＧＨＱのマッカーサー元帥、幣原喜重郎内閣が大騒ぎとなった。松本案が天皇条項など明治憲法を多少修正した内容だったことにＧＨＱ側は驚愕し、独自の委員会を設けて新憲法案の策定作業を急いだ。日米両国が競い合うように、昼夜兼行で作業を進めた。その間、日米間の話し合いも頻繁に行なって、壮絶な応酬が展開された。

昭和天皇が三度目の「聖断」

天皇条項を厳守したい日本政府、国民主権・戦争放棄にこだわるＧＨＱ――。幣原首相は調整に苦悩した。児島襄の「史録日本国憲法」に時系列で論議の模様が活写されており、主要点の一部を引用しておきたい。

米側は天皇条項について、「皇位は日本国の象徴であって、天皇は皇位の象徴的体現者である。天皇の地位は、主権を有する国民の総意に基づくものであって、そ

れ以外の何ものに基づくものではない」との文言で迫ってきた。3月5日、天皇に奏上した松本国務相の心中を察し、児島氏は「『いま聖断を仰ぐわけだが、その聖断はご自身のもの。天皇は『仕方がなければ、それよりほかないだろう』との天皇の言葉が聞こえた。三度目の聖断がくだったのである」と記している。

米国の「押し付け」ではない

GHQ案を主体にした憲法草案とは言えるが、日本側の修正もかなり加味されており、通訳に当たったゴードンさんが言ったように、「押し付け」ではなかった。安倍首相や石原慎太郎氏らが「押し付け憲法」と威丈高に叫び、「明治憲法」への回帰を臭わす言動は、時代錯誤も甚だしい。

〔2013年1月7日〕

原発13基に、電源盤ショートの危険

「原発10基超　防火に不備、経産省が調査開始」というショッキングな特ダネが、毎日新聞1月1日付朝刊に掲載された。配線に可燃性電気ケーブルを使用していたことが主原因と分かり、資源エネルギー庁が調査を開始。原子力規制委員会も近く電力会社からヒアリングし、7月までに新基準を作る予定という。

毎日新聞によると、「原発の火災は1967年〜2012年3月までに136件発生しており、67年には東海原発で5人が死傷。07年には柏崎刈羽原発3号機の変圧器が燃えた。11年の東日本大震災でも東北電力女川原発1号機で高圧電源盤がショートし7時間以上燃えた」事故などが発生していた。今回指摘された危険な原発は、福島第一原発5号機など13基。「原子力安全基盤機構」は何回も対策強化を要請したが、電力側が難色を示して改善されていないと聞いて、愕然とした。

女川原発は幸い大事に至らなかったが、背筋の寒くなる思いだ。3・11大地震のような規模でなくても、震度5程度の揺れでも電源盤がショートして大災害につながる心配が募る。電力会社の怠慢は許せないが、指示を出しっ放しの通産省の責任も大きい。原子力規制委は7月に新基準を示すそうだが、半年の間に事故が起こらない保証はない。とにかく、安倍政権はこの事実を深刻に受け止め、対応を急がなければならない。

〔2013年1月10日〕

嘉手納基地へ「オスプレイ」配備計画に驚く

垂直離着陸輸送機CV22オスプレイの沖縄への配備は、その後どうなっているだろうか。衆院選挙、安倍晋三内閣誕生などの政局報道に目を奪われて、本土紙を見る限り進捗状況がよく分からない。普天間基地に12機配備されたオスプレイは、沖縄を縦横無尽に飛び、伊江島などは飛行回数・時間が増えて県民は騒音被害に苦しんでいるという。

県民の不安が解消されていないのに……

中国封じ込めのため、米軍は空軍兵力の増強に力を注いでおり、今度は嘉手納基地へのオスプレイ配備を日本側に伝えてきた。仲井眞弘多知事は「オスプレイに対する県民の不安は全く解消されていない。日米合同委員会で確認した事項も全然守られていない」と怒りをあらわにしている。嘉手納町議会は1月11日に臨時議会を開き抗議決議するという。

冷戦時代を思わせる米軍の機能強化

沖縄タイムス1月10日付社説は、「軍事基地をめぐる最近の沖縄の動きは尋常でない。負担軽減とは名ばかりで、冷戦時代を思わせる機能強化策が次々に表面化している。オスプレイの嘉手納基地配備計画によると、嘉手納基地の第353特殊作戦群に2015米会計年度（14年10月～15年9月）に5機、16会計年度までにさらに4機を配備する予定だ。一方、普天間飛行場には海兵隊のオスプレイを既に12機配備、夏には12機が追加配備される。空軍の配備を含めると、30機超のオスプレイが配備されることになる。那覇基地に配備されているF15飛行隊をさらにもう一つ飛行隊を増やし、戦闘機部隊を拡充強化する計画もある。沖縄県民の平和的生存権が脅かされているというのに、政府は何一つ有効な手だてを打てず、全国紙の報道もいたって冷淡だ。沖縄で顕著なのは、負担軽減ではなく、中国をにらんだ軍事要塞化の動きである。冷戦後、沖縄がこれほど軍事緊張に包まれたことはない」と米軍基地拡充の悩みを強調している。

米兵の乱暴狼藉は相変わらず

沖縄県と市町村が昨年10月から11月末まで実施したオスプレイの目視調査では、確認された518件のうち、61・5％に当たる318件が運用ルールに違反していたという。また、夜間外出禁止令が出ているにもかかわらず、米兵の飲酒行動は続き、民間住宅への侵入事件が相次いでいることは、治外法権の占領下と違いない様相だ。

「沖縄差別解消なくして、日本再生はない」

こんなイビツな沖縄の現状を何時まで放置するのだろうか。安倍政権の争点ずらしは目に余るが、東日本大震災復興と同様に、「沖縄差別の解消なくして、日本の再生はない」との決意で、対米折衝を進めてもらいたい。

〔2013年1月12日〕

従軍慰安婦問題が再燃、安倍政権に逆風

安倍晋三第二次政権の従軍慰安婦問題に関する姿勢が、注目を集めている。現段階では明言を避けているものの、その動向が警戒されているようだ。安倍首相が熱望していた1月中の訪米が延期され、2月以降にずれ込んだ背景は、米側の日程調整が難しいことが表向きの理由とされているが、「安倍氏の従軍慰安婦に対する誠意なき、というより、悪意に満ちた態度が米国内で批判されていることと無関係ではない」と観測されている。朴槿恵大統領に1月4日、額賀福志郎特使を送ったのも安倍戦略の一環だが、朴大統領は「正しい歴史認識が関係改善の前提だ」とだめ押ししている。韓国だけでなく、中国・オランダ・米国なども日本を非難しており、安倍首相が〝戦時中の国家犯罪〟を隠蔽しようとすればするほど国際的孤立を招きかねない様相になってきた。

そもそも1993年8月4日に宮沢喜一改造内閣の河野洋平官房長官が発表した一文が「河野談話」である。慰安婦の募集は、軍の要請を受けた業者が主として当たった。その手口は甘言、強圧による等、本人たちの意思に反して集められた事例が数多く、さらに官憲等が直接加担したこともあった。慰安所の生活は強制的な状況の下で痛ましいものであったとし、従軍慰安婦の存在は認めて謝罪した。

知日派イノウエ議員も安倍首相の歴史認識を酷評

オバマ大統領も従軍慰安婦問題に強い関心を向けている。昨年暮に死去し、準国葬されたダニエル・イノウエ上院議員は知日派だが、第一次安倍政権時、安倍氏の時代錯誤の歴史認識を辛らつに批判していた。「下院が安倍首相に従軍慰安婦に謝罪することを求める決議121号を全会一致で採択したのはこの頃である。同郷ハワイの英雄イノウエ氏を尊敬するオバマ大統領も、安倍氏の誤りを座視できまい」と指摘されていた。

さらに「赤旗」1月11日付け報道によると、知日派として知られる米ジョージ・ワシントン大学のマイク・モチヅキ教授は10日、国会内で開かれたシンポジウムに出

席し、「安倍政権が見直しの動きを見せている慰安婦問題での『河野官房長官談話』と日本の植民地支配についての『村山富市首相談話』について、日本とアメリカの国益、そして東アジアの繁栄のためにも堅持すべきだ」との見解を示したが、これまた厳しい警告である。

英国エコノミスト誌の含蓄ある警告

また、英国 The Economist 誌2013年1月5日号が「ぞっとする右寄り内閣」と酷評。安倍政策の問題点を指摘しており、その歴史認識に関する警告は傾聴に値するので一部を紹介しておきたい。

「第一級ナショナリストの安倍新首相は、5年間で第三期目の景気後退に耐える日本経済の転換に専心すると約束した。『2006年から7年、経済施策が戦時罪責をめぐる不必要な口論と災い発言の多い内閣に引っ掻き回され、失敗に終わったことを首相第一任期で学んだ』と新首相は言う。しかし、新首相が任命した19人の閣僚中14人は『一緒に靖国に参拝する会』のメンバーである。13人は『日本会議』といって、伝統的な考え方への復帰を支持し、戦時の過ちに対する『謝罪外交』を拒否するナショナリスト・シンク・タンクのメンバーである。9人は、学校教育で軍国主義時代日本にもっと栄光を与えるよう求める議員の会に属している。彼らは日本の戦時残虐行為のほとんどを否定する。この隊列中には新文科大臣・下村博文がいるが、彼は1995年に打ち立てられた道標、日本のアジアへの残虐行為を遺憾とする『村山談話』撤回を望むばかりか、1964年から48年に行われた戦犯裁判判決の取り消しさえ求めている。安倍氏は1964年アメリカが課した日本を平和主義履行の国とする憲法、また安倍氏が愛国心を過小評価すると考える教育基本法、そして日本が従属的役割を担う安全保障条約という、国の基本的現行憲章中、3法を改訂する自らの希望を、一切隠していない。現在のところ、安倍氏は経済の滑り出しを目論んでいる。長期デフレの意気消沈から日本を跳ね上がらせる道として、日銀に対し2％のインフレ目標を課した。また就任に当たり『日本の外交・安全政策の転換がまず第一歩』と安倍氏は述べた。必然的に中国は苛立った。中華日報は、日米同盟を中国に圧力かけるために使えば『単に、東シナ海の尖閣諸島だけでなく、紛争の緊張を悪化させるのみ』と警告した。安倍氏は中国政府に対して和平のパイプを勧めることなく、ただ表情固く日本の領土を守るとの主張を繰り返した。1985年に記録が開始されて以来、日本が管理する空への中国サイドからの初侵入が最近あった。先月、中国偵察機が尖閣諸島上を飛行したのを迎撃するジェット機8機の緊急発進に続くものだ。安倍氏は中国に対し苛立ちを抑えなくてはならず、自らのナショナリスト的本能は抑制し、過去の幽霊は自民党の地下倉庫に錠をおろして閉じ込めて置かないといけない」――。日本メディアの指摘よりも安倍新政権の体質を探り当て、警告を発していると思えるので、長々と引用して参考に供した次第である。

外交政策を見直し、誠意ある対応を望みたい

歴史問題の処理は極めて難しい外交案件で、「友好関係の改善」だけ叫んでも相手国は容易に応じないだろう。従軍慰安婦問題で、領土・貿易などに支障が生じるようでは本末転倒。安倍新内閣は小手先の引き伸ばし策ではなく、大胆で誠意ある対応策を示してもらいたい。

〔2013年1月15日〕

安倍首相、米国に「集団的自衛権見直し」伝達へ

安倍晋三氏は第二次内閣組閣後、矢継ぎ早に新政策を発表しているが、「集団的自衛権」容認の動きについて関心が高まってきた。首相は1月13日朝、NHKの番組に出演し、オバマ米大統領との日米首脳会談で、集団的自衛権の行使を禁じている憲法解釈の見直しを加速させる方針を伝える考えを明らかにした。そのうえで「2月以降に開催予定の首脳会談に臨み、集団的自衛権行使で日米同盟がどう変わるのか、地域がどう安定していくのかを議論したい」と意欲を示した。

この番組は毎週日曜朝、「時事問題」について要人を招いて討論する1時間番組。この日は約1時間延長して各党代表から個別に意見を聞くスタイル。最初に登場した安倍首相は経済・防衛・教育改革などについて30分余熱弁を揮った。相変わらず具体策に欠ける内容だったが、「集団的自衛権」についてのみ、確信に満ちた語り口だった。米大統領への〝おみやげ〟に違いなかろうが、こんな国家的大問題を米国の関心をひくために発言するとは、権力の乱用であり、独裁者的姿勢むき出しである。

公明党が難色を示し、国会論議もしない独断

連立を組んでいる公明党との意見調整をしなかったばかりか、国会での議論もせずに米国に提言するとは言語道断。議会制民主主義国家を冒瀆するものではないか。

同番組に二番手で登場した公明党・山口那津男代表は、安倍首相が憲法解釈の変更による集団的自衛権の行使を目指していることに重ねて反対する考えを示した。「領土、領空、領海外で武力行使を認めることにつながる。

変えるのであれば歯止めがなくなることについて十分な議論が必要だ。にわかに変えるべきではない」と指摘した。自民党が主張する国防軍創設などの憲法改正に関しても重ねて自重を求めた点が注目される。

安倍首相は、読売・東京（中日）・日経・産経各紙の単独インタビューに応じているが、NHK出演の媒体力は大きかったと思う。安倍首相にとっては、公共放送を通じて自民党をPRする格好の機会ではなかったか。

公共放送を通じてPRとは……

安倍インタビューの過剰さははなはだ疑問である。日本新聞協会か内閣記者クラブ会見をもっと充実させて、少数党を含めた公平な討論を企画できないだろうか。7月の参院選にらみで躍起な自民党の主張が幅を利かすようでは、政治報道のバランスを欠くことが心配だ。

公海上の米艦支援も検討課題

なお、産経1月15日付朝刊が「政府が集団的自衛権の行使容認について、遠距離の公海上にいる米艦船が攻撃を受けた場合でも自衛艦が防護できるよう検討する方針を固めたことが14日、分かった。安倍晋三首相の方針を受けたもので、米領グアム島などが攻撃を受けた場合の自衛隊による米軍支援なども検討課題に上がっている」と報じていた。

看過できない大問題だと思う。〔2013年1月17日〕

核のゴミ、米国も新たな最終処分計画を公表

原発から出る使用済み核燃料処理に、各国とも困り抜いている。核のゴミをどうするかは世界が直面する難題で、処理を早く進めなければ、地球破壊につながりかねない。

朝日新聞1月14日付朝刊は「2010年に米ネバダ州ヤッカマウンテンでの最終処分場計画を撤回したオバマ政権は、『2021年までに中間貯蔵施設をつくり、48年までに地下に埋める最終処分場を建設する計画』である」と報じた。原発104基を抱える米エネルギー省が11日に公表したもので、中断していた核のゴミ処理の目標を設定した意義は大きい。ただ、具体的方法には言及しておらず、難航が予想される。フィンランドやスウェーデン、イギリス、ドイツのように、貯蔵施設を20〜30年以内に稼働させる計画を立てている国は多いが、日本は核廃棄物処理の目標を明示しないばかりか、核燃料サイクル政策（プルサーマル計画）にいぜん固執している。

「核燃料サイクル」にこだわる安倍政権

茂木敏充経産相は1月17日、青森県の三村申吾知事と会談。使用済み核燃料を処理して再利用する「核燃料サイクル政策」を続ける方針を示した。茂木氏は「六ヶ所村再処理工場や中間貯蔵施設も、国策として継続していく」と述べた。世界の潮流を無視して〝原発推進〟に逆戻りした安倍晋三政権の原子力政策の危うさを感じざるを得ない。

フィンランドでは目下、世界初となる高レベル放射性廃棄物の地層処理場建設が進んでいる。地下４２０メートルの深さにある施設につながるトンネルは掘削作業が完了したという。駐日フィンランド大使館ＨＰに基づき、工事の進捗状況を紹介して参考に供したい。

フィンランドは2020年処分場操業を目指す

「原子力エネルギーを利用している41カ国の中でフィンランドは真っ先に核廃棄物の最終保管場所の準備にとりかかった。『オンカロ』と呼ばれる最終保管所は、フィンランド語で『洞窟』を意味する。１９８０年代初期、フィンランドの原発事業者は核廃棄物をいずれどこかに処分しなければならないことに気づいた。フィンランドには現在、西沿岸部にあるオルキルオトと南沿岸部にあるロヴィーサの２カ所に原発がある。オルキルオト半島には原子力発電所があり、核廃棄物が同所に蓄積されることが分かっていた。ここにオンカロをつくれば、廃棄物の移動距離も少なくてすむので、２００４年工事に着手した。米国とスウェーデンも、フィンランドと協力して同様な施設をつくる計画を進めている。地下４００メートル余、オンカロへつながるトンネルは完成、二つの換気口と従業員用通路も近く完成する。その次の段階として、核廃棄物をカプセル化する工場を完成させ、カプセルを埋め込む円錐形の縦抗をつくる。全てが順調にいけば、２０２０年には操業開始の見込み。予想建設費は総額で30億ユーロに達するという。」

安倍政権は「核燃料サイクル」になお執着しているが、フィンランドの廃棄物処理の先見性、実行力に学んでほしいと思う。

〔２０１３年1月21日〕

日米防衛協議、「地位協定改定」にも踏み込め

日米両政府は1月17日、外務・防衛当局の課長級協議を開き、日米防衛協力の指針（ガイドライン）見直しの検討を始めた。安倍晋三首相が、抑止力を高めるため自衛隊の役割を強化する必要があるとして、小野寺五典防衛

相にガイドライン見直し検討を指示していた。

防衛省で開かれた協議には、日本側から防衛省の増田和夫・日米防衛協力課長と外務省の鯰博行・日米安全保障条約課長ら、米側から国防総省のジョンストン北東アジア部長と国務省のナッパー日本部長らが出席した。

1997年に改定された現在のガイドラインは、主に朝鮮半島での有事を想定しているため、今回の協議では、中国が海洋進出の動きを活発化させていることや、北朝鮮による事実上のミサイル発射など、変化する安全保障環境を巡って意見が交わされた。日米両政府は今後も協議を続け、離島の防衛に備えた協力なども検討する方針で、ガイドライン見直しには1年以上かかるという。

米軍の綱紀粛正は機能せず

大分合同1月21日付朝刊は20日、「連合大分と連合ブロック協議会は『在日米軍基地の整理・縮小と日米地位協定の抜本的見直しを実現する日出生台シンポジウム』を大分県玖珠町で開いた。古賀伸明連合会長、高島喜信連絡会代表幹事が『米軍の綱紀粛正は機能しておらず、地位協定の見直しなくして山積する問題は解決しない』とあいさつ。次いで元内閣官房副長官補の柳澤協二氏が『アメリカのアジア戦略と基地問題』と題した基調講演を行い、1996年の米軍普天間飛行場返還合意から現在までの米軍事戦略を紹介しながら、沖縄基地の位置付けの変移を説明した。パネルディスカッションでは、玉城義和沖縄県議が『多くの海兵隊員がいるのでトラブルが起きるのは当然。これからもパートナーであり続けるならば地位協定を見直し、平等の関係になるべきだ』と発言。外務省の河邉賢裕北米局日米地位協定室長は、地位協定の運用改善について説明し『世論の後ろ盾があれば、対米交渉はやりやすくなる』と答えた」と報じた。

横須賀でまた、酔った米兵が住居侵入

在日米軍の無法ぶりが続発している折、またまた横須賀市で住居侵入事件が起きた。横須賀警察書は1月21日午前2時50分ごろ、横須賀市汐入町の無職女性（72歳）宅の敷地内に侵入した疑いで、原子力空母ジョージ・ワシントン乗組員の一等水兵マヌュエル・シルバ容疑者（20歳）を現行犯逮捕した。酒に酔って洗濯機置き場にごろ寝していたという。

沖縄県で昨年10月に起きた集団強姦致傷事件を受け、在日米軍は夜間（午後11時～翌日午前5時）の外出禁止を発令したものの、米兵の乱行は全く改まっていない。

安倍政権はもっと強い姿勢で対米交渉に臨み、今回の防衛協議でも不平等な地位協定改定問題を取り上げてもらいたい。

〔2013年1月23日〕

危険なポピュリズム政治に警戒を

安倍晋三政権誕生から1カ月、通常国会での論戦が始まった。野党の追及に対する安倍首相は、経済再生・強靭な国づくりなどの抽象的答弁を繰り返すだけで、論議が噛み合っていない印象である。東西の識者二人の分析が目に止まったので、一部を紹介して考えてみたい。

市場に屈服する政治は危険

毎日新聞1月27日付コラムで、ジャック・アタリ氏（仏経済学者）は、「ポピュリズムとは厳しい道を避け、最も安易な方向に人々を導くことだ。ポピュリズムの識者は人々を愚かだと考え最も本能に近い欲求に訴える。だがそうした指揮者が考えるより人々は賢明だ。やがてポピュリストの指揮者は窮地に陥り、権力を譲ることに抵抗する。ポピュリズムは多くの場合、衆愚政治から始まり独裁で終わる。……地球規模の民主主義がなければ、代わりに金融や行政機関による独裁的で排他的な法の支配が生まれ、破綻につながる。我々は今、2013年にいるが、1913年には、誰も世界大戦が起きるとは考えなかった。地球規模で民主主義を普及させようという勇気がなかった。そして今日、もし地球規模の民主主義について考えることができなければ、民主主義は市場に屈服し、それぞれの国で、ポピュリズムの脅威にさらされるだろう」と、ポピュリズム台頭を危惧している。

世論と議会との合意形成を

朝日新聞1月29日付インタビュー欄で、在米評論家・冷泉彰彦は、「日本は過去20年、さんざん財政出動したのに一向に競争力が上向かない。生産性向上のためだけではなく、一過性の金の使い方をしている。大変な債務を背負っているのに、通貨価値を下落させるのは非常に危険な行為だという考え方もある。中道右派や現実派とされる米国人には危うい政策に見えるでしょう。経済問題だけでなく、慰安婦問題や靖国神社参拝などの歴史認識を巡って日米に認識のギャップがある。……いま景気浮揚策が支持されているようだが、ここにも落とし穴がある。世論や議会と本当の意味での合意形成できていないところに、理念と現実のギャップが激しくなったときに判断ができなくなる。または大きく跳ね上がるといったことになりかねない。産業構造上、日本は決して孤立できない国です。米国であろうと中国だろうがイスラム圏だろうが、それこそアルジェリアでも全世界全方位外交、経済中心の国際協調をしていかねばいけない。それには、どんな外交をしていけばいいのか。本当に国益に資するにはどうしたらいいのか。国内でもっと多様な議論することを安倍政権に求めたい」と警告している。

安倍首相の独断的な政策に、日仏論客二人の指摘に共感する。ポピュリズムに騙されないよう、国民はウオッチしていかなければならない。〔2013年2月2日〕

沖縄の声にもっと耳を傾け

安倍晋三首相は2月2日、沖縄を訪問し仲井眞弘多知事と約1時間会談した。5日前の1月27日には、東京・日比谷野外音楽堂で、米新型輸送機オスプレイの配備撤回と普天間飛行場（宜野湾市）の県外移設を求める「NO OSPREY東京集会」が開かれた。

41市長村長らが上京、首相に「建白書」

沖縄県38市町村長（代理を含む）・県議、商工会・沖縄弁護士会会長ら各種団体代表約150人を含む、約4000人が全国から集まった。集会後は、「NO OSPREY」の横断幕を持って銀座をパレード、沿道の人々へ支持をアピールした。翁長雄志那覇市長、稲嶺進名護市長らは翌28日、「建白書」を首相に提出した。

政府の冷ややかな対応

普天間飛行場の名護市辺野古移設を県に申請する時期が迫っているだけに、2月1日の参院本会議の首相答弁が注目された。ところが「（2月下旬の訪米前は）考えていない。まずは現実的、具体的な運用の改善を積み重ねることが重要だ。オスプレイ配備も、日米合同委員会合意などにより安全性が十分に確認されていることを認識しており、配備が沖縄に対する差別だとは考えていない」と、冷ややかな答弁だった。

琉球新報2月2日付朝刊社説は「沖縄は『質草』ではない」と、訪米の手土産にするようなことはお断りだと批判していた。この社説に関連したブログでは「日本は他県には反対があるので配備せず、岩国市長にはオスプレイを陸揚げして2カ月間置いたことに対して謝罪までしている。これが差別でなくて何なのか」とも書かれていた。

本土への基地移設など具体策を急げ

毎日新聞2月3日付社説も、「日米両政府が合意している嘉手納基地以南の施設・区域返還を早急に具体化すると同時に、本土への基地・訓練の移設・移転が必要だ。本土の自治体、国民にはこれを引き受ける覚悟が求められる。また普天間問題で沖縄が当事者として参加する協議機関を設けることが必要である。日米両政府が沖縄に強いるやり方はもう通用しない。経済支援と引き換えに基地負担を押し付ける古い手法から脱却することだ。沖縄の負担は限界を超えている。沖縄の『叫び』に真摯に耳を傾け普天間問題に取り組んでもらいたい」と主張していたが、その通りである。

安倍内閣は、キャッチフレーズが一人歩きするだけで、具体的施策に乏しい。「米国に相談して……」の政治手法からの脱却を切に望みたい。〔2013年2月5日〕

ドイツの政治理念に学ぶことは多い

「欧州の中で、メルケル首相率いるドイツの存在感が増している。経済危機への対応を仕切り、ベルリンは『EU』の首都と称される。何が起きているのか」――朝日新聞2月3日付別刷 Globe の問題提起は興味深かった。安倍晋三政権の迷走ぶりにイラついていたので、メルケル独政権の政治手法に学ぶべき点が多いことに感じ入った。その内容の一部を紹介しながら考えてみたい。

安倍政権の歴史認識を懸念

「ドイツと同様に日本も過去に向き合い、1995年の村山富市首相談話や河野洋平官房長官談話などを発表した。ドイツでは過去への反省という点では、保守派と左派の差はさほど大きくない。ドイツとフランスは、過去には対話が難しい関係だったが、今は全くそうではない。安倍政権が歴史認識を国家主義的な方向に変え、中国や韓国との緊張が高まるのか、注目している。世界の歴史をみれば、保守政権のほうが対立を抱える国に対して大胆な妥協ができるケースもある」（セバスチャン・コンラッド教授）との指摘には同感で、安倍政権のタカ派路線への警告と受け止めたい。

福島原発対策に、ドイツの決断

「福島第一原発事故に、もっとも敏感に反応した先進国はドイツだった。独メディアは連日、事故を大々的に取り上げた。ドイツ大使館は大阪に機能を移し、本国に帰国するドイツ企業も相次いだ。……日本では、昨年末の総選挙で安倍政権が誕生した。ドイツでは、原発事故後の最初の選挙で『脱原発』勝利を収めなかったのに驚いた人も多く、私もよく理由を聞かれた。選挙結果は、政権運営の未熟さを露呈した民主党への不信任という要素が強いと説明したが、日本の『脱原発』が、ドイツほど大きなうねりになっていないことは確かである。電気料金が高騰して不況を深刻化させかねないといった経済的懸念が主因だろうが、日本の政治の場で根本的な理念をめぐる議論が盛んではないことに関係があるかもしれない。ドイツの道のりは、平坦ではない。再生エネルギーの割合を大幅に増やした結果、電気料金は大幅に上昇している。それでも、ドイツは『脱原発』『低炭素社会』という目標をそう簡単に変えないだろうと、環境問題に詳しい米国人のシュラーズ氏はみる。現実に揉まれつつ国としての哲学や理念を持ち続けること。その政府の重みを、ドイツは私たちに示しているかもしれない」（山脇岳志編集委員）との分析も的を射ていた。

政権誕生から1カ月余、2月末に訪米予定の安倍首相は、原発政策、中・韓両国との関係改善、沖縄問題、TPP問題などに独自の提案をする覚悟があるだろうか。〝米国頼み〟の政治姿勢からの脱皮を求めたい。

〔2013年2月6日〕

「原発輸出」推進に疑義

中東歴訪中の茂木敏充経済産業相は2月9日、サウジアラビアの首都リヤドで、原子力開発などを担当する政府組織「アブドラ国王原子力・再生可能エネルギー都市」のファラジ副総裁と会談。茂木氏は日本からの原発輸出も視野に、同国の人材育成などを含む「原子力協力文書」の締結を提案した。

産油国サウジアラビアは、石油資源温存のため原発新設を目指しており、日本政府がサウジの原子力推進に協力する姿勢を明確にしたのは、福島第一原発事故以来、初めて。このほか政府はトルコ、ヨルダンなどへの原発輸出を企図しているが、大惨事を引き起こした日本の取るべき政策だろうか。福島事故から約2年も経つのに、事故原因の解明は遅々として進んでいない。高放射能に阻まれて原発内の状況もサッパリ分かっていない段階で、原発を商売にするとは、余りにも無謀ではないか。反省なき日本の姿勢に、世界も驚いているに違いない。

〔2013年2月14日〕

原子力規制委は初心を貫いてほしい

参院は2月15日の本会議で、政府が事後承認を求めていた原子力規制委員会の田中俊一委員長と委員4人の国会同意人事案を、自民、民主、日本維新の会、公明党などの賛成多数で可決した。衆院は14日の本会議で同様に同意しており、田中氏らは昨年9月、原子力規制委設置法の例外規定で就任して以来、約5カ月を経て国会の正式承認を得た。田中氏の任期は2017年9月まで。ほかに、中村佳代子（元日本アイソトープ協会主査）更田豊志（元原子力研究開発機構副部門長）大島賢三（元国連大使）島崎邦彦（元地震予知連絡会長）4氏の人事も同意された。

原子力規制委の人事案は国会で同意を得る必要があるため、野田佳彦前首相は昨年7月、田中氏ら5人の人事案を国会に提示した。しかし、民主党内に異論があったため野田前首相は、原子力緊急事態宣言中なら同意を先送りできる例外規定に基づき、田中氏らを任命。規制委の正当性を損なうとの指摘も受けていた。

再稼働派の自民党、消極的な支持

毎日新聞2月15日付朝刊は、「田中氏は規制委の独立性を重視する立場で、原発の安全性に厳しい目を向ける。政府・自民党は再稼働が遠のきかねないことを懸念しながらも、差し替えによる批判や混乱を回避するため、消極的支持を選択した」と分析していたが、各党とも対応に苦しんだようである。二人の自民党衆院議員が、党の同意方針に反発して採決を欠席。再稼働に厳しい田中規制委に対し、原発立地県の福井、新潟の2議員が反発したものだ。日本維新の会も同意したが、石原慎太郎共同代表と平沼赳夫・国会議員団代表の最高幹部が「党としては賛成したが、議員個人としては反対」と棄権する始末。即〝脱原発〟を掲げる共産・社民両党の反対は分かるが、生活の党が同意しなかった理由が分かりにくい。

審議過程の公開を貫いてほしい

毎日新聞は2月16日付社説で「規制委はこれまで、意思決定過程を透明化し、安全基準作りや原発の活断層調査で、審議過程を公開してきたことは評価できる。活断層調査では、原発敷地内に活断層が存在する可能性が高いとする規制委側の判断に、電力会社側が反論する事態も起きた。だが、調査や審議過程を公開したからこそ対立も明らかになったのであり、規制委と事業者が議論を闘わせることは、水面下で意見をすり合わせるよりも、よほど健全なことだ」と指摘。東京新聞も同日付社説で「規制委が国会承認されても、内実はそう単純でない。いま策定中の新たな原発規制基準は田中委員長自らが『世界最高水準』と胸を張るように相当に厳しい。再稼働を急ぎたい自民党内の勢力にとっては不満が募り、委員の差し替えを求める声が出たほか、実際の国会採決では党の方針に反して棄権者が出た。規制委は気をつけないと、7月までの規制基準づくりの中で規制を骨抜きにする『猶予措置』の拡大や、運用面の抜け道などを求める圧力が強まる可能性は大である。規制委が絶大な権限を握る以上、高い倫理観が欠かせないことは言をまたない。国会同意で『本免許』となったのを機に、規制委はいま一度「何ものにもとらわれず、科学的・技術的な見地から、独立して意思決定を行う」とうたった原則を見つめ直すべきだ」と警告していたが、規制委は初心を貫いてほしい。

〔２０１３年2月18日〕

福島原発事故後2年、炉内の状況はなお深刻 朝日新聞が、決死的な潜入ルポ

廃炉作業が進められている福島第一原発について、東京電力が現状報告を怠っているので、炉内の状況がサッパリ分からない。心配でたまらなかったが、朝日新聞2月21日付朝刊が潜入ルポを伝えた。原子力規制庁検査官に同行したもので、高濃度汚染の各炉を4時間にわたり見て回った報告は貴重だ。規制庁検査官の現地調査を察知、危険を押して同行取材した努力は、特筆に価する。

汚染水が激増、4号機には近寄れず

「1～3号機で溶けた燃料を冷やした水と、建屋に流入した地下水が混ざって汚染水は増え続けている。汚染を除去しきれず、敷地内にタンクで保管している。２０１１年7月に約1万㌧だった汚染水は、今年2月には23万㌧に増え、今も1日数百㌧ずつ増えている。汚染を取り除いたとしても処理水の海洋放出は当面難しい。1～3号機建屋は現在も放射線量が非常に高く、作業員が容易に近づけない」との報告に肝を冷やした。

最も危険視されている4号機については、「4号機建屋最上階からは鉄骨がぐにゃりと曲がって鳥の巣のようになっている建物が見えた。炉心溶融事故で水素爆発を起こした3号機の建屋だ。4号機にいる作業員の姿はない。無人操縦のクレーンが屋上のガレキを撤去していた」と記しており、特に4号機には潜入できるような状態でなかったようだ。

屋根が吹っ飛んだ4号機上部には、使用済み核燃料約１５００本が保管されたまま。昨年2本だけ引き抜いたが、全部撤去するには10数年かかるという。欧米諸国が最も危険視しているのは4号機で、1日でも早い決着が望まれる。

廃炉作業の完了は2050年ごろ?

原子炉の圧力容器底部の温度が１００度以下になり、放射性物質の放出を管理、被曝線量を大幅に抑制できることを「冷温停止状態」というが、その状態がほぼ達成されたとして、２０１１年12月に野田佳彦首相（当時）

は「冷温停止」を宣言した。しかし、格納容器や建屋の密閉機能を失い、核燃料がどのようになっているのかも分からず、長大なホースを引き回した仮設装置で注水を続けているのが現状という。

安倍晋三政権は「福島第一原発廃炉対策推進会議」を立ち上げたが、以上の潜入報告が伝えたシビアな現状を見つめ、「まだまだ冷温停止と言えない状況だ」と、国民に伝える責任がある。東電に対しても、必要な情報開示の徹底を厳命すべきだ。

東電は2015年までに敷地内に70万トン収容可能なタンクを増やす計画というが、これとて中間的対策に過ぎない。原子力規制庁福島第一原発規制事務所の小阪淳彦所長は「放射能が局所的に高いホットスポットもいまだに把握しつくされていない」と述べており、廃炉作業完了は、2050年ごろと言われている。こんな状況下で、原発再稼働や新増設が論議されていることなど、時代錯誤ではないか。

〔2013年2月26日〕

福島第一原発の男性作業員体調不良で死亡

NHK3月1日未明のニュースは、「福島第一原発の復旧作業に当たっていた50代の男性作業員が、体調不良を訴えて病院に運ばれ、2月27夜死亡した」と報じた。

東京電力によると、2月25日午前9時すぎ、福島第一原発3号機の原子炉建屋で、カバーを設置する準備作業を行っていた50代の男性作業員が、福島県広野町にある会社の資材置き場で体調不良を訴えて一時心肺停止状態となり、いわき市の病院に運ばれた。その後、27日午後11時半すぎに、男性が亡くなったと会社から東京電力に連絡があったという。男性は、一昨年6月から第一原発の復旧作業に当たっていて、これまでの被曝量は、作業員の通常時の年間限度となっている50ミリシーベルトより低い、25ミリシーベルト余り。東京電力は「診断書を確認していないため、死因を公表できない」というが、まことに冷たすぎる対応ではないか。

吉田昌郎第一原発所長が昨年7月26日、食道ガンのため退任。その後脳出血を併発して療養中だ。第一原発事故後、これまでに男性作業員5人が心筋梗塞などで死亡しているというが、吉田氏を含めて作業員の不具合を含め東電はもっと説明すべきだろう。

〔2013年3月4日〕

「F35A」の売値が激増、1機189億円

米国防総省が発表した2014会計年度（13年10月～14年9月）国防予算案で、日本の航空自衛隊が調達を決めた最新鋭ステルス戦闘機F35Aの価格を、1機当たり約1・9億ドル（約189億円）に吊り上げたことが明らかになった。

産経新聞4月14日付朝刊ワシントン電が報じたもので、日本政府は12年度予算で最初の4機を1機当たり102億円で計上しており、総額350億円近い差額を米側から請求されるに違いない。

米国防総省は昨年5月の年次報告書で、開発の遅れと価格高騰が不可避だと指摘、13～17年度の5年間で179機の調達先送りを決定している。カナダやオーストラリアなど同盟国が調達の白紙化や見送りを決めたという。政府は日本の会計年度で12年度に1機102億円で計4機、13年度は1機約150億円で2機調達する方針だったが、財源をどう捻出するか難題を抱えてしまった。F35は日米英伊など9カ国の共同開発で、「武器輸出三原則」違反が指摘されており、財政難の日本がムリする必要があるのだろうか。

〔2013年4月20日〕

「核燃サイクル」は破綻状態

政府は昨年11月、原発の使用済み核燃料の中間貯蔵や最終処分について「使用済み核燃料対策協議会」を設置。この重大なテーマを話し合うため、全都道府県に参加を要請したが、回答しない都道府県が多く審議できずにいる。参加表明したのは、原発を抱える福井、茨城の2県だけ。他の都道府県の中には、政府の原子力政策が明確になるまで様子見を決め込む自治体もあり、立地地域との温度差は大きい。

核燃料対策協議会への参加表明は2県だけ

毎日新聞4月21日付朝刊は、「福井県の西川一誠知事は12月5日、『立地自治体の立場から、積極的に発言したい』と参加を表明。東海第二原発を抱える茨城県も続いた。しかし、その後の参加表明はなし。同庁は『年末の政権交代が影響したのかもしれない』と、気を揉んでいる」、同日付朝刊はさらに「核燃サイクル政策については、エネルギー庁内部に『福島事故を機に改革しよう』との熱気があったが、熱は冷めてしまった。職員の間では『政権交代の影響が全てだ』との呟きが聞こえてくる」と証言しており、安倍晋三政権の取り組み方に大

きな問題があるようだ。

六カ所村工場も、「もんじゅ」もトラブル続き

朝日新聞4月22日付社説が「もはや机上の空論だ」との見出しを掲げ、核燃サイクルにこだわる政策の破綻を糾弾した姿勢に賛同したい。同社説は次のように述べている。

「核燃料再処理工場の操業に、原子力規制委員会が『待った』をかけた。この工場（青森県六ケ所村）を対象とする新しい規制基準は12月にできる予定だ。それまでは使用前検査をしない。原燃見込む年内の操業開始は難しくなった。……このまま工場を動かせば、使うあてのないプルトニウムが増える。国際社会から核拡散への懸念を持たれかねない。早く事業から撤退すべきだ。プルトニウムを利用する高速増殖炉『もんじゅ』で失敗が続き、実用のメドすら立っていない。日本はすでに約45トンのプルトニウムを保有している。この処理にメドをつけないまま再処理工場を稼働すれば『利用目的のないプルトニウム』が増え、国際公約を破ることになる。」

安倍政権は「原発推進。核燃サイクル堅持」に何時までこだわり続けるのだろうか。将来展望が全く開けて来ない政治状況が心配でならない。

〔２０１３年４月27日〕

「4月28日」は、沖縄屈辱の日

政府は4月28日、「サンフランシスコ講和条約が発効した１９５２年４月28日を記念する式典」を東京千代田区で開いた。天皇、皇后両陛下ら４００人が出席。一方「沖縄屈辱の日」と抗議していた仲井眞弘多知事は参加しなかった。

講和後も米軍政下に置かれた沖縄など3島

安倍晋三政権が「4月28日」を「主権回復の日」と称して政府主催の式典を開いたことに、多くの国民から批判の声が高まっている。61年前の4月28日に講和条約が締結されたが、沖縄、奄美、小笠原の３島は、その後も米国の軍政下にあり、自由を奪われた状態が続いた。奄美は１９５２年２月10日本土に復帰、小笠原も１９６８年６月26日に復帰したが、軍事戦略拠点の沖縄県には米軍が駐留。本土復帰を果たしたのは１９７２年５月15日だった。その後も米軍は基地に止まって、現在に至っている。基地専用に限れば、人口約１８０万人の島に、74％の基地が存在するというイビツな配置に驚く。その間、米兵の犯罪などトラブルが続出して今なお沖縄県民の苦悩が続いている。この事実を無視して「式典」開催を強

行した安倍政権に反発するのは、当然の成り行きといえよう。

そもそも同会議には、日本がアジア・太平洋戦争で侵略した中国や韓国は招待されず、当時のソ連などは調印を拒否し、全面講和ではなかった。また領土不拡大の原則に反して、2条C項では千島列島のソ連の占領を認め、3条では沖縄、奄美、小笠原3島を米国の施政権下に置くなど、「日本国の主権回復」とは程遠いものだった。沖縄県民らは、この日を「屈辱の日」と反発。怒りの底流には、在日米軍に裁判権などで特権を与えた不平等な日米地位協定に苦しめられ、本土復帰した今も主権を制限され続けているとの思いがある。本土と沖縄の歴史認識の差異で片付けず、日本全体が抱える今の課題をそこに読み取るべきだ。

「式典開催」を狙っていた自民党

日経新聞4月28日付社説は、「政府内には講和条約締結60年だった2年前から祝賀行事を開いてはどうかという声があったが、民主党政権下で日米関係がぎくしゃくして見送りになった。野党だった自民党は衆院選の公約に式典開催を明記、政権復帰で強行に踏み切った。気になるのは行事の前史だ。1997年に『主権回復の日』の政府式典開催を求める学者らが集会を開いた。趣意書には『占領軍即席の憲法』との表現がある。参加したのは、先の戦争は聖戦で、東京裁判は不当な断罪と考える人たちが多かった。そもそも日本はなぜ主権を失ったのか。正義は日本にあったが、力及ばず負けたからなのか。そうではなく、日本が誤った道を選んだことこそ原因ではないのか。日本は戦争責任がどこにあるかを曖昧にしてきた。それが歴史認識の食い違いを生み、戦後68年を経てもときに周辺国とあつれきを生む一因になっている。61年前の主権回復の枠外に置かれた沖縄では「我々を見捨てた日を祝うのか」との反発が出ている」と、厳しく批判していた。

不平等な「日米地位協定」改定に取り組め

毎日新聞4月26日付朝刊「記者の目」が、「沖縄屈辱の日　地位協定再考の契機に」と指摘した問題意識に共感した。その要旨を紹介すると……。「沖縄では、この日を『屈辱の日』と呼んでいる。怒りの底流には、在日米軍に裁判権などで特権を与えた不平等な『日米地位協定』に苦しめられ、本土復帰した今も主権を制限され続けてとの思いがある。本土と沖縄の歴史認識の差で片付けず、日本全体が抱える今の課題をそこに読み取るべきだ。今年の『4・28』は、主権回復の意味と、地位協定の在り方を改めて問い直す契機としたい。……安倍首相は憲法改正の必要性を強調するが、議論が待ったなしなのは地位協定改定ではないのか。自民党の沖縄県議も安倍首相は『戦後レジームからの脱却』を掲げたが、地位協定はまさに戦後レジームのはずだ。協定改定に手が付けられない現実に対し、沖縄の怒りや悲しみがあることに気付いているのだろうか」と困惑する。専門家の中には、協定改定が実現できないのは日本側の長年の対米追従姿勢が原因との指摘があるが、『改定が必要』との認識が国民に共有されていないのも一因だと思う。「今こそ、全国的な議論が必要だ」との主張は歯切れがいい。

沖縄へ米軍基地を押しつけ

朝日新聞4月27日付夕刊は、「沖縄県には、国内の米軍基地（専用施設）の73・8％がある。面積は約2万3000ヘクタルで、JR山手線内側の約3・5倍。このうち約4分の3は普天間飛行場（宜野湾市）など米海兵隊基地が占めている。敗戦後、海兵隊がやってきたのは沖縄ではなく、山梨、神奈川、岐阜、大阪、奈良など本土だった。講和条約が発効した1952年前後、米軍基地面積の割合は本土が9、沖縄が1だった。しかし、各地で反基地運動が活発化したのを背景に、55年ごろから海兵隊は米軍統治下の沖縄へ次々と移った。50年代、本土の基地面積は4分の1に減る一方、沖縄は2倍に。60年代には本土と沖縄の割合は半々になった。さらに関東地方などの基地が一気に縮小されるなどして、70年代前半には4分の3の基地が沖縄に集中する現在の構図が固まった」と、沖縄への基地押しつけの実態をリアルに報じていた。

地位協定第3条は、「合衆国は、施設及び区域内において、それらの設定、運営、警護、及び管理のための必要な全ての措置を執ることができる」と定めている。これが「排他的管理権」と呼ばれるもので、沖縄を米軍の治外法権下に縛り付けている「地位協定」改定に、日本政府は立ち上がらなければならない。

〔2013年4月29日〕

戦後史をめぐる吉田茂外交と昭和天皇

「4・28講和式典」に関しては、4月29日付で取り上げたが、東京新聞28日付社説に大胆な問題提起があった。仄聞はしていたが、61年前の「単独講和条約」の裏話を、新聞として明確に示した点に注目した。吉田茂首相（当時）と昭和天皇の介入に関する記述である。要点を拾って、同社説の論旨を紹介しておきたい。

「講和条約と同時に発効した日米安保条約によって、西側陣営に立ち、反共の砦の役割を担うことになった日本、戦後社会を牽引したのは吉田首相の軽武装・経済重視の『吉田ドクトリン』路線でしたが、最近の昭和史研究や豊下楢彦・前関西学院大学教授の『昭和天皇・マッカーサー会見』（岩波現代文庫）は、外交防衛、安全保障面で昭和天皇の果たした役割の大きさを明らかにしています。昭和天皇の沖縄メッセージや講和条約交渉への天皇の介入は、沖縄の運命や日本の防衛・安全保障に決定的だったようにみえます」と、当時の対米交渉の背景を説明している。

同社説は「沖縄メッセージは昭和47年5月、天皇御用掛の寺崎英成がマッカーサー司令部に伝えた極秘メッセージ。天皇が米軍の沖縄占領継続を希望し、占領の長期租借（25年ないし50年、あるいはそれ以上）で——などの内容。79年の文書発掘は沖縄に衝撃を与え、その後、入江侍従長の日記で内容がほぼ事実と確認されたことで、沖縄の人々は大きく傷ついたといわれます」と付け加えている。

ダレス米国務省顧問（当時）目論見どおり、沖縄は本土から分離され、米軍基地は今なお存続している。〝戦後外交〟裏面史にまで踏み込んだ論説に敬服した。

〔２０１３年5月3日〕

敦賀原発「活断層の疑い」の結論足踏み

日本原子力発電所敦賀原発（福井県）2号機直下に活断層のあることが、原子力規制委員会から指摘されていた。しかし、断層を調査した専門家チームが、意見の一致を見てから早4カ月も経ってしまった。

専門家からの意見聴取を終えたが……

東京新聞4月21日付朝刊によると、「森本英香・規制委事務局次長は4月19日の記者会見で、報告書が決定されない理由を問われ、『会合は丁寧にやっていくということ』と説明した。原電は6月までの予定で原発敷地内を追加調査中で、チームが中間報告を受けてもおかしくない。専門家たちは、自分たちが合意した見解に確信を持っており、報告書にまとめた。予定外だったのは、専門家からの意見聴取（査読）も終えたのに、なぜ報告書を正式決定し、規制委としての敦賀原発2号機の運転の可否を決めないのか、足踏み理由が分からない」と指摘した。

東京学芸大の藤本光一郎准教授は「原電から新しいデータが出てきても、判断は変わらないだろう。中途半端な状況を長々と続けるのは良くない」と徒労感をにじませた。

3月下旬の自民党会合で、規制委事務局の担当者は「(次の会合で)原電の話を聞いて報告書案を書き直す」としており、チームの報告書が決まるのは、5月以降にずれ込む公算が大きい。

原発再稼働のメド「今年の秋」 茂木通産相表明

一方、日経4月23日付朝刊は、「茂木敏充経済産業相は4月23日のBSジャパン番組で、全国で稼働を停止している原子力発電所が再稼働する時期のメドについて『今年の秋になるだろう』と述べた。規制委による安全審査を経て、電力会社が最短で再稼働する時間の見通しを示したもの。茂木氏が再稼働の時期に言及したのは初めて」と報じていた。

全国に50ある原発は関西電力大飯原発3、4号機を除いて運転を停止しており、規制が7月にまとめる新規制安全基準を満たした原発は、今秋から再稼働となりそうだ。

安倍晋三政権の「原発再稼働」への執念を感じざるを得ない。

〔2013年5月7日〕

敦賀原発2号機、廃炉の運命免れず

原子力規制委員会は5月22日の定例会議で、日本原子力発電敦賀原発(福井県)2号機直下を走る断層を「活断層」と断定した有識者会合の報告書を了承した。

日本原電側はこれまで「活断層ではない」と強く反論してきたが、規制委は「得られたデータから十分判断できる」と突っぱねていた。原電側はなお納得せず、6月まで独自調査する構えだが、規制委判断を覆すのは極めて難しく、2号機は廃炉せざるを得ない状況に追い込まれた。原発立地の断層について、規制委が「危険な活断層」と断定したのは敦賀原発が初のケース。現在唯一稼動中の大飯原発3、4号機の本格的断層調査も行う予定で、成り行きが極めて注目される。

なお規制委は、敦賀2号機の建屋内プールには使用済み核燃料が1000体以上保管されているため、冷却水が失われた場合の影響評価を早急に実施するよう指示する方針だ。

政府が安全性評価を託した独立機関「規制委」の判断がますます重要になってきた。

〔2013年5月25日〕

96条改正は「立憲主義の破壊」

安倍晋三首相は、憲法96条改正発議（各議員の3分の2以上の賛成）を過半数に変えることを企図している。そこには9条改正、国防軍設置、さらに集団的自衛権容認を目指す方向が隠されている。

樋口陽一、奥平康弘教授ら学者が「96条の会」結成

この改悪を重大視した憲法学者・政治学者の有志が5月23日、「96条の会」を結成した。

代表の樋口陽一東大名誉教授らが同日、東京・永田町で記者会見した。護憲派だけでなく、改憲派の論客として知られる小林節慶応大学教授も発起人として参加。奥平康弘、上野千鶴子、坂本義和、長谷部恭男、高橋哲也、山口二郎氏ら著名学者が発起人に名を連ねている。

過半数で〝国民に丸投げ〟など許せぬ

東京新聞5月24日付朝刊によると、樋口代表は「憲法改正権（96条）によって、その条文自体を変えるのは、法論理的に無理な話」と指摘。「国民が決断するための材料として、国会で3分の2の数字を集めるのが国会議員の職責。それを軽視し、過半数で国民に丸投げするのはおかしい」と述べた。世界的にも、改憲手続きを緩和する改憲をした例は「知る限りない」と指摘。山口氏も「96条の争点化は前代未聞で、保守政治の劣化だ」と話し、強い危機感を表明したという。

その「96条の会」の会見に小林教授が出席したことに驚かされた。同氏は超党派の議員らの前で講演。「生まれて初めて、（護憲派の）樋口名誉教授と同じ側に座った」と笑いを誘い、それほどの危機的状況であることを強調した。

小林教授は約30年間、自民党の勉強会で指南役を務め、自衛軍や新しい人権の規定を唱える改憲論者。96条先行改憲の問題が浮上して以降は、テレビやインターネットの討論番組に精力的に出演し、真っ向から反対の論陣を張っている。

一方、一般公開された立憲フォーラムは、小林教授を講師に招き講演会を行った。国会議員約１００人も参加。幹事長の辻元清美衆院議員は「立憲主義という言葉が広がり、国会の空気は変わってきた」と話した。

憲法は国民ではなく、「権力者」を縛るもの

小林教授は「『憲法を国民に取り戻す』と言いながら、権力者が国民を利用しようとしている」と安倍首相を批判。国民の義務規定を増やした自民党の憲法草案についても「憲法は国民でなく権力者を縛るもの、という立憲

主義を理解しておらず、議論にならない。この数週間の議論で国民の立憲主義への理解が深まったと感じている。今後も、（衆参両院の）3分の2の賛成を獲得できるような改憲論を堂々と語りたい」と持論を述べた。

著名学者が「96条改悪」阻止のため大同団結したことは稀有なことで、安倍政権の意図の危うさを警告したものと評価される。

〔2013年5月27日〕

揺れる安倍政権の原子力政策

安倍政権が6月にまとめる成長戦略の素案に「原発の活用」を明記し、「再稼働に向けて政府一丸となって最大限取り組む」との方針を鮮明にした。素案は、5月5日の産業競争力会議で示され、近く閣議決定するという。

成長戦略の一環に原発再稼働推進を盛り込むとは……

朝日新聞5月31日付朝刊の特ダネで、1面トップを飾った。安倍政権は当初、「2030年代に原発ゼロを目指す」との民主党政権時の方針を見直すと表明。ただ「原発への依存はできるだけ低減させる」と付け加えており、今回の「再稼働推進」への方針転換には驚かされた。同紙は、「電力業界や産業会の強い再稼働要請に応えたもの」と分析している。5月には、再稼働を求めて自民党の議員連盟ができた。首相も5月15日の参院予算委員会で、できるだけ早く再稼働を実現していきたいと表明している。「産業競争力会議産業会などから『原発を早く再稼働し、国策として一定比率を持つべきだ』との意見が相次いだ」とコメントしていたが、まさにその通りであろう。

火力発電の充実や風力、太陽光などのインフラ整備を急げ

朝日新聞は6月1日付社説でもこの問題を取り上げ、次のような警告を発している。

「福島の原発事故から2年あまりを経て、こうした分野に参入する企業も目につくようになってきた。火力発電の充実のほか風力や太陽光などに挑戦する振興勢力を積極的に支援するのが、成長戦略の柱のはずだ。ここで政府が原発回帰の姿勢を強めれば、古い電力体制が温存され、新規参入の余地をせばめることになる。それは、地域独占から自由化・競争促進への転換を目指す電力システム改革とも矛盾する。何より、『原発への依存度をできる限り低減する』とした安倍政権の方針に反する。

福島の問題は解決にはほど遠い状況にある。日本がこの重い問題にどう道筋をつけるのか、世界が注目している。原発再稼働を急ぎたい人たちの声にばかり耳を傾け

ていては、大局を誤りかねない。」

廃炉の損失は分割処理との方針を打ち出す

一方、6月2日朝刊各紙は、「原子力規制委員会は、日本原子力発電の敦賀原発直下活断層があると断定した。ほかにも活断層の疑いや古くなった原発も廃炉の可能性が大きい」などと報じている。この方針を示された電力各社にとって廃炉費用は莫大で、経営上ピンチに立たされた。廃炉に踏み切れない電力各社を説得するため、経済産業省が「長い期間をかけて、廃炉による損失は分割処理する」との方針を打ち出したとみられる。経産省は、廃炉1基当たり1000億円前後かかると試算しており、電力会社のショックは大きいはずだ。

いずれにせよ、原発対策にはカネと時間がかかる。福島原発処理を最優先課題に位置づけると共に、新エネルギー政策も併行して推進すべきだ。安倍政権は原発稼働にこだわっているが、「脱原発」の目標設定に切り替えて欲しい。

〔2013年6月3日〕

慰安婦問題、国連の批判が強まる

橋下徹大阪市長の〝慰安婦発言〟は世界の顰蹙《ひんしゅく》を買っているが、国連の拷問禁止委員会は5月31日、旧日本軍の従軍慰安婦問題で「日本の政治家や地方の高官が事実を否定し、被害者を傷つけている」とする勧告をまとめた。この勧告では、元慰安婦に対する公的保障や関係者の訴追が行われていないことに懸念を表明。また、日本政府に対し、全ての歴史教科書に慰安婦問題を含めるよう求めている。これまで政府が無視してきた〝負の歴史〟が暴かれた格好で、まことに恥ずかしいことだ。

ちょうど来日中の潘基文国連事務総長に朝日新聞がインタビューし、6月3日付朝刊に掲載された。「国際社会は橋下発言や釈明に納得しない。日本の指導者は、戦時中に苦しんだ人々の痛みに非常に繊細であるべきで、思いやりのある支援をするべきだ」などと語った。また、安倍内閣の閣僚らの靖国神社参拝について懸念していると述べ、「中・韓など周辺国に否定的な反応を引き起こしている。日本の政治指導者はこのことを自覚すべきだ」とも警告した。政府は真剣に受け止め、早く世界に〝謝罪文〟を発信すべきである。

〔2013年6月8日〕

「憲法96条改正」の危険な動き

国際的にも〝右寄り〟と見られている安倍晋三政権は、「自民党改憲草案」（昨年4月発表）を基に憲法改正を企図している。7月の参院選で改憲勢力が伸びれば、戦後60余年守り続けてきた「平和主義」「国民主権」「基本的人権」を大きく歪める改正案が持ち出される公算が強い。

国会発議要件「3分の2」を、「2分の1」にする狙い

憲法第9章（改正）第96条には「この憲法の改正は、各議院の総議員の3分の2以上の賛成で、国会が、これを発議し、国民に提案してその承認を経なければならない。この承認には、特別の国民投票又は国会の定める選挙の際行はれる投票において、その過半数の賛成を必要とする」と規定されている。自民党政権は先ず、改正発議要件の「総議員の3分の2以上の賛成」を「2分の1」に変えようとしている。

背景に、「9条改正」「国防軍創設」など

「96条問題」と呼ばれる所以だが、その背景に、重大な意図が隠されている。「9条改正」「国防軍創設」「集団的自衛権容認」などで、既に明らかにされている。平和国家の核心条項を、2分の1の賛成で決めてしまおうとする意図を危惧する声が強まってきたのは当然だ。

東京新聞が「検証・自民党改憲――その先に見えるもの」と題する企画を、6月5日付朝刊から6回、第1面に展開した。①海外派兵消えた歯止め②個人の権利より国家③増えた国民の義務④地方と国は対等が後退⑤国旗国歌を義務化⑥権力縛る機能後退――伊藤真弁護士のコメントと現行憲法と自民党案を例示して、問題点を指摘。大胆な紙面展開に、同社の強烈な問題意識を感じ、敬服した。広く国民に読んでもらいたい企画である。

憲法学者・樋口陽一氏らが問題点を指摘

朝日新聞6月11日付夕刊は、「96条の会」の代表、樋口陽一東大・東北大名誉教授にインタビューし「憲法学者の長老を駆り立てたものは何か」を報じた。「憲法96条が国会に厳しい発議要件を課すのは、様々な意見をぶつけ合い、論点が煮詰まる経過を国民に示したうえで、国民投票で誤りない判断をしてもらうためです」と指摘。「個人を尊重せぬ自民草案に危機感を持つ」「『公共の福祉』理念も捨てるのか」「国民は沈黙してはいけない。専門知を持つ市民としての義務感です」と警鐘を鳴らしていた。

この「96条の会」には長谷部恭男、小森陽一、山口二郎、杉田敦氏ら学者が参加しており、14日夜上智大学で

「熟議なき憲法改正に抗して」をテーマに講演会が行われた。学者それぞれの指摘は全くその通りで、国民一人一人が関心を持たなければならない。

〔2013年6月19日〕

12年度版「エネルギー白書」の欺瞞

政府は6月14日、2012年度版「エネルギー白書」を発表したが、民主党政権が昨年進めようとした「30年代に原発ゼロ」の方針には触れないばかりか、昨年8月に同政府が実施した「討論型世論調査」で原発ゼロ派が多数を占めた結果も記載していない。

12年度版は昨年8月～今年3月を対象にしたものなのに、「脱原発」の世論を無視した白書には同意できない。朝日新聞6月16日付社説は、「福島の事故は、国民の間に政治や行政への深刻な不信を招いた。どうしたら政策への理解が得られるか。模索の中から生まれたのが、審議会の全面公開による検証、そして討論型世論調査などを含む国民的議論だった。『原発ゼロ』はこうして導かれた結果であり、エネルギー行政の軌跡を記録するうえで不可欠だ。ここに目を向けない白書には、失望するしかない」と批判している。

経産省エネルギー庁が、安倍政権の顔色をうかがって、〝原発問題〟の中身を変えてしまった「12年度版白書」は公正を欠く。国民は、この欺瞞に騙されてはならない。

〔2013年6月22日〕

「福島原発被害者を泣かせる」政府のズサンな対応

参院選挙は7月4日公示、21日の投票へ向け舌戦が始まった。安倍晋三首相（自民党総裁）は4日朝福島市へ飛び、「福島の再生なくして日本の再生はない」と第一声を挙げた。福島第一原発事故から2年4カ月あまり。この常套句を聞かされた福島県民の多くは「フザケルな、復興は遅々として進まず、15～16万人もの住民が帰郷できない現状を、全く認識していない発言だ」と、腹を立てているに違いない。「自民党は原発の安全神話に寄りかかり、政策を推進したことを深刻に反省しなければならない」と陳謝したものの、原発再稼働には触れず、セールスマンのように〝原発輸出〟精を出す姿勢は矛盾だらけだ。

除染を地元自治体に押しつける傲慢さ

「政府は6月23日、福島県田村市での非公開説明会で、空気中の放射線量を毎時0・23マイクロシーベルト（年1ミリシーベルト）以下にする目標を達成できなくても、一人ひとりが線量計をつけ、実際に浴びる『個人線量』が年1ミリを超えないよう自己管理しながら自宅で暮らす提案をしていたことが分かった」と、朝日新聞6月29日付朝刊が大きく報じていた。環境省は説明会での同省の発言を否定しているが、録音記録を入手しており、住民の証言もあるので、信憑性は高い。除染は政府・東電の責任で行うと言っていた約束を反故にするもので、許し難い。

復興予算の流用が1兆円とは……。

「政府は2011～12年度に約17兆円の復興予算を付けたが、昨年秋に被災地以外への流用が2兆円ほど判明し、今年度から被災地でしか使えないようにした。ところが、自治体などが管理する23基金に配られた1兆1570億円が『抜け道』になって流用されていたことが分かった。これも朝日新聞7月3日付朝刊が報じたもので、「流用された基金の9割近い1兆142億円分が5月末までに使われたり、自治体がすでに関連予算を決めてしまったりして返還が難しくなっていた。復興庁や財務省は残りの1412億円のうち412億円は『被災地に絞って使える』として1917億円分の返還を自治体などに求めることにした。……そもそも復興庁は各省庁からの寄せ集めで作られ、予算作りの権限も財務省に握られたままで、『復興の司令塔』の機能を果たし切れていない」と指摘。その悪例として、「鹿児島県いちき串木野市で今月1日、男性らが水田で、ジャンボタニシの駆除作業を行っていた。稲を食べる害虫で、同市は復興予算で進める『震災等緊急雇用事業費』を流用しており、7月までの5ヶ月間で約700万円も使っていた。さらに被災地の人の雇用対策ではなく、地元の人を雇っての作業だった。既に1兆円規模の予算が被災地以外で使われ、返還請求で戻ってきた額はたった1000億円という」と記していた。被災地のための復興予算ムダ遣いを見逃していた復興庁の責任は大きい。

〔2013年7月6日〕

「ネット選挙」が解禁されたが……

今回の参院選挙からネットを利用した選挙運動が解禁された。政党はもとより有権者サイドも効果的な取り組みを行っているが、果たして国民の政治への関心が高まるだろうか。推進者の一人、安倍晋三首相は帰宅後の夜、ツイッターやフェイスブックに熱心に取り組んでいるそうだ。

参院選候補者の84％がFBを利用

ソーシャルメディアの利用状況を毎日新聞が調べたところ、6月26日現在で立候補を予定している409人（選挙区260人・比例代表149人）のうち84％の344人がフェイスブック（FB）を利用している。ツイッターは65％の265人。実名登録が原則のFBは、匿名の多いツイッターと比べ誹謗（ひぼう）中傷やなりすましの被害に遭う危険が低いとされ、FB重視の傾向につながったと、分析している。毎日新聞と立命館大学がネット選挙を共同研究したもので、7月3日付朝刊でその概略を伝えた。

「原発」へのツイート数が多い

6月21日からから収集しているツイート・データ数を7月2日まで集計したところ、「原発」のツイート数が1日4万件前後で突出。ネット上では脱原発派が活発につぶやいている。ところが、7月3日の党首討論会では原発・エネルギー問題は盛り上がらず、政党間の争点とネット上の関心のズレを感じた。「原発」への関心が高い一方、これらのキーワードが特定の政党に関連づけてつぶやかれることは少なく、ネット上の関心と政党側の発信がかみあっていないことを示していた。原発に次いで「契機・雇用」が多いと予想していたが、そうではなく「震災・復興」と「憲法改正」。そのツイート数も、「原発」の半数以下の日が多かったという。

誹謗中傷の危険性も孕む

毎日新聞7月5日付オピニオン面「視点」欄は、「取り組みが始まったばかりで試行錯誤の段階だが、ネット上の言葉は新聞や書籍と比べて短い。そのため、賛成か反対か、敵か味方かといった単純な図式に陥ってしまうきらいがある。ネットの利用率が高い若者たちにおもねっているのか、肝心の政治家がわざわざ乱雑で攻撃的な言葉を使いたがる傾向さえある。ネットを通じて政治家と国民が多岐にわたる政策課題についてやり取りして議論を深める。……そんな『熟議の民主主義』につなげることこそネット解禁の意義があるはずだ。日本人はこれまで『私は何党を支持するか』『あの人に投票したい』と人前で話すのを憚ってきたのではないか。ネットの次は実際に顔と顔を突き合わせて、政治について語り合う――。そんな変化にぜひ結びつけよう」と指摘していたが、有権者側が政治に関心を持って、持論を表明してもらいたいと思う。

制限付きとはいえ、有権者がネットを通じて特定の政党や候補者に投票を呼びかけることができるのは結構だが、誹謗中傷が飛び交うようでは困る。公職選挙法によって、縛りをかけているが、違反を承知でのメールが続出しないか。また文句は言うが、投票を棄権する無党派層が増えることも心配になってくる。今回だけは〝お手並み〟拝見だが、トラブルを見逃さず、改めるべきは改めてほしい。

〔2013年7月8日〕

菅元首相が、安倍現首相を名誉毀損で訴え——海水注入の是非をめぐって

安倍晋三首相が野党時代のメールマガジン（2011年5月20日付）に、「菅直人首相（当時）の海水注入指示はでっち上げ」という主旨の記載をしたことについて、菅元首相は7月16日、ネット選挙が始まった今もなお、掲載し続けていることに激怒。「海水注入の中断を指示した事実は存在しない」と、記述の削減と謝罪、約1000万円の損害賠償を求める訴えを東京地裁に起こした。

その背景を掘り起こすべきだ

菅氏側によると、安倍氏側に記事の訂正と謝罪を求めていたが、全く応じないため止む無く提訴に踏み切ったという。「元首相が、現首相を訴える」とは前代未聞の一大事だ。各紙の報道は目立たず、事の真相に迫る背景説明が欠けていた。事故当時の3月11日から数日間の記録が散逸しているため事実関係の再検証は難しいとは思うが、改めて関係者の証言を求める作業は必要だったのではないか。

東電本社と官邸のパイプが詰まっていた

国会事故調査委員会の報告書には、東電と政府の情報の乱れが随所に指摘されている。官邸に対策本部を立ち上げたが、現場への勧告・命令系統がバラバラだったという。報告書によると、東京の東電本部が主な指令を出していたようで、官邸とのパイプが詰まっていたと指摘していた。もしそうだとすれば、「安倍メール」の具体的根拠は何かを明示してほしい。インターネットの一部には、「自民党の原発推進派が仕掛けた陰謀説」まで飛び交っているほどで、現状を放置しておけば、ネット社会の中傷・非難合戦を加速する恐れを感じる。

ネットでの〝つぶやき〟の恐ろしさ

いずれを是とするかの判断は、2年以上経った今ではムリかもしれないが、ネットでの〝つぶやき〟には、もっと監視の目を光らせないと、とんでもない社会にな

りかねない。
2回にわたって「あまちゃん国家・日本」を告発してきた理由はそこにある。日本の情報が外国に盗みとられるようでは、この国の将来は危うい。
〔2013年7月20日〕

「核兵器、軍事的には無用」……パウエル元米国務長官が重要発言

「原爆忌」まであと半月、核兵器の抑止力が未だに罷り通っている現実に、苛立ちが募っている。そんな折、「広島・長崎を思い出せ。核兵器は極めてむごい兵器のため使えず、軍事的には無用な存在だ」と語った、元米国務長官の正論に感銘ひとしおだ。

朝日新聞7月10日付朝刊が報じたインタビュー記事で、取材に応じたのはコリン・パウエル氏(76歳)。1991年の湾岸戦争では統合参謀本部議長としてクウェート奪還作戦を指揮。2001〜05年には国務長官の要職を務めた。イラクへの単独攻撃に慎重派だったが、最終的にはブッシュ大統領の意向に応じたことを「自らの汚点」と恥じている。

インド、パキスタン関係の悪化を修復

「核兵器は無用の長物」と強調し、2002年には核武装したインドとパキスタンとの関係悪化の仲裁に乗り出し、広島・長崎の悲惨な写真を何度も示して、「対立緩和」に導いた秘話も語っている。「まともなリーダーならば、核兵器を使用するという最後の一線を踏み越えようとは決して思わない。使わないのであれば、基本的には無用だ」と断言したのは、今なお対北朝鮮、対イランとの緊張関係に警鐘を鳴らす発言である。

前日の記事を受け、7月11日付朝刊オピニオン面に詳報を展開した朝日新聞の問題意識を高く評価したい。パウエル氏の率直な考えを引き出した記者の質問もよかったと思う。感銘した発言を紹介しておきたい。

日本に非核化政策の堅持を求める

「我々は多くの国を説得してきた。たとえばリビアは説得された。(ブラジルやアルゼンチンのように)自ら納得して核開発を止めた国もある。彼らは『経済を立て直したほうがいい』と考えたのだ」……「日本の核武装は、理にかなった行動ではない。日本は過去60年で、原爆や戦争による破滅状態から、素晴らしい経済や生活水準を手に入れ、最も成功した国の一つとなった。日本が核兵器や開発計画を持たず、持つという意味もないことを再確

認することだ。日本がその立場から離れれば、非核化の進展は難しくなってしまう」など含蓄に富む警告ではないか。日本が核兵器を持つことがいかに有害かを説く姿が印象的だ。

安倍晋三内閣の原子力政策は後向きで、米国の核抑止力に頼り過ぎではないか。日米同盟の相手国・オバマ政権は、非核化政策への転換に切り替えており、その点でもパウエル発言の意味は大きい。

自民党、日本維新の会の一部から〝核武装論〟が出てきた現実を放置することはできない。国民も非核化、護憲の日本構築に努力すべきである。

〔2013年7月23日〕

安倍政権の安全保障政策に高まる不安

参院選に圧勝した安倍晋三自民党政権は、集団的自衛権の行使をはじめ、防衛計画大綱の策定、日米防衛協力のための指針（ガイドライン）見直しなど、安全保障関連の課題に取り組もうとしている。「日米同盟強化」が目的というが、〝米国依存体質〟からの脱却とは程遠く、右寄り路線の安倍政権の前途を危険視する周辺国が多い。

NYタイムズ紙社説も、歴史認識の欠如に言及

中・韓両政府の激しい抗議が続いている折、米紙ニューヨーク・タイムズは7月22日の社説を電子版に掲載、警告を発した。時事通信社電によると、「今回の選挙で安倍政権の経済政策は支持された。しかし、日本の重要貿易相手国である中国を刺激する靖国神社参拝や防衛力増強などに突き進めば、経済成長や政治基盤の安定を損なう。選挙結果が、歴史認識の見直しや中国に向けた強硬発言、自衛隊の活動を拡大させる憲法改正に対する支持だと捉えてはならない」と、安倍政権の行き過ぎた姿勢を憂慮している。

朝日新聞が27日付朝刊に掲載したアーミテージ元米国務副長官とのインタビュー記事も、示唆に富む。「安倍政権は経済政策を優先すべきだ。日本では集団的自衛権の行使容認に向けての議論が起きているが、近隣諸国に警戒感が強い。日本が（戦争責任などの）歴史問題で修正主義をとらず、未来志向であるのとセットであれば大丈夫だろう」と述べていた。安倍首相とも親しいアーミテージ氏は、6月に都内で首相に面会しており、終戦記念日の靖国参拝にくぎを刺した発言は重い。

安倍首相の不用意発言に、米国内の懸念広がる

首相が4月の国会で「侵略の定義は定まっていない」

と答弁したことに、米国内の衝撃は広がっている。米国のバイデン副大統領は7月26日，シンガポールで安倍首相と会談。バイデン氏も「尖閣諸島をめぐる日中両国の対立について、緊張緩和のため双方が必要な措置を取るべきだ」と要請した。これを受けて毎日新聞27日付朝刊が、アジア専門の米学者2人の意見を掲載していた。「安倍政権への懸念は、参院戦勝利を『政策を劇的に変える許可書だ』と解釈することだ。憲法改正は政治的に不可能だと思うし、挑戦してほしくない。米国が日本に望むことの90%は、集団的自衛権の行使を容認することでできる」、「安倍首相は『日米』だけの枠から脱する必要がある。米国の多くの人は日本が民主主義国として世界や地域に良い影響を与えることを望んでいる」などと指摘していたことに、共感する。

絶対多数に奢らず、「熟慮の政治」を望む

安倍首相は靖国参拝を見送るとの観測が流れており、憲法改正についてもトーンダウンしてきた。確かに日本国民が安倍政権に全権を託したわけではない。「絶対多数に奢らず、熟慮の政治を志向してほしい」というのが、国民大多数の願いであろう。

〔2013年7月30日〕

広島、長崎「平和宣言」の力強さ

68年前の8月も猛暑つづきだった。広島・長崎両市への原爆投下から敗戦の悲惨さを忘れることはできない。日中戦争と太平洋戦争の死者は日本人で310万人、アジアで2000万人以上にのぼった。想像を絶する悲劇を生んだ「8月」を、日本人は未来永劫に引き継いでいかなければならない。

非人道兵器・原爆は「絶対悪」だ!

松井一實・広島市長は8月6日、「無差別に罪もない多くの市民の命を奪い人々の人生を一変させ、また、終生にわたり心身を苛み続ける原爆は、非人道兵器の極みであり、『絶対悪』です。ヒロシマは、日本国憲法が掲げる崇高な平和主義を体現する地であると同時に、人類の進むべき道を示す地でもあります。また、北東アジアの平和と安定を考えるとき、北朝鮮の非核化と北東アジアにおける非核兵器地帯の創設に向けた関係国の更なる努力が不可欠です。今、核兵器の非人道性を踏まえ、その廃絶を訴える国が着実に増加してきています。そうした中、日本政府が進めているインドとの原子力協定交渉は、良好な経済関係の構築に役立つとしても、核兵器を

廃絶する上では障害となりかねません。ヒロシマは、日本政府が核兵器廃絶をめざす国々との連携を強化することを求めます。そして、来年春に広島で開催される『軍縮・不拡散イニシアティブ』外相会合においては、NPT体制の堅持・強化を先導する役割を果たしていただきたい」と平和宣言で決意を披瀝、日本政府は〝核抑止論〟に寄りかかることなく、非核化へのメッセージを鮮明にすべきだと強調した。

NPT会議「非人道性を訴える声明」に署名しなかった日本

田上富久・長崎市長の平和宣言（8月9日）はさらに痛烈に、政府を批判した。「日本政府に、被爆国としての原点に返ることを求めます。今年4月、スイス・ジュネーブで開催された核不拡散条約（NPT）再検討会議準備委員会で提出された核兵器の非人道性を訴える共同声明に、80カ国が賛同しました。南アフリカなどの提案国は、わが国にも賛同の署名を求めました。しかし、日本政府は署名せず、世界の期待を裏切りました。人類はいかなる状況においても核兵器を使うべきではない、という文言が受け入れられないとすれば、核兵器の使用を状況によっては認めるという姿勢を日本政府は示したことになります。これは二度と、世界の誰にも被爆の経験をさせないという、被爆国としての原点に反します。

インドとの原子力協定交渉の再開についても同じです。NPTに加盟せず核保有したインドへの原子力協力は、核兵器保有国をこれ以上増やさないためのルールを定めたNPTを形骸化することになります。NPTを脱退して核保有をめざす北朝鮮などの動きを正当化する口実を与え、朝鮮半島の非核化の妨げにもなります。非核三原則の法制化への取り組み、北東アジア非核兵器地帯検討の呼びかけなど、被爆国としてのリーダーシップを具体的な行動に移すことを求めます。……地域の市民としてできることもあります。わが国では自治体の90％近くが非核宣言をしています。宣言をした自治体でつくる日本非核宣言協議会は今月、設立30周年を迎えました。長崎では今年11月、『第5回核兵器廃絶―地球市民集会ナガサキ』を開催します。市民の力で、核兵器廃絶を被爆地から世界へ発信します」――まことに理路整然とした宣言文ではないか。

両市民集会で挨拶した安倍晋三首相は常套的な言葉の繰り返しで、核廃絶を世界に訴える迫力に欠け、両市長の力強いメッセージが数段優っていた。日本の〝立ち位置〟がこれでいいのか、主体性のない政府の姿勢が悲しい。

「アジア諸国への加害責任」には触れず

15日の政府主催「全国戦没者追悼式」での安倍首相式辞にも失望した。１９９３年の細川護熙政権以来歴代首相が引き継いできたアジア諸国に対する加害責任への反省や、哀悼の意を表する言葉が欠落していたのだ。各紙の情報によると、首相自身の意向を反映したものという。憲法改正や集団的自衛権行使を模索している安倍政権の国内向けレトリックと考えられる。また首相は靖国参拝を見送ったものの、玉串料奉納は行っている。閣僚３人を含む国会議員１００人余が参拝。朴槿恵・韓国大統領が「光復節」で批判するなど、中・韓両国の反発を再燃させている。韓国国会議員が15日靖国神社を訪れて抗議、境内は騒然たる空気に包まれるトラブルまで引き起こしてしまった。双方に言い分があるにしても、歴史認識をめぐる対立が今後も尾を引きそうで、極めて憂慮される。

〔２０１３年８月19日〕

自民小委の提言「ムダな原発再稼働に反対」に共感

安倍晋三政権は〝原発推進〟にこだわっているが、先行きは全く不透明だ。自民党議員の良識派でつくる福島原発事故に関する小委員会（村上誠一郎小委員長）が８月16日、使用済み核燃料の最終処分法が確立するまで原発新増設の見送りや、原発の選別を求める提言書をまとめた。月内に安倍首相に提出する方針で、安倍政権の政策判断に一石を投じそうだ。

同小委は新規建設凍結のほか、再稼働に関しても津波対策の工事費などがかさむことで、「経済的に見合わない原発は再稼働を止めるべきだ」と強く要請している。

このほか汚染水対策の強化なども挙げており、国民の懸念材料もまた同じであろう。自民党政府は、この提言を真摯に受け止め、ドラスティックな新エネルギー政策を明示してもらいたい。

〔２０１３年８月22日〕

ワシントン・ポスト身売りの衝撃

米国の有力紙「ワシントン・ポスト」が大手ＩＴ企業「アマゾン・ドット・コム」のジェフ・ベゾスＣＥＯに買収されるというニュースは、インターネットが新聞業界に変化を迫った象徴的な出来事として世界を駆け巡った。

「グラハム一族がポスト紙を売却する」――８月６日

付のWポストは、大きな見出しでこのニュースを報じた。8月8日NHK特派員電によると、「グラハム会長は8月5日、本社講堂に社員を集め『これから話すことに驚くかもしれないが、しっかり聞いてほしい』と語りかけ、何度も言葉を詰まらせながら、Wポストが22億5000万ドル（240億円余）で、アマゾンのベゾスCEOに売却されることになったと伝えた。社員は、全く予想外の出来事に質問に立つ人もおらず、広い講堂を沈黙が支配した」という。

ウォーターゲート事件調査報道に名を残す

1877年に創刊したWポストが歴史に名を刻んだのは、何と言っても1970年代のウォーターゲート事件を巡る報道。1972にボブ・ウッドワード記者とカール・バーンスタイン記者の若手2人が始めた調査報道は、当時のニクソン政権の不正を暴き、ついに大統領を辞任に追い込んだのである。同紙はその後も首都ワシントンを拠点に優れた報道を続け、ニューヨーク・タイムズと並んで米国を代表するクオリティー・ペーパーに成長。ピーク時の1993には83万部を超える勢いだったが、その後、新聞を取り巻く環境は一変、活字離れが進んだ。インターネットの普及によって購読者の減少が目立ち、今年6月時点では44万部にまで激減してしまった。この結果、広告収入の減少に歯止めがかからず、営業利益がこの6年間で44％も減少するなど業績は悪化するばかり。Wポストの今年4月から6月までの4半期決算を事業別にみると、売上高の53％を資格試験や予備校などの教育事業が占めており、次いでケーブルテレビ事業が20％、新聞事業の売上高は全体の14％に落ち込んでしまった。

米国では今月に入って、1872年創刊の日刊紙「ボストン・グローブ」が大リーグ、ボストン・レッドソックスのオーナーに、また、1933年創刊の週刊誌「ニューズウィーク」が新興のメディアに売却されるなど、活字離れによる広告収入の激減によって、紙媒体に未来の展望は皆無と言っていい。伝統ある米国でオーナー経営を続けているのは、NYタイムズだけとなったショックは大きい。

ニューヨーク・タイムズが孤軍奮闘

朝日新聞8月9日付夕刊によると、NYタイムズ発行人のサルツバーガー・ジュニア氏は、「将来の成長に必要な資金を安全にまかなえる。NYTは革新のためのアイデアと資金を両方持っている」としている。NYTの今年4～6月期決算は、デジタル版の有料購読者が増えたことなどで純利益が2013万ドル（約19億円）となり、前年同期の8762万ドル（約84億円）の赤字から黒字に転換したという，しかしＮＹＴも傘下のボストン・グローブを手放すというから、経営が安定軌条に乗ったとは信じがたい。

技術革新が進んでも、「コンテンツ」が重要

毎日新聞８月９日付朝刊「経済観測」で、鈴木幸一氏（インターネットイニシアティブ会長）の指摘に共感したので、概要を紹介しておきたい。

「あらゆるメディアは、インターネットと言う新しい情報通信インフラの上で配信されるようになる。私自身は、ニュース以外は、昔ながらの紙媒体になじみ、書物に埋もれて暮らしているのだが、世の中の仕組み全体を変える技術革新は誰も止められないと、自らの趣向はさて置いて、その流れを見続けている。（中略）長い歴史をメディアがインターネットというブラックホールに吸い込まれていくのも当然と思うのだが、私には、現実の進行はずいぶんと、ゆったりしていると感じる。ベゾス氏がＷポストのどこに、多額の資金を投じる価値を見たのかと言えば紙媒体作りに必要な印刷から販売までの工程抜きに、ただ、そのコンテンツを作る魅力ではないかと思うのだがどうなのであろう」――クールに時代の流れを捉えていると思う。

いかに技術革新が進もうとも、ニュース源を追い、分析する力は紙媒体にかなうまい。日本新聞界もインターネット対策に当たって、〝コンテンツ〟の重要性を真剣に議論すべきである。

〔２０１３年８月24日〕

メルケル独首相が、ナチスの戦争責任を弾劾

ドイツのメルケル首相は８月20日、南部ダッハウにあるナチスの強制収容所を訪ねた。現役首相がダッハウを訪問したのは初めてという。ベルリン発共同電が報じたもので、靖国問題でぐらつく安倍晋三首相と比べ、歴史認識の差をしみじみ感じた。

ヒトラーは１９３３年に政権を掌握すると、最初の収容所をダッハウに設置。ユダヤ人を中心に約４万１５００人が犠牲になった地である。メルケル首相は花を手向けたあと、「若者はドイツがどんな悲劇を起こしたか知らねばならない」と強調し、歴史認識の重要性を訴えたという。

加藤陽子東大教授は毎日新聞８月22日付朝刊で、満州事変以来の侵略戦争に思いを馳せ「この国には、いったん転がり始めたら同調圧力が強まり、歯止めが利かなくなる傾向がある。例えば、育ちのいい政治家がやることだから間違いはないと信じているのでしょう。政治家の言動、私たちの選択は正しいのかと疑うことが必要です」と述べていた。安倍政権の〝戦前回帰〟路線が顕著になっているだけに、深刻な警告と言えよう。

〔２０１３年８月26日〕

広島で祈りを捧げたオリバー・ストーン監督――原爆、戦争、歴史認識につき激白

米国の映画監督オリバー・ストーン氏と歴史学者ピーター・カズニック氏は８月、原爆の惨状を広く取材、伝えるため来日。６日の平和記念式典に参列して献花、黙祷を捧げた。その後原子力禁止世界大会などで講演に臨んだが、原爆、戦争、歴史認識などについての語り口が感動的だった。ＮＨＫ・ＢＳやテレビ朝日で一部は放映されたが、印象深い講演内容を紹介し参考に供したいと思う。

オリバー・ストーン監督はベトナム戦争の空挺部隊に所属、強烈な戦場体験が、彼の映画作品の出発点だったという。特に『プラトーン』は、ベトナム戦争での体験がベースになっていると言われ、戦争という異常な状況下で人間はいかに醜く残酷になるか、そしていかに戦争が非人道的なものであるかを痛烈に訴えている。また、オリバー・ストーンとピーター・カズニックが共作したドキュメンタリー映画「オリバー・ストーンが語る　もうひとつのアメリカ史」（全10話）をＮＨＫが放映し、反響を呼んでいる。

残虐戦争を反省、平和国家に徹したドイツ

オリバー・ストーン監督は講演の冒頭、「日本人の良心を証明する良い平和式典だったが、安倍首相の発言に偽善があった。『平和』『核廃絶』などの言葉を口に出したが、安倍氏の言葉を信じていない」と語って、日独の歴史認識の差に言及した。

「第二次世界大戦で敗戦した主要国家はドイツと日本だった。ドイツは国家がしてしまった事を反省し、検証し、罪悪感を感じ、謝罪し、そしてより重要な事に、その後のヨーロッパで平和のための道徳的なリーダーシップをとった。ドイツは60年代70年代を通してヨーロッパで本当に大きな道徳的力となった。平和のためのロビー活動を行い、常に反原子力であり、アメリカが望むようなレベルに自国の軍事力を引き上げることを拒否し続けてきた。２００３年アメリカがイラク戦争を始めようというとき、ドイツのシュレーダー首相は、フランス、ロシアとともにアメリカのブッシュ大統領に〝ＮＯ〟と

言ったのだ。」

米国の〝衛星国家〟に甘んじる日本

「しかし、第二次世界大戦後私が見た日本は、偉大な文化、映画文化、そして音楽、食文化の日本だった。そして日本について見る事のできなかったものがひとつある。それは、ただ一人の政治家も、一人の首相も、高邁な道徳や平和のために立ち上がった人がいなかった。いや一人いた、それは最近でオバマ大統領の沖縄政策に反対してオバマに辞めさせられた人だ（注：鳩山由紀夫元首相のこと）。皆さんに聞きたいのは、どうして、こんなにひどい経験をしたドイツが今でも平和維持に大きな力を発揮しているのに、日本は、アメリカの衛星国家としてカモにされているのかということだ。あなた方には強い経済もあり、良質な労働力もある。なのに何故立ち上がろうとしない？」

オバマは無慈悲な人間だ

「私が１９６８年に兵士としてベトナムを離れたとき、これで世界は変わると思った。新しい時代が始まると思った。これで米国のアジアに対する執着は終わることになると思った。しかしアフガニスタン、イラクでの壊滅的戦い。それにクウェートなど中東での冒険のあと米国はオバマの陰謀とともにアジアに戻ってきた。韓国は済州島に巨大な軍事基地を作っている。そこは、中国に対しては、沖縄より前線に位置する。その軍港には世界最大であるあらゆる核兵器を搭載する空母ジョージワシントンが停泊できる。米国の本当の目的は中国である。第二次大戦後にソ連を封じ込めた以上に、中国に対する封じ込めこそが目的なのだ。中国はいま発展途上にある。つまり米国の『超大国』の立場を脅かすもう一つの超大国に仕立て上げられようとしている。今は大変危険な状況にある。

オバマは蛇のような人間だ。ソフトに問いかける。しかしオバマは無慈悲な人間だ。台湾に１２０億ドル《ドル》もの武器を売り、日本にステルス戦闘機を売る。日本は世界第四位の軍事大国になっている。日本より軍事費が多いのは米国、ロシア、中国だけだ。日本は米国の武器の最大の顧客だけでなく、中東での戦費の支払いをしてくれた。」

米国、アジアで物騒な動き

「今年戦争がアジアに戻ってきた。オバマと安倍は相思相愛だ。安倍はオバマが何を欲しがっているかを知っている。中でも尖閣諸島については、私にはコメントしようがない。あんなものを巡って戦う気が知れないが、それなのに戦う価値があるように言われている。問題は、日本のナショナリズムの精神が、安倍やその一派の第二次世界大戦に関する考え方、特に中国での南京虐殺や従軍慰安婦問題などから発するバカげた言説とともに復活しつつあることだ。

今、皆さんは核兵器が大切だとお思いだろう。しかしこの危険なポーカーゲーム（危険な賭け事）はアメリカ主導で進んでおり、アメリカは世界の73％の武器を製造して売りさばいている。それには無人攻撃機、サイバー兵器、宇宙戦争用の武器まで含まれる。米国は世界最大の軍事国家です。これが世界に起こっている事だ。日本は軍事に加担している。

ここで皆さんには、ドイツがヨーロッパでしたように、立ち上がって反対の声を上げて欲しい。日本は広島と長崎その他でひどい目にあった。この悲しみを糧にして強くなり、繰り返し戦争を起こしてきたバカものたちと戦って欲しいのです。」

〔２０１３年９月２日〕

汚染水対策より「五輪招致」を優先させるとは……

福島第一原発からの汚染水流出は、すべてが後手後手に回り、深刻さが拡大している。一刻も早い対策を練るため、衆院経済産業委員会では閉会中審査をすることになっていた。ところが８月30日、「９月中旬以降に先送りすることを決めた。経産省は汚染水対策を見極めてから審議日程を決める」と説明しているが、納得できない。

朝日新聞８月31日付朝刊によると、「９月７日の国際オリンピック総会前に、汚染水対策委員会の審議が紛糾すれば、２０２０年の東京五輪招致に影響しかねない」との懸念が浮上したためという。安倍晋三首相は、アベノミクス効果を引き出すため「東京五輪」をテコにしたいとの思惑が強烈なのだ。

汚染水対策が焦眉の急であるにも拘わらず、安倍政権の無神経な政策は本末転倒。国際的批判が高まっている時だけに、日本の信用はさらに失墜するに違いない。野党も国会審議先延ばしに、最終的に同調したというから呆れる。永田町、霞ヶ関の問題意識の欠如は目にあまる。漂流する日本政治……五輪招致に却ってマイナスとなるかもしれない。

〔２０１３年９月４日〕

五輪開催に浮かれ、緊急課題解決が遅れては困る

オリンピック招致の論議で、日本の海洋汚染不安、ス

ペインの経済不安、トルコの民衆暴動による政治不安が問題点だった。日本での２０２０年五輪開催が決まったといって、有頂天になって欲しくない。7年後の五輪準備に専念するより、福島原発処理と財政・経済の建て直しこそ、当面の緊急課題であるからだ。

安倍晋三首相はプレゼンテーションで「汚染水漏れは全く問題ない。抜本的解決に向けたプログラムを決定し、着手している」と強調したが、実態はなお深刻だ。五輪開催を成長戦略の一環とする考えのようだが、福島再生など別の重要課題は山積。そんな折、福島復興予算の流用が明るみに出たり、現場作業員の減少が心配されている。

号外まで出した新聞社もあり、各紙の五輪報道は過剰過ぎたように思う。日本の現状認識について、もっと問題点を指摘するコメントが必要ではなかったか。

〔２０１３年9月9日〕

対シリア　オバマ外交の危うさ

オバマ米大統領は、シリアに化学兵器があるとして先制攻撃の意図を表明した。これに対して英下院は、制裁のための空爆は実効性が乏しいとして、英政府提案を否決。最も緊密な米英関係にヒビが入ることを恐れたオバマ大統領が、攻撃から外交に軸足を移す契機の一つになったと思われる。ロシアや中国だけでなく、ＥＵ諸国も懐疑的な姿勢を表明したことの影響は大きい。ブッシュ政権のイラク攻撃失敗の轍を踏まないよう、オバマ大統領が慎重になったに違いない。

イラク戦争の愚を繰り返すな

朝日新聞9月17日付夕刊に掲載された藤原帰一東大教授の「時事小言」が参考になった。

「イラク戦争を始めとする過去の軍事介入で軍事大国指導者に与えられた白紙委任状が見直されようとしている。軍事大国が『国際社会』を代行して得られる安定は思いのほか脆いものだ。だが、その教訓に学んで軍事力を放棄するだけではシリアの荒廃を打開できない。化学兵器の撤去に加え、各国政府、さらに各国国民の承認に基づき、紛争地域の住民が少しでも安全となる具体的対応を図らなければならない」との分析は鋭い。

とにかくシリア問題でのロシア外交は点数を上げたが、米国は赤点だった。オバマ大統領は当初、軍事介入を強く示唆した。共闘するはずの英国が同調せず、米議会での承認も危うくなったためである。

「オバマ氏は外交のアマチュア」と米の識者が批判

朝日新聞9月16日付朝刊オピニオン面に展開したワシントン特派員電の、大統領の資質にまで踏み込んだリポートは興味深い。

「米国シンクタンクのサンダース所長は、ブッシュ政権には、賛否は別にして、外交政策にビジョンがあった。この政権にはそれが見当たらない。ホワイトハウスの元高官も、これほどの外交のアマチュア政権を見たことがない。オバマ氏は、根っからの政治家というより、孤独を好む学者タイプと評される。ゴルフや社交で人間関係を深めるわけでなく、厳しい局面で助けてくれる仲間がいないと指摘。また両者を知る元政府高官は「(同じ民主党でも)クリントン大統領には人を引きつける魅力があったが、オバマ大統領にはない。度重なる方針のぶれで、大統領の威信は傷ついた。大統領が、戦略を練り直し『アマチュア外交』との評を返上できるか、真価が問われる」とオバマ外交の危うさに警告を発した。

シリアの化学兵器撤廃への道はなお険しい

シリアの化学兵器撤廃への道のりは険しい。イラク戦争失敗が、中東全地域を混乱させたことは明らか。これを教訓に、シリア問題について関係各国、国連安保理での熟議を求めたい。

〔２０１３年９月21日〕

安倍首相の独断と偏見を危惧

安倍晋三首相は9月19日、福島第一原発を訪れ、汚染水漏れの現場を視察した。汚染水が漏れた貯蔵タンクなどを視察後、記者会見に臨んだ。朝日新聞20日付朝刊がもっとも的確に扱っていたと思うので、同紙の記述を紹介し、問題点を探っていきたい。

「汚染水は完全にブロックされている」繰り返す

安倍首相は記者団に対し、7日のＩＯＣ総会での東京五輪招致演説と同じ表現で「汚染水の影響は湾内の０・３平方キロメートル以内の範囲で完全にブロックされている」と改めて強調。「福島への風評被害を払拭していきたい。汚染水処理についてはしっかりと国が前面に出て、私が責任者として対応したい」とも語った。13日の東電フェロー(技術者)の「今の状態はコントロールできていない」との発言に照らしてみても、汚染水の制御は難題だ。

防護服を着て現場を見た首相はどうして自説にこだわるのだろうか。ますます拡大する汚染水の流失が収束していない実態を見たのだから、五輪での発言を潔く修正すべきだったと思う。集団的自衛権の容認発言にしても、首相には自説を押し通す癖があって、他の助言に聞く耳を持たない性格のようだ。これでは困る。もっとオープンに重要課題を熟議しないと、暴走の危険性を払拭できない。

汚染水対策こそ喫緊の課題だ

ここで、在京6紙の20日付朝刊を点検してみよう。朝日は1面トップに「首相、再び『汚染水ブロック』」との大見出しで報じた。そして前文あとに「5、6号機、廃炉へ」との3段見出しを掲げている。他の5紙はすべて「首相5、6号機の廃炉を要請」との主見出し。視察後の記者会見は本文に書き込んでいたものの、見出しを立てていない。価値判断は新聞づくりの要諦だが、この日の紙面をどう評価するか。福島の県民感情からみても、5、6号機も廃炉せねばならないと観測されていた。首相の廃炉要請は遅きに失したとみるのが当然だ。従って、朝日の紙面が光ったと思える。

汚染水問題に関しては毎日新聞9月4日付社説は「陸側から建屋に流れ込む地下水を遮る凍土遮水壁（地下ダム）と、汚染水から放射性核種を取り除く『多核種除去装置』の二つ。今、政府が最も力を入れるべきことの一つは、汚染水の源である地下水が建屋に流入する前に汲みあげて海に流す『地下水バイパス』の可能性を追求することだろう。……海外の関心も非常に高い。国のトップである首相自らが国内外に向けて現状と対策を説明すべき局面だったはずだ」と、厳しく指摘していた。

原発輸出のトップセールスとは……

朝日新聞3日付社説は「安倍首相は、就任直後から原発再稼働を掲げ、成長戦略の一環として原発輸出の『トップセールス』に邁進してきた。だが、最優先すべき課題は第一原発の事故処理であり、汚染水対策であるはずだ。汚染水問題が解決できなければ、日本の原発技術の安全性をいくら強調しても絵に描いた餅になる。対策の陣頭に立つことこそ首相の役割だ」と、首相の危機管理の無さに警告を発した。

〔２０１３年9月23日〕

ジュゴンが辺野古沖に姿を見せた

ジュゴンが名護市辺野古沖に戻ってきていた。オスプレイの夜間騒音に痛みつけられている沖縄県民に、ジュゴンが朗報を届けてくれたのだ。

ジュゴンはイルカやアザラシ、そして人間とも同じ哺乳類。かつては熱帯、亜熱帯に生息。沖縄の海にも姿を見せていた。ところが海洋環境の悪化で年々数が減り、世界的に絶滅が心配されている。沖縄に数頭しかいないのは、餌場が荒らされてしまったからと、推測される。

そのジュゴンが沖縄海域に戻ってきたというのだからめでたい話だ。いま辺野古沖を埋め立てて飛行場にしようと、日米両政府が画策している。沖縄県民は大反対で、環境アセスメントが進められている。今年中に政府に対し回答する予定で、沖縄県知事の模索が続いている。絶滅危惧種を守る運動が世界的に広がっており、ジュゴン出現の波紋は大きく、県知事の埋め立て可否の判断に影響しそうだ。

各紙の報道によると、沖縄防衛局が3年ぶりにジュゴンが餌場として使っていたことを示す食跡を確認していたのにひた隠し。公表が遅れた背景には、環境アセスへの配慮に違いなく、隠蔽体質に憤りを感じる。

〔2013年9月27日〕

憲法改正「極東地域に無益」
――米軍当局者、異例の言及

共同通信10月2日付配信によると、在韓米軍当局者は1日、韓国で記者団の質問に答え「安倍晋三首相が意欲を示す憲法改正に関し、地域にとって有益ではない」と疑問を呈した。日本の憲法改正に向けた動きが韓国、中国との関係に悪影響を及ぼすとの懸念を示したもので、米軍側としては異例の言及だ。安倍政権の言動に釘を刺した波紋は大きいだろう。

米軍当局者は「この数カ月間、安倍氏の発言を全て読んだ」としたうえで、憲法9条改正の動きが地域の安定に逆効果になるかとの質問に「そう受け取られる恐れがあるのは明白だ」とも述べた。

この発言を受け、米国防総省のリトル報道官は「米国は日米韓の協力拡大に期待している」とする談話を発表しており、改憲を急ぐ安倍政権を米側が注視していることは明らかだ。

〔2013年10月5日〕

小泉元首相が「原発ゼロの方針を打ち出せ」と強調

朝日新聞デジタルなどの報道によると、小泉純一郎元首相は10月1日、名古屋市内で講演し「核のゴミ処分場のあてもないのに原発を推進する方が無責任だ。今こそ原発をゼロにする方針を政府・自民党が打ち出せば、世界に例のない循環型社会を約束できる」などと述べ、脱原発への政策転換を訴えた。

フィンランドの核廃棄物処理場などを視察

小泉氏は講演の中で「原発はクリーンでコストも一番安いという専門家の意見を信じてきたが、東日本大震災が起きて、原子力を人類が制御できるか大きな疑問を抱いた。再生可能エネルギーの普及を進めるドイツやフィンランドにある核廃棄物処分場などを今年8月に視察したことが、循環型社会を目指す考えに変わった。フィンランドの設備が10万年持つか、これから厳しい審査がある。それでも同国にある原発4基のうち2基分の廃棄物しか処理できない。

現地の人は、10万年後の人類に（廃棄物を）取り出してはいけないと言って分かってもらえるかまで心配している。原発から出るエネルギーは本当に安いのか、事故が起きれば人体や農作物、地域へのリスクは計り知れず、原発ほどコストのかかるものはないと多くの国民は理解している」とも述べている。

安倍首相は「日本の原発技術は安全」繰り返す

これとは対照的に、安倍晋三首相は9月ニューヨーク証券取引所でのスピーチで次のように述べていたが、一人よがりの言動にびっくりした。

「日本の原発技術は安全で、これからも世界に貢献していきます。放棄することはありません。福島の事故を乗り越えて、世界最高水準の安全性に貢献していく義務があると考えます。一方、福島沖で高さ200メートルの巨大風車で発電するプロジェクトにも挑みます」と語っていたが、汚染水海洋流出が拡大している現状からみて、まことに能天気な話ではないだろうか。

「改めるに憚ることなかれ」

政策のミスや失敗があれば、「改めるに憚ることなかれ」である。この点で新旧両首相の姿勢を比較すると、小泉元首相の「脱原発発言」は潔く、好感が持てた。毎日新聞8月26日付朝刊3面コラム「風知草」で山田孝男記者と小泉氏とのやり取りが興味深かったので、その一部を紹介しておきたい。

「脱原発、行って納得、見て確信——。8月中旬、経団連首脳らが同行した小泉元首相のドイツ、フィンランド視察の感想はそれに尽きる。いま、オレが現役に戻って、態度未定の国会議員を説得するとしてね、『原発は必要』という線でまとめる自信はない。今回いろいろ見て、『原発ゼロ』という方向なら納得できると思った。ますますその自信が深まったよ」と率直に語る。

フィンランドの核廃棄物最終処分場「オンカロ」見学とドイツ視察の旅。オンカロは世界で唯一、着工された核廃棄物最終処分場だ。2020年から一部で利用が始まるというが、核燃料廃棄は10万年単位の難作業と、自分の目で確かめて反省しきりだった。

〔2013年10月7日〕

アーリントン墓苑とは違う靖国神社

日米防衛2プラス2会議で来日した米国のケリー国務長官とヘーゲル国防長官が千鳥ケ淵戦没者墓苑を訪れ、献花した。日経10月6日付朝刊1面コラム「春秋」で初めて知ったが、千鳥ケ淵墓苑は米国のアーリントン墓苑の日本版で、外国要人が儀礼的参拝に訪れることは不思議でない。

安倍晋三首相は今年5月、米誌とのインタビューで、靖国神社をアーリントン墓苑になぞらえて靖国参拝は自然なことだと主張したが、東條英機ら戦犯を合祀する靖国神社に対し米国などは違和感を抱いているに違いない。同コラムは「靖国神社は一つの宗教法人に過ぎず、アーリントン墓苑になぞらえるのはやはり無理がある。安倍首相の言動は日米同盟に対する米国内の支持も損ないかねない」とコメントしていたが、米国二長官の千鳥ケ淵訪問は、靖国にこだわる安倍政権への〝牽制球〟かも知れない。

〔2013年10月10日〕

マララさん、オバマ大統領に訴える

「世界一勇敢な少女」と呼ばれるパキスタンのマララ・ユスフザイさん（16歳）が10月11日、オバマ米大統領夫妻とホワイトハウスで面談した。

パキスタンへの無人機攻撃に抗議

CNN13日配信によると、マララさんは大統領に無人機を使ったイスラム武装勢力タリバーン掃討作戦への懸念を表明、「罪のない人々が殺され、パキスタン国民は反感を募らせている。代わりに教育に重点を置けば大きな影響を与えることができる」と主張した。ホワイトハウスは、女子教育の推進を訴え続けるマララさんの努力に敬意を表するとのコメントを発表したが、無人機攻撃についての米側の反応は全くなかったのだろうか。

遠隔操作による無人機の無差別爆撃、化学兵器の残忍さと同様恐るべき兵器である。直ちに「無人機禁止」に乗り出すべきである。

タリバーンの銃弾を浴びる

マララさんの父親ジアウディンさんは私立学校を経営する教育者で、マララさんもこの学校に進み医者を目指していた。2009年1月、当時11歳だったマララさんは英BBC放送ウルドゥー語ブログにタリバーンの強権支配と女性の人権抑圧を告発する「パキスタン女子学生日記」を投稿、一躍有名になった。2012年10月9日、スクールバスで下校途中、タリバーンに襲撃され重傷を負った。現地で弾丸摘出す術を受けたあと、英国の病院に移され、一命を取り止めたが、15歳の女子学生へのテロ事件は世界に衝撃を与えた。そのマリアさんが、2013年7月12日国連総会で演説、多くの感銘を呼んでいる。

ガンディーなど「非暴力の哲学」に学ぶ

「2012年タリバーンは私の額の横側を銃で撃ちました。私の友人も撃たれました。でも、テロは失敗しました。これによって、私に強さ、力、勇気が湧いて来ました。私は自分を撃ったタリバーン兵を憎んでいません。これは、私が預言者モハメッド、キリスト、ブッダから学んだ慈悲の心です。これは私がガンディー、バシャ・カーン、そしてマザーテレサから学んだ非暴力という哲学なのです。そして、それは私の父と母から学んだ「許しの心」です。私の魂が私に訴えて来ます。「穏やかでいなさい。すべての人を愛しなさい」と。私たちはすべての子どもたちの明るい未来のために、学校と教育を求めます。私たちは目標のために一つとなり、連帯できるからです」――。マララさんはCNNのインタビューに答え「パキスタンの首相になりたい。政治を通して国家に貢献したい」とも語っている。

珠玉の言葉を散りばめた感動的な訴えが、胸に迫る。インターネットで、長文の「マララの文章」を読んで、16歳の少女とは思えぬ「哲学者・思想家の教え」に、世界の人々は学んだに違いない。〔2013年10月18日〕

東京五輪より、原発被災地復興が最優先課題

「2020年の東京五輪が決まって喜ばしい半面、東日本大震災の被災者を気遣う人も多い。資材、人材、機材が不足し、入札が度々不調に終わるという報道に接すると復興作業の困難さを認識する。そんな状況で五輪だからと大規模工事を始めたら、たちまち被災地での作業に支障をきたすだろう。そこで優先順位を間違えないでほしい。震災からの復興を掲げる五輪ならなおさらだ。少なくとも被災地の生活基盤を整えてから五輪関連の工事を始めるのが筋だ。特に福島県の被害を思うとしのびない。首都圏への電気を生み出していた福島原発の問題

を置き去りにして、お祭り騒ぎでは納得できない人も多かろう」――毎日新聞10月18日付朝刊「みんなの広場」欄に掲載された主婦の投書だが、震災復興こそ最優先課題であることを忘れてしまっては困る。

NHK世論調査に見る支持率、自民党36・1％

ＮＨＫが10月12～14日に実施した世論調査によると、安倍内閣支持率は先月より1ポイント下げて58％、不支持が26％と3ポイント増えている。自民党支持率では36・1％と先月より4・3％下落、民主党支持率5・24％より遥かに高いものの、「支持政党ナシ」が2・8％も増えて41・8％に上昇している。「取り組むべき課題」では、原発への対応22％が最も多く、景気対策21％、社会保障問題18％、東日本大震災復興15％、財政再建11％、外交・安全保障6％となっており、やはり世論の関心は原発対策が強いことを示している。

抽象的言辞を弄した安倍首相の施政方針演説

遅ればせながら10月15日から始まった臨時国会、活発な論戦を期待していたが、首相の施政方針演説は抽象的言辞を弄するだけ、民主党の質問にも迫力は感じられなかった。

東京新聞10月16日付社説は「首相が今回の演説でちりばめたのは『チャレンジ』『頑張る』『意志の力』『実行』という言葉だ。しかし、『意志の言葉』ばかり強調されると、心配になってくる。頑張ろうとしても頑張れない、頑張ってもなかなか成果を出せない、社会的に弱い人は切り捨てられても構わないという風潮を生み出しはしないか、と。意欲や能力のある『強者』だけがますます栄え、弱い人たちが軽んじられる『弱肉強食』の競争社会は、たとえ経済が成長しても、暮らしにくいに違いない。それは、われわれが目指すべき『支えあい社会』には程遠い」と指摘。朝日新聞同日付社説でも「成長戦略、福島原発の汚染水対策、ＴＰＰ交渉への取り組みなど論議を尽くすべき課題が多いのに、所信表明演説は拍子抜けするほど素っ気なかった。汚染水漏れには『国が前面に立って、責任を果たす』。ＴＰＰ交渉では『攻めるべきは攻め、守るべきは守る』というわけだ。知る権利が焦点となっている『特定秘密保護法案』には一言も触れなかった」と、具体策を示さない首相演説を批判している。

原発汚染水漏れは〝風評被害〟と強弁

安倍首相の政治手法は前宣伝ばかりで内容は空疎、〝逃げの姿勢〟が目立つ。毎日新聞同日付社説もまた「汚染水への危機感薄い」との見出しを掲げ、次のように糾弾している。

「『汚染水の状況はコントロールされている』という国

際オリンピック委員会（ＩＯＣ）総会での発言に批判が集まっていることへの反論でもあったろう。首相は演説で汚染水問題に伴う風評被害に触れ『食品や水への影響は基準値を大幅に下回っている。これが事実だ』と断言した。首相はさらに『東電任せにすることなく、国が前面に立って責任を果たす』と強調したが、国と東電が中長期的にどう役割分担していくのか、具体的には語らず、あいまいだった。」――。

東京新聞は17日社説で民主党代表質問の迫力の無さを指摘、「海江田万里民主党代表は汚染水問題を追及したものの、原発の存廃には触れなかった。選挙公約に掲げた２０３０年代原発ゼロは諦めたのか。原発稼働の継続を、もう規定の路線と考えているのだろうか。……小泉純一郎元首相は脱原発路線に転換するよう、安倍首相らに政治決断を促している。事故の補償や廃炉・除染費用を含めれば原発の発電コストがより高くなることや、核のごみ（放射性廃棄物）の最終処分の困難さがその理由だ。それらは原発・エネルギー政策の根幹にかかわる重要な論点でもある。首相経験者の小泉氏が脱原発路線に転換した今こそ、安倍首相にただす好機ではないのか。汚染水問題の追及は最低限の仕事をしたにすぎない。それで政権との対決姿勢を鮮明にしたと気取られては困る」との批判はもっともである。

「イメージ政治」に翻弄される危険

安倍首相の政治姿勢に危うさを感じることばかりだが、世論はどう読み違っているのだろうか。その点、朝日新聞18日付朝刊オピニオン面に掲載された、石田英敬東大教授の「『安倍さん』という気分」という分析に啓発された。記号学・メディア論の専門家としての指摘が興味深かったので、そのさわり部分を紹介しておきたい。

「首相の演説が五輪招致の決め手になったと賞賛されているが、人々が驚いているのは、首相の言葉ではなく、イメージでしょう。言葉を武器に人々の理性に訴え、説得を試みるのが本来の政治ですが、安倍首相が展開しているのは、理性ではなく人々の感性に働きかけ、良いイメージを持ってもらうことで政治を動かすことを狙った『イメージの政治』です。イメージの政治において、私たちは政治ショーを見ている観客と化します。五輪招致演説で、汚染水漏れについて『アンダーコントロール』と発言しましたね。これは書き言葉に落とすとつじつまが合わないが、招致に利したし、いいパフォーマンスだったと多くの人が判断している。スポーツを観戦する人が『最高のパフォーマンスを見せてくれ』と言うでしょ。それと同じです」との分析は、みごと的を射ていると思う。

〔2013年10月21日〕

民主国家を揺るがす「特定秘密保護法案」

政府が今国会に提出した「特定秘密保護法案」が成立すれば、国が勝手に秘密を拡大解釈し、情報統制が強まる懸念が高まっている。戦前の「治安維持法」の悪夢を指摘する向きもあり、成立を阻止しないと民主主義国家が大きく揺らぎそうだ。

「情報公開」のルールを逸脱

国家は主権者・国民に最大限の情報を公開し、選挙で審判を仰ぐのが民主主義のルール。これが隠蔽されれば民主主義は空洞化してしまう。

「西山事件」の教訓

ここで鮮烈に思い出すのは「西山事件」である。1972年の沖縄返還協定で、米国が支払うとされた原状回復費400万ドルを日本が肩代わり負担した裏約束。この機密文書の存在を察知した西山太吉・元毎日新聞記者が女性外務事務官から密かに入手して暴いた事件だ。一審は無罪だったが、最高裁で有罪とされた。しかしその後米公文書や当時日米交渉に当たった吉野文六・元外務省アメリカ局長の証言で、密約の存在が明らかになったが、政府は未だに沈黙し続けている。

朝日と西日本新聞の追及に注目

朝日新聞と西日本新聞が10月27日朝刊で、西山氏にインタビューし国家機密を論じた紙面には説得力があった。重要箇所と思われる発言の一部を紹介しておきたい。

「2006年に外務省元局長が密約の存在を認めた直後も当時官房長官だった安倍晋三氏も麻生太郎外相も公的な場で『密約は一切ない』と答え、その後も内閣は存在を否定したまま。今回の法案も、ウソをつく人たちが作ろうとしている危険な法案だ。」

「背景には米国と機密情報を共有したい政府の思惑がある、しかし、米情報機関がドイツ首相の携帯電話を盗聴していた疑惑が浮上し、米国は同盟国も信用していないと分かった。そんな国が日本に情報をもらすだろうか。」

「外交交渉の結果にウソをつけば、政治犯罪になるのです。その意味で、沖縄密約は最高の政治犯罪といえます。東京地裁も東京高裁も認定したにも拘わらず、自民党政権は未だに『密約は無かった』と言っている。国会でウソをつき続けている現政権に、法案を出す資格はないのです。」――まことに重大な警告であり、今後の動向を監視続けなければならない。

〔2013年11月2日〕

「安全は二の次か」……トルコへの原発輸出に批判高まる

トルコを再訪した安倍晋三首相は10月29日、エルドアン首相との共同記者会見で「原発安全対策を強化しながら今後も日本企業の原発輸出を後押ししていく」と表明。これより先、三菱重工業など企業連合は、トルコ政府と原発建設の合意にこぎつけた。

福島原発事故の収束がないまま、海外トップセールスを拡大することを、是認できるだろうか。国内で稼働している原発はゼロ。原発の安全性に対する国民の不信感は根強く、将来の原子力政策が宙に浮いた状況での輸出は危険きわまりない。

確かに世界の原発需要は高まっているようだが、毎日新聞10月31日付朝刊は「安全を二の次にして海外でもうけようとするエコノミックアニマルの典型。二重基準で節操がない」と、国際外交筋の批判を伝えていた。「事故の収束こそ優先課題だ」と、海外の眼が弾劾するのは当然だろう。

〔2013年11月2日〕

無人機による民間人犠牲者、パキスタンで900人超

遠隔操作による無人機攻撃は依然止まず、新たな〝残虐兵器〟の様相を呈してきた。アムネスティー・インターナショナルの調査によると、パキスタンでは過去9年間で900人以上の民間人が無人機攻撃の犠牲となり、イエメンでも58人が巻き添えを食ったという。国連の調査でも2004年以降、パキスタンで400人以上の民間人が死亡したことが明らかにされ、被害はさらに多発する危険性が濃厚だ。

米国ではトップシークレット

米国のオバマ大統領が「無人機攻撃で、民間人に死傷者が出ている」と公式に認めたのは今年5月だったが、その後大統領は具体的数字を示さず、〝トップシークレット〟扱いが続いている。

「国際法違反だ」――国連調査官、米議会で告発

週刊誌サンデー毎日（11月17日号）は、「米国ではパキスタンで発生した空爆の被害者らが初めて連邦議会で証言。国連調査官のベン・エマーソン氏が『国際法に違反している可能性がある』として、直ちに無人機攻撃を止めるよう呼びかけた。大統領は『警察、軍隊などの影響

が及ばない場所で人々の脅威を取り除くには、この方法しかない』との姿勢だ。国際法違反の暴挙を地道に世界に知らせていかねばならない」と警告していた。

ＢＢＣ11月１日の放送によると、パキスタン・タリバン運動の高官ハキムラ・メスード司令官が米軍の無線機攻撃によって死亡したことを明らかにした。民間人犠牲者には一切触れていないが、米国の執拗なタリバン掃討作戦が懸念される。

「テロ戦争の連鎖」の危険性

仮に、犠牲者の遺族が反米活動に参加すれば「テロの連鎖」になりかねず、悲劇が増幅するに違いない。さらに憂慮されるのは、無人機問題が米英にとどまらないことだ。中国など新興国が無人機配備に積極的であり、日本も導入を検討中というから恐ろしい。

朝日新聞11月３日付朝刊は、「日米両政府は、米軍がグアムに配備する無人偵察機２～３機を米軍三沢基地（青森県）に２０１４年春以降配備することを検討している。自衛隊も３～４機の15年度導入を計画、両国の情報共有を目指している」と報じている。「偵察型の無人機だから問題ない」と防衛省は言っているが、その保障はあるのか疑わしい。

無人機使用の歯止め、国際ルール確立を急がないと、「新たな戦争」を引き起こす危険性大である。

〔２０１３年11月６日〕

国連の「核廃絶決議」１６４カ国が賛同

日本が主導し、提案した核兵器全廃を目指す決議案が11月４日の国連総会第一委員会（軍縮）で、１６４カ国の圧倒的賛成多数で採決された。

毎日新聞11月５日付夕刊は、「反対は北朝鮮だけ、棄権14カ国。核保有国では米国、英国、フランスが賛成し、米国は共同提案国にも名を連ねた。中国とロシアは棄権した」と報じた。12月の国連総会で正式に採択される。

核不使用声明では賛成に踏み切る

また、10月21日（現地時間）に同委員会が発表した「核兵器の人道上の影響に関する共同声明」には、日本を含む１２５カ国が賛同した。声明には「いかなる状況下でも核が二度と使われないことが人類生存につながる」と明記された。

日本は広島、長崎への原爆投下、太平洋ビキニ環礁での水爆実験、東京電力福島第一原発事故と４度も核被害を受けたが、今回が初めての賛同だった。

過去3回の賛同拒否について政府は「『いかなる状況下でも……』という声明のくだりが、米国の『核の傘』に依存する日本の安全保障政策に合致しないと主張してきた。この点、今回の賛同を多とするものの、核政策に対する政府の根本的な姿勢が変化したと、単純に受け取れない。

日本政府は「核抑止論」を絶対視

核不使用声明が発表された同じ日、日本は米国の「核の傘」に頼るオーストラリアが発表した別の声明にも賛同した。そこには「核兵器国を実質的かつ建設的に関与させない限り、核兵器を禁止するだけでは核廃絶は保証されない」と記されていた。これは過去4回の核不使用の声明を主導してきたスイスをはじめ、一部有志国が目指す核兵器禁止条約へ向けた動きを否定する内容ではないだろうか。

政府は「核抑止論」を絶対視し「核なき世界」のビジョンを軽視する向きがあることは事実だ。この際、核廃絶を求める世論をさらに増幅させ、冷戦時代の思考を引きずる国策に変化を与えていきたい。

パウエル元米国務長官が「核は軍事的に無用」

米軍制服組トップと国務長官を務めた、コリン・パウエル氏が朝日新聞7月10~11日付朝刊のロングインタビューで重要な発言をしている。本欄（7月23日付）でも一部紹介したが、注目すべき視点を紹介しておきたい。

「まともなリーダーならば、核兵器を使用するという最後の一線を踏み越えたいとは絶対に思わない。使わないのであれば、基本的には無用だ。政治的に見れば、核には抑止力があり、北朝鮮は核兵器を持つことで自国の力や価値が増すと考えている。だからこそ私は核軍縮を提唱している。核兵器をすぐにゼロにするのは難しい。しかし核廃絶という目標を持つのは良いことだ。各国は協力してコントロールし、封じ込めることが重要だ」との「パウエル発言」は、まさに正論である。

〔2013年11月10日〕

米海兵隊、沖縄から豪州への重点配備を計画

米海兵隊の海外駐留の拠点を、沖縄からオーストラリアにシフトするとの情報が、米国内で流れている。

琉球新報11月10日付朝刊ワシントン特派員電が伝えたもので、注目される動きだ。普天間飛行場の辺野古（名護市）移転は暗礁に乗り上げたままで、1月の名護市長選でも〝容認派〟が勝利するとは考えられない情勢という。この点、今回の米国側情報は、解決策を目指すものと考えられる。

「在沖米海兵隊再編の一環で、海兵隊がオーストラリアに2500人規模の駐留を計画している件で、2018年会計年度（17年10月～18年9月）をメドに、海兵隊の航空機や兵員を搭載する強襲揚陸艦をオーストラリアに配備することを計画している。強襲揚陸上陸戦を含む比較的大規模な作戦に出動するもので、オーストラリアに新たな行動拠点が構築されることが鮮明となり、海兵隊が沖縄に大規模駐留する必然性がさらに薄れることになる。この計画策定に携わる米海兵隊のウェストーフ少佐は取材に対し、海軍の水陸両用即応グループと現地で連携する駐留方式について『人道支援任務だけでなく、さらに大きな共同作戦の支えとして機能できる』と強調した」と報じている。

重大な動きなのに、沖縄県紙でしか確認できなかった。沖縄問題に関心が薄い本土紙の姿勢を改めるべきだと、痛感した。

〔2013年11月14日〕

1号機の格納容器でも水漏れ見つかる

東京電力福島第一原子力発電所1号機で11月13日、強い放射線のため見られなかった格納容器の状況を点検する作業が始まった。ロボットを使って入念に内部を調査したところ、格納容器の下部で2カ所水漏れが見つかった。

メルトダウンした1号～3号機の格納容器で水漏れ箇所とみられる場所が見つかったのは初めて。4号機の汚染水対策を進めている東京電力は、新たな調査結果を重視、さらに詳しく調べることになった。

漏れた汚染水量は分からないものの、このうち1カ所は、水道の蛇口をひねったような勢いがあると説明しており、この付近に格納容器の損傷箇所があると推測している。放射線量は1時間当たり0・9シーベルトから1・8シーベルトという極めて高い値だという。

福島第一原発のメルトダウンした1号～3号機は、メルトダウンを免れた4号機より放射能汚染が酷く、作業環境は更に悪い。格納容器を水で満たして溶け落ちた燃料を取り出す廃炉の作業を進めるうえでも、難題山積である。

〔2013年11月16日〕

「ツワネ原則」に基づき、秘密保護法案の慎重審議を

恐れがある。

「特定秘密保護法案」は〝知る権利〟侵害につながる恐れがある。——法律学者、弁護士連合会をはじめ、マスコミ各社、評論家の多くが異を唱え、女性週刊誌を含む雑誌業界も参加して、与党は四面楚歌の様相を呈してきた。本来、国会で堂々と論議すべき重要法案なのに、与野党〝密室談合〟に終始している姿にも、批判が高まっている。

その成り行きは国際的にも注目されており、「ツワネ原則」と称する言葉が飛び交っている。一般に馴染みのない用語だが、「国家安全保障と情報への権利に関する国際原則」と言われる。今年6月、南アフリカ共和国首都ツワネで開かれた国際会議で、世界に向けて発表された。国連やOSCE（全欧安保協力会議）など国際機関の専門家ら70カ国500人以上が2年間にわたって議論してまとめた「国際原則」。「安全保障のための秘密保護」と「知る権利や人権の確保」というテーマをどう両立させるかが、論議の焦点だった。

その結果、「秘密保護といっても、人権や人道にかかわる国際法に違反する情報の制限は許されない。全ての情報にアクセスできる独立した第三者機関を設置、秘密を指定する期間を定め、公務員でない者は秘密情報の入手などで罪に問われない」という厳格な規定が盛り込まれた。

この「ツワネ原則」を熟知していた国会議員はごく少数で、安倍政権が強引に成立を図ろうとする法案への認識不足は甚だしい。安全保障に関する機密は限定的で、公開性や人道的立場を崩してはならないことは当然だ。今国会での成立を急がず、慎重審議を望みたい。

〔2013年11月23日〕

隠し事多すぎる「特定秘密保護法」と、西山元記者が国会証言

1972年沖縄返還を巡る日米密約をスクープした西山太吉氏（元毎日新聞記者）が11月21日、参院国家安全保障委員会に参考人招致された。西山氏は特定秘密保護法案について「外交に関する全ての情報を特定秘密に指定できることになる」と指摘し、「日本は隠し事が多く、歴史を検証できない」と述べた。

西山氏は外国人特派員協会、日本記者クラブに招かれ、秘密保護法の危険性を語っているが、今回は国会の証言

台に立って、多くの問題点を指摘した。

東京新聞が適切な紙面扱い

東京新聞11月22日付朝刊・政治面に4段相当の横見出し（2段写真）を掲げ、詳報した。朝日新聞朝刊も4面に2段見出しで掲載したが、毎日新聞の5面10行のミニニュース扱いには驚かされた。かつて毎日新聞の〝密約スクープ〟が取材方法を巡って問題となり、佐藤栄作政権の怒りを買って逮捕、1978年に有罪が確定した事件として記憶に残るスキャンダルだ。ところが2000年になって日米密約を裏付ける米国公文書が発見されたため、2005年に賠償請求訴訟が提起された。次いで06年に対米交渉当事者の吉野文六・元外務省アメリカ局長が、「密約の存在」を北海道新聞記者に明らかにしたため、形勢は逆転。09年の一審で勝訴したものの、刑事事件の有罪判決は覆らなかった。しかし、実質的には西山氏の名誉回復につながった。

以上、西山事件の経緯を振り返ったのも、西山氏の国会証言に迫真性を感じたからだ。そこで東京新聞の記事を再録して、参考に供したい。

検証もせず、外交交渉の経緯も公開せず

「西山氏は11月21日、参院国家安全保障特別委員会に参考人として出席。『外交交渉で結論が出たら、全て公開して国民の理解を得なければならない。それを隠すなら民主主義が崩壊する』と、情報公開法の必要性を強調、秘密保護法案を批判した。さらに西山氏は外務省密約問題やイラク戦争で大量破壊兵器が存在しなかった問題に対し、徹底的な検証を行わない政府の隠蔽体質を指摘。外交交渉のプロセスをいちいち公開する必要はないが、今回の法案は、外交交渉を全部隠して、すべて特別秘密に指定できる。これじゃあいけない。今は隠そう隠そういう方に力点が置かれている。安倍政権の内閣人事局新設や、内閣法制局長官人事など権力の集中化など、私は戦後を見てきたが、こんな集中はない。日本版・国家安全保障会議（NSC）設置法案について、『沖縄返還交渉の際、日本はバラバラで交渉し、米国の対日要求を全部のまされ密約につながった。もし外務・防衛が縦割りを克服して機能するなら、素晴らしい威力を発揮する』と指摘していたが、傾聴すべき警告と受け止めたい。」

毎日新聞が忌まわしい西山事件に気を遣いすぎて、こんな貧弱な紙面扱いにしたのだろうか。同紙が秘密保護法に多くの紙面を割いて警告を発していただけに、残念でならない。

戦前の「治安維持法」に似た〝凶器〟に……

朝日新聞11月23日付朝刊で内田樹・神戸女学院大名誉

教授は「秘密保護法ができれば、言論人や労働組合は抑圧され、メディアも政府批判を手控えることになるでしょう。運用次第でかつての治安維持法のような〝凶器〟になりかねません」と指摘していたが、西山証言は同様な危惧を、自己の体験を振り返って率直丁寧に語っていたと思う。

毎日新聞11月18日付朝刊オピニオン面では、田島康彦・上智大教授、長谷部恭男・東大大学院教授らの衆院委員会での証言を詳しく伝えていた。参考になる意見に感銘しただけに、今回の〝ビビッた〟とも誤解されかねない紙面扱いに違和感を感ぜざるを得なかった。

〔2013年11月26日〕

「武器輸出三原則」の歯止めが揺らぐ輸出

安倍晋三政権は、野党、国民の多くが猛反対していた「特定秘密保護法」を、12月6日深夜強行可決した。国会審議時間わずか60時間余で質疑を打ち切っての暴挙で、その責任をめぐって混乱が続いている。この混乱のすきを狙ったように、安倍政権は5日、「武器輸出三原則」に代わり、新たな「武器輸出管理原則」策定を決め、原案を与党に提示した。

日本の非核三原則は1967年、佐藤栄作首相によって打ち出され、歴代政権が引き継いできた。

佐藤政権以来、歴代政権が継承してきた

非核三原則が定められた背景に小笠原諸島さらに沖縄が本土復帰する過程があったようだ。当時、核を「使用しない」ことは核不拡散条約（NPT）の交渉時からかんかんがくがく議論されており、日本政府は核を「使用する、しない」については何も言わず、ただ「持ち込まない」にして切り抜けてきた。ところが核積載の米艦船の日本寄港問題をきっかけに、「核を持ち込まない」という表現は核の抑止力維持の観点から問題があるので、三原則を修正して二・五原則とか二原則にしてしまおうという意見が出てきた。

当時の佐藤内閣は、①共産圏②国連安保理決議により武器輸出が禁止されている国③国際紛争の当事国またはそのおそれのある国――の武器輸出を禁止。三木武夫内閣は76年、三原則以外の国にも原則、輸出禁止を決めた。ただ米国などへの武器技術供与などは個別に官房長官談話を出して「例外」を設けてきたという。

日本版NSRが「司令塔」に

朝日新聞12月6日付朝刊は、「安倍政権が示した原案

では『我が国の安全保障に資する場合』は輸出できる文言を新しく設ける。ただ、②と③の禁止条項は維持する。輸出の審査・管理基準も設けるが、三木内閣の原則禁止は撤廃の方向だ。武器輸出の品目や地域が大幅に広がる可能性がある。新原則が決まれば、輸出の可否は外交・安保政策の『司令塔』となる国家安全保障会議（日本版NSR）などでの協議を経て判断される」と分析しており、武器輸出拡大にはずみがつくのが心配だ。

三菱重工などの動きが気懸かり

現に三菱重工など大手企業が武器輸出促進の体制を整えており、国民の知らないうちに本格的武器輸出につながることが懸念される。このほか、原発輸出が気になる。原発は武器そのものではないが、悪用される心配なしとはいえない。

無人機開発などで各国が鎬をけずっている現状からみて、戦乱の危険性が減るどころか、巧妙な戦術に切り替えられていると考えられる。平和主義を国是とする日本は「武器輸出三原則」の理念の堅持に立ち返るべきだ。

〔2013年12月9日〕

「1票の格差4・77倍」に違憲状態の判決相次ぐ

「1票の格差」が最大4・77倍だった今年7月の参院選を無効として、弁護士グループが全国で選挙無効を求めた訴訟で、札幌高裁（山崎勉裁判長）は12月6日、「違憲状態」との判断を下した。

議員一人当たりの有権者数は最小の鳥取県に比べ北海道が最多で、4・77倍。これをめぐって、11月28日には広島高裁岡山支部が「違憲・無効」の厳しい判決を下した。12月5日には広島高裁が「違憲状態」と判断。今のところ「無効請求」を、札幌・広島両高裁は棄却している。

北海道新聞12月8日付社説は「議員一人当たりの有権者数が最も少ない鳥取県の1票の価値を1とした場合、北海道は0・21でしかない。法の下の平等という民主主義の根幹がないがしろにされ続けている状態は異常だ。最高裁はこれまで、2007年の参院選に対しては『合憲』としながらも、『大きな不平等が存在する』と指摘し、制度見直しに言及した。

最大5倍の格差があった10年の前回選挙には、「違憲状態」を突きつけた。だが、国会が対応したのは、大阪府と神奈川県を2増とするなどの4増4減だけだ。その結果、7月の参院選は1票の価値が最も小さい選挙区が神奈川県から北海道に変わったにすぎない。

衆院でも人口最少の宮城5区に対し、北海道1区が2倍超になるなど見直しは急務だが、国会の動きは鈍い。国会議員に期待できないのであれば、衆参両院ともに第三者機関が主導して、改革を推進すべきだ」と、厳しく批判していた。

今後も同種の判決が予想される。選挙制度を抜本的に改革できない国会に対する司法からの厳しい警告にほかならない。絶対多数の自民党政権は「秘密保護法」に莫大なエネルギーを割いたが、自分たちの議席に関する問題には実に不熱心だ。16年の次回参院選挙までの改革を目指して、根本から立て直すべきだ。

〔2013年12月11日〕

疑問だらけの「エネルギー基本計画」

経済産業省は12月6日、「エネルギー基本計画」の原案を発表した。原子力発電を「重要なベース電源」として、原発再稼働に向けた〝地ならし〟的印象が気がかりだ。

野田佳彦・民主党政権時代の2012年9月、「30年代に原発稼働ゼロ。稼働40年で停止、新増設は認めない」とエネルギー計画を打ち出していたが、安倍晋三政権は今回「原発維持」政策に方向転換した。

原発再稼働、原発輸出を打ち出す

「①原発は、重要なベース電源②最終処分場の候補地は国が指示③原発比率、新増設方針は見送り④原発輸出は推進」――との方針を鮮明にした。福島第一原発事故（2011・3・11）によって〝原発安全神話〟が瓦解し、クリーンなエネルギー源確保に全力を挙げなければならない時期に、自民党政権の時代錯誤的方針には呆れ果てる。

最終処分場、核燃料サイクルなどの難題

毎日新聞12月10日付朝刊は「原発回帰は許されない」との見出しで一本社説を掲げた。

「現世代の責任として国が最終処分に積極的に取り組むのは当然のことだ。しかし、候補地選定が難しいことに変わりはない。小泉純一郎元首相の『トイレなきマンション批判』に基づく『原発ゼロ』発言をかわすための方策とも思える。再稼働を進めるために積極姿勢を見せても、根拠が乏しければ国民の理解は得られまい。最終

処分問題の解決のためにも原発を減らしていく具体的な計画を示すべきだ。『核燃料サイクル』を原発事故前と変わらず『着実に推進する』としたことも問題だ。日本は再処理済みのプルトニウムを国内外に44トンも所有している。原爆5000発分に相当する。消費するあてもなく、プルトニウムを生み出す核燃料サイクルを続ければ国際的な疑念を招くおそれもある。実用化のメドが立たない高速増殖炉『もんじゅ』や再処理工場の安全性、技術的な困難さなどを考え合わせれば、核燃料サイクルにはこの段階で幕を引くべきだ」と、具体的な問題点を挙げ、厳しく批判していた。

プルトニウムは貯まる一方

東京新聞11日付社説も、「今現に50基ある原発は、すべて停止中である。汚染水さえ止められず、膨大な国費をつぎ込んでいる。この先、除染、補償、廃炉など、天文学的な費用が必要になるだろう。とてもではないが、原発は安定的とも低コストとも言い難い。(中略)使用済み核燃料の処分方法は、棚上げにしたままだ。核燃料サイクルの実用化は可能かどうかわからない。再処理して取り出した危険なプルトニウムが蓄積されていくだけだ」と、警告を発していた。

原発推進を煽ってきた通産省が「真摯な反省」どころか、計画がズサンすぎる。原発依存度は可能な限り少なくするとは書いてあるものの、国の反省は伝わってこない。素案をまとめた審議会委員の大半は、原発維持・推進派が占めている。特定秘密保護法に従えば、原発の事故対策すら、テロ防止を口実に公開されない恐れがある。基本エネルギーが原子力である必要はない。原発に代わる新技術をなぜ奨励しないのか。そこには国の未来がかかっている。

〔2013年12月13日〕

第Ⅳ部　2014年

安倍首相の靖国参拝に各国の日本批判強まる

昨年末に我々は極めて重要な政治課題が突きつけられた。一つ目は安倍晋三首相の靖国神社参拝（12月26日）、二つ目が沖縄普天間飛行場の名護市・辺野古移設合意（27日）である。いずれも年明けの２０１４年に引き継がれる難題で、成り行きが注目される。

安倍首相の靖国神社参拝に、中国・韓国をはじめ米国、ロシア、欧州連合（ＥＵ）、国連の批判が瞬く間に広がり、深刻な外交問題の様相を呈してきた。極東軍事裁判（東京裁判）で侵略戦争を指揮した東條英機らA級戦犯14人が祀られている（１９７８年に突如合祀）からだが、特に同盟国・米国の厳しい批判は、今後の日米関係に影を落としている。

同盟国・米国が「参拝に失望」と異例の声明

安倍政権発足1年になる12月26日に参拝を強行した経緯は、各紙が大報道している通りで、〃戦前回帰〃を思わせる安倍首相の言動は看過できない。首相は東京裁判を「連合国側の勝者の断罪だ」「歴史認識は歴史家に任せるべきだ」などと公言しており、米国を苛立たせていた。米国務省は26日、直ちに「日本は大切な同盟国である。しかしながら、日本の指導者が近隣諸国との緊張を悪化させるような行動を取ったことに、米国政府は失望している」との声明を発表。「遺憾」ではなく「失望（disappointed）」と、靖国参拝を厳しく批判したことは重大で、安倍首相の〃誤算〃どころの話ではない。

元日には新藤義孝総務相が靖国に初詣。中韓両国はさらに反発を強めている。

天皇は誕生日に「平和憲法」が果たした意義を強調

12月23日は天皇陛下80歳の誕生日。記者会見に臨んだ天皇が、「最も印象に残っているのは先の戦争のこと。日本人の犠牲者は約３１０万人にのぼり本当に痛ましい限りです。戦後、日本は、平和と民主主義を、守るべき大切なものとして、日本国憲法を作り、今日の日本を築きました。戦争で荒廃した国土を立て直すために人々の払った努力に深い感謝の気持ちを抱いています。また、当時の知日派米国人の協力も忘れてはならないと思います」（お言葉の一部要約）と率直に語った姿が印象的だ。昭和天皇はA級戦犯合祀以来、靖国には参拝せず、今の天皇ももちろん参拝していない。

憲法第99条には「天皇又は摂政及び国務大臣、国会議員、裁判官その他の公務員は、この憲法を尊重し擁護する義務がある」と明記されている。これに反し、安倍首相の言動は改憲ムード一色。「積極的平和主義」などの詭弁に、日本国民は騙されてはならない。

普天間飛行場の辺野古移設合意の波紋も大きい

沖縄県の仲井眞弘多知事は12月27日、米軍普天間飛行場（宜野湾市）の移転先となる名護市辺野古埋め立て申請を承認した。日米両政府が普天間返還に合意してから17年。在日米軍の74％を抱える沖縄県民の大多数が「県外移転」を求めて揉みに揉んできたが、安倍政権の政治的圧力に屈せざるを得なかった。

沖縄タイムス元日付社説は、「仲井眞知事が辺野古埋め立て申請を承認したことによって、本土の人々はこれから、沖縄の異議申し立てを正面から受け止めなくなるかもしれない。『どうせ又カネでしょう』『結局、最後はお金だったね』。そんな声が本土側から噴き出している」と鋭く論評していた。

記者会見に臨んだ仲井真知事が「日米両政府は辺野古建設完了に9・5年かかるというが、それより前の5年以内に移設してほしいし『移設がむしろ重要なんですよ』というのが私の考え。（期間を）半分以下にするには県外にするしかないことがはっきりしている」と記者会見で語っていた姿が痛々しい。普天間の5年以内の運用停止、早期返還を安倍首相は明確に回答しておらず、普天間の危険性除去の重要性を知事と確認するにとどまった。いずれも空手形に終わりかねない。1月19日の名護市長選挙がどう〝決着〟するか。11月ごろに沖縄県知事選もある。多くの県民が県外移設を要求している現状から見て、大混乱が予想される。

これまで論じてきた2件の政治課題を安倍政権は処理できるか。4月からの「消費税8％」の影響も大きく、波乱の２０１４年になりそうな気配だ。

〔２０１４年1月7日〕

絶対多数が武器……独断的な自民党の危うさ

安倍晋三首相の強引な国会運営は目に余る。昨年の参院選で圧勝した結果、国会の〝ねじれ〟現象が解消。両院で絶対多数を握った自公両党は、特定秘密法案強行可決などの独断的姿勢を見せ付けた。国会論議を軽視した独善的姿勢は度を越しており、国民からの批判が高まってきた。

「国民が主人公」の民主主義を賑やかに

年末・年始の各紙社説は「国のかたち」に関するものばかりで、特に強権的安倍政権への批判が目立った。北海道新聞は元日から連続して「憲法から考える」との社説を掲げており、琉球新報や沖縄タイムスも「沖縄と本土の認識のズレ」に警告を発していた。朝日、毎日、東京3紙は時代状況を危惧して問題点を指摘し続けており、元日付朝日、毎日社説は民主主義の価値を論じ、市民の〝異議申し立て〟で民主主義を賑やかなものにし、選挙や国会頼りでなく、底辺の「枝葉」を活性化させようと主張していた。「国民が主人公」の政治を実現する民主主義の根幹だからである。

異色の社説は、「日本浮上へ総力を結集せよ」（読売元日付）「国守り抜く決意と能力を」（産経元日付）で、日米同盟の強化と集団的自衛権行使を可能にする憲法解釈の変更」などの主張を展開していた。

自民党の得票率はかなり低い

２０１２年12月16日に行われた衆院選挙の結果、自民党は２９４議席（改選前１１９）を獲得し、単独で絶対安定多数（２６９議席）を確保。これに公明党の31議席を加え、衆院再可決が可能な議席も確保した（民主党は改選前の２３０議席から57議席と惨敗）。

そもそも自民党は小選挙区制の〝恩恵〟を受けて当選議員を増やしたのに、多くの国民に支持されたと誤解している。２０１２年衆院選での得票率は、比例代表27％、小選挙区43％に過ぎなかった。膨大な「死に票」を生む小選挙区比例代表制の悪例である。昨年3月総務省が明らかにした数字によると、一昨年の総選挙で落選者の獲得した得票総数は53・06％で、当選者のそれを上回っている。死に票が50％以上の選挙区が6割の１８８に及び、長野3区や東京1区では死に票率70％を超えた。（参院選の〝死に票〟算出は難しい）

「一票の格差」是正に真剣に取り組め

各党の得票数を精査すれば、自民党支持は5割を下回っていることが明白。もちろん「51対49」でも多数決に違いないものの、このようなケースの累積が多すぎる自民党議員を生み出したと分析できるのだ。この冷厳な事実を自民党は謙虚に受け止め、慎重な国会運営に臨んでいるとは、とても思えない。「絶対多数」で押しまくる驕りが、最近の国会運営で目立つ。

国会は公正な選挙で選ばれた議員が、国民のために熟議する場である。少数党の批判・意見にじっくり耳を傾け、民意を幅広く採り入れた法案づくりこそ肝要。一票の格差を司法に相次ぎ断罪されても、選挙無効でなければ受け流す。――「三権分立とは〝どこ吹く風〟」と、是正策を示さない国会の怠慢も許せない。

〔２０１４年1月9日〕

名護市長選をめぐり沖縄情勢は緊迫

沖縄米軍普天間飛行場（宜野湾市）の名護市辺野古への移設問題が最大の争点となる名護市長選挙が1月12日、告示された。いずれも無所属で、再選を目指す現職稲嶺進氏（68）＝共産、生活、社民、沖縄社大推薦＝と新人の前県議末松文信氏（65）＝自民推薦＝、の二人が立候補を届け出た。19日に投票、即日開票される。日米両政府が普天間の移設・返還で合意した1996年以降、移設が争点の市長選は5回目。前々回までの3回は容認派が勝利し、前回初めて反対派の稲嶺氏が当選した。今回は、反対を掲げる稲嶺氏に移設推進の末松氏が挑む構図で、沖縄はもとより日本の命運を左右する重大な選挙だ。

県議会が「言語道断、仲井眞知事は信を問え」と決議

沖縄県議会は10日、「仲井眞弘多知事は、米軍基地建設のための辺野古埋め立てを承認しながら、『県外移設の公約を変えてない』と非を認めず、開き直る態度は不誠実の極みだ。これほど民意に背を向けた県知事はいない。戦後69年、復帰後42年を迎えようとする中、昨年1月の県民総意の『建白書』に込めた決意を否定し、県民の中に対立を持ち込むもので、言語道断である。沖縄の自立を遠ざける方向へ後戻りを始めた仲井眞知事は、公約違反の責を認め、その任を辞して県民に信を問うよう求める」との決議文を知事宛に提出した。

「沖縄人の苦難を永続させる」と世界の著名人が声明

本土の関心は今ひとつの感じで、マスコミの取り上げ方も弱い印象をぬぐえない。ところが、海外著名人の関心は高く、オリバー・ストーン氏ら29人が1月7日、辺野古移設反対の声明を発表。『県民の民意を反映しておらず、沖縄の人々の苦難を永続させることになる』と批判した。

毎日新聞8日付夕刊が伝えたもので、「ストーン氏（アカデミー賞受賞者）に加え、『敗北を抱きしめて』の著書で知られるジョン・ダワー氏、ベトナム戦争時の国防総省極秘文書を暴露したダニエル・エルズバーグ元国防次官補佐官も名を連ねている」という。

本土からの抗議が希薄だ

琉球新報11日付朝刊は「沖縄の正当性の証明だ、もっと世界に訴えよう」と題する社説を掲載。「声明は、その内容に意義がある。日米両政府に対する本質的批判が並んでいるからだ。中でも、沖縄の現状を『軍事植民地状態』と言い切ったのが画期的だ」と高く評価している。また同紙は「毎日」が挙げた著名人3氏のほか、ノー

ム・チョムスキー氏（言語学者）マイレッド・マグワイア氏（ノーベル平和賞受賞者）マイケル・ムーア氏（アカデミー賞受賞者）らの文化人を紹介していた。

本土の知識人をはじめ国民がもっと声を大にして、沖縄差別の実態を批判すべきではなかったか。いまからでも遅くはない。日米両政府に対し再検討を迫るべきである。

〔２０１４年1月14日〕

原発汚染水対策は進まず、いぜん放射性物質の脅威

福島第一原発からの汚染水問題は収束に向かうどころか、今なお基準を超す放射性物質が流出している。東京電力が1月10日発表したところによると、敷地境界の年間被曝線量が周辺への影響を抑えるため廃炉計画で定められた基準「年間1ミリシーベルト未満」の８倍に当たる８ミリシーベルトを超えたとの試算を明らかにした。

「凍土遮水壁」工事の効果も不透明

1月11日付毎日新聞朝刊は、「汚染水は、壊れた原子炉建屋に地下水４００トンが流入し、溶けた核燃料に接触して汚染され、タンク内に貯蔵されている総量は昨年末で40万トンを超えた。現在、東電は地下水の流入を防ぐため建屋周辺の地中を凍らせる『凍土遮水壁』の設置を計画しているが、前例がない大規模な工事で効果は不透明だ」と、抜本的対策の無い実態を伝えており、収束の見通しは真っ暗だ。

元凶は「ストロンチウム90」

福島民友同日付朝刊も同様な記事を掲載しており、「採取した水からは放射性ストロンチウム90が1リットル当たり５・９ベクレルを検出した」と伝えていた。ストロンチウム90などベータ線を出す放射性物質は、物体を通り抜ける力は弱いという。ところが、タンク内の鉄に衝突すると透過力の高いエックス線が上昇する。この影響で、昨年3月末には基準を下回る年間０・９４ミリシーベルトと見積もっていた試算は、同年5月には年間７・８ミリシーベルト、同12月には年間８・０４ミリシーベルトまで上昇したというから、恐ろしい。

遠洋のクロダイから、初めて汚染物質

これとは別に、ＮＨＫが13日報じたところによると、「福島第一原発から40キロ離れた福島県沿岸で、食品の基準の１２４倍に当たる放射性物質を含むクロダイが見つかった。調査した横浜市の研究機関は事故当初、原発近くで高濃度汚染水の影響を受けたものが移動したとみられる」と話している。同市にある水産総合研究センター

などによると、昨年10月と11月、福島県の沿岸でクロダイ37匹を採取したところ、このうち1匹から、食品の基準の124倍に当たる、1キログラム当たり1万2400ベクレルの放射性セシウムが検出されている。

またNHKは「クロダイが獲れたのは福島第一原発から10キロほど離れた場所。原発の港以外の福島県沿岸で1万ベクレルを超える魚が見つかったのは、事故直後の時期に獲ったコウナゴと、一昨年8月のアイナメの22回だけだという」と、伝えている。

核燃料取り出しなど難題山積

このところ、汚染水に関する情報が不足していたが、いぜん高濃度放射線が猛威をふるっている実態に、改めて愕然とさせられた。あと2カ月弱で「3・11事故」から3年を迎えるが、汚染水対策だけでも、これほど手間どるのだから、使用済み核燃料取り出しなど廃炉作業の先行きはどうなるのか、突きつけられた難題は大きい。

〔2014年1月16日〕

渡辺・読売会長が「情報保全諮問会議」の座長とは……

特定秘密保護法は昨年暮、安倍晋三政権の強行可決によって〝戦前回帰の恐れ〟がさらに広がっている。ところが政府は、世論を〝尊重〟するどころか、1月14日「情報保全諮問会議」を立ち上げた。

年内に施行される秘密保護法に基づき、特定秘密の指定・解除、公務員らの適正評価に関する運用基準などを調査・検討する諮問会議で、有識者7人が決まった。17日に初会合を開くというから、その強引さは相変わらずだ。さらに、座長に読売新聞グループ本社代表取締役会長・主筆の渡辺恒雄氏(87)が選出されたことに驚いた。

「主権者は国民。悪法を許すな」…ジャーナリスト結束

逆に14日には、マスコミ9条の会と日本ジャーナリスト会議(JCJ)が日本記者クラブで記者会見。戦前の言論弾圧に抗した、むのたけじ氏(元朝日新聞)は「戦前の日本は絶対君主制だった。(現在の)主権者は国民。安倍首相の言ってることは戦前と同じことで、決して許すわけにはいかない。地道な活動で廃止につなげ、日本を蘇らせよう」と市民の連帯を訴えた。ジャーナリストの原寿雄氏は「靖国神社参拝と秘密保護法の二つをみても安倍首相が国家主義者であることを確認できる。国民運動を発展させるために私もやれることをやりたい」と述べ、作家の澤地久枝さん、落合恵子さんらも決意を述べた。

昨年12月「秘密保護法強行可決は、議会制民主主義を踏みにじる憲政史上初の暴挙」との声明を出した日本ジャーナリストとマスコミ9条の会が中心となって、市民や団体の賛同を得る連帯行動で、「国民共同会議」を目指すという。

東京新聞15日付朝刊は1面二番手5段見出しを掲げて報道。さらに「こちら報道部」(24〜25面)で10段見開き紙面を展開「安倍政権暴走許さない」と熱っぽく訴えた。他紙にくらべ、強烈な問題意識を示したものと評価したい。文末に、呼びかけ人62人全員を紹介しており、市民運動を志向しているに違いない。すでに全国ネットの一部が取り上げており、4月からの消費税3％アップと絡んで、安倍政権の前途は決して安泰ではない。

前段で取り上げた「情報保全諮問会議」の問題点について、毎日新聞15日付朝刊は「読売新聞は秘密保護法の必要性認める論調を展開。同法に反対してきた日弁連情報問題対策委員長、清水勉氏はメンバー入りしたが、他の委員は政府・与党寄りの構成になったことは否めない」と指摘。朝日新聞同日付朝刊も同様な見解を示し、メンバー選考に疑問を呈した。

諮問会議を〝隠れ蓑〟に

読売新聞はたびたび秘密保護法の必要性を認める論調を展開しており、座長・渡辺主筆に「公正な論議」はとても期待できない。

安倍首相は何か問題のあるテーマ打開のため、審議会や諮問会議を〝隠れ蓑〟にして合法を装う姿勢が見え見えだ。国民は常に首相の言動をウオッチし続けねばならない。

〔2014年1月17日〕

名護市長選の冷厳な結果——辺野古移設実施への難題

米軍普天間飛行場(宜野湾市)の名護市・辺野古移設問題が争点となった名護市長選は1月19日投開票を実施。辺野古移設阻止を主張した現職の稲嶺進氏が、移設推進を掲げた前県議の末松文信氏に大勝し、再選を果たした。日米両政府は名護市の民主主義と自己決定権を尊重し、県外・国外移設への道を再検討すべきではないか。

米国では〝代替案〟模索の動き

琉球新報1月20日付社説は、「名護市民の選択は、昨年末に普天間県外移設の公約を廃棄し、政府の辺野古埋め立て申請を承認した仲井眞弘多知事に対する市民の痛烈な不信任である。知事は選挙結果を真摯に受け止め、前言を撤回すべきだ。沖縄を分断する安倍政権の植民地的政策に追従するのではなく、民意を背景に県内移設断念こそ強く迫ってもらいたい。かつては辺野古移設を支持していた複数の米国の外交・安保専門家が見解を変え、『プランＢ（代替案）』の検討を提案している。ノーベル賞受賞者を含む欧米知識人も辺野古移設に反対している。世界の良識が県民を支持している。安倍晋三首相とオバマ大統領は、諸外国に向かって『自由と民主主義、基本的人権の尊重、法の支配という普遍的価値を共有する』と言う前に、沖縄にも民主主義を適用してもらいたい」と名護市民の選択を尊重し、日米両政府に再検討を求めている。

計画強行は名護市民の人権問題

再選された稲嶺市長は20日午前、市内で記者会見し「これだけの反対意見を無視して計画を強行すれば地方自治の侵害であり、名護市民の人権にも関わる問題だ。移設計画がスムーズに進むとは思わない」と述べ、選挙結果にかかわらず辺野古移設を推進する方針の政府を批判した（時事通信20日報道）。さらに同氏は「『米政府は日本政府ほど（現行計画に）固執していない。別の方法を考えないといけない』ということになるのではないか」と指摘。米側主導で計画が見直されることに期待感を示した。

沖縄防衛局が「業者入札」の公告

これに対し防衛省沖縄防衛局は21日、辺野古埋め立て工事の設計やジュゴンなどの保全措置に関する事業計画3件の業者を募る入札公告を行った。3月24日に受注業者を決めて同月中に契約、２０１５年までに埋め立て工事に取り掛かりたいとしている。「稲嶺当選」にショックを受けたのは日本政府で、米政府は移設停滞を懸念しながらも、現段階では論評を控えている。毎日新聞20日付夕刊は、「停滞は日本の国内問題との意識から、日本国内の環境整備の促進に米国は期待をかけているようだ」と分析していたが、日米両国の意識のズレを感じる。

政府が工事を急ぐ余り、ゴリ押しすれば市民感情・県民感情を刺激。予期せぬ混乱に陥り、不足の事態を招くことが怖い。米政府も「ひと筋縄ではいかない」沖縄基地問題への対応に、困り果てているように思える。

〔２０１４年１月22日〕

安倍首相の強引な政治姿勢
――国会は空転するばかり

国会審議は、熟議どころか形骸化して、国民の付託に応えていない。１月31日の衆院予算委員会の模様を視て、不誠実な安倍晋三政権の手練手管に振り回されていたことが悲しい。当日の委員会には民主党の論客が勢ぞろいし、先ず長妻昭議員が原発政策、特定秘密保護法などを追及。岡田克也議員が日米密約の隠蔽と集団的自衛権を取り上げ、古川元久議員は賃金上昇・貿易赤字など直近のテーマに迫った。篠原孝議員は「環太平洋パートナップ協定（TPP）への対応などを追及した。最後に立った原口一博議員は、NHK新会長の放言・暴言問題の責任と政府の姿勢はいかにと厳しく迫った。

「核持ち込みに広義の密約はあった」と苦渋の答弁

安倍政権の重要テーマばかりだったが、既に報道しているような「方針に過誤はなく、修正する考えはない」と論議は全く噛み合わなかった。

安倍発言を一つあげれば、「核兵器持ち込み」を「ずっと国民に示さずに来たのは、私は間違いだった」と渋々認めたことだ。しかし首相は「この問題について政府としてどう考えているか示したい」と予防線を張ったような苦し紛れの答弁だったように感じた。民主党政権下外相だった岡田氏は密約の調査を主導、２０１１年に外務省の有識者委員会が検証の結果「広義の密約があった」と結論づけた経緯がある。

安倍首相の靖国神社参拝に対し、米国・中国・韓国・欧州連合・国連などから批判の声が相次いだ。毎日新聞1月31日付朝刊コラム「発信箱」は、「『経済と政治の方程式はアベノミクスからアベゲドンに変わった』と、香港のサウスチャイナ・モーニング・ポストは安倍首相の靖国参拝後、批判的な指摘をしている。アベゲドンは安倍首相と、世界の終わりを意味するハルマゲドンをかけた造語である」。（中略）『アベノミクス投資を言う前に、まずアベゲドンの雲を払い切ることだ』と筆者は警告している。――安倍首相の強引な政治運営が、世界の顰《ひん》蹙《しゅく》を買っている現状を理解してない首相の責任は重い。

公共放送トップの籾井会長の暴言は許せない

同日の予算委には籾井勝人NHK会長が参考人として招かれた。籾井氏1月25日の会長就任会見で首相の靖国参拝について「淡々と総理は靖国に参拝されたので、ピリオド（終点に）にすべきだ」と答弁。原口氏は「（公平性を定めた）放送法の第4条に真っ向から反する」とし、公共放送トップの資質に欠ける」と批判。籾井氏は「皆さんに誤解と迷惑をかけて申し訳ない」と陳謝し、秘密法をめぐる発言は私的なコメントとし、慰安婦問題に関する発言は全部取り消したと、釈明した。

安倍首相は「経営委員としてお願いした以上、お任せしている。私が経営委員に様々な指示をすべきでない」

と原口氏に答えた。放送内容については会長の責任だが、経営委員任命権は首相にあり、傍観者的発言は許せない。

〔2014年2月3日〕

恐るべきＮＨＫ経営委員会の腐敗体質

籾井勝人ＮＨＫ会長の従軍慰安婦や靖国参拝をめぐる暴言が国会で追及されたことは、本欄（2月3日付）で取り上げたが、他の経営委員の中にも非常識な放言をする人がいることが明らかになった。

経営委員の百田氏が、都知事選で応援演説

経営委員会で籾井氏をＮＨＫ会長に推挙した一人が、百田尚樹経営委員であると伝えられている。その百田氏が2月3日、都知事選に立候補した田母神俊雄候補の応援演説に立ち、南京大虐殺を否定する持論を展開したうえで「宣戦布告なしに戦争したと日本は責められますが、20世紀においての戦争で、宣戦布告があってなされた戦争はほとんどない」と、発言したという。公正・中立であるべきＮＨＫ経営委員が、このような振る舞いをしたことは籾井問題と同様に重大問題である。

長谷川委員は、暴力団の拳銃自殺に追悼文

もう一つ経営委員がらみのスキャンダルが、毎日新聞2月5日付朝刊1面トップに報じられた。長谷川三千子経営委員（埼玉大名誉教授）が昨年9月、朝日新聞社で拳銃自殺した右翼団体幹部の追悼文を書いていたことが明るみに出た。1993年、右翼団体「大悲会」の野村秋介元会長が週刊朝日に揶揄されたことに抗議。同社応接室で拳銃自殺した事件である。長谷川氏は元幹部没後20年を機に発行された追悼文集に「人間が自らの命をもって絶って神と対面することができないということを信じていない連中の目の前で、野村秋介は神にその死をささげたのである」と記している。この文集は昨年10月18日に都内の追悼会で参列者に配布されたというが、恐るべき話ではないか。政府は昨年10月25日衆参両院に百田氏、長谷川氏ら4人の経営委員の同意人事を提示、11月8日に同意された。

籾井会長に続いて、ＮＨＫ経営委員会の不透明・曖昧な姿勢に改めて驚かされる。

お仲間「安倍一族」の強圧的姿勢が強まる

五十嵐仁・法政大教授が2月5日ブログで、これらの問題を痛烈に批判していたことに注目した。「百田氏を経営委員として送り込んだのは安倍首相だ。（今回の人事

を見ると）安倍、籾井、百田氏のほか橋下維新の会会長、田母神らの人々は、全て同類項で『同じ穴のムジナ』にほかならない。いわば『安倍一族』のお仲間だということになります」とズバリ安倍路線の危うさを喝破していた。

靖国参拝への安倍批判はいぜん根強く、国際的信用の低下が懸念される。それに加え、国際公共放送のＮＨＫの主体性の欠如も大問題である。経営委員会の体質改善に政府はもっと責任を持つべきだ。

〔２０１４年２月７日〕

「集団的自衛権の行使」を認めるべきでない

安倍首相は２月10日の衆院予算委員会で、集団的自衛権に関し「例えば北朝鮮が米国を攻撃し、国際社会で経済制裁を行う時に北朝鮮に武器弾薬が運ばれている（とする）。（日本が）輸送を阻止できるのに阻止しなくていいのか」と述べ、行使容認に向けた憲法解釈見直しの必要性を改めて訴えた。同時に首相は、政府の「安全保障の法的基盤の再構築に関する懇談会」で進む議論について、「相当限定的になされている」とも強調、憲法上の問題がクリアされた場合でも、運用は抑制的になるとの認識を示した。

秋の臨時国会で関連諸法規改正を企図する政府

政府の安全保障政策に関わる重要な意思決定で、これに伴い法改正も予定しているため、拘束力の強い形で政府見解を確立する狙いからだ。ただ、閣議決定には全閣僚の署名が必要で、行使容認に反対する公明党の太田昭宏国土交通相の対応が焦点になりそうだ。

首相は２月５日の参院予算委員会で、集団的自衛権の行使容認に向け想定する手順について、①憲法の解釈変更②行使のための根拠法の整備③行使するかどうかの政策的判断――の３段階と説明した。具体的には、政府の有識者会議が４月にまとめる提言を踏まえ、与党内調整を経て６月22日までの今国会中に解釈変更を閣議決定。秋の臨時国会で自衛隊法など関連法の改正を目指すとみられる。

法制局長官に外務官僚……異例の抜擢に驚く

安倍首相は２０１３年８月８日、外交官出身の小松一郎氏を内閣法制局長官に抜擢した。従来法務畑の人材が起用され、内閣の法制の事務を担当してきた。小松氏が外務省国際局長などを歴任したとはいえ、異例の人事と批判する声が強い。安倍首相が集団的自衛権容認のために起用したのではないかとの疑念からだ。小松局長は検査入院中といわれ、2月12日の衆院予算委員会には横畠裕介次長が参考人として代理出席。「政府の憲法、法令解釈に関し、一般論としては『従来の解釈を変更することが許されないというものではない』と説明、『集団的自衛権の問題も、一般論の射程内だ』と答弁している。長官の考えを代弁したもので、安倍首相擁護の姿勢が感じ取れる。

自民党総務会でも批判相次ぐ

東京新聞2月12日付夕刊によると、「内閣法制局は（これまで）解釈改憲による集団的自衛権の行使容認には否定的だった。１９８３年2月の衆院予算委では角田礼次郎長官（当時）が『憲法上認めたいという考えがあり、それを明確にしたいということであれば、憲法改正という手順を当然採らざるを得ない』と答弁している」――〝解釈改憲〟で強引に押し切ろうとする安倍首相の意図が垣間見える。

2月13日付時事ドットコムは、「自民党総務会で、集団的自衛権行使を可能にする憲法解釈変更をめぐる安倍首相の国会答弁に批判が相次いだ」と特報した。それによると、「村上誠一郎元行革担当相は『首相の発言は選挙に勝てば憲法を拡大解釈できる。その時々の政権が解釈を変更できることになる』と非難。村上氏の主張を、野田毅党税調会長が『正面から受け止めるべきだ』と支持し、船田元憲法改正推進本部長も『拡大解釈を自由にやるなら憲法改正は必要ないと言われてしまう』と指摘した。自民総務会大荒れの様相だった。野田聖子総務会長はこの後の記者会見で『誤解を招くことがないよう（首相に）提案したい』と述べた」という。

注目される公明党の対応

これに対し、与党の公明党も「現状の憲法解釈を今直ちに変えなければいけないという認識は持っていない」（井上義久幹事長）などとして解釈変更に反対する構えを崩していない。国民の多くも「解釈改憲への動き」に警戒を深めている。

〔２０１４年2月14日〕

「特定秘密保護法」への警戒感、一層強まる

「憲法の基本原理に反する」と、弁護士が提訴

自公政権は昨年12月6日、参院本会議で特定秘密保護法案を強行可決、同法は成立した。これに対し、静岡県弁護士会所属の藤森克美弁護士は2月13日、「憲法違反だ」として、国を相手に違憲・無効確認と施行の差し止

めを求める訴えを静岡地裁に起こした。

同法は防衛や外交など4分野で行政機関の長が「特定秘密」を指定し、漏えいした公務員らに最高10年の懲役を科すほか、特定秘密に触れる民間人も処罰対象になる。昨年12月13日の公布から1年以内に施行される。

訴状では、秘密事項が拡大する恐れが大きく、情報機関の権限が拡大し思想・信条の自由などの憲法の基本原理に違反するなどとして無効を主張。また、同法に基づき起訴された人の刑事裁判では証拠の収集活動が同法違反に問われる恐れもあり、弁護権を侵害されるとして差し止めを求めた。

同法をめぐる訴訟は全国初で、提訴後記者会見した藤森弁護士は「国民主権でなく官僚主権の国家になってしまうことを心配している」と強調した。

「知る権利、報道の自由を侵害」……日弁連が抗議

日本弁護士連合会は12月6日、直ちに山岸憲司会長名で秘密保護法反対を表明した。「参議院では、衆議院で検討が不足していた論点について、十分に検討すべきだった。参考人や公述人の多くが反対意見や問題点を指摘したにもかかわらず、これらの意見を十分に検討しないまま、短時間の審議で採決を強行した。同法の内容面・手続面いずれにおいても国民主権・民主主義の理念を踏みにじるもので、到底容認できない。当連合会では、民主主義社会の根幹である国民の知る権利や報道の自由の侵害、重罰化、適性評価によるプライバシー侵害の恐れをはじめとした様々な問題点が残されている同法について、引き続きこれらの問題点克服のための活動を行っていく。あわせて、国民主権確立のために不可欠な情報公開制度・公文書管理制度の改正、特定秘密保護法の有無にかかわりなく整備されるべき秘密指定の適正化のための制度策定に向け全力を尽くし続けることを誓う」(要旨)と、強行可決に対し理路整然と反駁していた。

学界有志、各新聞・民放局……映画関係者の批判相次ぐ

日弁連のほか憲法学界、歴史学界などの研究者からそれぞれ100人を超す「秘密法批判」が続出。ニュアンスに差があるにしても、全国紙・地方紙の大多数(全部か)が「知る権利抑圧の恐れ」を指摘していた。民放局も問題点を挙げて批判。さらにジャーナリスト・文筆業集団、芸術家・映画関係者らが相次いで政府の暴挙を批判した。

世論調査でも、「修正すべき」が71%

毎日新聞2月17日付朝刊(世論調査)は、「秘密保護法につき、第三者が秘密指定をチェックする仕組みの強化するなど修正の有無を質したところ『必要だ』と答えた

人が71%、『必要ない』の19%を大きく上回った。政府が恣意的に秘密を指定するのではないかとの問題点を挙げ、国民にも強い懸念があることが分かる」と調査結果を報告している。

国民監視の目を誤魔化せない

安倍政権がゴリ押しした秘密法の無謀さが天下に広がってしまった。岸信介首相時代の「日米安保改定騒動」以来の国民の反撃を招いた事態を、政府はどう打開するつもりだろうか。誰が見てもおかしな秘密法を廃案にして再検討するのが筋だろうが、自公与党政権が応じるとは思えない。政府は今後の国会審議を通じて「修正すべきことは修正し、削除すべき文言は削除する」との姿勢を示すだろうが、小手先の駆け引きには国民の監視の目は厳しい。

〔2014年2月22日〕

武器禁輸の転換、紛争助長が国益損なう

安倍晋三政権は「積極的平和主義」推進に、熱を上げてきた。国際紛争が続く時代を乗り切るため、「普通の国」を目指している意図が明らかである。

「武器輸出三原則」の姿勢が崩れる

政府は、新たな武器輸出管理三原則の素案をまとめ、3月中に閣議決定する方針だ。戦後69年、「平和憲法」を守り続けてきた日本国家改造につながる大問題である。そもそも「武器輸出三原則」は、佐藤栄作内閣が1967年に決めた方針で、①共産圏②国連安保理決議により武器輸出が禁止されている国③国際紛争の当事国またはその恐れがある国――への武器輸出は認められていない。さらに三木武夫内閣が76年、対象地域以外も原則禁止の縛りをかけた。しかし、83年の中曽根康弘内閣が米国への武器技術供与を認めて以来、当初の原則はかなり緩和されてきた。それでも歴代内閣は「武器輸出三原則堅持」の姿勢を表明し続けてきたのである。

新たな三原則は①国際的な平和や安全の維持を妨げることが明らかな場合は輸出しない②輸出を認める場合を限定し、厳格審査する③目的外使用や第三国移転について適正管理が確保される場合に限定する――としているが、複雑怪奇な国際紛争は激化するばかりで、武器禁輸の手段としては余りにも手ぬるい改正ではないか。

拡大解釈の余地が大きい

毎日新聞2月27日付社説は、「見直しの背景には、先端技術を要する武器は国際共同開発・生産が主流になっ

ており、参加によりコストを減らしたり、防衛産業強化につなげたい狙いがある。新原則のうち『輸出を認める場合』は、拡大解釈の余地が大きい。目的外第三国移転は、原則として日本政府の事前同意を相手国に義務づけているが、日本側がチェックする仕組みはない。輸出した武器が紛争に使われ、日本への反感を生んだり、日本の安全保障に不利益をもたらす可能性も否定できない。安倍政権は、集団的自衛権の議論が本格化する前の3月中に新原則を閣議決定する方針。スケジュールありきでなく、国民の納得が得られるような議論が必要だ」（要旨）と、強引な政府の姿勢に警告を発した。

琉球新報・京都新聞・神戸新聞・信濃毎日も27日付社説で、「歯止めなき新原則」に同様な危機感を指摘、政府の〝抜き打ち〟的暴挙を厳しく批判していた。

「ベトナム」に学ばぬ傲慢な判断

また東京新聞2月17日付社説は、「積極的平和主義は安倍首相の外交・安全保障の看板政策。そこに軍事による平和の傲りが潜んでいないか、深く憂慮している。安倍首相は施政方針演説で『日本は米国と手を携え世界の平和と安定のために、より一層積極的な役割を果たす』と表明したが、平和憲法9条の歯止めがなくなれば、米国の同盟国の韓国、タイ、フィリピンがベトナム戦争に派兵したように、日本の派兵拒否は難しくなる。それでいいのか。（中略）ベトナム戦争の愚行につき、米国のジャーナリスト、デービッド・ハルバースタム氏は『能力や軍事力、経済力への過信が傲慢を生み、判断を誤らないための道徳的信念も欠いていた』と仮借ない筆致で糾弾した」と指摘していた。安倍首相の積極的平和主義は「戦争のできる国家」を目指しているとの危惧を一層感じるのである。

〔2014年3月2日〕

小松法制局長官の「集団的自衛権」容認の姿勢はおかしい

安倍晋三首相に抜擢された法制局長官の小松一郎氏が2月26日、初めて衆院予算委員会分科会に出席。集団的自衛権の行使を容認する憲法解釈変更について「それ自体は厳しい制約の中でありうる」と述べ、内閣の方針次第で可能との認識を示した。小松長官は体調不良のため入院していたが、24日同局に出勤した際「内閣法制局は内閣の一部局だ。首相の方針に従ってやるべきことはやる」と記者団に「容認に前向きな考え」を示している。

「法の番人」といわれる内閣法制局は歴代、「憲法9条は国際紛争解決の手段としての武力による威嚇または武力行使を禁じており、自国の防衛以外に武力行使はできない」と説明してきた。学界・弁護士会の多数は「集団的自衛権容認」に批判的で、世論の反対も強い。例えば日米同盟関係を理由に、国連安保理決議もなしに行った米国のイラク攻撃などに、日本が引きずり込まれることになり、危険な解釈変更である。

公明党が反発、自民党の一部にも危ぶむ声

自民党の一部にも危険視する声が上がっており、与党・公明党も厳しく反発している。同党の漆原良夫国会対策委員長は2月26日「歴代の首相や内閣法制局長官が何遍も何遍も答弁してきたことを変えるのなら国民に十分納得してもらうことが必要だ」と記者団に語った。「拙速な結論を避け、閣議決定の前に国会で熟議せよ」と要請したのは、理にかなった発言である。

国家行政組織法第3条に基づき内閣府や省に外局として設置される第三者機関で、独自に規則を制定したり告示を出す権限を有する。国家公安委員会や原子力規制委員会なども同様の権限を持つ。

これだけ世間の批判を浴びている集団的自衛権問題に、法制局長官も独自の見解を示すべきではなかったか。「安倍首相は、外務省出身で行使容認に前向きな小松氏を法制局長官に起用し、解釈変更への布石を打っていた」との記事（朝日新聞2月25日付朝刊）は、的を射た指摘と思う。

「立憲主義」を無視した安倍首相の暴走

「安倍首相は国会で政府の憲法解釈について「『最高責任者は私だ』と発言したが、憲法に基づいて権力を縛るという立憲主義の基本を根底から否定していて、危険だ」と、長谷部恭男東大教授が朝日新聞2月28日付朝刊で警告を発していた。国民が関心を持つべきことなので、要旨を紹介しておきたい。

「立憲主義とは『政治権力は憲法を守らなければならない』という考え方。その憲法には国民主権、基本的人権の尊重、平和主義という三原則が明記されている。立憲主義を否定するとなると、国民主権や基本的人権なども守らなくていいということになる。集団的自衛権容認は憲法9条の存在意義を失わせてしまう。国の基本原則を変えたいなら、憲法自体を変えるほかない。（法制局は）企業で言えば顧問弁護士に当たる。独立した存在として、法的な問題がないかどうかを助言する権限がある」。――安倍首相の暴走を慨嘆した憲法学者の投じた一石の意義は大きい。

〔２０１４年3月5日〕

「河野談話を継承」との安倍首相答弁で大揺れ

「従軍慰安婦問題」をめぐる対立は、中・韓両国だけでなく、国際問題にエスカレートしてきた。

韓国の元慰安婦らが１９９１年、日本政府に補償を求めて提訴。政府の調査を踏まえ、宮沢喜一内閣の河野洋平官房長官が１９９３年、「旧日本軍が慰安婦徴集に直接あるいは関与した非を認め、お詫びし反省する」との談話を発表した。いわゆる「河野談話」で、以降自民党、民社党政権もこの方針を継承してきた。ところが、安倍晋三第二次内閣になってから、その雲行きが怪しくなってきた。国連をはじめ各国は「性奴隷」として慰安婦問題を捉えており、〝右寄り〟安倍政権への批判が広がり、発足当初の「見直し」方針が揺らいできた。

チグハグな答弁が投げた波紋は大きい

安倍首相は3月14日の参院予算委員会で、質問に答え「慰安婦問題の見直しはしない」と明言、ちぐはぐな政権運営に各方面からの疑念が上がった。

一方、菅義偉官房長官は2月28日の答弁に続いて、3月14日の同予算委でも「韓国側との意見のすり合わせがどうだったか、その可能性は検証する必要がある」と発言しており、政権内のグラツキが不信感を高めている。

朴槿恵韓国大統領との会談を早く開くため安倍首相の深慮遠謀とも考えられ、韓国が誘いに乗って来るかどうか、先行きは不透明だ。

韓国政府の姿勢は、なお厳しい

「ソウル連合ニュース」の報道によると、韓国外交部の趙泰永（チョ・テヨン）報道官は3月18日の会見で、「日本との首脳会談実現のためには（慰安婦問題）解決のための措置が必要」と述べ、日本の具体的な行動を求めたという。揺らぐ安倍政権の今後の姿勢を見守りたいとの発言と思われる。

「誰が聞いても分からない」産経紙が厳しく批判

安倍内閣寄りの産経新聞は3月15日付朝刊で「『河野談話』見直しをめぐる政府の珍説にあきれる」との大見出しを掲げて、厳しく批判した。

「誰が聞いても、よく分からない。首相は河野談話を継承するというのだから、あきれるのである。『検証して事実誤認があれば、継承せずに見送る』――こういう段取りこそ筋だろう。……安倍首相の政治理念までも色あせて、国際社会の無用な侮りを受ける急場の段階であれよこれよと誤魔化しても何ら国益にならない」との指摘を半ばようなずけるが、保守的な産経からソッポを向けられるようでは、自公政権の前途は多難である。

〔2014年3月21日〕

日中戦争時の強制連行、中国人被害者が日本企業に賠償請求訴訟

日中戦争時に強制連行され、過酷な労働を強いられた中国人元労働者と遺族らが北京市第一中級人民法院（地裁）に損害賠償などを求めた訴状に関し、同法院は3月18日これを受理した。

中国人37人が2月下旬、日本コークス工業（旧三井鉱山）三菱マテリアルを訴えたもので、弁護団は「訴えは中国の法律にも符合するもので、重大な意義がある」と述べた。提訴時の原告は37人だったが、現在は40人。

一人当たり100万元（約1700万円）の賠償と謝罪広告の掲載を求めており、中国全土に波及する法廷闘争になりそうだ。

毎日新聞3月19日付朝刊は、「強制連行を巡っての訴訟は、1990年代以降日本裁判所への提訴が相次いだ。地裁段階では勝訴判決も出たが、最高裁は2007年4月『72年の日中共同声明により、中国国民は裁判で賠償請求できなくなった』との初判断を示し、原告敗訴が確定した。しかし、中国側は『共同声明で放棄したのは国家間の賠償であり個人の賠償請求は含まれていない』との立場を示していた」と複雑な経緯をコメントしていた。

先の人民代表大会で李克強首相は「第二次世界大戦勝利の成果と戦後の国際秩序を守り抜き、歴史の流れを逆行させることは決して許さない」と強調している。原告側の説明によると、「2社による被害者は9415人。強制連行に関わった企業は35社で、被害者総計は3万8953人という。

歴史認識、尖閣諸島領有権など難問が山積している折、今回の強制連行問題が、日中間のあつれきを一層深める要因になりそうな気配を感じる。

〔2014年3月23日〕

米原子力空母の動向を監視

横須賀基地を事実上の母港とする米海軍原子力空母ジョージ・ワシントン（GW）号は、1992年就役以来太平洋の守りの要となっている。全長約333㍍の大型空母は、加圧水型2基を動力としている。関西電力などの原発で使われている加圧水型。GWは2基搭載し、

熱出力は120万キロワットで、関電美浜原発1号機（熱出力103万キロワット）を上回る。しかし、詳しい構造は日本に明らかにされておらず、政府の法規制を受けていない奇怪な存在。地元周辺の自治体からは〝治外法権〟的な空母を忌まわしく思っていた。

毎日新聞3月29日付朝刊は「米原子力艦30キロ圏自治体独自防災計画の動き」と題して1、3面に大々的に報じた。見事な調査報道で、国の原子力艦対策の無策に警告を発している。福島原発事故（2011年3月11日）後も原子力艦対策は見直されず、04年当時のまま。横須賀港で事故が発生した場合被害は30キロ圏自治体に及ぶと指摘されており、30キロ圏には東京都の一部も含まれ、神奈川、千葉両県の東京湾岸が被害区域に含まれる。

「横須賀基地の30キロ圏内に位置する3都県と20市区町村にアンケートした。全自治体が回答を寄せ、浦賀水道に面した三浦市の防災会議は3月25日、新たに原子力艦対策を盛り込んだ地域防災計画案の修正を了承。米軍基地を持たない自治体が、原子力艦に特化した対策を地域防災計画に盛り込んだのは全国初めて。他の複数自治体も計画見直しの動きを示している」と同紙は報じていたが、政府の対策遅れが情けない限りだ。

原子力空母は日本周辺海域を遊弋《ゆうよく》しており、事故に安全な日本列島などあるはずがない。米海軍は日本側にほとんど情報公開せずに移動しているため、監視強化は当然なこと。政府は真剣に取り組んでほしい。

〔2014年3月31日〕

核廃絶へ他国間交渉を――NPDが「広島宣言」

日本など12カ国による「軍縮・不拡散イニシアチブ（FPDI）」第八回外相会合は4月12日、広島市で全体会合が開催された。日・豪のほかドイツ、カナダ、チリ、メキシコ、オランダ、ナイジェリア、フィリピン、ポーランド、トルコ、アラブ首長国（UAE）の12カ国。岸田文雄外相らは協議前、広島平和記念公園にある原発死没者慰霊碑を訪ねて献花し、資料館を見学。このあと岸田文雄外相が議長となってFPDIの審議に入った。12カ国の中には、「核の傘」政策から脱皮できない国もあるのに、堂々たる「広島宣言」を発信した努力に敬意を表したい。

「世界の指導者に広島・長崎への訪問を呼びかける。

・2015年核拡散防止条約（NPT）再検討プロセスへの積極的貢献

・全ての種類の核兵器の究極的廃絶に多国間交渉を要求
・核兵器のない世界の目標に反する核兵器増強に深い懸念。
・兵器用核分裂性物質生産禁止条約（ＦＭＣＴ）の早期交渉開始や、核実験全面禁止条約（ＣＴＢＴ）の早期発効を求める
・北朝鮮の弾道ミサイル計画を強く非難
・ウクライナ情勢に深刻な懸念」

地球破滅の危機をズシリと感じる。各地域に広がる「脱原発」の市民運動と、「広島宣言」の意義は共通したもので、根っこは繋がっている。

〔２０１４年４月14日〕

トルコなどへの「原発輸出」の無謀さ

トルコとアラブ首長国連邦（ＵＡＥ）に原発を輸出できるようにする原子力協定が、４月18日の参院本会議で自民、公明、民主の賛成多数で可決、承認された。みんな、共産、維新、結い、社民は反対した。民主党の３議員は反対したが、多数で押し切られ、協定は夏にも発効する。トルコでは、黒海沿岸の原発４基建設（事業費約２・２兆円）で日本企業が優先交渉権を得ており、日本・トルコ協定は「両政府が合意する場合に限り、核物質などを濃縮し、再処理できる」と明記されている。

政府は原発輸出を成長戦略の柱と位置づけているが、福島原発被災者ら多くの国民から「被災現場の収束の道を明示せず、原発輸出など筋違い」との批判が高まっている。原発被災地は　事故から3年経っても復旧見通しは不透明。さらに核のゴミ捨て場も決まっておらず、欠陥だらけの高速増殖炉もんじゅ延命に膨大な予算を投入し続ける政策の無謀さ。回収した汚染物質対策も遅々として進んでいない。それなのに「原発輸出に走る日本」の無謀さを痛感するばかりだ。

〔２０１４年４月21日〕

「積極的平和主義」など安倍首相の訪欧発言に驚く

欧州訪問中の安倍晋三首相の自己ＰＲが凄まじい。アベノミクスや集団的自衛権容認を得意げに喋っているが、各国はどう受け取っているだろうか。最後の訪問国ベルギー（5月7日付夕刊）では、中国の海洋進出や軍拡の傾向に名指しで非難しており、ギクシャクしている日中関係打開に水を差す発言に驚かされた。

「巧言令色鮮し仁」の類い

安倍首相の「積極的平和主義」という言葉のレトリックであることは明らか。「平和のため、戦争に備える」。戦争になりそうな存在を力でねじ伏せる戦術で、そのためには軍備の強化が必要であり、本格的な軍事衝突に発展する恐れが潜む。「巧言令色鮮し（すくなし）仁」の譬えにドンピシャな、安倍首相のレトリックではないか。首相が目指す集団的自衛権容認、非核三原則の見直し、武器輸出3原則のなし崩し——等々、戦争準備への道案内をしているようだ。

平和主義を掲げた憲法改正に狙いがあることは見え見えで、日米同盟（対米追随）をテコに地球の裏側にまで「国防軍」を派遣する意図を感じる。欧州各国は「安倍発言」を儀礼的に受け取っているに違いなく、それに気づかぬ日本政府の能天気ぶりには驚く。

原子力推進国フランスとの提携も禍根残す

さらに原子力推進国フランスと共同開発に合意した点は重大だ。脱原発を標榜しているドイツをパスしてフランスと手を結ぶとは危険極まりない。具体的には高速増殖炉もんじゅを取り上げ、日本の技術を提供するとはオコガマシイ話ではないか。もんじゅは度重なる事故で本格稼働の道は開けていない。首相の大言壮語を信ずる技術者はいるだろうか。核廃棄物の〝捨て場〟にも協力し合うというが、「絵に描いた餅」のそしりを免れまい。

尖閣問題、オバマ大統領発言を〝誤訳〟とは……

多少旧聞だが、来日したオバマ米大統領の共同記者会見（4月24日）で〝誤訳〟があったことが、平和教育団体ピースフィロソフィーセンターの指摘で明るみに出た。この問題を伝えた4月27日付琉球新報によると、日本政府は通訳機を用意。日本のメディアは同時通訳を通じてオバマ発言を伝えた。ところが、「重大な誤り」を指す「profound mistake」を、「正しくない」と訳したことを受け、そのまま報じていた。オバマ氏が安倍氏に平和解決を求めた強い語調なのに、オバマ大統領の真意が伝わってこない。同席した外務省高官が違和感を持たなかったとは考えられず、政府は直ちに訂正報道すべきであり、これを放置したメディアの責任も大きい。

沖縄の基地問題などを英語と日本語で発信している平和教育団体ピースフィロソフィーセンター（カナダ）の乗松聡子代表は「オバマ氏が尖閣問題処理に安倍首相に直接釘を刺した言葉を日本のメディアは重視せず正確に報じていない。読者、視聴者に誤解を与えるような話ではないか」と話していたが、まさにその通りの失態である。

〔２０１４年5月10日〕

「平和憲法」を蹂躙する時代状況

「日本国民は、正義と秩序を基調とする国際平和を誠実に希求し、国権の発動たる戦争と、武力による威嚇又は武力の行使は、国際紛争を解決する手段としては、永久にこれを放棄する。前項の目的を達するため、陸海空軍その他の戦力は、これを保持しない。国の交戦権は、これを認めない」――敗戦後の日本が、憲法第9条で世界に宣言した誓いである。

安倍晋三政権は、集団的自衛権を憲法解釈だけで、容認させようと企んでいるが、とんでもない暴挙だ。各紙は連日報じており、放置できない様相を深めてきた。こんな折、池澤夏樹氏の「文芸・批評」（朝日新聞6月3日付夕刊）の鋭い指摘が目に止まった。

「交戦自由のアメリカの軍隊と、交戦権を持たない日本の自衛隊が同じ立場で肩を並べて戦えるものだろうか。その場合、憲法は停止状態ということになる。これは国家乗っ取り、すなわちクーデターと同じではないか」と指摘。次いで「国家には選ばれた国民を死地に派遣する権限があるのだろうか？　非常に危険率が高いとわかっていることができるのだろうか。それが自衛のためと言うならば、国の生存権と個人の生存権の関係についてはもっと議論が要る。（中略）イラクに派遣された自衛隊は一人も死なず、（たぶん）一人も殺さずに戻った。憲法第9条が彼らを守った。それでも帰還隊員のうちの25名が自殺したという報道がある。聞くところによると、集団的自衛権を熱心に推しているのは外務省で、防衛省は消極的なのだという。戦争になっても外交官は血を流さない」との分析は論理明晰である。

姜尚中・東大名誉教授の最近の著書「心の力」（集英社新書）は、トーマス・マンの「魔の山」と夏目漱石の「こころ」に描かれた「心の在り方」を主題にしたものだが、時代状況と対比しながらの分析に感銘した。「猛烈なグローバリゼーションの嵐が荒れくるう中、多くの人びとの心が痛めつけられ、悲鳴を上げているように見えます。（中略）マンの言葉をかりれば、『外見上ははなはだ活気に富んでいても、その実、内面的には希望も見込みも全然欠いている』時代が訪れようとしているのだ」との警鐘が心に響く。

〔2014年6月7日〕

「日米軍事一体化」への危惧

日米同盟の下、集団的自衛権容認は「日米軍事一体化」につながる危険をはらむ。米国の動きは急ピッチ。無人機の三沢基地配備やイージス艦の追加配備などを着々進めている。

オバマ米大統領は訪日時に「尖閣諸島は日米安保条約の対象だ。米国は日本を防衛する覚悟がある」と述べたが、日中間の平和解決を念頭に入れた発言と考えられる。

各紙は連日、集団的自衛権問題の行方を追っており、国民には〝戦争参加〟への不安が募っている。この点、米国の政治学者、ダグラス・ラミス教授の警告（朝日新聞6月6日付朝刊）は傾聴に値する。

「一連の議論で、語られない重要な言葉がある。憲法9条で認めないことにした『交戦権』だ。兵士が戦場で人を殺しても、殺人罪に問われないのが交戦権。このことを抜きにして集団的自衛権の行使は語れない。解釈改憲で集団的自衛権を認め、戦争のできる国になるのか。それとも9条を踏まえて平和外交を目指すのか。自衛隊や米軍基地の存在は9条との関係で矛盾をはらんでいるが、交戦権を否定した9条があったからこそ、自衛隊は海外で一人の人間も殺さずにきた。日本が再び大きな戦争に巻き込まれ、多くの人を殺し、殺される。そうなってから平和への大切さを再認識することになるなら、それは悲しいことだ」と、〝米国の戦争に参加する〟愚を強調している。

「いま米国は中国市場に大きな利益を見出し、中国の脅威に対する認識もオバマ大統領とアジアの国々の間には大きな溝がある。今回のアジア歴訪で少し埋まったが、『有事に米国は本当に守ってくれるのか』という懸念は、日本だけでなく東南アジア諸国からもこれから折に触れ提起されるだろう」との毎日新聞5月2日付朝刊コラム（西川恵編集委員）の視点も大事で、政府の〝行け行けドンドン〟の姿勢は危うい。

〔2014年6月10日〕

「平和憲法」の理念を崩してはならない
―幣原回顧録とマッカーサー回顧録を読んで―

自民党は集団的自衛権容認へ向け、武力行使を含む原案を提示したが、与党・公明党が難色を示し、野党8党も大反対。海外で武力行使することは、従来の憲法解釈から大きく逸脱する暴挙で、多くの国民からも非難の声が高まっている。

70年前の憲法制定時に平和憲法の理念を掲げたのは、幣原喜重郎首相（1945年10月から約半年間）だった。ダグラス・マッカーサー司令官率いる進駐軍の下での新憲法づくりは大変だった。安倍晋三内閣になってから「進駐軍の押し付け憲法は改正すべきだ」との声が高まり、世情は騒然としている。6月22日の今国会会期切れまでに集団的自衛権成立に至らなかったものの、間違った歴史観を容認するわけにはいかない。そこで幣原、マッカーサー両氏の回顧録を精読したので、その重要部分を抜き出して参考に供したい。本欄としては異色の構成だが、お読みいただければ幸いである。

「戦争放棄」は幣原首相の悲願で、連合軍の押しつけではない

先ず幣原回顧録「外交50年」（中公文庫）の記述から紹介させていただく。

「私は図らずも内閣総理大臣に就いたとき、私の頭に浮かんだのは戦争中の光景だった。戦後日本は新憲法の中に未来永劫戦争をしないようにし、政治のやり方を変えることを決意した。つまり戦争を放棄して軍備を全廃し、どこまでも民主主義に徹しなければならないということだ。見えざる力が私の頭を支配したのだった。よくアメリカ人が日本へやって来て、今度の新憲法は、日本人の意思に反して、総司令部から迫られたんじゃありませんかと聞かれるのだが、それは私が関する限りそうではない。決して誰からも強いられたのではないのである。もう一つ私の考えたことは、軍備などよりも強力なものは、国民の一致協力ということだ。武器を持たない国民でも、精神的に協力すれば、軍隊よりも強いのである。例えば現在マッカーサー元帥の占領軍占領政策を行っている。日本国民がそれに協力しようと努めているから、政治・経済などすべてが円滑に取り行なわれている。占領軍としては、不協力者を捕らえて、占領政策違反として殺すことができる。しかし8000万人という人間を全部殺すことは、何としたってできない。事実上不可能である。だから国民各自が、一つの信念、自分は正しいという気持ちで進むならば、徒手空拳でも恐れることはないのだ。だから日本の生きる道は、軍隊よりも何よりも、正義の本道を辿って、天下の公論に訴える、これ以外にないと思う」（p220〜224）と、堂々たる信念を披瀝している。

次いで憲法草案づくりの苦労話に移ろう。「憲法草案の審議に取りかかると、ある規定のごときは少し進み過ぎて世の非難を受けるだろうとの心配も多少あった。起草に関係した人たちは二晩も徹夜したことがあり、相当

難航した。戦争放棄もその一つでした。また憲法草案については、その文句や書き方など専門家が相当議論しました。起草関係者が総司令部と連絡していたが、これについても議論があった。天皇については『日本国の象徴』という字を用いた。私も、すこぶる適切な言葉と思った。象徴ということは、イギリスのスタチュート・オブ・ウェストミンスターという法律。これは連邦制度になってからだから、そう古い法律ではない。その法律の中に、キングは英連邦（ブリティシュ・コモンウェルス・オブ・ネーションズ）すなわちカナダ、オーストラリア、南アフリカなどの国の主権の象徴であると書いてあり、それから得たヒントだ」（p323〜324）と語っていた。外交官として功績があった幣原氏の率直な証言に、改めて敬服した。

「象徴天皇」は、マッカーサー元帥の助言

「マッカーサー大戦回顧録」からも主要部分を引用させていただく。これも中公文庫に掲載（津島一夫訳・上下巻）されている文献である。

「降伏後の日本側指導者に告げたことの一つは、明治憲法を改正して欲しいということだった。日本の社会を確実に民主化するためには人権について明白な法規を定め、一般にはっきり理解してもらわねばならない、ということを強調した。だが、私はアメリカ製の日本憲法を作って日本側に命令し採択させるということはしなかった。憲法改正は日本人自身が他から強制されずに行うべきものだったから、私は偶然の環境で絶対的な権力を握った征服者が完全に受身で何の抗弁もしない政府にその意志を押し付けるという形で、アメリカ製の憲法を無理押しに日本人にのみ込まさせることはやるまいと心に決めていた」と述べ、米国側が取るべき立場を表明している。

松本蒸治委員長の試案は反動的

ところで、日本側の対応はどうだったか。「旧憲法改正の実際の仕事は1945年10月、幣原首相が任命した委員会によって始められた。委員会は閣僚の松本蒸治博士を委員長に政界の指導的な人物ばかりで構成され、発足するや否や日本国民の各層から助言が殺到した。日本にはもはや検閲制度は存在せず、国民は街角や新聞紙上、各家庭などに至るまで真剣を論じて意見をたたかわせた。共産党までがかなり熱心に、この論議に加わってきた。新憲法の内容について独自の意見を持ち、それを遠慮せずに発表した。同委員会の討議には、私も私の幕僚たちも加わらなかった。このように委員会討議に介入しない態度をとっていたので、私は委員会内部がどう動いてか

を完全には知っていなかった。作業は３ヶ月続いたが、３ヶ月の終わりごろになって初めて私は委員会の内部が割れていることに気づいた。非常に自由主義的な憲法を主張する者たちと、できるだけ改正を避けようとする者たちの２つの主なグループに分かれていたのだ。しかし、委員会全体としては松本委員長の意向を反映していた。松本博士は極端な反動家で委員会の討議に鉄の采配を振るっていた。１９４６年に1月に新憲法の最初の改正案が出されたが、これは旧明治憲法の字句を変えた程度のものだった。単にそれまでの『神聖にして侵すべからず』というかわりに、『最高にして侵すべからず』ということになっただけだった。また、この改正案は基本的人権宣言を盛り込む代わりに、逆にわずかな既存の権利まで取り上げてしまうものだった。これらの既存の権利を一般法令に従属させてしまっていたのだ。例えば、信仰の自由を認めるについても、それは『法令により別に規定される場合を除き』ということになっていた。これでは古手の軍国主義者や官僚たちが再び議会を支配して、憲法に認められている権利を簡単に一掃してしまうことができる。言い換えれば、３カ月の作業のあと生まれ出た試案は旧態依然たるもの、あるいは改悪とさえ思われるものだったのだ」と、反動的な松本案を厳しく指弾していた。

「このような状況を察知した私は幕僚たちに国民が受諾可能な改正案を起草するため日本側に、援助を与えることを指示した。幣原首相は改正案の最後の仕上げに当たって、精力的に動いた。でき上がった改正案を見せられた天皇は、即座にそれを承認して『ここに示されたいろいろな原則は、国民の福祉と日本再建の真の基礎となるに違いない』との意見を述べられた。この天皇の示された態度は立派なものだった。なぜなら新憲法の諸原則は天皇を権力から遠ざけ、天皇ご自身をはじめ皇室全体の財産の大部分を国家に還元するものだったからである。日本政府は新聞やラジオで新憲法について啓発運動を起こし、憲法のあらゆる面を説明し、質問に答えた。４月の総選挙は私が望んでいたとおりの真の国民投票（婦人参政権の導入）となり、新憲法は採択の態度を公にした人々が新議会ではっきり大多数を占めることになった。8月に衆議院が新憲法を可決した時には、たくさんの修正が加えられていたが、基本原則は動いていなかった。翌月、貴族院も可決。かくて新憲法は11月3日、天皇によって公布され、１９４７年5月発効した」と新憲法づくりの経緯を詳細に語っている。

「新憲法では米国の政体と同様、三権が分離され、また裁判所を司法省から独立させることによって、旧政体の持っていた大きい弊害の一つが取り除かれることになった。新憲法の政体は米国の行政制度と英国の議会制度を組み合わせたもので、首相は任期4年の衆議院議員の中から選ばれる。首相が議会で討議する問題について支持されない場合には、首相は辞職して衆議院に後継者を選ばせるか、あるいは衆議院を解散して総選挙を行うかのどちらかの手段を取ることになっている。１９４６年の夏、帝国議会で行われた自由な公開討議の結果、新憲法に加えられた重要な付加条項の一つは、国民投票で憲法を修正できるという規定を盛り込んだことだった。有権者の過半数の票が集まれば、憲法の修正が成立することになったのだ。これによって国民自身が憲法の支配者となり、究極的に日本の主権者となった」との付記も意義深い。

戦前生まれの政治家・幣原氏の戦後復興に全力を傾倒した情熱に打たれた。「戦争放棄」の平和憲法制定の過程が回顧録を通じてよく理解できた。淡々とした語り口に好感が持て、9条の規定は同氏の決意から生み出されたものと受け取って間違いないと思う。マッカーサー回顧録でも「米国の押しつけではない」と証言しているからだ。「象徴天皇」の発想は米側の助言に基づくものと考えていいだろう。いずれにせよ１９４５年に10月に首相になった幣原氏は約7カ月の短命だったが、戦争放棄、象徴天皇、婦人参政権などを盛り込んだ新憲法制定の功績は大きい。占領下だったから総司令部との調整は難しかったが、米側の助言を巧みに取り入れた決断も評価していいだろう。

二つの回顧録を通じて得た教訓を大切にしたいと願い、紹介させていただいたが、その精神を継承していきたいと思う。

〔２０１４年6月23日〕

沖縄慰霊の日「非戦今こそ」、集団的自衛権に反発

戦後69年を迎えた沖縄慰霊の日の6月23日、沖縄県糸満市摩文仁の平和祈念公園で「沖縄全戦没者追悼式」(沖縄・県、県議会主催)が開かれ、犠牲となった人々の霊を慰め、世界の恒久平和を誓った。

平和の礎には本年度、54人が追加刻銘され、刻銘者総数は24万１２８１人となった。追悼式には約４６００人が参列、正午に一斉に黙とうを捧げた。安倍晋三首相、伊吹文明衆院議長、山崎正昭参院議長のほか、キャロライン・ケネディ駐日米大使も式典に出席した。

昨年12月の仲井眞弘多知事の辺野古埋め立て承認を受け、米軍普天間飛行場の移設作業を加速させる政府の強硬な姿勢に反発がある中、照屋苗子県遺族連合会長らは、同飛行場の県外移設の早急な閉鎖・撤去を求めた。ところが、仲井眞知事は、当初平和宣言から「県外移設」の文言を削除していたが、この方針を転換し、「県外への移設をはじめとするあらゆる方策を講ずる」と述べた。

県内各地で慰霊祭が行われたが、安倍晋三首相が目指す、解釈改憲による集団的自衛権の行使容認に反発する声が強く上がった。弱腰になった仲井眞知事を非難する声も高まっている。

空疎な仲井眞知事の「平和宣言」

琉球新報24日付社説は、「これは県民が心から共有すべき不戦の誓いとは到底言い難い」との書き出しで仲井眞知事の弱腰の平和宣言を痛烈に批判。『県外移設』の主張は何だったのか。「『5年内の運用停止』も米政府関係者は明確に否定しており、知事の説明には説得力がない。……辺野古移設で協調する安倍政権の歓心を買うために、平和宣言を空疎なものにしてはならない。知事の個人的な政治信条によって宣言の内容が左右されてもならない。来年からは有識者による平和宣言起草委員会を設け、恒久平和を願う『沖縄の心』を名実ともに反映する内容に改めてほしい」と指摘していた。

安倍政権の外交政策への不安高まる

本土紙では、朝日・毎日両紙が同日付の第一社説で取り上げていた。朝日新聞は「安倍首相は米軍基地の負担軽減に触れ、『沖縄の方々の気持ちに寄り添いながら、できることはすべて行う』と約束した。安倍政権の進める外交・安全保障政策は『気持ちに寄り添う』どころか不安を掻き立てる。現在でも国内の米軍基地の74％が集中する沖縄に、さらなる負担を押しつけていいのか。普天間飛行場の移転先を名護市辺野古にすれば、負担増にしかならない。米軍に加えて自衛隊までが出撃基地となれば、沖縄の軍事的負担はさらに増す。他国から攻撃される危険性が高まり、沖縄をさらに国防の最前線へと押しやることになるのではないか」との警告は、尤もである。

毎日新聞社説でも「米軍と自衛隊の前線基地となる可能性が高い沖縄では、集団的自衛権への反発が強い。それにもかかわらず首相は、追悼式後、集団的自衛権について『政治の責任として、決めるべき時には決めていきたい』と記者団に語った。首相が記者会見で集団的自衛権行使容認の検討を命じた5月15日は、沖縄が42年前に本土復帰した日だった。政治の想像力の欠如を危惧する」との主張にも同感である。〔２０１４年6月26日〕

「象徴天皇」の全国行脚は素晴らしい

那覇の「対馬丸記念館」にまでご訪問

天皇皇后両陛下は6月26日、2年ぶりに沖縄県を訪れ、戦没者の墓に花を供えられた。

両陛下は沖縄県糸満市の国立沖縄戦没者墓苑を訪れ、遺族会の人たちに対し、「ご苦労さまでした。お元気で」と声をかけられた。27日には、戦時中の1944年8月22日に米潜水艦に撃沈された学童疎開船「対馬丸」の犠牲者を慰霊するため、那覇市の対馬丸記念館を訪問した。今年は学童約780人を含む「対馬丸の悲劇」から70年にあたり、両陛下の強い意向で訪問が実現。訪問に先立ち、両陛下は戦争で犠牲になった子どもらを慰霊する「小桜の塔」にも白菊を手向け、残されたランドセル、衣類などに見入っておられた。

足尾銅山鉱毒事件の博物館へ

両陛下は平和を願う旅を続けており、5月21日には1泊2日の予定で、栃木、群馬両県を訪問。湿地保全のラムサール条約登録地「渡良瀬遊水地」の自然を散策したあと、足尾銅山鉱毒事件の解決に取り組んだ政治家、田中正造（1841〜1913）の出身地、栃木県佐野市の市郷土博物館でゆかりの品々をご覧になった。鉱毒事件にまで関心示されたことに、驚かされた。

五日市郷土館に足を運ばれた美智子皇后

皇后陛下は5月の憲法記念日に因んで、東京都あきる野市（元五日市町）の五日市郷土館を訪問された。五日市憲法は1831年に起草されたもので、全204条。そのうち150条は基本的人権について触れ、国民の権利保障に重きをおいたものだ。当時としては国民の権利などについて画期的な内容が含まれ、現日本国憲法に近い内容もみられる。

皇后陛下は「明治憲法の公布（明治22年）に先立ち、地域の小学校の教員や農民が寄り合い、討議を重ねて書き上げた民間の憲法草案で、基本的人権の尊重や教育の自由の保障及び教育を受ける義務、法の下の平等、更に言論の自由、信教の自由など204条が書かれており、地方自治権等についても記されています。近代日本の黎明期に生きた人々の政治参加への強い意欲や、自国の未来にかけた熱い願いに触れ、深い感銘を覚えました」と語っていた。

水俣病患者とも懇談

昨年10月27日には、第33回全国豊かな海づくり大会のため熊本県に滞在していた両陛下は水俣市を初めて訪れ、水俣病慰霊の碑に供花。水俣病患者らと懇談し、水俣病資料館などを視察されている。

80歳、79歳のご高齢にめげず

天皇は心臓手術のあと無事回復され、いま80歳。美智子妃も79歳になられたが、病身という。ご高齢にめげず、お二人で全国を行脚されている姿は感動的だ。福島原発事故被災者をたびたび訪ねているのを始め、各県を訪問し続けている。「象徴天皇」に基づき、凛として平和憲法を実践されている気迫は素晴らしい。政治的混乱が続いている現在、そのお姿に敬服するばかりだ。

〔2014年6月30日〕

解釈改憲で「集団的自衛権」行使できるのか
――在京6紙を点検――

安倍晋三内閣は7月1日の閣議で、憲法9条の解釈を変更して集団的自衛権行使を容認することを決めた。政府は苦し紛れに、新3要件、①わが国への武力攻撃が発生した場合のみならず、密接な関係にある他国に対する武力攻撃が発生し、これによりわが国の存立が脅かされ、国民の生命、自由及び幸福追求の権利が根底から覆される危険が発生した場合に、②これを排除し、わが国の存立を全うし、国民を守るための手段がない時に、③必要最小限度の実力を行使すること――との歯止めをかけたとの政府の説明は曖昧模糊としている。外務官僚の原案を政府がこね回し、強く抵抗していた与党・公明党をねじ伏せた事態は見え見えである。在京6紙は今回の閣議決定をどう見たか、論説を中心に7月1日付朝刊を点検してみた。

本題に入る前に、朝日新聞7月1日付夕刊1面、「陸自、米と水陸両用訓練」の4段写真に驚かされた。6月30日ハワイ・オワフ島沖での訓練。早くも大っぴらな訓練のお披露目に戦慄を覚えた。

海外での武力行使に道開く

朝日新聞1日付朝刊は、「安倍内閣が集団的自衛権行使を認めた7月1日は、日本の立憲主義の歴史において、最も不名誉な日として残るだろう。首相自ら憲法の制約をふりほどき、定着した解釈をひっくり返した。国会に諮ることもなく、国民の意思を改めて問うこともなく、海外での武力行使に道が開かれた。（中略）69年前、日本は世界を相手にした戦争に敗北した。明治以来の『富国強兵』路線のうち、『強兵』は完全に破綻した。それに代えて国民が求めたのが、9条に基づく平和主義だった。戦後レジームからの脱却を唱えて靖国神社に参拝する首相の後ろ向きのナショナリズム。だが、ナショナリズムと軍事の結合ほど危ういものはない。懸命な外交がなければ、どんな軍備でも国家を守ることはできない。第一次大戦勃発100年の今年、20世紀の動乱の発端として大戦を回顧しナショナリズムや軍事依存の危うさを反省する機運が、欧米を中心に高まっている。そんな中、日本の選ぶ道が『強兵』への復帰でよいはずがない」と1面で述べている（三浦俊章編集委員、15面に社説）。

歯止めをかけるのは国民だ

1面に社説を掲げた毎日新聞は、「第一次世界大戦開戦から今年で100年。欧州列強間の戦争に、日本は日英同盟を根拠にした英国の要請に応じて参戦した。中国にあるドイツ権益を奪い、対中侵略の端緒としたのである。その後の歴史は、一続きの流れの中だ。資源確保のため南部仏印に進駐し、対日石油禁輸で自暴自棄になった日本は、太平洋戦争に突入する。開戦の証書には『自存自衛のため』とあった。集団的自衛権を行使可能にする憲法解釈の変更が、閣議決定された。行使の条件には『明白な危険』などと並び、『わが国の存立』という言葉が2度出てくる。『国の存立』が自在に解釈され、その名の下に他国の戦争への参加を正当化することは、あってはならない。（中略）文民統制は、軍の暴走を防ぐため政治や行政の優位を定めた近代民主国家の原則だ。閣議決定で行使を容認したが、政治家や官僚の権利ではない。歯止めをかけるのは、国民だ。私たちの民主主義が試されるのはこれからである」と警戒を呼びかけていた。

アジアで「強い日本」を目指す

東京新聞社説は、「安倍内閣は安保政策見直しの背景に、中国の海洋進出や北朝鮮の核・ミサイル開発などアジア・太平洋地域の情勢変化を挙げる。しかし、それ以上に、憲法改正を目標に掲げ、『強い日本』を目指す首相の意向が強く働いていることは否定できない。

安保政策見直しは、いずれも自衛隊の軍事的役割と活動領域の拡大につながっている。……終戦から70年近くがたって、戦争経験世代は少数派になった。戦争の悲惨さや教訓を受け継ぐのは、容易な作業ではない。その中で例えば、首相官邸前をはじめ全国で多くの人たちが集団的自衛権の行使容認に抗議し、若い人たちの参加も少なくない。……政府自身が憲法違反としてきた集団的自衛権の行使や、海外での武力の行使を一転して政府の憲法解釈を変える『結論ありき』であり、与党協議も15事例も、そのための舞台装置や小道具にすぎなかったのだ。……正規の改正手続きを経て、国民に判断を委ねるのならまだしも、一内閣の解釈変更で行われたことは、憲法によって権力を縛る立憲主義の否定にほかならない。繰り返し指摘してきたが、それを阻止できなかったことには、忸怩《じくじ》たる思いがある」と、警告を発した。

日本の安全保障政策の転換

また日経社説は「助け合いで安全保障を固める道へ」と題し、「大国の力関係が変わるとき、紛争を封じ込めてきた重しが外れ、世界の安定が揺らぎやすくなる。歴史が物語る教訓だ。いまの世界は、まさにそうだろう。平和を保つために日本は何ができるか。問い直すときにきている。安倍政権は政府の憲法解釈を変え、禁じられてきた集団的自衛権の行使をできるようにした。戦後の日本の安全保障政策を、大きく転換する決定である」と主張する。

抑止力向上へ意義深い容認

一方、読売新聞社説は「集団的自衛権　抑止力向上へ意義深い『容認』」との見出しで、次のように述べていた。

「米国など国際社会との連携を強化し、日本の平和と安全をよりたしかなものにするうえで、歴史的意義があろう。安倍首相は記者会見で、『平和国家としての歩みをさらに力強いものにする。国民の命と暮らしを守るため、切れ目のない安全保障法制を整備する』と語った。行使容認に前向きな自民党と、慎重な公明党の立場は当初、隔たっていたが、両党が歩み寄り、合意に達したことを歓迎したい。……政府・与党は秋の臨時国会から自衛隊法、武力攻撃事態法の改正など、関連法の整備を開始する。様々な事態に柔軟に対応できる仕組みにすることが大切だ。ＰＫＯに限定せず、自衛隊の海外派遣全体に関する恒久法を制定することも検討に値しよう。

安倍首相は今後、国会の閉会中審査などの機会を利用し、行使容認の意義を説明して、国民の理解を広げる努力を尽くすべきだ。」

「助け合えぬ国」に決別を

産経は「集団的自衛権容認、『助け合えぬ国』に決別を」と題し、次のように主張。

「戦後日本の国の守りが、ようやくあるべき国家の姿に近づいたといえよう。政府が集団的自衛権の行使を容認するための憲法解釈変更を閣議決定した。日米同盟の絆を強め、抑止力が十分働くようにする。そのことにより、日本の平和と安全を確保する決意を示したものでもある。自公両党が高い壁を乗り越えたというだけではない。長年政権を担いながら、自民党がやり残してきた懸案を解決した。その意義は極めて大きい。閣議決定は、自国が攻撃を受けていなくても他国への攻撃を実力で阻止する集団的自衛権の行使を容認するための条件を定めた。さらに、有事に至らない「グレーゾーン事態」への対応、他国軍への後方支援の拡大を含む安全保障法制を見直す方針もうたった。……一連の安全保障改革で、日本はどう変わるのか。安倍首相が説明するように、今回の改革でも、日本がイラク戦争や湾岸戦争での戦闘に参加することはない。だが、自衛隊が国外での武器使用や戦闘に直面する可能性はある。自衛隊がより厳しい活動領域に踏み込むことも意味すると考えておかねばならない。どの国でも負うリスクといえる。積極的平和主義の下で、日本が平和構築に一層取り組もうとする観点からも、避けられない。

反対意見には、行使容認を『戦争への道』と結び付けたものも多かったが、これはおかしい。厳しい安全保障環境に目をつむり、抑止力が働かない現状を放置することはできない。仲間の国と助け合う態勢をとって抑止力を高めることこそ、平和の確保に重要である。行使容認への国民の理解は不十分であり、政府与党には引き続き、その意義と必要性を丁寧に説明することが求められる。重要なのは、今回の閣議決定に基づき、自衛隊の活動範囲や武器使用権限などを定めるなど、新たな安全保障法制の具体化を実現することだ。

関連法の整備は、解釈変更を肉付けし、具体化するために欠かせないものだ。政府は法案の提出時期を明確にしていないが、集団的自衛権への国民の理解を深めるためにも、できるだけ早く提出し、成立を目指してほしい。

憲法解釈の変更という行使容認の方法について「憲法改正を避けた」という批判もある。だが、国家が当然に保有している自衛権について、従来の解釈を曖昧にしてきたことが問題であり、それを正すのは当然である。同時に、今回解釈を変更したからといって、憲法改正の核心である9条改正の必要性が減じることはいささかもない。自衛権とともに、国を守る軍について憲法上、明確に位置付けておくべきだ。安全保障政策上の最重要課題として、引き続き実行に移さねばならない。」

6紙社説は真っ二つ

6紙社説の概略を紹介だけでも長文になったことをお許し願いたい。一目瞭然、朝日・毎日・東京3紙はいずれも集団的自衛権を強引に閣議決定した安倍首相の〝戦前回帰〟路線を糾弾していた。これに対し読売・産経2紙は安倍政治礼賛の感が深い。(日経はやや曖昧)

正式な法案の提出を受けた国会は審議を尽くし、絶対多数の自民党に簡単にいなされては困る。世論は〝批判・反対〟が強いようだが、「国民主権」「三権分立」の議会制民主主義に徹して「糾すべき」はただして、国民の負託に応えるべきである。

〔２０１４年７月５日〕

「沖縄密約不開示」の最高裁判断が悲しい

７月８日付毎日新聞によれば、１９７２年の沖縄返還を巡る日米間の密約を示す文書につき、元毎日新聞記者・西山太吉さんらが国に開示を求めた訴訟で、最高裁第二小法廷（千葉勝美裁判長）は７月７日、判決期限を今月14日に指定した。二審を見直す際に通常開く弁論を経ておらず、国に開示を求めた一審判決を取り消して原告側の請求を退けた二審・東京高裁判決（２０１１年９月）が確定する見通しとなった。

西山さんらは、日米高官が米軍用地の原状回復費４００万ドルを日本が肩代わりすることなどに合意（密約）したことを示す文書など７点を外務・財務両省に開示請求。両省が文書はないとして不開示決定したため提訴していたものだ。

米国には公文書が存在しているのに……

「沖縄密約」については、２０００年に米公文書の存在が判明したが、日本政府はその存在を否定し続けている。西山さんは７日、「第一級の歴史的価値のある外交文書の存在が米国側では『ある』と証明されているのに、日本側では『ない』で済まされようとしている。存在が握りつぶされてしまうのなら、裁判所は不見識極まりない。廃棄したから文書がないのは仕方がない、などということが認められたら、何のための情報公開法なのか。法の精神を蹂躙している」と厳しく指摘していたが、まさにその通りである。

一審の杉原裁判長判決を思い出す

お粗末極まる最高裁の姿勢には驚くばかりで、一審での杉原則彦裁判長の名判決が頭に浮かんだ。２０１０年４月９日、東京地方裁判所の第１０３号法廷。杉原裁判長の凛とした訴訟指揮は見事で、「外務大臣が平成20年10月２日付けで示した別紙１―１行政文書目録１記載の各行政文書を不開示とする決定を取り消す」との主文を読み上げた。続けて「財務大臣は、別紙１―２行政文書の開示決定をせよ。被告は、原告ら各自に対し、それぞれ10万円及びこれに対する平成20年10月２日から支払い済みまで年５分の割合による金員を支払え。訴訟費用は被告の負担とする」と申し渡した。事件当時の外務省北米局長・吉野文六氏らの証言などを通じて真相に迫り、日本政府の姿勢を強く批判したのである。しかし東京高裁判決で逆転、今回の最高裁判決に継承されてしまった。

「米国から〝写し〟を取り寄せ、説明責任を果たせ」

波多野澄雄筑波大名誉教授（日本外交史）は「01年に情報公開法が施行される直前に廃棄されたのではないか。最高裁判決で司法判断に決着がついたとしても、米国側に密約を示す文書が存在している以上、国は写しを取り寄せるなどして説明責任を果たすべきだ」（毎日8日付朝刊）との指摘は尤もである。

今なお続く沖縄米軍基地問題。その原点が「西山事件」なのに、上級審の逃げ腰の姿勢が悲しい。

〔2014年7月9日〕

無人機開発、人気の高まりに危機感

無人機開発が急ピッチで、戦争への不安感が高まってきた。現に、米軍無線機がパキスタンのゲリラ攻撃のあおりで市民多数に死傷者を出したとの指摘があり、中国や北朝鮮の動きも警戒しなければならない。

小型無人機の広がりについて、たまたま米国通の友人からの情報に驚かされたので、その概略を紹介したい。

「ニューヨーク市の警察当局は最近の小型無線無人機の人気の高まりに神経をとがらせている。場合によっては近い将来、小型無人機（private drones）が上空からの偵察や、場合によってはテロ攻撃の手段として使われかねない危険性があるからだ。最近では1台の小型無線機が市街中心部のマンハッタンに墜落して、大破する事故が発生した」と、7月10日のABCニュースが「ニューヨーク市警、小型無線機の人気の高まりに危機感」と報じていた。

ニューヨーク市では市内のいかなる地域の上空でも小型無人機を当局の許可を得ずして飛ばすことを禁じられているが、違法者が後を絶たないという。今年1月にはニューヨーク市警のヘリコプターが下を飛行中の小型無人機に衝突しかねない事故も発生している。

人気の小型無線機の売り上げは急増しており、安いものは1機100ドル（約1万円）以下、翼が8本ある高性能なものでも1機1300ドル（約13万円）で購入可能という。」

戦慄すべき情報であり、厳しい国際的規制条約を急がなければならない。

〔2014年7月14日〕

「対馬丸の犠牲者をなぜ救えなかったか」と、天皇ご質問

天皇、皇后両陛下が6月沖縄訪問されたことは先に伝えたが、対馬丸記念館に拝礼された際天皇が「護衛艦は最初から随行したのですか」と問われ、言葉に窮したという。

サンデー毎日7月20日号がトップに掲載したものだが、天皇の素朴な質問に敬服した。疎開児童をたくさん乗せて出港した対馬丸に護送船が数隻いたようだが、米潜水艦攻撃になす術もなかった。案内に当たった同館館長は「何故軍部（護衛艦）が手を差し伸べなかったのか。陛下の素朴な質問に対し、私は明確に答えられませんでした。ご質問からを陛下の人間性を感じました。私たちと同じ感覚で見てくれているとの思いがしました」と内心忸怩《じくじ》たる心境だったという。

なお、社会部記者の取材原稿だったのに、本紙に何故掲載しなかったのか、残念である。

〔2014年7月14日〕

日中戦争から77年、両国の関係改善を切望

1937年7月7日、北京郊外の盧溝橋での一発の銃弾が、日中全面戦争に発展した。77年の歳月が流れたが、第二次世界大戦にもつながる大戦争の発端だった。敗戦国日本にとって〝忘れ得ない日〟から77年。日・中ともに〝鎮魂の日〟である。

政府が主体的に「平和国家」宣言して欲しかった

日本政府は反省を込めた声明を出すと思っていたが、菅義偉官房長7月7日の発言（各紙8日付朝刊）はまことに素っ気なかった。習近平国家主席の演説だけを捕らえ、「いたずらに歴史問題を国際問題化することは、地域の平和と協力のために何ら役に立つものではない。平和国家としての我が国の歩みは国際社会に高く評価されている。未来志向の協力関係を発展させる姿勢こそが、国家の指導者として求められるのではないか」と語った。平和国家日本として「過去の戦争犯罪」を、この際堂々と世界に宣言する方がベターと考えるが、間違っているだろうか。

習近平主席の対日批判は厳しかったが……

習国家主席が7日の記念式典で語った日本政府批判は

確かに強烈だったが、靖国神社参拝を続ける安倍晋三政権を牽制したものであろう。朝日新聞9日付社説は、「日中関係が良好な時には、中国側が歴史問題を前面に押し出すことは稀だった。07年4月来日した温家宝首相（当時）は国会での演説で『日本政府が侵略被害国へのお詫びを表明したとして中国政府と人民は積極的に評価する』と述べている。08年に来日した胡錦濤主席（当時）も『私たちが歴史を銘記するのは、恨みを抱え続けるためではなく、歴史を鏡として向かうため』と発言している。当時に比べ、習政権の日本バッシングは強烈だが、日本側が感情的に反発しても悪循環に陥るだけで、事態解決には向かわない。（中略）中国の軍拡の動きを注視するのは当然だろうが、侵略の歴史を否定するような言動でやり返したらどうなるか」と述べているが、冷静な分析である。

それだけ現在の日中関係が悪化している証拠であり、関係改善への積極的努力が望まれる。

〔２０１４年7月19日〕

「安倍妄言」に、米韓両国も戸惑う

安倍晋三首相の妄言・虚言は止まることなく、国際的信用失墜が懸念される。朝日新聞7月26日付朝刊が、米国、韓国政府が困惑していると報じた。これより先、7月18日発売の岩波新書で、豊下楢彦、元関西学院大学教授（国際政治論）が画期的論文を発表し、安倍首相の「集団的自衛権」を厳しく批判していた。一般的認識の蒙をひらく具体的内容に感銘したので、プロローグの概要を紹介させていただく。

「アングロ・サクソン系友好国の救済に当たる」

「安倍首相は『緊急時に日本人を乗せた船を米艦が守ってくれる』と説明しているが、こうした事例は全く起こり得ない。なぜなら、在韓米軍が毎年訓練している『非戦闘員避難救出作戦』（NEO = Non-combatant Evacuation Operation）で避難させるべき対象となっているのは、在韓米国市民14万人、友好国の市民8万人の22万人（２０１２年段階）であり、この友好国とは英国、カナダ、オーストラリア、ニュージーランドというアングロ・サクソン系諸国なのである。さらに避難作戦は具体的には航空機によって実施される。つまり、朝鮮半島有事においいて米軍が邦人を救出することも、ましてや艦船で避難させることも、絶対にあり得ないシナリオなのである。有事において在韓邦人は、まずは韓国の市民と共に避難行動をとらねばならないのであり、だからこそ、日韓両国の友好関係の構築が課題なのである。(中略)米艦船による邦人救出という架空のシナリオ、北朝鮮によるミサイルの脅威の喧伝と原発『再稼働』という根本的な矛盾、あるいはホルムズ海峡での機雷掃海という幻のシナリオなど、なぜ集団的自衛権を巡る議論はこれほどにリアリティーを欠いているのであろうか。本来であれば何らかの具体的な問題を解決するための集団的自衛権が、自己目的となっているからである」――「安倍妄言」を厳しく批判した姿勢に注目した。

朝日新聞が、詳細に報道

7月26日付朝刊で批判した朝日は、1面で4段扱い、4面に詳報を掲載した。米韓両国の外交当局者にも取材。「米側は日米ガイドライン交渉の際、米軍による日本人救出を拒んだ」と証言したという。一方、韓国は「日本政府が示した集団的自衛権の大半は、朝鮮半島での有事(戦争)が前提だ。それなら当事国である韓国との連携が欠かせないはずだが、首相は国会でも『韓国の理解を得ていきたい』などと述べるにとどめ、詳しい説明を避けてきた」と不信感を表明している。

いずれにせよ、両国の安倍首相への批判は根強く、国際的信用にかかわる大問題だ。〔2014年7月31日〕

「梅雨空に『九条守れ』の女性デモ」の投稿を公民館が掲載阻止

毎日新聞8月5日付夕刊「特集ワイド面」に、俳人の金子兜太さんとの対談を掲載していたが、その鋭い指摘に感銘した。

埼玉県のある公民館が、地元の愛好家が選んだ俳句「梅雨空に『九条守れ』の女性デモ」の広報誌への掲載を拒んだという話だ。金子さんの自宅(熊谷市)に差出人不明の手紙の中に、新聞記事の切り抜きが入っており、公民館が広報誌への掲載を拒んだと報じていた。拒否の理由は「世論を二分する問題だから」という。

金子さんの言葉を要約して紹介したい。「穏やかな平和な句です。今やこんな句までやり玉に挙げられる。あの時と同じですよ」と、戦前の治安維持法によって、当時の俳人が逮捕された暗黒の時代の話にまで及んだ。「昨年の特定秘密保護法成立時に嫌な予感がした。秘密保護法だって必ず適当な理由をつけて拡大運用する。安倍首相みたいに『死の現場』を知らぬ連中に限って、『自衛だ』とか言って戦争に首を突っ込みたがるんだ」と語り、金子さんが西太平洋トラック諸島での凄惨な体験談に話は及んだ。

94歳の金子さんの分析は見事で、右旋回の時代風潮をズバリ警告していた。

〔２０１４年８月９日〕

「雇われ日本人、ベトナム戦争で犠牲に」の報道に驚愕

日本敗戦の8月15日から69年の歳月が流れた。原爆の日の紙面に「日本は69年間戦死者を出していない」との見出しが躍ったが、平和憲法の支柱を日本人が守り抜いた成果を喜びたい。しかし、「雇われ日本人、ベトナム戦争で犠牲に」との報道に驚かされた。

毎日新聞がスッパ抜く

毎日新聞が8月4日付朝刊で始めた連載企画「平和のとなりで」第一回に、「米軍に雇われた日本人１０００人超がベトナム戦地へ」を掲載したのだ。

「当時の関係者を訪ね、資料を集めるうちに、（日本人の）戦地派遣が想像以上の規模だったことが分かってきた。佐世保（長崎）横須賀（神奈川）の米軍基地から米軍艦船に乗り組み、総数は１０００人を超すとみられる。（中略）危険と隣合わせだった実態も分かってきた。68年9月、軍の下請けの米民間輸送船がメコン川で攻撃され、中国人船員が死亡し、沖縄の船員が負傷した。死亡した日本人もいた。『日本人船員射殺される／南ベトナム／米舟艇の乗組員』。当時の毎日新聞の見出しだ。中部の港町で64年1月、南ベトナム政府の治安部隊に撃たれたという。記事は、犠牲者を『サイトウ・ケンゾウ（年齢、出身地不明）』と報じた。（中略）ベトナムで亡くなった日本人を探して、千葉県館山市の漁師町にたどりついた。同市船形の斉藤賢三さん（死亡時28歳）。兄（82歳）の話によると、弟は日本の仲介業者と契約し、１９６１年ごろから米軍で働いていたという。別な情報によると、米軍横須賀基地では５０００人の日本人が働き、うち２０００人が艦船の修理に従事していたようだ。」

日本政府に徹底調査を求める

毎日記者執念の特ダネと称賛したい。米軍の下請け日本人がいたに違いないが、犠牲者までいたことに驚く。ベトナム戦争でこうなら、イラク戦争でも日本人が徴用されていたのではないか。政府はこの実態を知りながら、口を閉ざしていたのだろうか。外交文書を徹底的に調べ上げ、真実を公開してもらいたい。また毎日新聞だけで

なく、他メディアも、隠されている外交案件を粘り強く追及してほしい。

〔2014年8月12日〕

「国の借金」、過去最大の1024兆9568億円

日本の累積赤字国債は増え続けている。5月9日、財務省は、国債や借入金を合わせた「国の借金」が2013年度末で過去最大の1024兆9568億円となったと発表した。「国の借金」のうち、国債は853兆7636億円、借入金は6454億円増の55兆5047億円、政府短期証券は4208億円増の115兆6884億円となった（財務省HPの統計による）。

他の先進諸国も財政赤字状態にあり、ワースト2位ギリシャ、イタリア5位、米国は11位だった。この中で唯一の黒字国であるドイツがGDP比0・1％（2012年）となっている（2012年、対象国は176か国）。

社会保障費増大のため公債残高は爆発的に増加していった。日本国債を買い支えてきたのは主に日本国民による貯蓄であるといって、国債増発を何時まで続けるつもりなのか。

「安倍首相の政治責任を問う」

朝日新聞8月3日付「オピニオン面」に、「財源は赤字国債という無責任」という投書（東京都稲城市・86歳男性）が載っていた。「消費税率を10％に引き上げ、経済が成長した場合でも国と地方の基礎的財政収支は2020年度に11兆円の赤字になるという。お先真っ暗とはこのことではないか。ところが、安倍晋三首相は世界を歴訪して相も変わらず、政府開発援助を乱発し、国内でも日本再興戦略の名の下、首をかしげたくなるような施策に多額の出費を約束して得意顔だが、財源には触れようとしない。しかし、すべて赤字国債に依存せざるをえないことは素人でも看破できる。（中略）国益を損なうような行為を続ける安倍首相など当然、辞任させるべきだと思う」との批判は的を射ている。

国際収支速報も最悪

財務省が8月8日発表した2014年上半期（1～6月）の国際収支速報によると、海外とのモノやサービス、投資の取引状況を示す経常収支は、前年同期の3兆331億円の黒字から5075億円の赤字に転落した。上半期の赤字転落は初めて。円安や消費税前の駆け込み需要で輸入が増えた一方で、輸出が伸び悩み、貿易赤字が1996年以降で過去最大になったことが主因だ。

毎日新聞のコメントで「問題は、日本が先進国最悪の財政赤字を抱えていることだ。現在は預貯金など国内資金で国債発行をさばけるが、経常赤字が膨らむ一方で、高齢化で預貯金が取り崩されれば、海外資金への依存が高まる。海外の投資家が『日本政府は借金を返済できなくなるのではないか』と心配すれば、高い金利を付けないと、借金できなくなり、企業の設備投資や家計の住宅ローン金利も上昇して、経済に悪影響をもたらす」と警告していた通りで、アベノミクスは崖っぷちに立たされている。

〔２０１４年8月15日〕

集団的自衛権など、松阪市長の勇気ある発言

「解釈改憲許さぬ『国民意思』を」と訴えた山中光茂・三重県松阪市長の問題提起に感銘した。毎日新聞8月14日付朝刊オピニオン面「発言」欄に掲載されたもので、集団的自衛権行使の危険性を率直に表明している。

山中市長は「首長である私は市民団体を結成し、憲法学者や有識者らとともに集団訴訟、国家賠償請求でこの決定に立ち向かう運動を始めた。これは『右』でも『左』でもない。松阪から市民運動として全国へと広げ、問題の重要性を国民に訴えていきたいと思う。（中略）日本は憲法9条に基づき、平和主義を抑止力としてきた。それが、日本の誇りでもあった。それが変更されることは『国民意思』によってストップしなくてはならない。全国から1万通を超える賛同メッセージをいただいた。地方議員の賛同の輪も広がってきた。まずは『法の支配』を守る司法の場において、最終的には国民が立憲主義と平和主義を守り抜く闘いにつなげていかなくてはならないと確信している」と、堂々と述べている姿勢に共感する国民は多いだろう。

また、山中氏は「私はかつて医師としてアフリカ諸国で活動した。そこでは『愚かな為政者』の判断で国家体制が変えられ、国民生活が破壊されることも決して珍しくない。内戦後の民族紛争の継続や人種間の格差拡大など為政者の判断が負の連鎖を広げる現実を肌で感じてきた」と述べ、今回の「発言」に至った過程を説明していたが、解釈改憲の危険性を訴えざるを得なかったに違いない。

「日本会議」の組織拡大が気がかりだ

ここではたと気づいたことだが、山中氏の姿勢と真っ向対立する「日本会議」と称する組織の存在である。今年6月東京都議会で女性都議に「早く結婚したほうがいい

んじゃないか」とヤジを飛ばした鈴木章浩都議＝自民党会派を離脱＝は、日本会議の地方議員連メンバーという。

東京新聞7月31日付朝刊「こちら特報部」面が大々的に取り上げていた。それによると「日本会議」は１９９７年５月、保守系宗教団体などでつくる「日本を守る会」と保守系文化人や旧軍関係者などを中心とする「日本を守る国民会議」を統合して結成された。地方議員の会員数が多く、会員数は全国で３万５０００人に上るそうだ。日本会議発足と同時に立ち上げた「日本会議国会議員懇談会」には、今年５月現在で２８９人が加盟しており、安倍首相と麻生財務相は特別顧問。安倍内閣の閣僚19人のうち13人が懇談会メンバーと推測される。同紙の取材に対し、日本会議ウォッチャーの山口智美モンタナ州立大学准教授は「国会議員のみならず、地方議員や宗教関係者の動員力を駆使した運動は、教育基本法改正や首相の靖国神社参拝、選択的夫婦別姓導入の阻止など90年代後半からの右翼化の流れを確実にした」と警告を発している。

健全な政治運営を望みたい

集団的自衛権と特別秘密保護法をめぐって世情は騒然としている。それに加え、ヘイトスピーチなど、〝二極分解〟の様相を深めてきた。安倍政権の国民への説明不足に起因している点が多いと思われる。主権在民の平和憲法の精神に基づき、〝独りよがり〟でない、健全な政治運営を望みたい。

〔２０１４年８月21日〕

首相は「広島大災害」をよそに、別荘を往復

８月20日未明に広島豪雨惨事が発生した時、安倍晋三首相は山中湖の別荘で夏休み中だった。首相の夏休みを咎めるつもりはないが、大水害と聞けば直ちに帰京して対応策を講ずべきだった。20日から21日にかけての首相の行動を追跡したところ、その傍若無人ぶりに驚ろかされた。

〈８月20日〉未明、広島市で土砂災害が相次ぐ。４時20分官邸危機管理センターに情報連絡室設置。６時半、首相が救命救助などに全力で取り組むよう関係省庁に指示。７時２分、首相は別荘を出て、ゴルフ場で森喜朗首相らとプレー開始。首相は９時19分ゴルフ場を出て、10時59分官邸着。11時15分、情報連絡室を官邸連絡室に格上げ。11時23分、首相が記者団に「政府一体となって救命救助に当たるよう指示を出した」とコメント。13時40分、政府が広島県庁に現地災害対策室設置。古屋圭司防

災担当相を団長とする政府調査団が広島入り。17時54分、首相は公邸を出て、19時42分別荘着。

〈8月21日〉10時34分、首相は別荘で北村滋内閣報道官から報告を受ける。11時13分、葛西敬之JR東海名誉会長が訪れ、一緒に会食。13時40分、首相は別荘を出て、15時17分官邸着。15時25分、古屋氏から報告を受ける。16時3分、首相らが災害対策会議を官邸で開く。17時6分首相は官邸を出て、17時32分東京・富ヶ谷の私邸着。

別荘でゴルフしたあと帰京、型どおりの指示を出して、夕方別荘に戻るとは、被災した広島市民だけでなく国民全体を愚弄した行為である。国民の苦労に寄り添う気持ちが欠落している首相に国政を任す危険性すら感じざるを得ない。

天皇・皇后両陛下は別荘での静養を取り止める

天皇・皇后両陛下は広島災害を慮り、22〜29日に予定していた長野県軽井沢町と群馬県草津町での静養を取り止め、皇居御所で過ごされることにした。また、両陛下は犠牲者への追悼と被災者へのお見舞い、災害対策に当たる関係者へのねぎらいの気持ちを、侍従長を通じ湯沢英彦広島県知事に伝えたという。両陛下の優しい心遣いに、感銘させられた。

〔２０１４年8月23日〕

国際的にも恥ずかしい「ヘイトスピーチ」

「おもいやり」のある美しいニッポン。――それと裏腹の「ヘイトスピーチ」（憎悪表現）の横行で世情は右に揺れ、左に揺れて物情騒然としている。

毎日新聞8月22日付朝刊は、「国連審査、法規制を求める声」と題し、日本の恥ずべき行為に警鐘を鳴らしている。20日、非政府組織（NGO）との事前会合で日本のヘイトスピーチのビデオ映像を見た米国のバスケス委員は、対日審査の場で驚きの声を上げた。他の委員からも『なぜ憲法を盾に犯罪として取り締まらないのか』との指摘が相次いだという。日本は１９９５年に人種差別撤廃条約に加盟したが、法規制を求める4条については表現の自由への配慮などを理由に留保。同紙が伝えたところによると、米英仏独4カ国は「人種差別禁止法」で規制しているのに、日本はナシ。排外主義的なデモや街宣車は昨年だけで３６０回以上にのぼっている。デモだけでなく、ネット上が憎悪の舞台になっているようだ。在日コリアンを侮蔑したり、排除する書き込みがあふれている現状を放置するわけにはいかない。

ジャーナリストの安田浩一さんは「ヘイトスピーチは

絶対に許されないと考える国際社会と、消極的姿勢を変えない日本との温度差が特に印象的だった」と述べていたが。安倍首相は「国際関係を誠実に築き上げてきた日本の誇りを傷つけるものだ」と語ったものの、政府与党の取り組みは全く進んでいない。

毎日新聞8月28日付朝刊では、ヘイトスピーチにつき都道府県・政令市の世論調査を報じていたが、約9割がヘイトスピーチを問題視し、うち4割が何らかの規制が必要だと考えていることが分かった。どの自治体も、対応に苦慮しているのだ。

〔2014年8月30日〕

集団的自衛権、安倍首相の強弁が心配だ

集団的自衛権を巡って、安倍晋三首相の場当たり的な強弁には説得力がなく、国民からの批判が高まっている。国際的にも、日本の〝右派偏向〟を危惧する声が高まってきた。

ホルムズ海峡は、日本にとって石油パイプラインの要衝である。注意すべきことは、同海峡がペルシャ湾とオマーン湾の公海と領海が絡みあった狭い海であることだ。最も狭いところは、僅か33キロメートルに過ぎない。領海は1992年の「海洋法条約」で「国土の基線から最大12海里（約12・2キロメートル）までの範囲で国家が設定した帯状の水域で、沿岸国主権が及ぶ」と規定されている。

ホルムズ海峡での機雷掃海に行けるのか

安倍首相は再三、「集団的自衛権を行使するにしても、海外派兵はしません」と言明してきた。自衛隊は、領土や領海など他国の領域には入らないとの公約に等しい。しかし別の答弁で「ホルムズ海峡に機雷が仕掛けられれば、自衛隊は機雷掃海に臨む」と弁明しているが、これこそ敵地に乗り込むことではないのか。

さらに恐ろしい首相の強弁は「朝鮮半島有事で避難する邦人を輸送する米艦船が攻撃を受けた場合、集団的自衛権によって米軍が助けてくれる」と、言い切ったことだ。

豊下楢彦・元関西学院大学教授が最近出版した「集団的自衛権と安全保障」（岩波新書）で、そんな空論は全くのウソと指摘している。国際外交専門家として理路整然たる一文に感銘させられた。それによると、「在韓米軍が毎年訓練を行っている『非戦闘員避難救出作戦』で避難させる対象になっているのは、在韓米国市民14万人、友好国の市民8万人（2012年段階）であり、この友好国とは英国、カナダ、オーストラリア、ニュージーラン

ドというアングロ・サクソン系諸国なのである。さらに避難作戦は、航空機によって実施される。

つまり、朝鮮有事において米軍が邦人を救出することも、絶対にあり得ないシナリオである」と明快に述べている。

尖閣問題でも米国を困らせる

もう一つ尖閣問題に関する箇所を引用させていただく。

オバマ大統領が尖閣について「日米安保条約第5条に基づき、日本を守る」と述べたことを政府は喧伝しているが、それほど単純なことではなさそうだ。豊下論文は、「尖閣問題で米国が安保条約を発動するか否かを決めるポイントは、尖閣の領有権を巡って日中両国のうち、どちらが相手を刺激するような『引き金』に先に指をかけるか、という点にある。言い換えれば、日本が先に手を出した、と解釈された場合、日本との『同盟関係』だけで、中国との『大国同士の関係』も重視する米国は、必ずしも全面的に賛同し、支援するわけではない」と、政府の一方的な姿勢に警告を発していた。

有識者や外務当局の建言を無視するような安倍首相の〝外交音痴〟には呆れ果てる。

〔2014年9月7日〕

慰安婦問題の誤報で、朝日新聞社長が陳謝

朝日新聞の木村伊量社長は、9月11日夜記者会見を開き「従軍慰安婦問題」の誤報について全面的に謝罪した。遅きに失した発表だが、世間の非難をかわす狙いが明白だ。

社長自らが深々と頭を下げて「責任をとる」と言明したことは、マスコミ界にとって異例なことである。また「第三者委員会」を設置して、問題究明に当たるとも述べた。どういう構成の委員会にするのか詳らかではないが、公正な組織にしなければ意味がない。

ニューヨークタイムズが2003年、誤報記事をきっかけに「オンブズマン制度」を導入したことを思い出した。参考になる制度なので、03年7月31日共同電の概略を紹介したい。

「NYタイムズのクラー編集主幹は7月30日、記事ねつ造、盗作事件で、傷ついた同紙の信頼回復を目指し、オンブズマン制度や記者教育に当たる編集者職などを新設する方針を明らかにした。同紙のジェーソン・ブレア元記者による捏造・盗作事件で設置された調査委員会の勧告に基づく措置。われわれのジャーナリズムの活動と不可欠だ」述べていた。

今回の朝日騒動と同じケースであり、朝日の真剣な取り組みを望みたい。

〔2014年9月14日〕

「危うい日本」への貴重な講演録

〈オリバー・ストーンが語る日米史〉を読んで、深く感銘させられた。オリバー・ストーンとピーター・カズニック（アメリカン大学教授）、乗松聡子（平和教育団体『ピース・フィロソフィー・センター』代表＝在カナダ）の3氏が2013年夏来日。広島・長崎・沖縄・東京を精力的に回って講演、対談した記録をまとめた一書で、オリバー米映画監督を軸に、歯に衣着せぬ見事な著作である。その主要発言のごく一部を紹介し、参考に供したい。

米国のアジアでの共産主義との闘いの人質

オリバーは先ず「日本は、米国のアジアにおける共産主義との闘いにおいて人質として使われてきたのです。朝鮮戦争の出撃地点として利用され、その後もベトナム戦争、イラク戦争などに利用されてきました」と指摘した（3㌻）。次いで、「2013年、この戦争の亡霊がアジアに戻りつつあります。……オバマは安倍が〃大好き〃です。とりわけ今、尖閣諸島をめぐって紛争がありますけれども、このように小さい〃価値のない〃島をめぐって争うというのは本当にバカげています。しかし、もっと大きな問題は、それをめぐって安倍と彼をとりまくグループが、日本のナショナリズムを大きく復活させつつあるということです。第二次世界大戦中のナショナリズムを大きく復活させつつあるということです。第二次大戦中のナショナリズム、軍国主義的な考え方です。南京大虐殺や従軍「慰安婦」などを否定するような考え方です」（42〜43㌻）と、安倍政権の危うさに警戒信号を示した。

「核の傘」に頼らない平和国家構築を

ピーター教授も、「日本で問題のある家族の系譜があります。1960年に岸信介首相の下で安保条約を改定し、弟の佐藤栄作の下では、沖縄が返還されました。佐藤は非核三原則を宣言していましたが、沖縄返還の際、米国と有事核持ち込みの密約を結んでいました。そして今、岸の孫である安倍晋三首相はもっとも悪質な歴史否定主義者の一人です。……日本は核の傘ではない非核三原則と平和憲法の精神にのっとり、太平洋地域において紛争を解決し平和な世界をつくるために指導的な役割を果たしてほしいです」（102〜103㌻）と、岸三代の系譜をたどって、ズバリ指摘した筆法に感心した。
ベトナ戦争に従軍した二人だけに、「戦争の本質について話をしよう！」と全国行脚した情熱と語り口は見事だ。

靖国参拝と尖閣紛争に米国はヤキモキ

乗松さんの平和に賭ける情熱もすごい。「13年、日米関係の亀裂を決定的にしたのは……12月26日に安倍首相が靖国神社参拝を決行したことだ。米国はその年の10月、ケリー国務長官とヘーゲル国防長官が来日したとき真っ先に千鳥ケ淵戦没者墓苑に献花したという異例の行動に出て、米国のアーリントン墓地を引き合いに出し靖国参拝を正当化しようとした安倍首相をけん制した後でもあった。米国の主要紙『ニューヨークタイムズ』や『ワシントン・ポスト』にも安倍政権の政策の行き過ぎを批判する記事が続出した。14年4月には、オバマ大統領は安倍政権になって初めて来日したが、米国の一番の関心であるTPP交渉で合意に至らないまま日米共同記者会見は行なわれた。オバマ大統領は、『尖閣の施政権は日本にあるが領有権については米国は立場を取らない。安保条約5条は尖閣に適用する』という、従来の米国の立場を繰り返したことは安倍首相とメディアに喜ばれたようだ。しかし同時に大統領は日中間の対話を再三促し、エスカレーションを許すのは『深刻な過ちである』と安倍首相に警告している」（180～181ページ・後書き）。

乗松さんのコーディネイトによって、各種講演や稲嶺進名護市長との対談など多彩な内容となった。「米国に幻想を抱いてはいけない」との教訓を、日本国民は噛みしなければならない。

〔2014年9月19日〕

慰安婦問題、朝日の迷走に呆れる

帝塚山学院大（大阪府大阪狭山市）に、元朝日新聞記者の男性教授（67）を辞めさせないと大学を爆破するとした脅迫文書が、複数届いていたことが分かった。元記者は8月に朝日が慰安婦報道を検証した記事で、吉田清治氏の虚偽証言に関する記事を最初に書いたとされていた。元記者は文書が届いた日に教授を辞職。

毎日新聞9月30日付朝刊によると、脅迫文書が同大学に届いたのは9月13日。元記者への批判と「くぎを入れたガス爆弾を爆発させる」といった趣旨が書かれ、大学の法人理事長や学長宛などで送られていた。当事者の朝日が半日遅れの夕刊に報じたが、扱いを巡って社内に混乱があったのではないだろうか。

というのは、朝日9月29日付朝刊に「慰安婦特集記事の一部を訂正します」との3段見出しで「特集記事掲載後、当時の大阪社会部にいた別の元記者が『吉田氏の記事を書いたことが1度だけある。初報は自分が書いた記事かもしれない』と名乗り出ています」という奇妙な訂正記事が出たからだ。「初報が掲載された経緯については近く設置する第三者委員会の調査結果を踏まえて紙面でご説明します」と、弁解しているのも奇妙ではないか。

慰安婦誤報問題は、辻褄の合わないことばかり。第三者委員会など当然設置されていたと思っていたので、朝日の狼狽ぶりには呆れ果てる。〔2014年10月3日〕

火山列島に囲まれた原発の脅威

長野、岐阜県境の御嶽山(3067メートル)が9月29日噴火してから10日。噴火はなお続いており、気象庁によると、10月6日23回、7日も6回火山性地震が起きている。7日現在で50人を超す遺体が確認された。自衛隊員数百人が救出作業に当たるなど、戦後最悪の噴火災害となった。

九州電力川内原発立地に問題

原子力規制委員会が審査書案をまとめた九州電力川内原発(鹿児島県)が立地する南九州には、過去に巨大噴火を起こした火山が複数あり、今まで以上に再稼働へも不安の声が高まっている。南九州は、阿蘇カルデラ(阿蘇山)、加久藤・小林カルデラ(霧島山)、姶良カルデラ(桜島)、阿多カルデラ(開聞岳周辺)、鬼界カルデラ(薩摩硫黄島)と巨大カルデラ火山が5つも存在している。

日経10月7日付朝刊社説は、「原子力規制委員会発足後3年目に当たって、改めて規制委に求めたい。例えば巨大な火山爆発のある川内原発の審査を通したが、地元住民への説明が足りない。9日に鹿児島県が開く説明会に、規制庁の委員は出席しないという。(中略)規制委の仕事は原子力の安全向上だけではない。福島事故で損なわれた規制への信頼回復は重要だ。もっとオープンに対話力を持ってほしい」と指摘していた。

原発の規制基準は半径160キロ圏内の火山を検討対象としている。川内原発では巨大噴火があったことを示すカルデラ(大きなくぼ地)が主なものだけで5つある。九電はうち3つについて、火砕流が川内原発がある場所に達した可能性を認めている。しかし、規制委の審査では、火山の専門家が九電の対策に直接意見を述べる機会がなかった。首都大学東京の町田洋名誉教授は巨大噴火の発生頻度が低いことを認めつつ、「自然は人の思うようには動かない」と強調。鹿児島大の井村隆介准教授も「近くのカルデラで、既にマグマが多量にたまっている可能性も否定できない」と懸念している。

規制委はもっと地震学者の意見を聞け

九電は、川内原発から半径160キロ以内の14火山を「将来活動性がある」「活動性を否定できない」と評価。たとえ噴火しても「敷地への影響はない」とし、火山灰の影響は、桜島の噴火で敷地内に15センチ積もる場合を想定して対策を講じた。規制委はこれらの結果を妥当と結論づけた。

御嶽山でも異常現象はあったが、噴火の前兆としては認識されなかった。巨大噴火の際、前兆現象があるかどうかも分からないが、あったとしても、それが噴火の前兆として認識されるかどうかも不明なのである。規制委は火山学者を集めた検討会を作り、観測態勢やどのような現象を噴火の兆候と考えるかの指針作りに着手。検討会で火山学者から「現在の火山学では巨大噴火の予測は困難」「巨大噴火の兆候とする判断基準がない」など疑問の声が相次ぎ、判断基準は今後の検討課題となっている。しかし田中俊一委員長は「巨大噴火はここ30年、40年の間に起こるものではない。天災がいつ起きるか分からないので社会的活動をやめてください、という考え方では仕事はできない」と述べたそうだ。御嶽山惨事を軽視しすぎている。近くに原発がなかったが、とんでもない認識不足である。この言葉が示すように、サイエンスではなくビジネスが問題なのである。

規制委や九州電力は、「予知」した対策を講じることができるとして川内原発再稼働を進めている。全国各地に地震帯が潜んでおり、特に若狭湾や刈羽原発などの原発再稼働をどう判断するか。火山の専門家たちは「予知」は困難という懸念を示している。規制委は学者らの進言や意見を尊重して慎重審議に徹すべきだ。

川内原発再稼働の行方が日本の原子力行政の重大な転換点になることは必至である。〔2014年10月12日〕

「在特会」と安倍政権の危険な関係

在特会（在日特権を許さない市民の会）のヘイトスピーチが、国際的な非難を浴びる深刻な事態になってきた。

「在特会の動きを取り締まる国家公安委員長に、貴女はふさわしくないのではないか」――10月7日の参院予算委員会で小川敏夫議員（民主党）は、山谷えり子国家公務委員長（拉致問題担当相）が、在特会の関係者と2009年に一緒の写真に納まっていたことが先月発覚した」

と追及、これをきっかけに騒ぎが広がっている。

在特会は、安倍晋三氏が首相就任以前（２００９年ごろ）から自民党にシンパシーを抱き、安倍氏らに接触していたという。安倍氏にもその頃、１回会ったと週刊誌が伝えていた。

高市早苗総務相と稲田朋美自民党政調会長が「ネオナチ団体と隣合わせに写る写真が明るみに出た」と複数の海外メディアが報じ、一気に問題が拡大したようだ。

自民党支持のネット右翼が仕掛けた企みは明らかで、第二次安倍改造内閣への欧米の冷ややかな視線を感じる。

毎日夕刊で、「間接的な影響は『日本売り』にまで及ぶ」との警告する声まである」と、米在住の作家、冷泉彰彦さんの危惧を伝えている。

「アベノミクスの行方に関心を持つ人々は多い。だが在特会や右翼団体と閣僚らの写真の問題は、『安倍内閣は、考え方の非常に古い支持層から送り込まれた議員で構成されている』というメッセージと受け止められた。古い支持層の反発を招く第三の矢（成長戦略）は実行できないだろうとの失望が広がった」と指摘していたが、まさにその通りと思う。

〔２０１４年10月15日〕

沖縄知事選敗北、大混乱の安倍政権

11月16日行われた沖縄知事選挙で、野党推薦の翁長雄志氏が３選を目指した仲井眞弘多氏を大差で破って当選を果たした。稲嶺進那覇市長に続いて与党候補が敗れたショックは大きい。

政府与党には大打撃で、普天間飛行場の名護市辺野古移設の行方が混沌としてきた。「12月14日衆院解散」の決意を固めた安倍晋三政権にとって、成長政策の破綻と沖縄問題のダブルパンチを食らって深刻な状況だ。

翁長新知事に「辺野古移転ノー」を突きつけられることは必至で、政府はどのような政策変更を打ち出すだろうか。菅義偉官房長官は先に「辺野古移転は過去の話」と嘯いていたが、本気で代替案を示す必要に迫られている。

米国との関係も複雑だ。辺野古沖埋め立てで、米海兵隊の２０００人規模の揚陸艦が入港できる軍港づくりも破綻してしまう。移設撤回をめぐって、日米協議も行わざるを得ない状況に進展し、崖っぷちに立たされ安倍政権がどう乗り切るか、難しい局面に立たされている。

〔２０１４年11月18日〕

原発直下に活断層の恐怖

11月22日午後10時すぎ、長野県北部に震度6弱の地震が発生。白馬村や長野市で7人が重軽傷を負うなど計41人が怪我をした。特に白馬村で43棟、小谷村で4棟が全壊。両村の南北約20キロで「神城断層」に沿うように余震が続いている。幸い長野県には原発がなかったが、北に刈谷柏崎原発、南に浜岡原発があり、警戒を怠ってはならない。

御嶽山噴火に続く自然災害の猛威に身が縮む思いだ。こんな折、原子力規制委員会は11月19日、敦賀原発直下の断層を改めて「活断層」と認定する報告書案を決めた。日本原電は敦賀2号機再稼働を求めていたが、再検討でも認められず廃炉の運命だ。原発敷地内の断層については、東北電力東通（青森県）、関西電力美浜（福井県）北陸電力志賀（石川県）高速増殖炉もんじゅ（福井県）にも活断層の疑いが強まっている。

川内原発は規制委承認を受けたが……

川内原発（鹿児島県）は認可を得たものの、活断層の危険性を指摘する声が強く、再稼働には至っていない。

福島原発事故から3年8カ月、復興への道のりは遅々としており、まだ20万人もの人が帰宅困難という。安倍晋三政権は「アベノミクス」を争点に12月14日衆院選挙を打ち出したが、原発や集団的自衛権などの重要課題はそっちのけ。道理なき解散・無駄遣い解散との批判が高まっている。

「原発がベースロード電源」を改めない安倍政権

全国に48基ある原発は現在1基も再稼働していない。化石燃料や節電で夏冬を3年半余乗り切っており、「原発ナシ、自然エネルギーの活用」の声がますます高まってきた。ところが安倍政権は、地震列島の日本に「原発がベースロード電源」と称して電力計画を推進する時代遅れ政策にこだわっている。

〔2014年11月28日〕

第Ⅴ部　2015年

書評「戦争報道論」（永井浩著）
――「戦争報道」の在り方を問う力作

「戦争報道論　平和をめざすメディアリテラシー」と題する大著が明石書房から刊行された（定価4000円+税）。著者は、毎日新聞外信部を経て、神田外国語大学で教鞭をとった永井浩氏。ベトナム戦争、イラク戦争を中心に650ページを超す労作で、既存メディアの問題点を実証的に分析している。

「日本の新聞とテレビがイラク戦争報道に熱中しているとき、世界はグローバル化の進展とともに、既存のメディアが発信するニュースにあきたらないさまざまな情報が国境を超えて駆けめぐる時代になっていた。情報発信の主役は市民であり、武器はインターネットである。世界60カ国で1000万人の市民が同時多発的にイラク反戦デモを繰り広げたのは、この最新メディアのおかげで人類史上はじめて国民を超えて個人同士が自由に、しかも瞬時に情報をやりとりすることが可能となったからである。」

米国の手のひらで踊る日本メディア

「米国中枢部で同時テロが起きた翌朝（日本時間）1991年9月12日付の日本の朝刊各紙には『テロは許さない』を合言葉にした社説が並んだ。……ホワイトハウスの手のひらの上で、基本的には米国メディアがお膳立てした曲目とメロディーにあわせて踊る日本のメディアは、米国のアフガン攻撃が必至となるにつれてその軍楽隊の一員となっていく。リチャード・アーミテージ元米国務副長官の『ショー・ザ・フラッグ』（旗を見せろ）発言が報じられると、最も強く太鼓を叩き、勇壮なラッパを吹いたのは、1000万部という世界最大の発行部数を誇る読売である」など、日本メディアの米国追随の姿勢を糾弾している。

規制メディアにあきたらず、永井氏が「日刊べリタ」を立ち上げたのは2002年6月。以後10余年の「市民メディア」の問題提起は素晴らしい。

大森実氏の「泥と炎のインドシナ」を高く評価

永井氏が、ベトナム戦争報道で活躍した二人の先輩ジャーナリストを称賛しているのが、印象に残る。一人は「泥と炎のインドシナ」で国際報道に新風を吹きこんだ元毎日新聞外信部長の大森実氏。もう一人は日本電波ニュースを創設した柳澤恭雄氏で、北ベトナムからの貴重な映像を送り続けた。大森氏らをベトナム戦場に駆り立てたのは、自分たちの目と耳と嗅覚で戦争現場を確かめたいとの熱意だった。日本の報道のなかで最も光彩を放った活躍だったが、米国側の猛反発によって、大森氏は退職に追い込まれてしまった。毎日側が彼を守りきれなかったことは、日本ジャーナリズムにとって恥ずかしい汚点である。現場主義に徹した大森氏の心意気はさすがで、退職後は米国に移り住み、一ジャーナリストとして多くの著作を残した生涯に一層感銘を深めた。

永井氏が多くのページを割いて大森氏らのジャーナリスト魂を振り返ったのは、現在のイラク戦争、アフガン戦争報道の姿勢が気がかりだったからに違いない。米国報道に追随している日本は、一刻も早く独自の姿勢を世界に表明すべきではないか。〔2015年2月2日〕

〝ドイツの良心〟ワイツゼッカーの名言

「過去に目を閉ざす者は、結局のところ現在にも盲目となる」――〝ドイツの良心〟と称されるワイツゼッカー大統領が1月31日死去した。94歳だった。

1984～94年の10年間大統領を務めた1985年、「ナチスの強制収容所で虐殺されたユダヤ人に特に思いを寄せなければならない」と国民に語りかけ、「ドイツの戦争責任を率直に表明し、非人間的な行いを記憶しない者はまた（非人間的な考えに）汚染される恐れがある。和解は記憶ナシではあり得ない」と、自由を尊び、平和への努力を訴えたことが、今のドイツ国家の基礎となっている。

「戦後70年談話」、安倍首相の変節を危惧

安倍晋三首相が1月25日NHK番組で、戦後70年8月に出す「安倍談話」について「今まで重ねてきた文言を使うかどうかではなく、安倍政権としてこの70年をどう考えているかという観点から出したい」と述べたことが気懸かりだ。戦後50年の村山富市談話と60年の小泉純一郎談話がともに使った「植民地支配と侵略」や「痛切な反省」「心からのお詫び」のキーワードをそのまま継承することに否定的な考えを示したものといえるだろう。

中韓両国だけでなく、公明党や野党各党は「安倍首相は歴史修正主義者」と指摘し、監視を強めている。〔2015年2月5日〕

「辺野古県外移設」、翁長沖縄県知事文書で初要請

沖縄県と基地を抱える市町村でつくる「県軍用地転用促進・基地問題協議会」の翁長雄志知事と稲嶺進名護市

長らは2月5日、外務、防衛両省と在日米大使館を訪れ、米軍普天間飛行場の「県外移設」などを盛り込んだ要請書を提出した。翁長知事就任後、文書で県外移設を求めたのは初めて。

琉球新報2月6日付朝刊によると、両省の大臣は応対せず、事務方が要請書を受け取った。知事は6日も首相官邸を訪れたが、事務担当の杉田和博官房副長官が対応。安倍晋三首相や基地負担軽減担当相を兼ねる菅義偉官房長官は今回も面談しなかった。

外務省は冨田浩司北米局長、防衛省は中島明彦地方協力局長が対応。翁長知事は「普天間の固定化を避け、県外移設と早期返還に取り組んでもらいたい。5年以内の運用停止、一日も早い危険性除去にも取り組んでいただきたい」と訴えた。

沖縄新知事に冷たい安倍政権

これに対し冨田北米局長は「固定化は避けなければならない」、中島地方協力局長は「辺野古移設が唯一の解決方法だ」などと述べた。

中島局長の回答に対し、名護市長は「(辺野古移設の)根拠はなくなっている。強行に進められている作業はとてもひどい状況だ」などと反論し、過剰警備を問題視した。

仲井眞弘多前知事を破って、新知事となった翁長知事は辺野古移設反対派。民意を忖度しない安倍政権の傲岸さがここにも見え隠れする。

〔2015年2月6日〕

「国の借金」増加、1029兆9205億円に

財務省は2月10日、短期の借入金などを含めた国の借金残高が、2014年末に1029兆9205億円あったと発表した。ギリシャの財政危機がユーロ圏で問題化しているが、財政規模の大きい日本にとって、ただならぬ状況である。

歴史的な低金利で国債の利払い費が抑えられているにも拘わらず、前年末より11兆9746億円も増えた。政府予算の4割強が借金に頼っているため、国の借金は増え続け、この10年で300兆円近く。国民一人当たり約811万円の借金になるとは驚きだ。

「日本はギリシャと違い、国債の大部分を国内で消化しているから大丈夫」とみる向きもあるが、ずるずると破局に陥らないか。円の価値が急激に下落したらどうなるのか、早急に抜本的対策を打ち出さなければならない。

〔2015年2月12日〕

「積極的平和主義」が目指す方向を危惧

安倍晋三内閣は2月10日、政府の開発途上国援助（ODA）基本方針を示したODA開発大綱に代わる「開発協力大綱」を閣議決定した。他国軍への非軍事事援助も踏み込んだ大転換である。

具体的には、これまで禁じてきた他国軍への直接支援を、「民生目的、災害救助など非軍事目的」に限って認めた。さらに、ODAを通じて「我が国の平和と安全の維持、繁栄の実現とも明記。「国益」という言葉も初めて使用している。先に武器輸出を一定の要件のもとで認める新三原則への変更に続く踏み込んだ決定と言えるだろう。

これが安倍政権の「積極的平和主義」が目指す方針に違いない。「戦場に自衛隊を派遣するわけでなく、後方支援に特化するのだから問題はない」と、簡単に述べているが、恐るべき話ではないか。

「戦場」の修羅場に、前方・後方の区別が成り立つはずがない。食糧・弾丸の補給路を断たれれば、敗戦となる。首相は「あらゆる事態に切れ目のない対応を可能とすることが重要だ」と強弁している。

〝安倍造語〟は、世界に通用しまい

長谷部恭男早大教授は、杉田敦法大教授との「考論」（朝日新聞2月8日朝刊）で、「『積極的平和主義』を直訳すれば『proactive pacifism』。右の頬を打たれたら左の頬を出すという無抵抗の意味合いが強い『pacifism』に、事前に打って出るという『proactive』がかぶるので、日本は、打たれる前に頬を出すのかと外国人は苦しむのでは。外務省は『proactive contributor to peace』（平和への積極的貢献）と訳しているが、分かりにくい上に本来の平和主義とは距離がある」と指摘、〝首相造語〟が国外に通じるのかとの疑問を呈していた。

タイで邦人救出作戦に乗り出す

この政府の方針に従い、自衛隊は紛争地域からの邦人救出作戦を試みている。既に、国内の離島で奪還作戦を行っていることは知っていたが、自衛隊員をタイに派遣し、2月15日から　同国中部のウタバオ海軍航空基地での訓練に乗り出したとのニュースに驚かされた。日米タイ3カ国が参加、震度7の地震が起きて都市機能がマヒし、混乱に乗じて反政府デモが起きたという想定だ。現地駐在大使館員まで乗せた救出作戦だったという。

安倍政権の海外派遣熱の高揚が現実味を帯びてきて、成り行きが極めて心配である。〔2015年2月19日〕

「核のゴミ」処分に積極的な姿勢を

「核のゴミ」（原発で燃やした使用済み核燃料）をどう処分するか、深刻な事態になってきた。日本国内で約1万7000トンも溜まっているのに、政府の処分方針すら定まっていない。

最終処分場が決定しているのは、フィンランドとスウェーデン2国だけ。先行したのはフィンランドのオンカロ処分場で、2004年から建設が進められ、2022年から燃料の埋設が始まる。2100年ごろまで埋設を続け、その後は、坑道と入口を閉ざし密閉してしまう予定だ。地層は主に花崗岩で、使用済み核燃料は地下455メートルより下に埋められる。核廃棄物の完全な無害化には、10万年かかるという。

経済産業省が2月17日、核のゴミ廃棄処分場の選定基準づくりに乗り出したものの、候補地選定はいぜん難航。一方、日本学術会議も17日「原則50年間地上保管、将来的には地層処分」の政策提言をまとめたが、国民の合意形成に時間がかかり、各国とも対応に苦慮している。

いずれにせよ、次の世代に難題を残さざるを得ない「核のゴミ」政策に、各国の連帯・協力が要請される所以である。

〔2015年2月22日〕

メルケル独首相の忠告を受け入れよ

ドイツのメルケル首相が3月9日来日。2008年の洞爺湖サミット以来7年ぶりである。メルケル氏は「訪日は極めて重要だ。我々は価値観を共有している」とビデオメッセージを発表しており、訪日によって先端的な科学技術で連携を深める考えという。

2011年の東京電力福島第一原発事故を受けて、メルケル氏は直ちに22年の原発全廃を決め、再生エネルギー導入を本格化させている。最大の被害国・日本が未だに原発再稼働にこだわっている政治姿勢の差が歴然としている。

独政府筋は「現時点では、日独両首脳に距離がある」と言っているが、その背景には安倍政権の右傾化への懸念があるようだ。独メディアも安倍政権に厳しく、特定秘密保護法導入を「言論の自由の危機」と一斉に批判。安倍首相が13年12月に靖国神社を参拝した直後には、独政府報道官が「地域の緊張を高める行為を控え、外交解決を探ってほしい」と公式に苦言を呈していた。

大先輩メルケル首相の忠告を、安倍首相は素直に受け止めるだろうか。日独友好のため平和外交への転換を決断すべき好機である。

〔2015年3月9日〕

中国首相「歴史の責任負うべきだ」——安倍首相を牽制

中国の李克強首相は3月15日、第12期全国人民代表大会（全人代＝国会）第3回会議の閉幕後に行った記者会見で、「国家の指導者は、先人の作り上げた業績を継承するだけでなく、先人の犯した罪がもたらした歴史の責任も負わなければならない」と述べ、今年、戦後70年の首相談話を発表する安倍晋三首相を牽制した。

中国が今年、抗日戦争勝利70年にあわせて実施する軍事パレードなどの記念活動について、李首相は「中国だけでなく、世界の多くの国家がいろんな形式の記念活動を行う。痛ましい歴史の悲劇を心に刻み、歴史を繰り返させず、第二次大戦勝利の成果と戦後の国際秩序、国際法を守り、人類の平和を永続させることが目的だ」と主張した。

日中関係は、尖閣諸島をめぐる問題を発端に冷却化。李首相は「あの戦争（抗日戦争）が根本的な原因だ」と主張し、「当時の日本の軍国主義が中国国民に侵略戦争を押しつけ、巨大な災難をもたらした。最終的には日本の民衆も被害者だ」と述べた。

その上で、「日本の指導者が歴史を正視し、一貫して両国関係を改善、発展させようとしてこそ、新たなチャンスがある」と強調したが、安倍首相への〝牽制球〟などと受けとらず、日中関係の改善に努力しなければならない。

韓国の対日批判は少し和らぐ

一方、韓国の対日批判は相変わらずだろうか。「ソウル聯合ニュース」によると、国連人権理事会に韓国政府代表として出席した外交部の趙兌烈《チョテヨル》第2次官は3日（現地時間）に行った基調演説で、慰安婦問題に触れながら日本政府が責任ある姿勢を示すよう促した。昨年3月に同理事会に出席した尹炳世《ユンビョンセ》外交部長官が行った演説に比べると、過去の歴史を否定する日本の態度を直接非難する表現が確実に減っている。尹長官は演説で、慰安婦問題について旧日本軍の関与と強制性を認めた河野洋平官房長官談話を見直す動きが日本にあることについて、「被害女性の名誉と人権を踏みにじる行為」などと強く批判したが、今回の趙次官演説は、被害女性が抱える苦痛を伝えるとともに、過去の歴史の傷を癒やす必要性を強調することに集中したと評価されている。慰安婦問題解決に向けた日本の実質的な立場に進展はみられないものの、今年になって日本に対する批判の度合いが和らいだのは、韓日局長級協議が6回開かれたことも一つの理由とみられる。韓日国交正常化50周年を迎える今年、過去の歴史問題を前向きに解決しようというメッセージを韓国政府が発する必要性も考慮したようだ。

〔2015年3月16日〕

メルケル訪日、安倍首相の度量の無さ——独新聞が論評

政府は、メルケル独首相の助言を生かせなかった印象が強い。3月9日付本欄で「両国首脳には距離がある」と指摘したが、内外の報道も押しなべて失望している。

ベルリン在任の梶村太一郎氏（ジャーナリスト）は16日のブログで「メルケル報道、独メディアから匙を投げられた安倍政権とNHK」と指摘していた。

「日本は孤立している」

特に南ドイツ新聞が論説欄で、「日本は批判に慣れていない。政府は、その第二次世界大戦での歴史観に疑問を呈され、それによって孤立し、それが国際間ではコンセンサスとなっていても、拒否反応を示すのである。批判が善意であり得ても、東京には伝わらない。歴史を歪めることは長期的には無理である。メルケル首相は東京への旅の前に、領土と歴史問題での対処に関して、東京を批判したり教訓を与えることなく、どのように表現すべきかを自問しなければならなかった。彼女はこの微妙な課題を巧みに解決した。彼女は忠告を与えず、ただドイツの和解の経験を指摘しただけだった。彼女は、例えば東アジア諸国のかたくなな姿勢への選択肢として、『1500年、1600年、1700年当時の国境がどこであったか』などは、問題とすべきではないと述べた。メルケルの含意ある示唆は、すでに政府が非難攻撃しているリベラルな朝日新聞社で基調講演を行う決断にみられた。その場の聴衆の質問に答えて、彼女は言論の自由に何の問題もないと述べた。民主的な政府には異なる意見が必要である。日本の公共テレビのNHKはこのことからまったく学ぼうとはしない。そのニュースでは、首相がどこに登場したかを、ある新聞社でしか伝えなかった。日本の学習能力はこの程度である」と、日本の姿勢を糾弾していたが、全くその通りではないか。「メルケル首相は、非常に慎重に、脱原発の選択肢や、特に歴史認識に関して、その意義を伝えたかったのに、アレル

ギー的に拒否反するだけで、聞く耳を持たない出来の悪い子供のような安倍政権の傲岸さ国際的に見て恥ずかしい」と指摘していたが、確かに安倍政権の姿勢は恥ずかしい。

天皇とは20分も和やかに懇談

「ただ一つ、メルケル首相は天皇陛下とは、予定時間を越えて20分も大変気持ちの良い対話ができて非常に喜んでいるとの、政府報道官からの情報があった。記事の写真も、その天皇に対する表敬の意であると解釈できる」と、南ドイツ新聞が記していたのが、唯一の救いだった。

〔2015年3月20日〕

三原じゅん子議員の「八紘一宇」発言、議員辞職に値する

自民党の三原じゅん子参院議員（自民党）は3月16日、参院予算委員会で「ご紹介したいのが、日本が建国以来、大切にしてきた価値観『八紘一宇』であります」としたうえで、同理念のもとに経済や税の運用をしていくべきだと質問した。同氏は企業がグローバル資本主義の中で課税回避をしている問題を取り上げた中で、「八紘一宇の理念のもと、世界が一つの家族のようにむつみあい、助け合えるような経済および税の仕組みを運用していくことを確認する崇高な政治的合意文書のようなものを、首相こそがイニシアチブを取って世界中に提案していくべきだと思う」と語った。

「侵略戦争」のスローガン

八紘一宇は戦前、日本の侵略を正当化するための標語として使われていたもので、侵略戦争のスローガンだった。女優・歌手から転進した三原議員はまだ50歳。右派の支持者の入れ知恵を鵜呑みにして、時代錯誤の用語を得々と語るとは噴飯ものだ。

「歴代内閣は八紘一宇に否定的な見解を示してきた。中曽根康弘首相は83年1月の参院本会議で『戦前は八紘一宇ということで、日本は日本独自の地位を占めようという独善性を持った、日本だけが例外の国に成り得ると思った。それが失敗のもとであった』と述べている。宮崎市平和公園の塔の正面「八紘一宇」と刻まれた石板は戦後の一時期、外されていた。連合軍総司令部が45年12月に「八紘一宇」を公文書で使用することを禁じた。県内の財界人が動いて「八紘一宇」の文字が復活したのは65年だった」と、毎日新聞3月27日付夕刊「ワイド特集」が、その背景を記していた。

唐突な三原議員発言に驚いた人は多かったに違いない

が、報道姿勢も甘かったのではないか。この点を鋭く突いたのが天木直人氏（外交評論家）の3月19日付ブログだった。

昭和天皇も忌避していた言葉

「三原発言は、歴史を聞きかじった不正確な発言であるだけではなく、いま国際的に懸念されている日本の政治の右傾化に直結する言語道断の発言だ。三原議員はれっきとした自民党の国会議員なのに、何故国会で大問題にならないのか。

安倍晋三自公政権はこの発言を許すのか。なぜ日本の戦争責任を反省する護憲政党はこの発言を問題にしないのか。なぜメディアはこの問題の深刻さを国民に教えないのか。（一部の新聞は取り上げていたが……）

『八紘一宇』の言源は古く8世紀の日本書紀の記述にあるが、『八紘一宇』という言葉そのものは田中智学（１８６１〜１９３９年）という宗教家が１９１３年に使った造語であり、１９３０年代から満州国支配やアジア侵略を正当化する標語として軍部に使われた言葉だった。戦後は一貫してこの言葉は否定され、昭和天皇も中曽根大勲位さえも忌避してきた言葉であるのである。三原じゅん子はこの一言だけで即刻、議員辞職ものだ。安倍首相がこの三原発言を放置するならその歴史認識は同類だということだ。それほど深刻で言語道断な発言であるのに、誰も騒がない。この国は、政治家から国民まで、歴史に無知、無関心な、未来の見えない国だ。それでいいのか。」

〔２０１５年3月30日〕

両陛下パラオ訪問と世界平和への努力

太平洋戦争の犠牲者を慰霊するため、天皇、皇后両陛下は4月8日夕、パラオ共和国を訪問された。9日にはペリリュー島に渡り、「西太平洋戦没者の碑」に白菊を供え、米軍慰霊碑も詣でた。わずか2日間のハードな日程を終えられた両陛下は10日夜帰国された。

天皇陛下は、パラオ共和国主催の晩餐会で、「戦後70年に当たる本年、皇后と共に、パラオ共和国を訪問できましたことは、誠に感慨深く、ここにレメンゲサウ大統領閣下のこの度の御招待に対し、深く感謝の意を表します。この訪問に合わせ、モリ・ミクロネシア連邦大統領御夫妻、ロヤック・マーシャル諸島共和国大統領御夫妻がここパラオ国を御訪問になり、今日、明日と続き、私どもと行動を共にしてくださることに感謝いたします。ミクロネシア地域は第一次世界大戦後、国際連盟の下で、日本の委任統治領になりました。パラオには、南洋庁が設置され、多くの日本人が移住してきました。移住した日本人はパラオの人々と交流を深め、協力して地域の発展に力を尽くしたと聞いております。クニオ・ナカムラ元大統領始め、今日貴国で活躍しておられる方々に日本語の名を持つ方が多いことも、長く深い交流の歴史を思い起こさせるものであり、親しみを感じております」と答辞を述べた。

パラオは、第一次世界大戦で占領した日本が、終戦までおよそ30年にわたって統治したが、太平洋戦争で軍の拠点となり、日本軍だけでおよそ1万6000人が犠牲になっている。両陛下の世界平和を願う行脚。実にさわやかな国際交流で、地元民はもとより各国から賞賛されている。安倍晋三政権も、このような平和外交に徹してほしいものだ。

〔2015年4月12日〕

吉野文六氏の苦悩と外交密約の罪

沖縄返還交渉をめぐる日米間の「密約」の存在を認めた元外務省アメリカ局長の吉野文六さんが3月29日、横浜市の自宅で肺炎のため死去した。96歳だった。

1941年に外務省に入省。アメリカ局長として沖縄返還の日米交渉を担当していた72年、米側が負担すべき米軍用地の原状回復補償費を日本側が肩代わりする密約があったとする機密電文の存在が国会で問題化した。

電文の写しを持ち出した外務省女性事務官と、依頼した西山太吉氏（元毎日新聞）は国家公務員法違反容疑で起訴され、有罪判決が確定した。2000年になって密約の存在を裏付ける米公文書が明らかになったものの、外務省は一貫して密約を否定。しかし吉野氏が06年、「スナイダー氏と私が密約文書にイニシャルをサインした」と告白、09年には密約文書をめぐる情報公開訴訟で証人として法廷に立った。当時東京地裁で傍聴していた私は、証言を終えた吉野氏と西山氏がガッチリ握手していた姿を思い出す。13年には国会審議中だった特定秘密保護法案について、「秘密が拡大すれば、国民の不利益になる」と述べた姿も立派だった。

「機密を解除せよ」と西山太吉氏が新著で強調

吉野氏は他界したが、「沖縄密約」は現在に強い影響を残した事件だ。東京新聞3月31日付夕刊が1面トップで報じた判断に活目した。「歴史歪曲、国民にマイナス」との大見出しで情報公開軽視を真っ向から批判。西山氏の「民主主義に残る証言」とのコメントを添え、吉野氏の死を悼んでいた。

新聞制作は難しい。直近で起きたニュースの価値判断は紙面の優劣に響く。今回東京新聞の判断は詳らかではないが、「吉野氏死去と密約」の関連を重く見たに違いない。毎日新聞が3段扱い、朝日・読売は2段扱いだったが、当日の重要ニュースを点検してみて、東京新聞の斬新な判断に軍配を挙げたい。

西山氏は今年2月、岩波書店から「機密を解除せよ―裁かれた沖縄密約」を上梓した。自らの事件だけでなく、「特定秘密保護法の危険性」を憂えている。

「政権中枢や外務省関係者は明白に虚偽の証言をした。検察の調べに対しても、上から下まで虚偽の供述を重ねていたのです。国家権力は、場合によっては、国民はもちろん、司法に対しても積極的に嘘を言う。そういうことが端無くも歴史上、証明されたのが密約事件です。歴史のなかで、あそこまで露骨に虚偽で塗り固めて押し通したものはありません。国家の秘密をめぐっては、こういうことがあるんだと、検察官、裁判官も、事実として認識すべきです」と後書きで強調している。

日本の主権者は、権力のこの恐るべき現実を改めて直視し、監視を強めなければならない。

〔2015年4月13日〕

「高浜原発再稼働認めぬ」――福井地裁即時差し止めの仮処分

揺れに揺れる原発再稼働問題に、新たな難題が浮上した。福井県にある高浜原子力発電所の3号機と4号機について、福井地方裁判所は4月14日「国の新しい規制基準は緩やかすぎて原発の安全性は確保されていない」との判断を示し、関西電力に再稼働を認めない仮処分の決定を出したのである。福井地裁の仮処分決定では「10年足らずの間に各地の原発で5回にわたって想定される最大の揺れの強さを示す『基準地震動』をさらに超える地震が起きたのに、高浜原発では起きないというのは楽観的な見通しにすぎない」と指摘。そして原子力規制委員会の新しい規制基準について触れ、「『基準地震動』を見直して耐震工事をすることや、使用済み核燃料プールなどの耐震性を引き上げることなどの対策をとらなければ、高浜原発3号機と4号機のぜい弱性は解消できない。それなのに、これらの点をいずれも規制の対象としておらず、合理性がない」という判断を示した。そのうえで、「深刻な災害を引き起こすおそれが万が一にもないと言えるような厳格な基準にすべきだが、新しい規制基準は緩やかすぎて高浜原発の安全性は確保されていない」と結論づけた。関西電力は福島の原発事故も踏まえて対策をとったと反論しているが、今回の仮処分はすぐに効力が生じるという。関西電力の異議申し立てなどによって改めて審理が行われ、決定が覆らなければ、高浜原発は再稼働できなくなる。福井地裁の再審理決定が覆れば、仮処分の効力は失われる。福島原発事故後に起こされた裁判では、同じ樋口英明裁判長が去年、大飯原子力発電所3号機と4号機の再稼働を認めない判決を言い渡し、現在、名古屋高等裁判所金沢支部で審理が行われている。

仮処分手続きと決定の効力

仮処分の手続きは、正式な裁判をしていると時間がかかって間に合わない、緊急の場合などに使われるもので、今回の仮処分の決定は直ちに効力が生じる。

決定の是非については異議申し立てなどによる審理で最高裁判所まで争うことができ、その過程で取り消されなければ決定の効力は続く。逆に決定が覆れば仮処分の効力は失われる。ただ、仮処分はあくまで正式な裁判が行われるまでの暫定的な措置で、再稼働に向けた正式裁判が起こされれば、改めて司法の判断が示されることになる。

6紙社説の評価は真っ二つ

毎日新聞15日付社説は「司法が発した重い警告」と受けとめ、「今回の司法判断は、再稼働を目指そうとする国内の多くの原発に当てはまる。原発再稼働の是非は国民生活や経済活動に大きな影響を与える。ゼロリスクを求めて一切の再稼働を認めないことは性急に過ぎるが、いくつもの問題を先送りしたまま、見切り発車で再稼働すべきでないという警鐘は重い」と評価している。朝日新聞社説も「安倍政権は『安全審査に原発については再稼働を判断していく』とくりかえす。そんな言い方ではもう理解は得られない。司法による警告に、政権も耳を傾けるべきだ」と評価。東京新聞社説も『昨年5月、大飯原発3、4号機の差し止めを認めた裁判で、福井地裁は、憲法上の人格権、幸福を追求する権利を根拠として示し、多くの国民の理解を得た。生命を守り、生活を維持する権利である。国民の命を守る判決だった。今回の決定でも、〝命の物差し〟は踏襲された。福井地裁の決定は、普通の人が普通に感じる不安と願望をくみ取った、ごく普通の判断だ。だからこそ、意味がある」と強調している。

これとは真っ向対立したのが、読売、日経、産経の3紙社説。「合理性を欠く決定と言わざるをえない」(読売)「司法は何を判断すべきか。安全性、電力の安定供給などを含めて総合的に判断するのが司法の役割ではないか」（日経）「負の影響は、計り知れない」（産経）など、「疑問点が多い福井地裁判決」と指弾している。マスコミ判断を真っ二つにした在京6紙社説の温度差に、驚かされた。

〔2015年4月16日〕

行き詰まった沖縄基地「辺野古移転」計画

安倍晋三首相は4月17日、那覇市内で翁長雄志・沖縄県知事と初めて会談した。安倍首相は「名護市辺野古への移転が唯一の解決策だ」と述べ、米軍普天間基地の危険除去に向けて移設計画への理解を求めた。これに対し、翁長知事は「私は絶対に新基地を造らせない」として、計画の撤回を求めた。

首相はさらに「普天間基地の一日も早い危険性除去は、われわれも沖縄も思いは同じだろうと考えている。そのなかで、辺野古への移転が唯一の解決策だ。これからも丁寧な説明をさせていただきながら、理解を得るべく努力を進めていきたい」と述べたうえで、「嘉手納基地以南の返還もスタートしており、こうした米軍施設の沖縄への返還を順調に進めながら、沖縄の発展に生かしていきたい」と強調して協力を求めた。

これに対し、翁長知事は「政府は、普天間基地の県外移設という公約をかなぐり捨てた仲井眞前知事が、埋め立てを承認したことを錦の御旗として辺野古移設を進めているが、去年の名護市長選挙、沖縄県知事選挙、衆議院選挙で、辺野古への新基地反対に圧倒的な民意が示された」と反論。さらに訪米の際オバマ大統領に伝えていただきい」と述べた。

なお菅官房長官は、普天間基地の運用停止について「5年以内の運用停止は、これまで政府は沖縄県と協力し、確認しながら進めてきている。『できることはすべてやる』という思いで、政府としては引き続き全力で取り組んでいく」と述べた。

沖縄側の主張はどれもまっとうだと思う。危険な普天間飛行場廃止と辺野古移設をワンセットとし、利益誘導のような振興策を振りかざす政府側こそ強圧的ではないのか。

沖縄県民の相違は「辺野古反対」で固まっており、振り出しに戻って打開策を考える度量がなければ事態収拾は難しかろう。一部で囁かれている「辺野古軍港化」など、とんでもない事である。

〔2015年4月19日〕

首相官邸屋上に「ドローン」落下に驚く

4月22日午前10時20分ごろ、千代田区の総理大臣官邸の屋上に、小型の無人機「ドローン」1機があるのを職員が見つけて警視庁に通報した。直径50センチほどの「ドローン」で、プロペラが4つあるほか、小型カメラやプラスチックのような容器が付いていた。容器は、直径3センチ、高さが10センチほどで、蓋がしてあり、放射能を示すマークがあったという。爆発物のようなものは見つかっていないが、警視庁は、念のために爆発物処理班を出してドローンの機体や容器などを詳しく調べるとともに、何者かがドローンを飛ばしたものとみて、いつ落下したのかなど詳しい状況を調べている。

無人機の飛行ルールは

無人機を空港の周辺で飛ばす場合に国の許可が必要なほか、航空機の飛行ルートにかかっている場合には、２５０メートル以上の高度で飛ばすときには国への通報が必要である。それ以外には低い高度を飛行する場合の運用のルールや、飛行の安全について、航空法に基づく取り決めはない。総理大臣官邸の上空でも少なくとも２００メートル以下での飛行についてルールは設けられていないという。

また、毎日新聞4月23日付夕刊によると、ドローンは３００メートル離れた所で無線操縦できるタイプ。官邸屋上のヘリポートが最後に使用されたのは3月22日で、それ以降1カ月間は屋上に人が上がった形跡がないそうだ。警備の不備を衝かれた事件で、政府は対応策に追われている。

ホワイトハウスにも墜落していた

米国でも1月、ホワイトハウスの敷地にドローンが墜落し、一時、周辺が封鎖される騒ぎがあった。その後の捜査で、無人機を飛行させていた人物が名乗り出て、遊びで操縦しているうちにホワイトハウスの敷地内に入ってしまったと説明しているという。米国の世論調査では、70％以上の人が「規制が必要」と回答、プライバシーの侵害や事故再発の懸念が高まっている。

なお、軍事分野のドローンは大型で、偵察や爆撃に用いられている。商用分野でも、荷物の配送システムの研究が進んでいるという。

〔２０１５年4月25日〕

沖縄を無視、対米追従の安倍首相演説

安倍晋三首相は4月28日、ホワイトハウスでオバマ米大統領と会談した。両首脳は「共同ビジョン声明」を発表し、27日合意した日米防衛協力の指針（ガイドライン）改定の意義を強調。安倍首相は、安全保障関連法案を次期国会で成立させたいと述べた。しかし法案は日本の国会には提出されておらず、国会無視も甚だしい。その中身は、日本が集団的自衛権を使えるようにするため、防衛ガイドライン改定の必要があった。日本以外で危機が起きたとき、日本が他のアジア諸国と連携し、対処しやすくするためである。

安倍首相は「日米同盟の強化」「希望の日米同盟」との言葉を繰り返して、米国の歓心を得ようとする姿勢が見てとれる。

沖縄問題については何も要望しないばかりか、米軍普天間飛行場の名護市移設について首相は、県内移設に反対する翁長雄志知事の意向を伝えたうえで、「辺野古への移設が唯一の解決策という立場は揺るがない」と約束している。

平時でも米艦を防護

新たなガイドラインの特徴は、平時の自衛隊による米国艦船防護。念頭にあるのは、北朝鮮のミサイル発射に即応するためだ。日米は共同任務を遂行する自衛隊と米艦を「一つの部隊」とみなし、攻撃を受けた場合は防護措置を取る体制を明確にした。「重要事態」の定義によると、日本周辺以外でも補給や輸送などの後方支援ができるという。この背景には、海洋進出を強める中国の存在がある。

安保法制の議論で注目を集めたのが海上交通路海上交通網（シーレーン）での機雷掃海。自衛隊ができるのは戦闘が終わった後に遺棄された機雷処理に限られていたが、集団的自衛権の行使ができるとすれば、停戦前でも処理できるようになる。

琉球新報4月29日付社説は、「米国への追従を誓う言葉を羅列しながら、歴史観が希薄で、本末転倒の内容である。日米同盟の意義を強く誇示するだけで、国民不在の演説だ。

例えば安保法制に関する発言がそうだ。安倍首相は、集団的自衛権行使を可能とするよう安全保障関連法案に関して『戦後初めての大改革です。この夏までに成就させます』と約束した。安保法制は次期国会で対立法案と

なるはずであり、慎重な審議が求められる。ところが安倍首相は法案提出前であるにもかかわらず、夏までの法案成立を米議会で言明した。これでは国会が「消化試合」になる。甚だしい国会無視であり、到底容認できない。

演説の中に『侵略』や謝罪の言葉はなかった。『紛争下、常に傷ついたのは女性でした』と述べたが、『慰安婦』という言葉を使用することも避けた。歴史と真摯に向き合う姿勢が感じられない。演説の中で首相は『民主主義』という言葉を多用した。しかし、沖縄での選挙結果に背き、辺野古での新基地建設を強行する安倍政権の姿勢は民主主義とは正反対ではないか。米国への追従姿勢に終始し、国民、県民、日本の侵略行為によって傷ついたアジアの人々を置き去りにするような演説だった」と酷評している。まさに対米追従外交そのものではないか。

〔２０１５年５月８日〕

米国防相、オスプレイ横田配備を通告

低空・夜間飛行訓練も

米国防総省は５月11日（日本時間12日午前）、米空軍の新型輸送機オスプレイＣＶ22を10機、横田基地（東京都福生市など）に配備すると発表した。２０１７年後半に３機配備し、残り７機は21年までに配備を完了する計画。中谷元・防衛相は５月12日の会見で「通常の飛行訓練に加えて、低空飛行、夜間飛行（訓練）は実施する」と述べた。

米軍のオスプレイは現在、沖縄県宜野湾市の米軍普天間飛行場に24機配備されているが、本土への配備は初。普天間のオスプレイは米海兵隊仕様のＭＶ22。これに加えて、横田に10機配備することになる空軍仕様のＣＶ22は、特殊作戦部隊が使用する。

米国のアジア重視政策の一環

米国防総省は声明で「オスプレイの配備により、米軍の特殊部隊の能力が向上し、人道支援や災害救難を含め、日本やアジア太平洋地域での危機や不測の事態に迅速に対応できるようになる」と強調した。また、ＣＶ22配備をオバマ政権が進めるアジア重視政策の一環と位置づけ、声明でも「日本を防衛することへの米国の揺るがぬ関与」に反映され、「アジア太平洋リバランス（再均衡）の一部として、もっとも高度な前方展開能力を配置することになる」と主張した。

墜落事故が心配

オスプレイは開発段階などで事故が相次ぎ、沖縄では

配備に反対する声がいまも強い。ＣＶ22も、12年には米フロリダ州で墜落事故を起こしている。

中谷氏はＣＶ22の低空飛行訓練などについて「地域住民に十分配慮し、最大限の安全対策がとられることを日米間で合意している。地上から１５０メートル以上で飛行することとされており、運用の安全性は十分に確保されている」と述べた。また「首都圏にあることは我が国の安全保障に資すると同時に、首都圏直下型の地震など大規模災害にも対応でき、それなりの意義がある」と語った。

〔２０１５年５月19日〕

安倍首相の間違った歴史認識は訂正すべきだ

５月22日、党首討論における安倍首相のポツダム宣言に関する発言は、事の重大性を感じさせる。朝日新聞朝刊の続報が、ポツダム宣言について、志位共産党委員長が「自民党幹事長代理だった首相が月刊誌『ＶＯＩＣＥ』２００６年７月号対談で、ポツダム宣言というのは、米国が原爆を２発落とした日本に大変な惨状を与えた後〝どうだ〟とばかりにたたきつけたものだと語っていたと指摘。だが、宣言は１９４５年７月26日に米英中の名で発表され、８月６日と９日の原爆投下後、14日に降伏を受諾したのが歴史的事実である」と報じていた。

党首討論での首相のいい加減な姿勢が明らかではないか。首相に放言癖があるようで、その最たるミスは「福島原発事故の放射能漏れは完全にコントロールされている」との発言。放射能漏れは現在もコントロールできず、現場は対応に苦慮している。認識が間違っていたなら、きちんと訂正すべき問題なのだ。今回も、同じ誤認発言である。潔く訂正すべきである。

先に米国の歴史研究者ら１８７人が、慰安婦問題などの歴史認識を批判する声明を出したが、賛同者が計４５７人に達したと、５月19日公表した。戦前の日本の過ちについて「全体的で偏見のない清算」を呼びかけたものであり、日本政府はきちんと謝罪すべきである。

〔２０１５年５月24日〕

辺野古移転は難航、米国からも見直しの声

沖縄県の普天間飛行場（宜野湾市）を名護市・辺野古移設に反対する県民集会が、５月17日開かれ、熱気に包まれた。

翁長雄志知事は5月20日、日本記者クラブと日本外国特派員協会で記者会見。米軍普天間飛行場の移設計画を強行する安倍政権の姿勢を、「自国民の自由、平等、人権、民主主義を守れない」と強く批判。今月下旬からの訪米を踏まえ、沖縄に大きな負担を強いる安全保障体制の現状にも疑問を投げかけた。

翁長氏は「(日本に組み入れられた)琉球処分後は、日本国に操を尽くしてきたが、戦後は日本の独立と引き換えに米軍の施政権下に置かれた」と、基地問題の歴史的な経緯を説明。「辺野古への移設が唯一の解決策」とする安倍政権を念頭に、「『(辺野古移設が)嫌なら代替案を出せ、安全保障をどう考えているんだ』というのは、日本の政治の堕落ではないか」と厳しく批判した。

このような背景のもと、「辺野古基金」運動には、宮崎駿さん、佐藤優さんら著名人が名を連ね、2カ月足らずで2億5000万円を超す勢い。米政府・議会対策のロビー活動などに充てるという。

アメリカの有識者も懸念

日本国内ばかりではなくアメリカ内部でも、沖縄基地をめぐる政府と沖縄の対立の深まりを懸念する声も出ている。ハーバード大教授のジョセフ・ナイ氏は5月2日、琉球新報の取材に対し、辺野古移設について「沖縄の人々の支持が得られないなら、われわれ、米政府は恐らく再検討しなければならないだろう」と述べ、地元同意のない辺野古移設を再検討すべきだとの見解を示した。ナイ氏はクリントン政権時代に普天間基地返還の日米合意を主導した元国防次官補。2014年10月からはケリー国務長官に助言する外交政策委員会のメンバーを務める。この時、ナイ氏は辺野古移設に慎重な理由として「沖縄の人々が辺野古への移設を支持するなら私も支持するが、支持しないなら我々は再考しなければならない」と述べ、沖縄県民の反対が多いことを挙げていた。

沖縄は国を飛ばしてアメリカと直接交渉の動き

一方、翁長氏は、日本政府を通じてではなく、アメリカ政府と直接交渉を行うことも視野に入れている。翁長氏は選挙公約で、辺野古移設に反対する翁長知事の考えを、日本政府を通じてではなくアメリカ政府に直接伝えることが目的の、沖縄県駐在職員を配置することを強調。4月1日には、2014年9月まで在沖アメリカ総領事館の政治担当特別補佐官を務めた平安山英雄氏に辞令が交付されている。

引き抜きで関係悪化?

この動きに対して、政府側は4月1日、元沖縄県職員の又吉進氏を外務省参与に起用した。県職員OBが外務省参与に就くのは極めて異例。

毎日新聞によると、又吉氏は県職員として長くアメリカ軍基地問題を担当しており、仲井眞前知事時代の2010年4月に、県基地対策課長から知事公室長に抜てきされた。約5年間にわたって政府や沖縄県の調整、対米交渉などを担い、2013年12月の辺野古埋め立て承認にも携わったとされる。翁長知事が就任したのに伴い2015年1月に知事公室参事監に異動となり、3月31日付で早期退職した。又吉氏は「基地問題のエキスパート」でアメリカ軍の装備や運用にも精通。アメリカ政府に人脈もあるとされている。

元外務相主任分析官の佐藤優氏は4月3日、文化放送の「くにまるジャパン」に出演した際に、沖縄県のワシントン駐在員事務所と又吉氏の関係について、「（ワシントン駐在員が）アメリカとの交渉でどう動くかというのを、又吉さんはよく知っている。これまで沖縄とアメリカとの交渉は、又吉さんがやっていたんですから。又吉さんが沖縄県にいれば、翁長さんを手伝う。それなら政府側に持ってこいと、知恵のある人が考えたのではないか」と分析していた。〔2015年5月26日〕

志位委員長の理路整然たる弁舌に感銘

5月28日衆院特別委員会で、安倍晋三首相は志位和夫共産党委員長の質問に対し、「『戦争法案』という批判は全く根拠のない、無責任かつ典型的なレッテル貼りであり、恥ずかしい」と述べた。これに対し、志位氏は「恥ずかしいのは『戦争法案』の正体を隠し続ける首相の無責任で不誠実な姿勢である」と反論した。

志位氏の質問は、個別具体的なケースを提示して、特別委員会室は緊迫。与党委員もヤジを飛ばさず聞き入るほど、理を尽くした質問だった。

これまでの自衛隊の海外派兵法は、「非戦闘地域」での活動に限ってきた。ところが、イラクへの自衛隊派兵では、宿営地や輸送機が攻撃にさらされた。犠牲者は出なかったが、自衛隊員の精神面にも大きな影響を与え、イラクやインド洋に派遣された隊員の自殺者は54人にも上った。

米国の侵略戦争に追随する日本

志位氏は、米国が世界各地で繰り返してきた武力行使に対する日本政府の態度を追及。

第二次世界大戦後、米国は多くの先制攻撃戦争を実行し、グレナダ侵略（1983年）、リビア爆撃（86）、パナマ侵略（89年）に対しては国連総会で非難決議が採択された。

岸田外相は、いずれの決議でも日本政府が棄権・反対に回ったものの、グレナダ・パナマについては「遺憾の意を表明した」などと弁明。志位氏は、グレナダ・パナマ侵略に関する政府見解を突きつけ、いずれも最後の結論が米国への「理解」となっていることを指摘し、「日本政府は戦後ただの一度も、米国の戦争を国際法違反と批判したことはない。すべて賛成・支持・理解だ。こんな異常な米国への無条件追随の国は他にない」と批判。

安倍首相は「『理解』はしているが、『支持』はしていない」と答えるのが精いっぱい。志位氏は「こんな政府がどうして『自主的判断』ができるか。言われるままに集団的自衛権を発動することになるのは明瞭だ」と強調した。

ベトナム戦争もイラク戦争も検証していない

さらに志位氏は、米国が起こしたベトナム戦争・イラク戦争に対する日本政府の根本姿勢を追及。両戦争の規模と世界的影響の大きさにふれ、「二つの戦争を日本政府がどう検証・総括したか。これは、安倍政権が半世紀にわたる政府の憲法解釈を大転換し、戦後初めて集団的自衛権行使の道に踏み込もうとするもので、避けて通れない大問題だ」と述べた。ベトナム戦争本格化の決定機となった「トンキン湾事件」（64年）について、米国防総省秘密報告（ペンタゴン・ペーパーズ）や当時の米国防長官の回顧録などから、当時の米政府の発表が捏造だったことが明らかになっている。志位氏は、当時の日本政府が「米国が合法的に認められた範囲をまさか逸脱はあるまいという信頼」（64年、椎名外相答弁）から支持したことを示し、捏造判明後に米国に説明を求めたかと質問。岸田外相は「説明を求めた等の事実関係は、現時点で確認されていない」と答弁、志位氏は「公式の外交ルートで説明を求めていないということだ」と食い下がった。

イラク戦争の直接契機となった大量破壊兵器の保有情報についても米国の捏造であり、当時のブッシュ米大統領やブレア英首相らが情報の誤りを認めている。志位氏は、首相官邸でイラク派兵を取り仕切っていた柳澤協二・元内閣官房副長官補が著書で「アメリカに（捏造の）説明を求めなかった」と証言していることを示し、「事実か」と迫った。外相はここでも「現状そういったやりとりは確認できていない」と説明を求めていないことを認めた。志位氏は「米国の戦争は正義と信じて疑わない。捏造とわかっても説明を求めず、反省もしない。これが日本政府の基本姿勢だ」と批判。「戦後最悪の安倍政権による、戦後最悪の戦争法案の廃案を強く求める」と強調した。

志位氏の質問で自衛隊員が「殺される」ばかりでなく、民衆を「殺してしまう」危険も明らかにされた。首相は、約8500人の戦死者を出すとともに多数の民衆殺害事件を起こしたアフガニスタンでの国際治安支援部隊（ISAF）のような活動に自衛隊が参加する可能性を否定しなかった。

集団的自衛権行使の問題をめぐっては、米国が、捏造した事件を口実に引き起こしたベトナム侵略戦争やイラク侵略戦争について、首相は全く反省を示していない。米政府の発表をうのみにし、捏造と分かっても説明も求めず、今に至ってもまともな検証もせず、反省もしない日本政府の「究極の米国従属」(志位氏)の姿勢があらわになったと言えるだろう。こうした政府が集団的自衛権を発動し、米国とともに海外での戦争、武力の行使に踏み出すことがいかに危険か、誰の目にも明白ではないか。

〔2015年6月1日〕

ポツダム宣言「当然、読んでいる」との内閣答弁書の欺瞞

安倍晋三首相が5月20日の党首討論で、第二次世界大戦で日本が降伏を勧告されたポツダム宣言を「つまびらかに読んでいない」と答弁したことについて、安倍内閣は2日の閣議で「当然、読んでいる」とする答弁書を決定した。

維新の党の初鹿明博衆院議員の質問主意書への政府答弁書によると、首相は「具体的な発言の通告が事前になされなかったため、ポツダム宣言の正確な文言を手元に有しておらず、そのような状況で具体的な文言に関する議論となったため、つまびらかではないという趣旨を申し上げた」と弁明。ポツダム宣言に対する見解についても問われ「我が国はポツダム宣言を受諾して降伏したものである」としたものの、首相の最初の答弁を翻した〝逃げ腰〟答弁はまことに不誠実である。

安倍首相の国会答弁には、この種のはぐらかしが多すぎる。野党が衆院予算委で審議拒否せざるを得なかった顛末が読み取れる。こんな軽はずみな答弁を繰りかえすようでは「首相失格」である。

〔2015年6月4日〕

安保法制、憲法学者3人がそろって「違憲」の判断
──衆院憲法審査会・参考人質疑の重み

衆院憲法審査会は6月4日、与野党が推薦した憲法学者3人を招いて参考人質疑を行った。参考人は、自民・公明・次世代の党推薦の長谷部恭男早大大学院教授、民主党推薦の小林節慶大名誉教授、維新の党推薦の笹田栄司早大教授。

「外国軍隊の武力行使と一体化する恐れ」

長谷部氏は集団的自衛権の行使容認について「憲法違反だ。従来の政府見解基本的枠組みでは説明がつかず、法的安定性を大きく揺るがす」と指摘。「外国軍隊の武力行使と一体化する恐れがある」と述べた。小林氏も「憲法9条は海外で軍事活動する法的資格を与えていない。仲間の国を助けるために海外に戦争に行くのは憲法違反だ」と批判した。政府が集団的自衛権の行使例として想定しているホルムズ海峡での機雷掃海や、朝鮮半島騒乱の場合に日本人を輸送する米艦船への援護も「個別的自衛権で説明がつく」との見解を示した。笹田氏も従来の安保体制を「内閣法制局と自民党が（憲法との整合性を）ガラス細工のようにぎりぎりで保ってきた。しかし今回、踏み越えてしまった」と語った。

「野党にうまく利用された」と自民議員が的外れ発言

今回の憲法審査会は、違うテーマで質疑が予定されていたが、民主党議員から「安保関連法案は憲法違反ではないか」との質問が出て、参考人それぞれの憲法論に発展した。

毎日新聞5日付社説が「憲法や安全保障について3人の考え方は、必ずしも近くない。その3人が、憲法改正手続きを無視した安倍内閣のやり方はおかしいという点で一致したことの意味は重い」と指摘していた。審査会の自民党メンバーが「長谷部氏は立憲主義の権威であり、この日の議題に合うと思ったが、野党にうまく利用されてしまった」と悔やんでいたが、まことにおかしな反応。学者3人の指摘を謙虚に受け止め、熟議すべき国会議員の責務を放棄したような感想ではないか。

安保関連法案に「レッドカード」が突きつけられたことを、政府自民党は深刻に反省すべきである。国民の多くも「わけが分からない」と思っており、拙速は許されない。

〔2015年6月7日〕

米軍基地集中の沖縄、対米追随の姿勢を正せ

6月23日は、沖縄戦の犠牲者を悼む「慰霊の日」だ。1952年のサンフランシスコ平和条約の発効により、日本が主権を回復した後も、沖縄は日本本土と切り離された。1972年に日本復帰を果たしたものの、多くの米軍基地が居座わり、県民の負担は軽減されていない。

「銃剣とブルドーザー」の強引な米国

戦後27年間の米軍施政権下で「鉄拳とブルドーザーによる接収」と呼ばれ、民有地の強制接収などによって広大な米軍基地が形成された。現在、全国の基地面積の約73・9%が沖縄に集中している。(次いで青森県の7・7%、神奈川県の約5・9%)全国の米軍訓練空域は75あるが、沖縄には48もある。このため墜落事故や騒音に県民は悩まされ、2004年8月13日、沖縄国際大学(普天間基地に隣接)に大型ヘリが墜落、一歩間違えば大惨事になるところだった。

この様な沖縄差別が許されるだろうか。屋良朝博・沖縄タイムス記者が「砂上の同盟」と題する著書で痛烈に指弾しており、感銘させられた。参考までに主要点を引用しておく。

イタリアは堂々と「主権」行使

「イタリアは日本と同じ敗戦国で、大戦後に米軍基地をう受け入れているが、施設管理権は『主権』と同一という意識がある。オーストリア国境近くにあるアピアーノ飛行場はイタリア空軍が管理し、毎日の飛行プランを米軍に提出させ、滑走路の使用時間を定めて騒音対策を徹底している。驚くことは、夏場に午後1時から4時まで昼寝するイタリアの習慣『リポーゾ』に従い、米軍機もエンジンを切って静かにする。沖縄では、そんな行儀いい米軍を見たことがない。嘉手納飛行場では、お構いなしに米軍戦闘機が住宅地に騒音を轟かせている。米軍を駐留させる経費負担は、日本がイタリアの12倍も多く払っている。NATO全体の2倍の負担。たくさんのカネを出して、口は出さない。そんなの美徳でもなんでもなく、イタリア人は『日本の主権は、どうなっているの』と首を傾げるだろう。」――イタリアと比べ、日本の対米追従外交が悲しい。米国に対し「物言える」外交こそ、主権国・日本の矜持ではないか。

欧州駐留米軍基地を縮小

米国防総省は6月8日、欧州に駐留する米軍の基地や施設15カ所を閉鎖・返還する再編計画を発表した。同省によると、計画は国防予算の削減方針に対処すると同時

に、欧州駐留米軍の効率性を高めるのが目的で、再編によって年間5億ドル（約595億円）を節減できるという。
〔2015年6月9日〕

普天間騒音訴訟　国に7億5000万円の賠償命じる

米軍普天間基地（沖縄県宜野湾市）周辺の住民約2200人が、米軍機の騒音で日常生活や睡眠を妨害され、精神的苦痛を受けたとして、国に計約10億円の損害賠償を求めた訴訟の判決で那覇地裁沖縄支部は6月11日、国に計約7億5000万円の支払いを命じた。

沖縄の普天間基地周辺に暮らす住民が、軍用機による騒音で生活に著しい影響を受けているとして国に賠償を求めた裁判で、那覇地裁沖縄支部は「被害は受け入れなければならない限度を超えている」として、合わせて7億余万円の賠償を命じたものだ。

原告団長「基地の早急な返還を」

原告団長の屋嘉比康太郎さんは「裁判所が騒音被害を認めてくれたことは宜野湾市民として嬉しく思う。国は今回の判決をしっかりと受け止め、普天間基地の問題に改めて取り組んでほしい。住民としては基地の早急な移設・返還をこの機会に強く訴えたい」と話していた。

一方、沖縄防衛局の井上一徳局長は「裁判所の理解が得られず残念だ。判決内容を慎重に検討し、関係機関と十分に調整して対処するとともに、普天間基地の早期移設・返還や、基地周辺の生活環境の整備などに努力していく」とコメントしている。

基地騒音で住民の苦情相次ぐ現状

宜野湾市の市街地ほぼ中央に位置する普天間基地には、去年10月現在、オスプレイや攻撃ヘリコプターなど48機が配備され、日常的に訓練を行っている。

米軍は、できるかぎり人口密集地の上空の飛行を避けるなどの運用ルールを定めているが、沖縄県と宜野湾市の調査によると、滑走路の延長線上にある上大謝名地区では、騒音の程度を示す「うるささ指数」が、国の環境基準を超えた日数が平成25年度は174日に上っている。
〔2015年6月12日〕

山崎拓氏ら長老の反旗が通じるだろうか

現在、「自民党内のチェック機能低下が、安倍政権の独走につながっているようにみられるが、ここに山崎拓元自民党副総裁（78）ら元衆院議員4人が6月12日、安全保障関連法案に対して「憲法解釈を一内閣の恣意によって変更することは認めがたい」として反対を表明した。

　これに同調した人は、自民党時代に政調会長を務めた亀井静香・衆院議員＝無所属＝、元新党さきがけ代表の武村正義氏（80）、元民主党幹事長の藤井裕久氏（82）の3人。武村、藤井両氏はかつて自民党に所属しており、計4人はいずれも戦前生まれだ。

　山崎氏は防衛長官や党安保調査会長などを歴任した防衛族。小泉政権下での自衛隊海外派遣について「不戦国家から軍事力行使国家への大転換を意味し、国策を大きく誤る」とする声明を発表したことがある。

　山崎氏ら長老の動きに若手が同調するようだと、腐った自民党体質改善につながるだろうが、安倍首相に媚を売る議員の多い現状打破は無理なような気がする〔２０１５年6月13日〕。

「安倍首相のヤジ」、戦前の国家総動員法審議と共通

　保阪正康氏（評論家）が毎日新聞6月13日朝刊に寄稿した「安倍晋三首相のヤジは、国家総動員法審議と共通」との鋭い指摘に活目させられた。

　安倍首相が5月28日の衆院安保法制特別委で野党議員に「早く質問しろよ」とヤジを飛ばした事件だが、これが１９３８年3月の国家総動員法案委員会での陸軍省軍務局の佐藤賢了中佐による「黙れ！」発言と酷似しているという。

　国家総動員法は１９３８（昭和13）年、第一次近衛文麿内閣のときに制定されたもので、戦争に備え、国の経済や国民生活をすべて統制できる権限を政府に与えた悪法で、戦前日本を誤らせた元凶である。

「国家総動員法によって、内閣が自在に戦時体制を作り、国民を兵力に組み込むことができたように、今回の安保法案も政府の裁量に一任する点が多いこと、などである。斉藤（民政党議員・斉藤隆夫）は国民の生存権に制限を加えようとすると批判したが、安保法案にその危険性が内在していることも類似点といえるかもしれない（中略）『黙れ！』も『早く質問しろよ』もあまりにも品がない言葉であることに気づくと、こうした法案で命を失う人々が出たこと、あるいは出るかもしれないことに慄然《りつぜん》としてくるのである」と保阪氏が問題点を指摘していたように、危険な安保法制を阻止しないと、〝戦前回帰〟につながる恐れがある。

〔２０１５年6月15日〕

安保法案今国会成立のため大幅会期延長の暴挙

政府・与党は6月22日、与野党幹事長・書記局長会談を開き、今月24日までの今国会の会期を9月下旬まで延長することを谷垣自民党幹事長が表明、午後の衆院本会議で議決される。

今国会の焦点になっている安全保障関連法案（集団的自衛権など）の審議は、安倍晋三首相が「早く質問しろ」とのヤジを飛ばした問題などで与野党が対立、審議がたびたびストップ。法案が衆院通過後、参院で60日間たっても採決できなかった場合は否決と見なし、参院で再議決できる「60日ルール」適用も視野に入れて、約3カ間の大幅延長を決めたという。安保関連法案の今国会成立を目指す手段で、政府・与党の勝手気ままな延長を認めるわけにはいかない。

今月4日の衆院憲法審査会で3人の憲法学者が安保法案を「違憲」と指摘しており、各新聞社の世論調査でも政府の説明が不十分との声が圧倒的に強いのに、聞く耳を持たない政府・与党の姿勢は、国民主権にもとる行為である。野党から「廃案」の声が上がるのは当然だろう。

〔2015年6月22日〕

「戦後70年談話」を出したくない安倍首相の屁理屈

「安倍晋三首相は今夏に発表する『戦後70年談話』について、閣議決定を見送る方針である」と、読売新聞6月22日付朝刊が特報した。政府の公式見解としての意味合いを薄め、過去の談話にとらわれない内容とする狙いのようだ。

朝日新聞は23日付朝刊で後追いし、同趣旨の記事を報じたが、「閣議決定したメッセージは『首相談話』と呼ばれ、それ以外は『首相の談話』として区別される。談話を閣議決定せず、安倍首相の個人的な『首相の談話』とすることで、そうした懸念も考慮したものとみられる」と記していた。

政府は、戦後50年に村山首相談話、60年に小泉首相談話をそれぞれ閣議決定した。いずれも「植民地支配と侵略」により、アジア諸国に「多大の損害と苦痛」を与えたとして、反省の意を表明しており、政府の公式見解となっている。これに対し安倍首相は「全体として引き継ぐ」と明言しているものの、同じことを言うなら談話を出す必要はないと述べ、個別の文言にはこだわらない考えを示している。

安倍首相は「公式見解」を出したくないため、牽強付会な理屈を述べているが、世間に通用するはずがない。国内だけでなく、国際的な良識にもとる恥ずかしい弁解である。

〔2015年6月24日〕

「戦争屋帰れ」安倍首相に罵声——沖縄戦没者追悼式

6月23日、沖縄県摩文仁の丘・平和記念公園で開いた追悼式で翁長雄志知事が格調高い平和宣言を読み上げると、参列者の拍手が起き指笛が鳴った。その後安倍晋三首相が挨拶に立つと、「帰れ」のヤジが飛んだ。県政野党の自民党県議も「政治色が強すぎる。穏やかな追悼の場にそぐわない内容だ」と顔をしかめたという。首相は4月の米議会での演説で、集団的自衛権の行使を可能にする安全保関連法案について、夏までに成立させると約束。慰霊の日前日の22日には、安保関連法案の成立を確実にしたい強い意向のもと、戦後最長となる国会会期の延長が決まったばかり。政権に、辺野古問題で翁長氏に譲歩する気配は見られない。

朝日新聞24日付朝刊によると、「式典後、首相は記者団に『知事をはじめ県民の皆様に説明を丁寧にしていきたい』と強調した。だが、移設計画に理解のあった前知事と2年続けて共にした昼食を、今年はとらなかった。翁長氏とは、沖縄を発つ直前に那覇空港で数分話しただけ。本土より一足早く『戦後70年』を迎えた沖縄の地に、首相がいたのは4時間余り。昨年より2時間半短かった」という。

「国民の自由、平等、人権、民主主義が等しく保障されずして、平和の礎を築くことはできない」との翁長知事の政府を批判すると、ひときわ大きな拍手が湧き起こったが、安倍首相が登壇すると空気が一変、「帰れ」などと怒声が飛んだ。「戦争屋は出て行け」とヤジを飛ばした男性（82）＝那覇市＝は警官によって退席させられた。沖縄戦で失った祖父の遺骨が今も見つかっていない。「辺野古の基地建設を止めることが、私が生きている間に沖縄差別をなくす最後の機会だと思っている」と抗議していた。安倍首相と翁長知事の波長は全く合わず、逃げるように沖縄を去った印象が強い。

〔2015年6月26日〕

「砂川判決」がなぜ集団的自衛権の論拠に？

安倍晋三首相は6月26日、安全保障関連法案を審議する衆院特別委員会で「平和安全法制の考え方は砂川判決の考え方に沿ったもので、判決は自衛権の限定的容認が合憲である根拠たりうる」と述べた。自衛権が「国家固有の権能」だとした1959年の砂川事件の最高裁判決が、集団的自衛権の行使を容認する根拠になると明言したのである。

砂川判決は、旧日米安保条約の合憲性が問われたもので、憲法学者からは「日本の集団的自衛権が問われた判決ではない」との意見が出ている。昨年7月の閣議決定に向けた与党協議では集団的自衛権の根拠とすることに公明党が反発し、憲法解釈変更の直接の根拠に採用しなかったが、安倍首相は前言を翻して「合憲」との判断を示したことは重大である。

1959年の「砂川事件」とは、東京・米軍立川基地（1970年代に日本に返還）の砂川町（現・立川市）などへの拡張に反対する「砂川闘争」の最中に起きた。57年7月に反対派が基地内に立ち入ったとして日米安保条約に基づく刑事特別法違反で、学生ら7人が裁判にかけられた。被告人は安保条約やそれに基づく米軍の駐留が憲法に違反しており、無罪と主張。東京地裁は憲法9条に駐留米軍は違反するとして全員無罪の判決を出した。

法律や行政のあり方が憲法に照らしてどうなのかという「違憲審査権」を地方裁判所も持っている。ただ「違憲」の場合は通常の高等裁判所への控訴を飛び越して最終判断する最高裁へ上告できるので、検察側が上告。1959年12月の最高裁判決で、「憲法は『自衛のための措置』を『他国に安全保障を求めることを何ら禁ずるものではなく』、外国軍隊は9条の『戦力』には該当しない」との判決を下した。9条は「わが国が主権国として有する固有の自衛権を何ら否定しておらず、自国の平和と安全とを維持しその存立を全うするために必要な自衛のための措置を執り得ることは、国家固有の権能の行使である」との解釈である。地裁判決は破棄差し戻しとなり、再びの地裁判決は有罪（罰金2000円）で上告棄却された63年に確定した。

「自衛権」を明確に認めた最高裁判決

それでは、なぜ集団的自衛権の行使の論拠になるのだろうか。まず最高裁判決「自衛権」を明確に認めている点である。憲法を改正せずに内閣の解釈変更だけでどうにでもなるのであれば、憲法を事実上無力化するに等しいとの立憲主義からの反発が根強いため、「集団的自衛権がある」としたい安倍政権は、違憲審査権の総本山たる最高裁の判決を持ち出して権威化しようとの意図が明白ではないか。

砂川判決を持ち出してまで政権が進めたいのは集団的自衛権の「限定容認」。その背景に「地球の裏側論」がある。日米同盟に基づいて米軍が地球の裏側で戦っていたら、自衛隊は参戦するのかと。最小限度に止めた個別的自衛権に果てしなく近い事態を想定していると思われる。

「米軍違憲」破棄へ圧力　砂川事件、公文書で判明

米軍の旧立川基地の拡張計画に絡む「砂川事件」をめぐり、1953年3月に出された「米軍駐留は憲法違反」との東京地裁判決（伊達判決）に衝撃を受けたマッカーサー駐日米大使（当時、以下同）が、同判決の破棄を狙って藤山愛一郎外相に最高裁への「跳躍上告」を促す外交圧力をかけたり、最高裁長官と密談するなど露骨な介入を行っていたことが、機密指定を解除された米公文書から分かった。公文書は日米関係史専門家の新原昭治氏が、米国立公文書館で発掘したもの。

「米軍駐留違憲判決」を受け、米政府が破棄へ向けた秘密工作を進めていた真相が初めて明らかになった。内政干渉の疑いが色濃く、当時のいびつな日米関係の内実を示している。最高裁はこの後、審理を行い、一審判決を破棄、差し戻す判決を下した。

〔2015年6月27日〕

琉球新報・沖縄タイムスが〝言論弾圧〟に抗議声明

自民党青年局主催の勉強会で出た「沖縄県紙二つはつぶせ」などの暴論は波紋を広げている。沖縄県紙は6月28日、編集局長連名で抗議声明を出した。「言論弾圧は許せない」との怒りは至極もっともであり、その全文を紹介したい。

普天間飛行場の歴史的経緯も知らぬ暴論／メディアの担う権力監視の役割

「百田尚樹氏の『沖縄の二つの新聞はつぶさないといけない』という発言は、政権の意に沿わない報道は許さないという〝言論弾圧〟の発想そのものであり、民主主義の根幹である表現の自由、報道の自由を否定する暴論にほかならない。

百田氏の発言は自由だが、政権与党である自民党の国会議員が党本部で開いた会合の席上であり、むしろ出席した議員側が沖縄の地元紙への批判を展開し、百田氏の発言を引き出している。その経緯も含め、看過できるものではない。

さらに『（米軍普天間飛行場は）もともと田んぼの中にあった。基地の周りに行けば商売になるということで人が住みだした』とも述べた。戦前の宜野湾村役場は現在の滑走路近くにあり、琉球王国以来、地域の中心地だった。沖縄の基地問題をめぐる最たる誤解が自民党内で振りまかれたことは重大だ。その訂正も求めたい。

戦後、沖縄の新聞は戦争に加担した新聞人の反省から出発した。戦争につながるような報道は二度としないという考えが、報道姿勢のベースにある。

政府に批判的な報道は、権力監視の役割を担うメディアにとって当然であり、批判的な報道ができる社会こそが健全だと考える。にもかかわらず、批判的だからつぶすべきだ―という短絡的な発想は極めて危険であり、沖縄の二つの新聞に限らず、いずれ全国のマスコミに向けられる恐れのある危険きわまりないものだと思う。沖縄タイムス・琉球新報は、今後も言論の自由、表現の自由を弾圧するかのような動きには断固として反対する。

琉球新報編集局長・潮平芳和
沖縄タイムス編集局長・武富和彦

〝戦前回帰〟の時代風潮を断固阻止

日本新聞協会も6月29日「報道弾圧」に対し抗議声明を出したが、本土紙も本土住民もその意味を深刻に受け止めなければならない。安倍首相が「極めて遺憾」と述べたものの、政府としての謝罪は「党の問題だ」として拒否した。報道弾圧を放置すると、それこそ〝戦前回帰〟につながる怖れがある。〔２０１５年７月１日〕

内閣支持率39％に下落――朝日世論調査に驚く

朝日新聞社が6月20、21日に行った全国世論調査によると、安倍内閣の支持率は39％で、前回（5月16、17日調査）の45％から下落した。支持率の40％割れは昨年11月22、23日の調査以来で、第二次安倍内閣発足以降最低に並んだ。

安全保障関連法案への賛否は、「賛成」29％に対し、「反対」は53％と過半数を占めた。集団的自衛権の行使容認を盛り込んだ安保関連法案については、憲法学者3人が衆院憲法審査会で「憲法違反だ」と指摘したが、こうした主張を「支持する」と答えた人は50％に達した。他方、憲法に違反していないと反論する安倍政権の主張を「支持する」人は17%にとどまった。

安保関連法案を今国会で成立させる必要があるかについては、「必要はない」が65%を占め、前回調査の60%から増えた。逆に、「必要がある」は17%だった。法案に「賛成」という人でも、今国会成立の「必要がある」と答えた人が49%いる一方、「必要はない」は37%だった。

日経の世論調査でも内閣支持率は47%、毎日、読売も軒並み50%を切っていた。テレビでも、日テレの不支持41・1%など支持率は低下するばかり。

ロイター、ブルームバーグ、フィナンシャル・タイムズなど海外メディアも、安倍内閣支持率低下を危惧するレポートを送信している。

安倍政権と与党は通常国会の会期を9月27日まで延長して今国会成立を目指すが、これに賛同する意見は少なかった。

〔2015年7月3日〕

波乱含みの国会、安倍首相は1週間余遅れて謝罪

安倍晋三首相は7月3日の衆院平和安全法制委員会で、自民党の大西英男議員ら若手勉強会で報道機関への圧力求める発言や沖縄への侮辱的発言があったことについて「党総裁として国民に心からお詫びする」と陳謝。6月25日の勉強会から1週間余、自民党総裁としての責任をようやく認めた形だ。

首相には当初、危機感は見受けられなかったが、安全保障関連法案の衆院通過に向けた方針転換に違いない。さらなる問題発言を警戒し、議員のテレビ番組出演などへの規制が広がる雲行きで、党内から批判の声も高まってきた。

大西議員は6月3日にも暴言を繰り返し、2度目の厳重処分を受けている。〝奢れる自民〟への国民の批判は高まっており、後半国会の運営にひと波乱ありそうだ。

〔2015年7月5日〕

川内原発、再稼働を目指しているが……

九州電力は7月1日、川内原発（鹿児島県薩摩川内市）の原子炉に核燃料を装着する作業を開始。1号機の再稼働時期を、これまでの7月下旬から8月中旬に見直したことを明らかにした。再稼働に向けた設備検査の工程表を更新し、原子力規制委員会に示した。先行する1号機

の検査工程に上乗せする形で、2号機との共用部分の検査が加わった影響で、時期がずれ込んだという。

その結果、1号機の原子炉に核燃料を入れる時期を6月中～下旬から7月上旬に修正、原子炉を起動する時期も8月中旬に見直すことになった。

核燃料集合体157体を1体ずつ原子炉内に入れる作業で、終了までに4日かかる見通し。9月中旬に営業運転させる予定で、再稼働が実現すれば、関西電力大飯原発（福井県おおい町）が停止した2013年以来約2年ぶりに「原発ゼロ」の状態が終わる。

私たちが論じなければいけないのは、原発を再稼働させるか、させないかの選択であるわけだが、住民の再稼働反対の声は根強く、難航が憂慮される。

〔2015年7月9日〕

第三者委報告も打開策とならず、暗礁に乗り上げた辺野古移設

米軍普天間飛行場（沖縄県宜野湾市）移設をめぐり仲井眞弘多前知事が下した名護市辺野古沿岸部の埋め立て承認について、県が設置した有識者の第三者委員会が、当時の審査に法的な不備があったと指摘する内容の報告書作成をまとめる方向で最終調整を急いでいる。

同委は7月下旬に結果を翁長雄志知事に報告する方向で調整しており、翁長氏が承認取り消しに踏み切る可能性が高まった。関係者によると、第三者委は、国が埋め立て承認申請の前段で実施した環境影響評価（アセスメント）が新型輸送機MV22オスプレイの使用を想定していなかったことや、県側のサンゴ礁保全などに関する疑問に具体策を示さなかったことなどを指摘。そうした問題点にもかかわらず承認を決定した当時の県の判断について、承認の基準を満たしていないと結論づける見通しである。

第三者委は、辺野古移設阻止を県政公約の柱に据える翁長県知事が今年1月に設置したもので、環境分野に詳しい学識者や弁護士ら委員6人で構成されている。

普天間移設は宙に浮く

辺野古移設は完全に暗礁に乗り上げた格好で、いくら話し合っても打開の糸口は見えてこない。現状では、市街地で最も危険な普天間飛行場の移転先は宙に浮いたまま。日本政府は事態を深刻に受け止め、別の移転先を探すべき局面ではないか。それこそ、普天間で不測の事故が起これば一大事である。

集団的自衛権の行使容認を危惧

また、7月6日、衆院平和安全法制特別委員会は、安全保障関連法案に関する地方参考人会を那覇で行った。

野党推薦の3人のうち稲嶺進名護市長は「集団的自衛権行使容認は違憲で、立憲主義にも反する。米軍の戦争に巻き込まれるリスクが高まる」と述べ、安保関連法案の撤回を求めた。大田昌秀・元知事も「安全保障は大切だが、沖縄戦では本土防衛のために沖縄を『捨て石』にして今日に至っている」と厳しく糾弾した。与党推薦の2人のうち石垣市の中山義隆市長は「日本の平和をより確かにする」と政府方針を支持したものの、「現状において国民の理解が深まっているとは思えない」と証言した。

〔2015年7月12日〕

日米豪共同軍事演習の罠

日本の自衛隊が7月11日、米国と豪州が行った大規模な合同軍事演習に初めて参加——朝日新聞11日付朝刊1面トップで特報じた記事に驚かされた。文化交流や経済交流なら歓迎すべきことだが、武器技術協力・安保法制で連携を拡大する狙いとは……。

米豪両軍は2年に一度、両国から3万人以上が参加する合同軍事演習を実施してきたが、日本が今回初めて参加して3カ国になった。米国の意向を受けたものと見られているが、安倍晋三首相の強い意向でもあったという。

昨年4月に改定した「日米防衛委協力のための指針」でも、日本周辺という地理的制約を無くして、日米両国が第三国と連携を謳い、安倍政権はその筆頭に豪州を上げていた。

〔2015年7月13日〕

辺野古承認手続きに「法的瑕疵」と
第三者委が指摘

米軍普天間飛行場（沖縄県宜野湾市）移設先の名護市辺野古沿岸部の埋め立て承認を検証してきた沖縄県の第三者委員会は7月16日午前、仲井眞弘多前知事の判断に「法律的瑕疵《かし》が認められる」と結論付けた報告書を翁長雄志知事に提出した。

翁長知事の最終判断は8月中旬以降に

報告書は、第三者委の大城浩委員長（弁護士）が県庁で翁長知事に手渡した。翁長知事はこれを受け、県庁内で記者団に「（承認の）取り消しも含め、どのように対応するのが効果的か慎重に検討していきたい」と表明した。

①公有水面埋め立て基準の審査基準に照らし、埋め立ての必要性に合理的疑いがある②国土利用上適性かつ合理的と言えない③生態系の評価が不十分――と指摘。翁長氏は「内容を精査し、承認取り消しを含めて慎重に検討していきたい」と語った。県幹部によると、翁長氏が最終的判断を表明するのは8月中旬以降になりそうである。これに対し、菅義偉官房長官は「政府の方針は変わらない」と述べており、両者の調整は難航している。

〔2015年7月19日〕

戦闘地域では「後方支援」でも危険

「33年間、主に戦車隊で働き、今年1月に二等陸曹で退職した。専守防衛を超えかねない集団的自衛権の議論に、『国民を守る楯としてなら命を落としても悔いはない。戦闘が始まれば、弾薬や燃料などを多国のケンカに首を突っ込み、死を強いられるのはごめんだ』と感じる。『後方支援』にあたる弾薬補給陸曹も務めていた。戦闘が始まれば、弾薬や燃料などを寸刻も切らさず補給しなければならない。戦争に前方も後方もない。補給部隊は格好のターゲットになるリスクが高い」――札幌市で7月11日開かれた安全保障法制に反対する集会で元自衛官の末延隆成さん（53）が「間違いなく自衛隊員の血が流れます」と法案の危険性を訴える姿に感銘した。「平和で安心して生きていけるよう声を上げつづけたい」との決意に大きな拍手が巻き起こった。この集会を見逃さず報道した朝日新聞7月12日付朝刊にも拍手を送りたい。

〔2015年7月20日〕

安倍首相の「新国立競技場計画は白紙」発言の波紋

安倍晋三首相は7月17日、2020年東京五輪・パラリンピックでメーン会場となる新国立競技場の建設計画について「白紙に戻し、ゼロベースで見直す」と述べ、巨大なアーチ構造を特徴とするデザインを含め、抜本的に見直す方針を表明した。19年秋のラグビー・ワールドカップ日本大会までの完成を目指していたが、同大会での使用を断念。新たな整備計画を早急にまとめ、20年春の完成を目指す。

安倍首相は見直しの理由について「コストが予定より大幅に膨らみ、国民、アスリートから大きな批判があった。このままではみんなに祝福される大会にすることは困難だと判断した」と説明。「1カ月ほど前から計画を見直せないか検討してきた」と明らかにし、「間違いなく完成できると確信できたので（計画白紙化を）決断した」と強調した。

首相は17日、首相官邸で五輪組織委員会会長で日本ラグビー協会名誉会長も務める森喜朗元首相と会談し、見直しへの協力を要請した。

政府は、英国の女性建築家ザハ・ハディド氏による2本の巨大な「キールアーチ」構造を特徴としたデザインを採用したが、建築技術上の難しさから総工費が14年の基本設計時を約900億円上回る2520億円に膨らむ要因となっていた。政府は同デザインを白紙に戻して半年以内に国際コンペを行い、新たなデザインを決める。

支持率低下の歯止めになるか……

下村文科相は官邸で記者団に、「ハディド氏の案を見直しても大胆なコストダウンは難しかった」と語った。総工費の見通しに関しては「今後検討したい」と述べるにとどめた。

首相の「白紙」発言の背景には、支持率低下をこれ以上増幅させないようとの思惑が垣間見える。果たして人気浮上につながるだろうか。

〔2015年7月20日〕

イラク派遣自衛隊宿営地へ攻撃、内部文書に驚愕

イラクに派遣された元自衛官（53）の「戦争に前方も後方もない」との訴えを先の本欄で取り上げたが、朝日新聞7月17日付朝刊は自衛隊内部文書を特報し、イラク派遣隊員の危険な実態を暴いた。

イラク復興支援特別措置法に基づき、2003年12月から09年2月にかけ、陸上自衛官延べ約5600人、航空自衛官延べ約3600人を派遣。陸自は学校や道路の修復など、空自はバグダットなどへ多国籍軍兵士らを空輸する活動に携わった。

イラク特措法では、「非戦闘地域」で自衛隊が活動しているはずだった。ところが、05年6月23日にサマワ市内の陸自車両近くで爆発が起きたほか、宿営地への迫撃砲攻撃もあった。陸自の文書では、「隊員に対して訓練を徹底し、危ないと思ったら撃て」と指導していた指揮官が多かったという。至近距離での射撃や、機関銃を連射して敵を圧倒する訓練も行っていた。「非戦闘地域への派遣だから心配ない」との政府説明のまやかしが明らかになり、安倍政権の「行け行けドンドン」の強攻策に驚愕した。

この内部文書は衆院安保法制特別委で野党が公開を求めていた。これに対し防衛省は文書の多くを黒塗りにして提示したという。恐るべき隠蔽工作ではないか。

〔2015年7月22日〕

政府の責任回避が目立つ

安倍政権の「トカゲの尻尾きり」のような、官僚や政務補佐官の更迭は無責任ではないか。新国立競技場をめぐる問題で、文科省の担当部長、・久保公人局長を7月28日解任。また事務局の山中伸一事務次官を更迭した。本来なら、行政トップの下村博文文科相が責任をとるべき重大問題だったのに、世間の批判を回避する魂胆が明白ではないか。

また、安全保障法を審議している衆院特別委員会では同日、磯崎陽輔補佐官の「政治的安定性は関係ない」と答えた責任を野党から追及された。政府与党は更迭を否定したものの、対応を迫られている。

政府与党の対応の拙劣さは噴飯ものだ。

〔2015年7月30日〕

沖縄基地問題、日本全体で考えよ

「日本の安全保障は、日本国全体で考えて負担してもらいたい。よく本土の人から『あなたは日米同盟に反対なのか』と聞かれる。……では、なぜ米軍基地を本土でもっと受け入れないのか。抑止力を維持するために沖縄に米軍基地が必要だという意見があるが、沖縄県だけに押し込めて日本全体で受け入れなければ、他国は日本の安全保障に対する本気度がわからないと思う。……日本には品格のある民主主義国家になってもらいたい。『沖縄は基地で食べているのだろう』という言葉が、いかに沖縄の人を傷つけていることか」——翁長雄志沖縄県知事は7月29日都内で開かれたシンポジウムで切々と訴えた。

基調講演の後、有識者3人によるパネルディスカッション。寺島実郎氏、佐藤優氏、山口昇氏がそれぞれ意見を述べた。寺島氏は「日本人の大半は、日米合意した問題を蒸し返して何になる、固定概念のように『辺野古しかない』と繰り返すが本当にそうなのか。……日本と米国はどのような同盟関係を構築していくべきか。その文脈で沖縄の基地のあり方を議論すべきだ」と主張。佐藤氏は「私は沖縄の血も入っているが、日本人だという意識もある。お互いの違いを知る。どこが違ってどこが対立しているのか、もう一回整理する。……まず聞いて、事実を押さえ、今踏みとどまることがすごく重要だ。思考停止させないことだ」と述べる。山口氏は「日本として何をしたいんだという意思を持つのが出発点だ。……日本国が自分の意思を持つことが非常に大事だ」と指摘していた。

思考停止させないことを痛感する。

〔2015年8月4日〕

川内原発、8月10日再稼働は民意無視

九州電力は7月31日、川内原発1号機（鹿児島県）を早ければ8月10日にも再稼働させる方針を原子力規制委員会に伝えた。

2013年7月の新規制基準施行後、審査に合格した原発の再稼働は初めて。同年9月から続いてきた「原発ゼロ」の状態は2年足らずで解消する見通し。

川内1号機の起動は、定期検査で停止した11年5月以来、約4年3カ月ぶり。

規制委は昨年9月、川内1、2号機について「新基準を満たしている」と判断し、設置変更許可を出した。今年3月からは1号機で、実際の設備や機器などを確認する使用前検査を始めた。九電は7月7日から核燃料を1号機の原子炉内に搬入。重大事故時の対応訓練を実施するなど、再稼働に向け準備を進めてきた。

九電は31日、規制委に「8月10日以降、準備が整い次第、原子炉を起動させる」と報告。規制委は検査官10人態勢で、起動に向けた作業を監視する。起動の数日後、タービンと接続して発電を開始。約1月の試験運転を経て、問題がなければ営業運転に移行する。

〝危険な原発ゼロ〟望む民意を無視した電力会社の営業優先の姿勢は許せない。

〔2015年8月4日〕

「辺野古工事中断」しても、話し合いには赤信号

沖縄米軍普天間飛行場（宜野湾市）の名護市辺野古への移設工事が8月10日から9月9日までの1カ月間、中断することになった。菅義偉官房長官が8月4日の記者会見で語った。政府が暗礁に乗り上げた辺野古移設の打開策として打ち出したもので、沖縄県の翁長雄志知事と

の協議を集中的に行う狙いだ。菅氏は「政府の辺野古移設について丁寧に説明したい」と述べているが、翁長氏は「辺野古移設は不可能と申し上げたい」と主張している。

従って、翁長氏が埋め立て承認を取り消し、政府が法的措置に基づいて本体工事を強行すれば、国と県の前面対立はさらに深刻になるだろう。内閣支持率が低下している現状を見ると、1カ月間の両者話し合いで決着させる見通しは極めて無理な気がする。

政府内に「辺野古の代替地」の発想は皆無なのだろうか。例えば安倍晋三首相の地元・山口県へ移設の勇断に踏み切れば、万事落着するだろう。ドラスティックな策をとらなければ、普天間飛行場固定化につながるわけで、安倍政権への批判はさらに強まるに違いない。

〔2015年8月6日〕

安倍70年談話、諮問機関の報告内容をどこまで盛り込むか

安倍晋三首相の私的諮問機関「21世紀構想懇談会」は8月6日、「戦後70年談話」に関する報告書を首相に提出した。

①日本は満州事変以後、大陸への侵略を拡大し、無謀な戦争でアジア諸国に大きな被害を与えた、②1930年代後半から植民地支配は過酷化、③日本は先の大戦への痛切な反省に基づき、20世紀前半とは全く異なる国に生まれ変わった、④戦後70年の日本の平和主義・国際貢献路線は国際社会と日本国民から高い評価、⑤中国、韓国との和解は完全に達成されたとはいえない——などと率直に総括している。

懇談会の正式名称は「20世紀を振り返り21世紀の世界秩序と日本の役割を構想するための有識者懇談会」（略称・21世紀構想懇談会）で、首相は「国際的に発信できるような談話をまとめたい」と決意を語った。

メンバー16人の座長は西室泰三・日本郵政社長。座長代理には、集団的自衛権の行使をめぐる首相の私的諮問機関で座長代理を務め、首相に近い北岡伸一・国際大学学長が当たった。

安倍首相は、この報告書を基に、14日にも「安倍談話」を発表するが、どのような内容になるか、世界は注目している。

〔2015年8月8日〕

「非核三原則」に言及しなかった 安倍首相に失望

「核兵器を持たず、作らず、持ち込ませず」の非核三原則は、歴代内閣が継承してきた政府の基本方針である。ところが、安倍首相は8月6日の広島での式典ではこの非核三原則に言及しなかった。1994年以降の歴代首相では初めてで、世論の批判を浴びて長崎での挨拶では、あわてて「非核三原則」を付け加えた。首相挨拶は形式的で、その姿勢への疑念が深まってしまった。

田上富久長崎市長は「北東アジア非核兵器地帯を設け、核の傘から非核の傘への転換を」と日本政府に求めた。非核三原則を持つ被爆国・日本が各国に協議を呼びかける姿勢こそ肝要である。

〔2015年8月11日〕

川内原発、なぜ急ぐ再稼働！

猛暑の夏を「原発ゼロ」で乗り切れると思っていたところ、九州電力は8月11日、川内原発1号機（鹿児島県）の原子炉を再稼働させた。2013年7月施行の新しい原発規制基準の下では初の原発再開で、東日本大震災後、2013年9月から約2年間続いた「稼働原発ゼロ」の事態は終わった。

川内原発の安全性にはなお課題が残っているというのに、1号機は14日に発電を開始する予定。世論の稼働反対を無視して、2号機を10中旬に再稼働させる方針である。

新規制基準については川内1、2号のほか関西電力高浜3、4号機（福井県）と四国電力伊方3号機（愛媛県）の計5基が合格しており、再稼働への動きはさらに広がりそうだ。

福島事故を契機に政府は原発から30キロメートル圏内の自治体に防災・避難計画策定を義務づけた。ただ、鹿児島県は子供や高齢者などの「避難弱者」を抱える医療機関や社会福祉施設のうち、川内原発から10キロメートル以遠の施設については計画策定を求める対象から外した。原発に隣接する串木野市の住民は「重大事故が起きたら短時間で逃げられないし、みな被ばくするだろう」と懸念を示している。

〔2015年8月13日〕

辺野古移設、なぜ急ぐ！

菅義偉官房長官は8月12日、沖縄県の翁長雄志知事と県庁で会談し、米軍普天間飛行場（宜野湾市）の名護市辺野古への移設計画に関する集中協議を開始した。菅氏が辺野古移設に理解を求めたのに対し、翁長氏は移設計画撤回を求めた上で、「国内に分散すべきだ」と県外移設を主張。「大きな距離感」（菅氏）が浮き彫りになった。対話継続の必要性では一致し、来週にも翁長氏が上京、菅氏ら関係閣僚と協議する。

菅氏は会談で、１９９６年の普天間飛行場返還の日米合意を「原点」とし、普天間の危険性除去や日米同盟の抑止力維持の重要性などを説明。翁長氏は「戦後、強制収用され基地がつくられた時点が原点だ。奪った基地が危険になったから代替地を出せというのは理不尽だ」と反論した。

また、翁長氏は政府が主張する抑止力論について「沖縄だけに米軍基地を押し付けておくと、日本全体で安全保障を守るという気概が他の国に見えず、抑止力からいうと大変おかしい」と指摘。「（米軍の）機動性や即応性の観点からも沖縄でなければならない理由はない」と疑問を呈した。

会談後、翁長氏は記者団に「（県内移設は）できないと伝えてある」と明言。菅氏は「互いに大きな距離感があり、これから理解が深まる努力をしたい」と述べた。政府関係者は「19年間動かなかった問題が簡単に進展するとは思っていない」と語った。

会談で菅氏は沖縄振興策にも触れた。この日視察した「ユニバーサル・スタジオ・ジャパン」（ＵＳＪ）が構想中の新たなテーマパーク候補地（本部町）や、米軍から返還された西普天間住宅地区（宜野湾市）などを挙げ、沖縄振興や基地負担軽減策に「政府として力を尽くす」と強調した。しかし、翁長氏は記者団に「振興策と移設問題はもともと違う話だ」と語った。

集中協議は今回の会談を含め、9月9日までの移設作業中断期間に5回程度行う予定。翁長氏と関係閣僚との協議以降は、事務方トップの杉田和博官房副長官が沖縄県を訪問し、県側と事務レベルの協議を行う。菅氏も月内に再度、沖縄入りする見通しだ。

〔２０１５年8月14日〕

安倍70年談話
「侵略」盛り込むも〝直接言及〟避ける

政府は8月14日、戦後70年の安倍首相談話を閣議決定した。焦点となっていた「侵略」について言葉を盛り込んだものの、先の大戦における日本の行為を侵略だと直接言及することは避けた。

安倍首相は「事変、侵略、戦争、いかなる武力の威嚇や行使も、国際紛争を解決する手段としては、もう二度と用いてはならない」と述べたが、直接〝お詫び〟の言葉を避けていた。また記者会見で「具体的にどのような行為が侵略にあたるかは歴史家の議論に委ねるべき」と、曖昧な答弁だった。

また、談話では「お詫び」について、村山富市・50年談話など日本政府がこれまでお詫びを表明してきたことに言及した上で、「こうした立場は今後も揺るぎない」と述べるにとどめた。

さらに安倍首相は「(我が国は先の大戦について)繰り返し痛切な反省と心からのお詫びの気持ちを表明してきた。こうした歴代内閣の立場は今後も揺るぎない」と強調したわけだが、「あの戦争には何ら関わりのない私たちの子や孫、そしてその先の世代の子供たちに、謝罪を続ける宿命を背負わせてはならない」と答弁したことに首を傾げる。

また「植民地支配」について、「永遠に訣別しなければならない。歴史の教訓を深く胸に刻み、アジア、そして世界の平和繁栄に力を尽くす、そうした思いも今回の談話に盛り込んだ」と強調。従来の首相談話より長文だっものの〝お詫び〟の姿勢が希薄だったように思う。

〔2015年8月15日〕

天皇陛下、戦没者追悼式で「深い反省」と表明

「戦後70年戦没者追悼式」は日本武道館で8月15日開催され、遺族5327人が参列した。今回も天皇陛下はお言葉を述べられたが、「深い反省」を始め、例年の挨拶にはなかった表現が盛り込まれた。

これまでのお言葉は、即位後初めて出席した1989年の内容が定型化していたが、今回特に「過去を顧み、さきの大戦に対する深い反省と共に、今後、戦争の惨禍が再び繰り返されぬことを切に願い、全国民と共に、戦陣に散り戦禍に倒れた人々に対し、心からなる追悼の意を表し、世界の平和と我が国の一層の発展を祈ります」

との意義深い言葉が盛り込まれていた。

安倍晋三首相の式辞では「戦後70年に当たり、戦争の惨禍を決して繰り返さない、そして、今を生きる世代、明日を生きる世代のために、国の未来を切り拓いていく、そのことをお誓いいたします」と述べたが、加害責任には触れなかった。

〔２０１５年８月21日〕

奇怪な右派団体、「日本会議」

日本の政治に重大な影響力をもつ日本会議《にっぽんかいぎ》と称する極右団体について欧米の新聞・週刊誌が警告を発していることを知って驚いた。

フランスの週刊誌L'Obs（旧Le Nouvel Observateur）に掲載された〝LA FACE CACHÉE DE SHINZO ABE（アベシンゾーの隠された顔）〟という記事の内容に注目が集まっている。英The Economist紙や仏L'Obs誌などが相次いで、日本の危険な右翼団体「日本会議」が、安倍政権の政策に大きな影響を与えていると報じていた。


……………………………………


世界第三の経済大国である日本は、数か月前から、（総理大臣、安倍晋三も含めて）閣僚の４分の３が、歴史修正主義で権威主義の極右団体「日本会議」に属している。

大手メディアは、元々ローカルだったこの団体を見下していた。２０１２年12月の安倍内閣の指名と、さらに昨年秋の内閣改造後、日本会議所属の閣僚の数がさらに増えて、その強大さに面食らうまでは。それまでは田舎の、片隅のものと見なされていたこの極右団体が、日本の政治の中心に躍り出たのだ。

１９９７年発足した「日本会議」の６大スローガンは、①憲法改正、②教育基本法改正、③靖国公式参拝の定着、④夫婦別姓法案反対、⑤より良い教科書を子供たちに、⑥日本会議の主張の発信——である。

２００２年９月以来、「10万人ネットワーク」（設立５周年事業リーフレット）を目指して活動を続けている。また、これに協力する「日本会議国会議員懇談会」（現在２４２人、会長・麻生太郎衆議院議員）を持ち、国会と地方議会に強い影響力がある。

明治・大正・昭和の元号法制化の実現、昭和天皇御在位60年や今上陛下の御即位などの皇室のご慶事をお祝いする奉祝運動、教育の正常化や歴史教科書の編纂事業、終戦50年に際しての戦没者追悼行事やアジア共生の祭典の開催、自衛隊ＰＫＯ活動への支援、伝統に基づく国家理念を提唱した新憲法の提唱など、30有余年にわたり正しい日本の進路を求めて力強い国民運動を全国において展開。２０１４年12月24日に発足した第三次安倍内閣、そのメンバーのほとんどが日本会議の関係者……。

集団的自衛権の行使を容認し、自衛隊法の改正など有事法制を整備して、軍備強化で世界平和に貢献するという方針も、日本会議が目指す「誇りある国づくり」の一環だ。

国会議員約２６０名をはじめ経済界、学界、宗教界など各界代表や北は北海道から南は沖縄に至る全国47都道府県の代表約１０００名が結集。20年の国民運動の成果を引き継ぎ、美しい日本を再建し誇りある国づくりを目指した新しい国民運動がスタートした。

〔２０１５年８月24日〕

「安保関連法案は違憲」と学者ら３００人が表明

参院特別委で審議中の安全保障関連法案を巡って、元最高裁判事や元内閣法制局長官、憲法学者など法律の専門家ら約３００人が８月28日弁護士会館に集まり、法案を「違憲」と指摘した上で、反対を表明した。

出席者の一人、中野晃一上智大学教授は「法曹、憲法学の最高権威が並んだ。こんな場は見たことがない」と評した。終戦時９歳だった元最高裁判事の浜田邦夫さんは「戦後民主主義教育の第一陣と自負する世代として容認できない」と安保法案の廃案を熱っぽく求めた。

また、全国の大学で教員や卒業生らがつくる「有志の会」も26日都内で記者会見。現時点で少なくとも１０８の大学が反対声明を出しており、この日の集会には80大学から教員ら２８０人が集まった。

安保関連法案反対のウネリは、若者層、婦人層など全国に拡大しており、安倍政権も適切な対応が求められている。

〔２０１５年８月30日〕

大震災から４年余、防潮堤整備が大幅遅れ

東日本大震災の津波被害による防潮堤整備・復旧は遅々として進まない。震災から４年以上も過ぎたのに、今年６月末の時点で、完成は１０９カ所。復旧は全体の16％に過ぎないという。

防潮堤計画のある６６７カ所について６月末時点での進捗状況によると、建設が完了したのは１０９カ所、建設中は３６５カ所、未着工は２１２カ所。２０２０年ま

での10年間で約32兆円を計上している。しかし地元民の強い要望に応えず、このような大幅な工期遅れは行政の怠慢と言わざるを得ない。

一方、ズサンな東京五輪エンブレム問題が物議をかもしている。すでに広告業界などとの契約額は４６５２億円。このムダ遣いがやっと槍玉にあがったものの、どこまで削減されるか、見通しは覚束ない。

〔２０１５年９月３日〕

自民広島県議が安保法制反対署名１万３０００人

安全保障関連法案への反対する世論が高まっている折、自民党の広島県議の小林秀矩氏らは９月１日、首相官邸を訪れ法案撤回を求めた。

小林県議らは広島市民約１万３０００人分の署名を提出「法案は憲法９条に抵触しており、政府答弁は不適切なものが多く、理解しがたい」と訴えた。小林県議らは地元で７月に「ストップ・ザ・安保法制・庄原市民の会」を結成し、署名集めなどをしてきた。同会には市議20人のうち、19人が参加しているという。一地方の〝反乱〟と軽視する勿れ。

〔２０１５年９月４日〕

「集団的自衛権行使は違憲」山口繁・元最高裁長官が指摘

安全保障関連法案について、山口繁・元最高裁長官が「少なくとも集団的自衛権の行使を認める立法は違憲と言わざるを得ない」と発言した。朝日新聞が９月３日付朝刊１面と３面に報じたもので、元最高裁長官がこのような見解を示したことは初めてである。

安倍首相の私的諮問機関「安全保障の法的基盤の再構築に関する懇談会」は昨年５月、安保環境の変化などを理由に憲法解釈の変更で『限定的な集団的自衛権行使』の容認を求める報告書をまとめた。内閣はこれを踏まえ、同７月１日に解釈変更を閣議決定。山口氏は、こうした考え方について「法治主義とは何かをわきまえていない。憲法９条の抑制機能をどう考えているのか」と強く批判している。

まさに正論中の正論ではないか。今後の安保法案に影響を及ぼすに違いない。

〔２０１５年９月４日〕

辺野古移設に、住民の抗議活動は続く

辺野古移設のボーリング調査開始から1年あまり。米軍キャンプ・シュワブのゲート前では、抗議活動がなお続いている。

沖縄県名護市辺野古沿岸部のボーリング調査。米軍普天間飛行場（宜野湾市）の移設予定先とされ、現地には反対運動に参加する人々らを乗せたバスが着く。政府と県の合意で移設作業は1カ月の中断期間まで設けたものの、抗議の座り込みは毎日続く。

菅義偉官房長官が沖縄を訪れ、翁長雄志知事と集中協議を始めた日にも、県庁前に午前9時半、早くも反対の人が集まってきた。県内だけでなく県外からの応援者も。

1万8000人の海兵隊のうち8000人がグアムに移転する計画だが、遅々として進まず、ここにも行政の怠慢が地元民を悩まし続けている。

〔2015年9月5日〕

普天間問題、沖縄と政府に深い溝

菅義偉官房長官は9月9日、首相官邸で沖縄県の安慶田光男副知事と会談した。米軍普天間飛行場の名護市辺野古移設計画の集中審議が終了したことを受け、政府と県との新たな対話機関として「政府・沖縄県協議会」を設置することで合意。基地負担軽減策や振興策など随時テーマを話し合うことに合意した。政府側のメンバーは菅官房長官、岸田文雄外相、中谷元防衛相、山口俊一・沖縄・北方担当相。県側からは翁長雄志知事と安慶田副知事が参加する。安慶田氏は「協議会では負担軽減や振興策などを話し合う」と述べ、菅氏も「緊密な連携を取れる態勢を作りたい」と説明した。

これより先、8日の集中協議は物別れに終わったが、菅氏は「戦後の米軍による強制接収が原点だと、知事は頑なだった」と語り、翁長氏は「沖縄の歴史や県民の思いを丁寧に訴えたが、理解いただけなかった」と、真っ二つの印象だ。また、翁長知事は同日「辺野古移設の是非を問う県民投票を検討している」と。表明しており、波乱要因を増幅しないか気懸かりである。

1996年に橋本龍太郎首相（当時）が米側とまとめ

た普天間全面返還から19年。感情的対立を乗り越えるために、〝政治的ウルトラC〟が必要な気がしてならない。

〔２０１５年９月11日〕

「国民をバカにしないで下さい」大学4年生の訴え

〝初めに結論ありき〟とばかりに、安全保障関連法案は安倍政権の強引な戦術によって衆参両院で可決成立した。集団的自衛権行使が可能になるわけで、自衛隊の海外活動が拡大する危険性がある。野党や憲法学者から「違憲」との指摘が相次ぎ、メディア各社の世論調査でも反対が多い中、政府与党が押し切ってしまった。

9月15日の参院特別委員会公聴会で、明治学院大学4年生・奥田愛基さんが意見を述べた。一般紙には見当たらなかったが、ニコニコ生放送が全文を流していた。奥田さんは「SEALDs」(Students Emergency Action for Liberal Democracy-s)＝自由と民主主義のための学生緊急行動＝を仲間数十人と立ち上げた。立憲主義の危機や民主主義の問題を真剣に考え、5月から活動を開始したという。

全国に拡大する抗議集会

率直な若者の叫びに感銘したので、以下に要旨を掲載し参考に供したい。

「私が話したいことは三つあります。一つは、いま全国各地でどのようなことが起こっているか。二つ目は、この安保法制に関して、国会はまともな議論をしているとは言いがたく、あまりに説明不足だということ。端的に言って、このままでは私たちは、この法案を納得できません。三つ目は、政治家たちへのお願いです。」

「私たちが独自にインターネットや新聞で調査した結果、日本全国で２０００カ所以上、数千回を超える抗議が行われ、１３０万人以上の人が路上に出て声をあげています。声をあげずとも、法案に疑問を感じている人はその数十倍もいるでしょう。我々の行動への誹謗中傷もありますが、私たちはこの国の民主主義の在り方について、この国の未来について、主体的にひとりひとり個人として考え、立ち上っていったものです。」

「第一に、各世論調査の平均値を見たとき、始めから過半数に近い人々が反対していました。政府は『きちんと説明していく』と言うけれども、反対世論は盛り上がり、月日を追うごとに反対世論は拡大しています。政府は先に言った答弁とは全く違う説明を、翌日に平然としている有様。このため政府の国会答弁を聞いて不安になり、国会前に足を運んでいるのです。」

自由で民主的な社会を望む

「最後に、私個人の、一人の人間としてのお願いです。政治家はどうあるべきかを考え、国民の意見を聞いてください。……困難な時代にこそ希望があることを信じて、私は自由で民主的な社会を望み、この安全保障関連法案に反対します。」

以上、明治学院大学4年生の的確・純粋な意見を紹介したが、このような若者の発言は鮮烈である。「18歳選挙権」時代への期待が膨らむ。〔2015年9月20日〕

共産党「野党選挙協力」を呼びかける

共産党は9月19日、中央委員会総会を開き、来年夏の参院選や次の衆院選で、候補者調整を含む選挙協力を他の野党に呼びかける方針を決めた。

過去の国政選挙では、共産党はほぼ全選挙区に候補者を立ててきたが、自民党に対抗するためには選挙協力が不可欠と判断したと見られる。

共産党が野党との選挙協力方針を転換した意義は大きい。ただ他の野党には共産党への拒否反応がいぜん根強く、今後の展開が注目される。有権者としては、強引な自民党に対抗するため、実りある選挙協力を切に期待している。〔2015年9月23日〕

「辺野古移設ノー」、翁長知事が国連で演説

スイスで開かれている国連人権理事会で、沖縄県の翁長雄志知事は9月22日（日本時間）で「米軍基地が沖縄に集中する現状は人権侵害だ」と訴えた。

翁長氏が国際社会に「辺野古移設ノー」をアピールしたもので、その心意気に感動した。同氏は日米両政府の態度を「ネグレクト」と表現。日本語訳は「ないがしろ」で、「無視」だけでなく、「責任をはたさず」という厳しい意味合いを持たせたという。

翁長氏の訪欧を支援したNGO「市民外交センター」の上村英明・恵泉女学園大教授は「民主的な選挙で住民に選ばれた知事が、国際社会に人権侵害を訴えたインパクトはあった」と分析していた。翁長氏が会談後の記者会見で、「沖縄が間違っているのか、日米両政府の民主主義が間違っているのか。世界に判断していただきたい」と胸中を語っていた。〔2015年9月27日〕

自衛隊と米軍の連携強化を目指す

政府は9月30日、安全保障関連法を公布。法律の施行は来年3月の見通しで、これに向けて政府は自衛隊が集団的自衛権を行使して米軍と共同作戦するための計画作成に乗り出す。

その取り組みは①米軍の防護＝米艦を防護するための共同計画。平時に米軍の艦船や航空機を防護する手続き、②物品交換役務相互提供協定＝弾薬提供などを加えた改定案を10月にも署名、③武器使用基準＝駆けつけ警護など新任務にあわせて見直し、④訓練＝米海軍が主催する多国間の戦闘訓練への参加検討、⑤装備品＝邦人救出に使える輸送防護車、米軍機にも対応する空中給油機を導入――などとしている。

集団的自衛権によって自衛隊と米軍との連携強化を目指していることは明らかである。集団的自衛権は米国以外の国も念頭に置くため、オーストラリアなどとの訓練も想定されていると見られる。

また、日米両政府は7月28日、在日米軍基地内の環境調査権を新たに実施できるようにする日米地位協定の環境補足協定を締結した。補足協定は１９６０年の地位協定発効以来初めて。在日米軍基地を巡る負担軽減の一環として合意にこぎつけたことは、歓迎すべきことだ。

〔２０１５年10月２日〕

時代を戦前回帰させてはならない――孫崎享氏の〝警世の訴え〟に感銘

元外交官の孫崎享《うける》氏の著作が今年5月と8月に刊行され、その鋭い問題提起に注目が集まっている。一冊は5月20日刊行の「日米開戦の正体」(祥伝社)、もう一冊は8月20日刊行の「日本外交―現場からの証言」(創元社)である。

孫崎氏は１９６６年に外務省入省、イラク、カナダ勤務を経てウズベギスタン大使。国際情報局長、イラン大使を歴任。退官後、防衛大学教授も務めた。外務省きっての外交通として、鋭い筆法が注目を集めている。今年刊行の2著の内容を紹介して、プロが斬り込んだ日本外交の問題点を紹介して、考えてみたい。

外交には永遠の味方ナシ

「外交には永遠の味方もなく、永遠の敵もいない。極端に言えば、国際情勢は刻一刻かわっていて、しかもその性格は、白か黒かとかをはっきり定められるほど簡単ではない。」

対日経済交渉に腐心する米国

「冷戦終了後の米国の対日政策は①経済的に日本は最も強い脅威となっており、この脅威とどう対応するか、②新しい米国戦略の中にどう組み込むか、この二つの課題が存在した。経済・貿易交渉を行っていた日本側の関係者に、ひしひしと伝わってきたのは『日本経済運営のメカニズムを変える』という米国政府の強い意志であった。」

東京の上空は米軍管理下に

「現在、東京の上空は米軍に管理されている。首都圏上空は、横田基地という米軍管理空域があって、日本の飛行機は、実質、そこを飛べないようになっている。たとえば、羽田空港から西へ向かう飛行機は、まず東の千葉県の方に飛んで、そこから急上昇、急旋回してこの空域を越えなければならないという非常に危険な状況が続いている。世界の国々の中で、首都の上空を、このように他国軍に支配されている国が、一体どこにあるであろうか。果たして、米軍に支配されていなければ、日本は守れないのか。」

複眼的に情勢分析する力が劣化

「日米開戦へと進む過程で、おかしいという考えを持っていた人は軍部にも、外務省にも、政治家にも、新聞社にも、ほぼ日本のあらゆる分野に存在しました。それが圧力を受け、発言できない社会になってしまいました。これが『真珠湾への道』の最大の要因です。戦後、日本は言論の自由を謳歌したと思います。私のいた外務省もそうでした。私はそうした中で育ちました。１９８４年に『複眼的に情勢分析する』ということで外務省国際情報局（当時の名称は情報調査室）を作り、私はそこで課長と局長を務めました。『自分が正しいことを述べる』、この生き方は、外務省全体の流れに抗して作ったのではなく、外務省の空気の中で生まれたものだったのです。しかし、外務省は変わりました。『自分が正しいことを述べる』ことで制裁を受ける時代に入りました。それは何も外務省だけの話でなく、日本全体を覆い始めました。そして今、それが露骨に行われるようになってきました。俗に言う『アメ』と『ムチ』。これで、組織の中で生きる者が『自分が正しいことを述べる』ことでは生きていけない時代に入ってきました。どうして戦後の経験を踏まえて『自分が正しいことを述べる』ことができた国を、今日本は捨てようとしているのか、どうしたら『自分が正しいことを述べる』社会を復活させ維持できるようにするのか、皆が考える必要があると強く思います。」

「正しいことを言える」自由を

安倍晋三首相の右旋回の政治姿勢を鋭く批判した〝警世の書〟に感銘を深めた人は多いに違いない。外交官として日本外交の裏表を知り尽くした孫崎氏ならではの労作だ。国民一人一人が自覚を持って「正しいことを自由に発言できる」日本を構築すべきである。

〔2015年10月6日〕

臨時国会を開かず、野党追及の回避狙う

安倍晋三首相は10月7日、第三次改造内閣を発足させた。閣僚19人のうち9人が留任、交代するのは10人。臨時国会が召集されれば、新任閣僚への野党の追及が予想されるほか、安保関連法や環太平洋パートナーシップ（TPP）に世論の反対も強い。現に米国の時期大統領候補のヒラリー・クリントン氏が反対を表明するなど難題中の難題。

このため、安倍首相は本格的論議を避けたい意向のようだ。先の孫崎氏の政権批判など、風当たりは強まるばかりである。

ともかく再選された安倍首相は、長期政権を視野に参院選乗り切りを目指す魂胆だろう。〔2015年10月7日〕

沖縄県知事、辺野古移設承認を取り消し

沖縄米軍普天間基地（宜野湾市）の名護市辺野古移設計画につき、翁長雄志知事は10月13日、辺野古埋め立て承認を取り消した。国は対抗措置として、行政不服審査請求を行う方針である。

中谷元・防衛相が「埋め立て承認には瑕疵はなく、取り消し審査請求する」と主張しているのに対し、沖縄県側は「①辺野古埋め立てにつき適切な審査をしていない、②埋め立て予定地周辺の自然環境を十分に把握していない、③騒音などについて、米軍への周知は進んでおらず住民の不安が募っている」と反論。国と県との攻防は最悪の事態になってきた。

〔2015年10月14日〕

「9月19日忘れない」——安保法制反対、全国に広がる

10月19日、集団的自衛権の行使を可能にし、戦後の安全保障政策を大きく変質させた安全保障法の成立から1

カ月を迎えた。合言葉は「9月19日を忘れない」。脱原発、環太平洋経済連携協定（TPP）反対を掲げる団体との連携など、来年夏の参院選を見据えて活動は活発化してきた。一方、安倍晋三首相は18日、米原子力空母に乗艦するなど日米同盟強化に懸命で、ノーテンキ振りは相変わらずだ。

東京新聞19日付朝刊が1面の大部分を割いて「9・19忘れない」と訴えた問題意識に感銘を受けた。安保関連法に反対する若者グループ「SEALDs」が18日行った都心の街頭行動にも多数が参加、全国的に反対運動が拡大している。

慌てた政府は、20日のホームページに解説文などを掲載。①日本周辺の安全環境は厳しさを増す、②「抑止力」＝紛争を未然に防ぐ力です、③平和安全法制の成立を支持する声は米英をはじめ多い――など事態収拾に躍起である。

〔２０１５年10月22日〕

「辺野古移設」国と沖縄県の対立は続く

米軍普天間飛行場の沖縄県辺野古移設につき、翁長雄志知事は10月21日、「国の方針は不当」と沖縄防衛局の審査請求却下を求める弁明書を国土交通相に提出した。その理由は①移転先として辺野古を前提にしているのは不当、②埋め立てに伴う環境保全策が十分でない、③沖縄に基地を置く地理的必然性がない――などである。

辺野古移設問題について、国と県の主張は真っ向から対立。このままでは住民に危険な普天間飛行場撤去は遠のくばかりだ。国が「沖縄基地」への考え方を、抜本的に修正する必要性を強く感じている。

〔２０１５年10月25日〕

辺野古埋め立て、両者の対立は続く

沖縄米軍普天間飛行場の辺野古移設につき、10月28日、沖縄防衛局は本体工事への着手届を沖縄県に提出。また同日、国土交通省は県知事が行った埋め立ての取り消しを是正するよう勧告する文書を送った。

国の届けによると、着工予定日が10月29日、完工予定日が２０２０年10月末になっているが、国の強行策に県側の反発は強い。翁長知事は勧告に応じない方針で、混乱はいぜん続いている。その場合、国は代執行に向けた訴訟に持ち込むという。

菅義偉官房長官は「自然環境や住民の生活改善を最大限配慮して、辺野古移設を進める」といぜん強気だが、両者寄りの見通しはなく、混迷を深めている。

〔２０１５年10月30日〕

若者たちの運動「SEALDs」を全面的にサポート

「私たちは、自由と民主主義に基づく政治を求める」とのスローガンを掲げた若者の運動SEALDsが全国各地に広がっている。右傾化路線の安倍晋三政権に反対する純粋な行動で、支持を集めている。

SEALDsとは、Students Emergency Action for Liberal Democracy-sで、自由と民主主義のための学生緊急行動。担い手は10代から20代前半の若い世代。SEALDsの基本的考え方は、次のように要約できる。

自由と民主主義を尊重

「私たちは、戦後70年でつくりあげられてきた、この国の自由と民主主義の伝統を尊重します。そして、その基盤である日本国憲法のもつ価値を守りたいと考えています。この国の平和憲法の理念は、いまだ達成されていない未完のプロジェクトです。現在、危機に瀕している日本国憲法を守るために、私たちは立憲主義・生活保障・安全保障の３分野で、明確なヴィジョンを表明しています。」

「日本の政治状況は悪化し続けています。２０１４年には特定秘密保護法や集団的自衛権の行使容認などが強行され、憲法の理念が空洞化しつつあります。貧困や少子高齢化の問題も深刻で、新たな生活保障の枠組みが求められています。緊張を強める東アジアの安定化も大きな課題です。今年７月には集団的自衛権等の安保法整備がされ、来年の参議院選挙以降自民党は改憲を現実のものとしようとしています。私たちは、この１年がこの国の行方を左右する非常に重要な期間と認識しています。」

「いまこそ、若い世代こそが政治の問題を真剣に考え、現実的なヴィジョンを打ち出さなければなりません。私たちは、日本の自由民主主義の伝統を守るために、従来の政治的枠組みを越えたリベラル勢力の結集を求めます。そして何より、この社会に生きるすべての人が、この問題提起を真剣に受け止め、思考し、行動することを願います。私たち一人ひとりの行動こそが、日本の自由と民主主義を守る盾となるはずです。」

この純粋な「民主主義を守る運動」に共感を深めた。老いも若きも連帯を強化して、この国の民主主義を守り抜こう。

〔2015年11月1日〕

国が沖縄県に辺野古移設を要望したが……

普天間飛行場の辺野古移設について、石井啓一国土交通相は11月9日、沖縄県が辺野古埋め立て承認を取り消したのは違法だとして、撤回するよう指示する文書を翁長雄志沖縄県知事に郵送した。翁長知事が応じない場合は、代執行を進めるための裁判を高等裁判所に起こす方針である。

国と県が真っ向対立しており、来年以降に持ち越されるのは必至である。

〔2015年11月10日〕

アベノミクスは破綻

迷走するアベノミクス。安倍晋三首相が鳴り物入りで打ち出した新経済政策が迷走している。「旧3本の矢」の「大胆な金融政策」「機動的な財政政策」「民間投資を喚起する成長戦略」がさっぱり機能しないため、「新3本の矢」に切り替えた。①希望を生み出す強い経済＝20年ごろまでにGDP（国内総生産）600兆円 ②夢をつむぐ子育て支援＝20年代半ばまでに希望出生率1・8 ③安心につながる社会保障＝20年代初めまでに介護離職ゼロ─安倍首相は2011年度に490兆円だったGDPを2割増やし、20年に600兆円にすると明言。確かに名目成長率年3％が続けば600兆円に近くなるが、現在はゼロかマイナス成長。14年度の実質GDPはマイナス成長、15年度の4～6月期もマイナス、7～9月期もマイナスが予想される。〝魔術の世界〟のようで危なっかしい限り。国の借金が1000兆円を超えてピンチなのに、まだお金を刷り続けるとは、狂気の沙汰でないのか。

経済評論家の水野和夫氏は「安倍政権には、アベノミクスを推し進める材料がもはやないのでしょう。ないから、打つ手が次々と何かを打ち続けるしかないのです。アベノミクスは〝魔術の世界〟に入り、迷宮をさまよっているようです」と警告しているが、まさにそのような危機的状況である。

〔2015年11月13日〕

役立たず「もんじゅ」は廃炉の運命

原子力規制委員会は11月13日、安全管理上のミスが相次ぐ高速増殖原型炉「もんじゅ」(福井県)について、日本原子力研究開発機構は「不適当」とし、新たな運営組織を見つけるよう馳文科相に提出した。

もんじゅは通常の原発より特殊な技術が必要で、原子力機構に代わる新組織を見つけるのは難しく、国の核燃料サイクル政策は岐路に立たされた。過去に1兆円、年間200億円の国費を投入してきたが、たびたびトラブルが発生。運転開始は大幅に遅れている。結局は廃炉にせざるを得ない運命か!……。

〔2015年11月14日〕

再び「辺野古移設」の迷走を考える

沖縄米軍普天間飛行場の辺野古移設問題は、いぜん迷走を続けている。改めて沖縄米軍の歴史的経緯を振り返って、考えてみたい。

橋本龍太郎首相時代の1996年4月に日米政府が普天間返還で合意。沖縄県が移設候補地の辺野古移設を1999年11月に決定したが、2004年8月、沖縄国際大学への米軍ヘリ墜落などがあって、20年余経っても打開の糸口が見えてこない。

沖縄の米軍普天間飛行場の辺野古移設をめぐって、政府が申請していた埋め立て申請を、仲井眞知事(当時)が承認したものの、その後の選挙で当選した翁長雄志知事、稲嶺進名護市長の移設反対が強まった。2012年の衆院選で再び自民党が与党となり、第二次安倍内閣が発足。政府は辺野古移設への手続きを進めるため、基地建設における公有水面埋め立て申請を沖縄県に提出したものの、国と県の主張は平行線のまま決着の見通しは依然立っていない。

普天間基地の周辺には、住宅や学校、病院などの公共施設も集中しており、「世界一危険な空港」と称されるほど。安全性を重視して、県外を含めて一刻も早い移設が望まれる。

〔2015年11月16日〕

政府、ついに沖縄県を提訴

沖縄米軍普天間飛行場の辺野古移設をめぐる国と沖縄県の対立は、ついに法廷闘争に持ち込まれた。——石井啓一国土交通相は11月17日、翁長雄志知事の埋め立て承認取り消しについて、知事に代わって撤回する「代執行」に向けた訴訟を福岡高裁那覇支部に起こした。第一回口頭弁論は12月2日に開かれ、高裁判決は年明けにも示される。

翁長知事は「普天間飛行場の代替施設を辺野古に建設しなければならない実質的な根拠が乏しい。埋め立ては沖縄の過重な基地負担や格差の固定化につながる」と主張し、徹底抗戦の姿勢はいぜん強い。

〔2015年11月18日〕

川内原発1号機と2号機が営業運転

九州電力の瓜生道明社長は11月18日、鹿児島県庁を訪れ、伊藤祐一郎知事に川内原発1、2号機が営業運転に移行したことを報告した。この後、瓜生社長は記者団に対し「知事から、原発の安全運転や情報公開について、しっかりやるようにという言葉をもらった」と話した。

再稼働を何故こんなに急ぐ?　コスト減に狙いがあるようだが、住民の不安が募っている。

〔2015年11月19日〕

オスプレイの本土配備を進めよ

米政府に影響力のある安保学者、マイク・モチヅキ氏は、日本記者クラブでの会見で、「現行辺野古埋立て案は、1兆円にも及ぶ膨大な費用と10年以上の工期がかかるうえ、反対運動の激化は、米国が最も戦略的に重視する嘉手納基地撤去運動にも飛び火する恐れがあり、その財政上、同盟上のコストは極めて大である。オスプレイという足の長い新型ヘリの配備により、地上部隊とヘリが近接駐留する必要がなくなった。オスプレイの本土への移駐先が確保（民間空港で空きのあるところ）でき、キャンプ・シュワブ内に小規模ヘリポートさえ作れば、すべて問題は解決する。普天間の危険は解消、無駄な埋め立てしなくてもすむ」と強調していたが、明快な辺野古問題打開策ではないか。本土への移転先決定を急がねばならない。

〔2015年11月27日〕

辺野古移設問題、打開策を急げ

沖縄米軍普天間飛行場の辺野古（名護市）移設をめぐ

る国と県の交渉は、暗礁に乗り上げている。政府は11月27日その打開策として辺野古周辺の久辺3地区（辺野古、豊原、久志）に、1地区当たり最大1300万円を支出すると発表したが、地元の反応はサッパリだ。

この点につき、塩田潮氏（ノンフィクション作家）はサンデー毎日11・29号で、「重要なポイントは、政府と沖縄県が『沖縄の人々の心』と『日米同盟関係の真実』に関して正確な情報を掌握し、共有することだろう。よく見ると、翁長雄志知事と沖縄の民意は『辺野古ノー』以外に自民党政権に強い不満を示しているわけではない。その実態を直視して沖縄の民意との結託という道を選択する柔軟さが安倍晋三政権に求められる。そのうえで、日米関係を背負う安倍政権と『オール沖縄』を担う翁長知事が、同じ土俵に上がり、日本の安全保障と米軍基地の抑止力、日米関係、沖縄経済と県民生活などについて、既得権益にまで踏み込んで総点検を行う。必要なら対米交渉に乗り出す。その先の視界に『現実的な着地点が広がるはずだ』」と指摘していたが、その通りである。

安倍政権、翁長知事とも現実的打開策を急がなければならない。

〔2015年11月30日〕

辺野古新基地建設への抗議声明—SEALDs

自由で民主的な学生緊急行動の「SEALDs」が出した辺野古埋め立て抗議声明が注目されており、その全文を提供、参考に供したい。

……………………

沖縄・辺野古の新基地建設工事が再開されました。2015年10月13日に翁長雄志沖縄県知事が行った辺野古沿岸部における公有水面埋め立て承認の取り消しに対し、その翌日、沖縄防衛局は行政不服審査法に基づき国土交通大臣に対し審査請求をするとともに、執行停止措置の申し立てをしました。そして10月27日、国土交通大臣が執行停止を命じたのが、新基地建設工事再開の根拠となっています。

しかしこの審査請求は、沖縄防衛局という国家の一機関が「一般私人」を名乗りながら、同じく国の行政機関である国土交通大臣に宛てたものです。これは国家の専横から国民の権利利益を守るための制度である行政不服審査法の恣意的な乱用であり、すでに多くの行政法学者から批判の声明が出ている通り、法治国家にもとる行為です。さらに、今回の埋め立て承認取り消しを行った翁長知事は、党派や思想信条を超えた「オール沖縄」のもと、「新基地は造らせない」ことを公約とし沖縄県民の圧倒的支持をうけて当選しました。その知事の措置を国家がこのような不公正な手段をもって斥けるということは、憲法の掲げる地方自治の原則を蔑ろにするものであるとともに、民主主義の根幹を否定する暴挙です。

沖縄は、これまでも構造的な差別と言える状況のなかにありました。国土面積わずか0・6%の小さな島に在日米軍専用施設の74%が集中するなど、日米同盟の過剰な負担を負わされています。また、不平等だと指摘されている日米地位協定も未だに改正されておらず、米軍・軍属による事件・事故は解決されないままです。一方、住民を含む凄惨な犠牲を出した沖縄戦、米軍による土地接収である「銃剣とブルドーザー」などを経た沖縄では、反基地・反戦運動が非暴力を通じて行われてきました。今回の新基地建設工事の再開は、こうした沖縄の長い平和のための闘いを踏みにじるものであり、日米安全保障のための負担を沖縄に今後も押し付けるという、国家からの宣言であるとさえ言えるでしょう。

辺野古での新基地建設をめぐる日本政府の横暴は、沖縄だけにとどまらない、日本全体の問題です。今なお国会を通じて沖縄に過剰な負担を強いているのは、紛れもなく「日本」に生きる私たち自身です。そして、特定秘密保護法や安保法制の整備といった安倍政権のもと行われている政治が、この国の自由と民主主義、そして平和主義を著しく傷つけるものであったことからも、沖縄の直面している問題が全国の人々にとって決して他人事でないことは明らかです。沖縄がこの国に問うものは、この国の憲法の理念であり、この国の政治であり、「日本」に生きる私たちの行動です。

私たちはこの国の自由と民主主義を守るという立場から、今回の辺野古埋め立てに関する一連の政府の手続きに反対します。そして、辺野古新基地建設工事の中止を求めるとともに、このような暴挙を粛々と進める現政権へNOを突きつけます。

2015年11月6日

SEALDs／SEALDs KANSAI／SEALDs TOHOKU／SEALDs RYUKYU／SEALDs TOKAI

〔2015年12月3日〕

辺野古「代執行訴訟」で、翁長知事が国の姿勢を批判

アメリカ軍普天間基地移設問題で、ついに法廷闘争。

翁長雄志沖縄県知事が、12月2日、法廷に立った。国と県が真っ向から対立する異例の裁判で、翁長知事は「日本に、地方自治や民主主義は存在するのか。沖縄だけに負担を強いる今の日米安保体制は、正常と言えるのか。国民の皆様全てに問いかけたい」と訴えた。

この裁判は、国交省が、埋め立て承認を取り消した知事に代わって、国が承認の状態に戻す代執行を求めているもの。法廷で、翁長知事は「政府は、辺野古への基地移設に反対する民意が示されているにもかかわらず、基地の建設を強行しようとしていて、アメリカ軍基地に関しては、米軍施政下と何ら変わらない」と述べ、沖縄の未来を切り開く判断をと訴えた。

次回の裁判は、２０１６年１月８日に開かれる。

〔２０１５年12月４日〕

戦争法案反対！国会前怒りの声

2015年8月30日

提供：AA／時事通信フォト

辺野古に米軍基地はくるな！

2015年11月15日撮影　Photo by Ruichi HIROKAWA

2015年11月15日撮影　Photo by Ruichi HIROKAWA

建設車両がゲート内に入るのを阻止するために、早朝6時ごろから座り込んだ人びと。

エピローグ

私は、1953年に毎日新聞社に入社以来、半世紀近いジャーナリスト人生を送ってきた。

そして、新聞社勤務を離れてから現在に至る四半世紀は、フリージャーナリストとして、「日本の針路」「新聞の在り方」について模索を続けてきた。この間、「メディア展望（プレスウォッチング）」（公益財団法人新聞通信調査会）、「総合ジャーナリズム研究」（総合ジャーナリズム研究所）、インターネット新聞「日刊ベリタ」、「週刊金曜日」、「毎日新聞（新聞時評）」などに論考を発表すると同時に、2009年より、合澤清さん、北村肇さんらからお誘いをいただき、ウェブサイト「ちきゅう座」への投稿を始めた。同時に、「ＮＰＪ（News for the People in Japan）通信」、「池田龍夫のマスコミ時評」（前坂俊之オフィシャルウェブサイト）などウェブサイトへの投稿も行ってきた。新聞の使命にこだわってきた私だが、インターネット社会の中でマスメディアとは別に登場してきたこうしたいわば「ミニメディア」の役割についても、大きな期待を寄せている。

特に、2009年～2011、「沖縄返還」をめぐる「日米密約」についての文書開示請求訴訟の裁判を傍聴し、その報告と論考を投稿してきた。第一審（東京地裁）についてまとめた拙稿「『日米密約』の背景　国民を欺き続けたけた自民党外交」は、ちきゅう座ブックレット「沖縄と日米安保――問題の核心は何か（塩川喜信編集）」に収録していただいた。

戦後70年にあたる2015年は、集団的自衛権の行使容認を盛り込んだ安全保障関連法が国会で成立し、戦後の憲法解釈と安全保障政策が大きく転換した年であった。同時に、これに反対する市民の運動は新たなうねりを創り出し、多くの人々に希望を与えた。2016年3月29日、安保関連法は施行されたが、戦争ができる国へとつき進む安倍晋三政権への抵抗は止まない。折りしも、東日本大震災から5年を迎えてまもない4月、熊本地震が起こり、多くの犠牲が出た。現在も頻発する地震の中で多くの方々が避難生活を続けておられ、多くのボランティアの人たちがこれを支えている。このような中でも、川内原発は稼動を止めない。安倍政権の原発政策には大きな疑問を感じざるを得ない。

私も、このような状況に警鐘を鳴らすべく、微力ながら執筆活動を続けている。2016年に入ってから「ちきゅう座」に投稿した論考の一部を収録しておきたい。

「民間立憲臨調」を設立（1月26日）／昨年9月に成立した安保法制に反対する有識者らが、立憲主義の大切さを訴える「立憲政治を取り戻す国民運動委員会」を設立し、1月19日に東京都内で記者会見を開いた。小林節・慶大名誉教授が呼びかけ、憲法学者や学生団体「SEALDs」メンバー、宝田明さんら約200人が参加、月一回、政治状況の分析結果や、メンバー間での議論について発表する。小林氏は「立憲主義の回復とは憲法をないがしろにする政治家を政権からたたき落とすこと。そうなるまで続けたい」と決意を語った。

原発のなし崩し再稼動に反対（1月31日）／関西電力高浜原発3号機は1月29日にも再稼動する。川内、高浜に続き、愛媛県・伊方原発3号機再稼動も見込まれている。福井県の若狭湾には廃炉中を含めて15基の原子炉が、なし崩しに再稼動が拡散する恐れがある。

電力自由化で、家庭も4月から電気の購入先を選べるようになる。電気を賢く使おうとする利用者の意識は、さらに強まるだろう。原油安で、燃料費は縮小傾向だが、原発内プールに貯まった使用済み核燃料中間貯蔵施設をどこに作るかの難題もあり、前途には難題が潜む。

米軍基地辺野古移設の代執行は不透明（2月4日）／沖縄米軍普天間飛行場の名護市辺野古への移設を巡る代執行訴訟で、福岡高裁那覇支部が2月2日沖縄県に提示した和解案は、国と県の双方に大きな方針転換を迫る内容だ。「根本的な解決案」は翁長雄志知事に対し、埋め立て承認の撤回を求め、事実上、国に辺野古沿岸部での代替施設の建設を容認している。国側の主張に一部沿っており、県関係者は「翁長雄志知事は絶対受け入れられない」という。政府側からも、同案に盛り込まれた「30年以内の返還か軍民共用化」について、「米側が受け入れる可能性は低い。改めて日米交渉を行うことなど不可能だ」（政府関係者）と否定的な見解が出ている。

政府内には、代執行訴訟で「99・9％勝てる」としていた見通しの甘さを指摘する声もある。翁長知事の提訴を受けた石井啓一国土交通相がどう政治判断するか、打開の目途はいぜん不透明だ。

「戦前回帰」を図る安倍政権（2月8日）／朝日新聞が行った「憲法学者へのアンケート」によると、63％が自衛隊の存在は「憲法違反」「憲法違反の可能性がある」と答えている。同時に、安倍晋三政権が集団的自衛権の行使を認める憲法解釈変更を経て国会に提出した安全保障関連法案については、98％が「違憲」「違憲の可能性」を指摘していた。

ところが、安倍政権は憲法学者と国民の反対を押し切り、集団的自衛権は行使できないとの歴代内閣の憲法解釈を、閣議決定だけで変えてしまった。安倍政権は3年前の4月28日、サンフランシスコ講和条約発効の日を「主権回復の日」と銘打って記念式典を行った。4月28日は沖縄にとって、「屈辱の日」なのに…。安倍政権は戦前回帰を図り、強権を行使しようとしているのである。

「戦争法反対」―高校生の運動が拡大（2月29日）／安全保障関連法（戦争法）に反対する高校生グループ「ティーンズソウル」が呼びかけた一斉デモが2月21日、東京、大阪、仙台など全国10ヵ所あまりであり、戦争法反対や安倍晋三首相退陣などを訴えた。東京では、渋谷などの繁華街で約５００人が集まって約1時間半行進。仙台市内でも約２００人が繁華街をデモ行進した。3月13日午後2時半からは、東京・新宿駅東口で学生・学者・文化人らによる街宣行動もあり、夏の参院選に向け若者たちの活動が熱を帯びてきた。

辺野古工事中断で、解決の目途があるのか（3月17日）／政府は3月4日、米軍普天間飛行場の名護市辺野古への移設を巡る代執行訴訟について、福岡高裁那覇支部の和解案を受け入れ、同日、県との和解が成立した。国は当面、移設工事を中断する。和解条項は、翁長雄志知事による辺野古沿岸部の埋め立て承認取り消しについて、国が今後、県に是正を指示し、県が不服なら総務省第三者機関に審理を申し立て、更に審理結果に不服があれば提訴するとしており、国と県は新たな訴訟で争う可能性が高い。

政府が和解を受け入れたのは、夏の参院選と6月の沖縄県議選を控え、対立を回避する必要があるとの姿勢を見せる判断をしたためとみられる。

移設問題の根本にあるのは安全保障を巡る国と地方の関係だ。したがって、今回の和解案が普天間問題解決にそのままつながるとは、とても思えない。

大津地裁の「高浜原発再稼動ストップ」は英断（3月18日）／3月9日、関西電力高浜原発3、4号機の安全性に疑問を抱いた大津地裁の山本善彦裁判長は、運転を差し止める仮処分を決定し、関西電力に運転中の3号機の運転を停止させた。（4号機は2月26日に再稼動したが、直後の29日にトラブルが発生し、運転が停止していた。）

高浜原発は、福井、京都、滋賀の3府県にまたがる約18万人の住民が万一の際、避難を余儀なくされる。地裁は「避難計画も視野に入れた規制基準を作る義務が国家にある」と、政府に対して問題提起したものだ。

政権と少数の「原子力ムラ」関係者たちがいくら安全神話を復活させようとしても、事故前に戻すことはできない。その点で、今回の大津地裁の判断は画期的である。

辺野古移設の国・県の対立はいぜん続く（3月25日）／政府と沖縄県は3月23日、米軍普天間飛行場の名護市辺野古への移設計画について訴訟の和解成立後初めての協議会を開いた。しかし双方の主張はいぜんすれ違いが目立った。翁長雄志知事は「辺野古が唯一の解決策という、かたくなな固定観念に縛られないで真摯に協議を進めてほしい」と要請。これに対し菅義偉官房長官は普天間の運用停止は辺野古が前提で、地元の協力が不可欠だとの考えを改めて伝えた。

翁長氏は23日の政府との協議後、辺野古の埋め立て承認取り消しの撤回を求めた、16日の石井啓一国土交通相からの是正指示出し直しを「違法な国の関与」と認定。国の第三者機関・国地方係争処理委員会に審査の申し出書を出した。

国と県対立の構図はいぜん変わっておらず、打開の道はさらに遠ざかった。

安保関連法の運用に不安（4月3日）／3月29日安全保障関連法の施行により、日米同盟は新たな段階に入り、自衛隊活動は大きく広がる。国連平和活動（PKO）での駆けつけ警護など、これまでにない危険に直面する可能性があり、武器使用などで難しい対応を迫られる。

安保法の柱は3つある。第一に、集団的自衛権の行使が一認められる。日本の存立が脅かされる危機が迫ったとき、日本が攻撃されていなくても武力行使ができるというものだ。第二は、日本の存立を危うくするほどではないが、重要な影響が及びかねない事態への対応だ。地理的な制約なしに米軍などを後方支援できるようになる。第三に、日本に直ちに影響しない危機でも、国際貢献上、必要であれば、多国籍軍などへの後方支援が認められる。いざという事態になったとき、政府は極めて重大な判断を迫られるわけだ。

世論調査によると、この法律を評価しないという答えがほぼ半数を占める。何が何でも反対という人ばかりではあるまい。その狙いは分かるが、制定に向けた安倍政権の対応に不安を募らせている人も少なくないはずだ。

原発の安全、司法判断バラバラ（4月8日）／国内で唯一稼動している九州電力川内原発1・2号機（鹿児島県）を巡り、福岡高裁宮崎支部が4月6日、運転差し止めを求めた住民側の抗告を棄却した。絶対的な安全性まで社会は求めていないと判断。高浜原発（福井県）の稼動を差し止めた大津地裁判決と正反対の結果になってしまった。

判決理由は「差し止めの判断基準となる社会通念は、最新の科学的・技術的知見を超える絶対的安全性までは求めておらず、合理的に予測される災害を想定している新基準は妥当」という見解で、3月の大津地裁判決とは異なる判断である。

熊本地震で死者42人（4月18日）／最大震度7、マグニチュード7・3の大地震が、熊本地方を襲った。死者は42人、負傷者は1063人、このうち重傷者205人に上る（4月18日現在）。

大規模な土砂崩れなどで大きな被害が出た南阿蘇村では、警察や自衛隊など約2500人が村内2カ所で大規模な捜索を行った。4月18日現在の避難者は10万5960人に上る空前の大地震になってしまった。

熊本県、大分県にかけて活発な地震活動が続いており、マグニチュード3・5以上の規模の地震が、4月18日8時半現在176回に増加している。

オバマ氏、27日広島へ（5月15日）／オバマ米大統領は5月10日、5月下旬の主要7カ国首脳会議（伊勢志摩サミット）出席のため訪日した際、広島を訪問する方針を決め、日米両政府が発表した。

オバマ氏の日本訪問についてはニューヨーク・タイムズ紙やワシントン・ポスト紙が相次いで広島訪問を訴える社説を掲げていた。

２０１６年、自民党安倍政権の画策する改憲の動きに対し、人々はより激しく抵抗するに違いない。選挙で自公政権にＮＯをたたきつけられるか、沖縄に押し付けられた基地の負担を解消できるか、東北や熊本の復興は進められるか、原発再稼動は止められるか……、引き続きしっかりと注視していきたい。

最後に、拙稿をウェブ上に掲載してくださっている「ちきゅう座」「ＮＰＪ」などの皆さん、長年資料を閲覧させていただいている、日本新聞協会資料室、毎日新聞協会資料室、毎日新聞情報調査部に、この場をお借りして深く御礼を申し上げる。そして何より本書刊行にあたり、社会評論社松田健二社長のご尽力に深い感謝を申し上げる。

２０１６年5月15日「沖縄返還」44年の日に

池田龍夫（いけだ　たつお）

ジャーナリスト・日本記者クラブ会員。

1930年生まれ。1953年毎日新聞東京本社入社、新潟支局・社会部を経て整理本部へ。整理本部長・中部本社編集局長・新聞研究室長・紙面審査委員長などを務める。

主な著書に、『新聞の虚報・誤報』（創樹社）、『崖っぷちの新聞』（花伝社）、『沖縄と日米安保――問題の核心は何か』（社会評論社　共著）など。

時代観照――福島・沖縄そして戦後70年へ

2016年6月15日　初版第1刷発行

著　者：池田龍夫
装　幀：右澤康之
発行人：松田健二
発行所：株式会社社会評論社
東京都文京区本郷2-3-10　☎ 03(3814)3861　FAX 03(3818)2808
http://www.shahyo.com
組版：スマイル企画
印刷・製本：倉敷印刷